创新思维法学教材
Legal Textbooks of Creative Thinking

公司法

Corporation Law

第三版

冯果　著

WUHAN UNIVERSITY PRESS
武汉大学出版社

图书在版编目(CIP)数据

公司法/冯果著.—3版—武汉:武汉大学出版社,2017.8(2019.1重印)
创新思维法学教材
ISBN 978-7-307-19534-9

Ⅰ.公…　Ⅱ.冯…　Ⅲ.公司法—中国—高等学校—教材
Ⅳ.D922.291.91

中国版本图书馆 CIP 数据核字(2017)第 188596 号

责任编辑:胡　荣　　责任校对:李孟潇　　版式设计:马　佳

出版发行:**武汉大学出版社**　(430072　武昌　珞珈山)
(电子邮件:cbs22@whu.edu.cn　网址:www.wdp.com.cn)
印刷:武汉鑫佳捷印务有限公司
开本:787×1092　1/16　印张:20.75　字数:488 千字　插页:1
版次:2003 年 11 月第 1 版　　2007 年 9 月第 2 版
　　2017 年 8 月第 3 版　　2019 年 1 月第 3 版第 3 次印刷
ISBN 978-7-307-19534-9　　定价:45.00 元

第三版说明

自本书第二版 2007 年出版以来，公司法理论与实践发生了诸多重大变化，特别是随着 2013 年 12 月 28 日《公司法》的修改以及最高人民法院陆续颁布若干公司法司法解释后，公司设立、公司决议瑕疵、公司资本、股权转让、股东资格认定与股权确认、利润分配请求权、股东代表诉讼、公司解散与清算等制度规则焕然一新。与此同时，学界对公司法的研究日益深入，产生了一批有深度的研究成果。为了帮助读者及时掌握立法和司法动态以及最新研究成果，作者对相关内容进行了更新和拓展，是为第三版。

本书在修订过程中，广泛参阅了国内外学者的公司法专著和学术论文，恕不能在书中一一列明，在此谨向作者致谢。本书的体系设计、内容安排与观点论证等方面定有粗疏甚至错谬之处，敬请读者批评指正。

冯 果

2017 年 4 月 28 日

目　　录

第一章　公司法概述 ……………………………………………………… 1

　第一节　公司的概念和特点 …………………………………………… 1

　　一、公司的语源 ……………………………………………………… 1

　　二、公司的概念和特点 ……………………………………………… 1

　　三、公司企业与其他法律企业形态 ………………………………… 6

　第二节　公司法的概念和特性 ……………………………………… 14

　　一、公司法的概念 ………………………………………………… 14

　　二、公司法的调整对象 …………………………………………… 15

　　三、公司法的性质和特征 ………………………………………… 15

　第三节　公司法的立法模式和表现形式 …………………………… 20

　　一、公司法的立法模式 …………………………………………… 20

　　二、公司法的表现形式 …………………………………………… 22

　第四节　公司法的价值功能和基本原则 …………………………… 25

　　一、公司法的价值功能 …………………………………………… 25

　　二、公司法的基本原则 …………………………………………… 27

第二章　公司的种类 …………………………………………………… 31

　第一节　公司的基本分类 …………………………………………… 31

　　一、无限公司、有限责任公司、两合公司、股份两合公司、股份有限公司、
　　　　保证有限责任公司 …………………………………………… 31

　　二、封闭式公司和开放式公司 …………………………………… 33

　　三、人合公司、资合公司及中间公司 …………………………… 33

　　四、母公司和子公司 ……………………………………………… 34

　　五、总公司和分公司 ……………………………………………… 35

　　六、本国公司和外国公司 ………………………………………… 35

　　七、一般法上的公司和特别法上的公司 ………………………… 36

　第二节　有限责任公司 ……………………………………………… 36

　　一、有限责任公司的概念和特征 ………………………………… 36

　　二、有限责任公司的制度成因及简要评价 ……………………… 37

　　三、一人有限责任公司 …………………………………………… 39

　　四、国有独资公司 ………………………………………………… 41

第三节 股份有限公司 ……………………………………………………………… 44

一、股份有限公司的概念和特点 ……………………………………… 44

二、股份有限公司的利弊分析 ………………………………………… 45

三、上市公司 ……………………………………………………………… 46

第四节 外商投资公司 …………………………………………………………… 50

第三章 公司的设立 …………………………………………………………… 51

第一节 公司设立概述 …………………………………………………………… 51

一、公司设立的定义与性质 …………………………………………… 51

二、公司设立的原则 …………………………………………………… 52

第二节 公司设立的方式、条件和程序 ……………………………………… 54

一、公司设立的方式 …………………………………………………… 54

二、公司的设立条件 …………………………………………………… 56

三、公司设立的程序 …………………………………………………… 59

第三节 公司设立的效力 ………………………………………………………… 66

一、公司设立效力概述 ………………………………………………… 66

二、公司成立 ……………………………………………………………… 66

三、公司不成立 ………………………………………………………… 73

四、公司设立瑕疵 ……………………………………………………… 74

五、公司设立的法律责任 ……………………………………………… 77

第四章 公司章程 …………………………………………………………… 81

第一节 公司章程概说 …………………………………………………………… 81

一、公司章程的概念 …………………………………………………… 81

二、公司章程的特征 …………………………………………………… 82

三、公司章程的作用 …………………………………………………… 84

第二节 公司章程的性质和效力 ……………………………………………… 85

一、公司章程的性质 …………………………………………………… 85

二、公司章程的效力 …………………………………………………… 87

第三节 公司章程的内容 ………………………………………………………… 89

一、公司章程记载内容的分类标准 ………………………………… 89

二、我国《公司法》关于公司章程内容的规定 ………………… 90

第四节 公司章程的制定和修改 ……………………………………………… 92

一、公司章程的制定 …………………………………………………… 92

二、公司章程的修改 …………………………………………………… 94

第五章 公司的人格制度 …………………………………………………… 97

第一节 公司人格概述 …………………………………………………………… 97

一、公司人格的内涵 …………………………………………………… 97

二、公司人格的历史演进 ……………………………………………… 97

三、公司人格的特征 …………………………………………………… 99

四、公司人格的构成要素 ……………………………………………… 100

第二节　公司的名称和住所 …………………………………………… 102

一、公司的名称 ………………………………………………………… 102

二、公司的住所 ………………………………………………………… 105

第三节　公司的能力 …………………………………………………… 105

一、公司的权利能力 …………………………………………………… 105

二、公司的行为能力 …………………………………………………… 115

三、公司的责任能力 …………………………………………………… 115

第四节　公司人格否认制度 …………………………………………… 117

一、公司人格否认的含义 ……………………………………………… 117

二、公司人格否认制度的本质和基本特征 …………………………… 117

三、公司人格否认适用的一般场合和条件 …………………………… 119

四、公司人格否认制度在中国的运用与发展 ………………………… 121

第六章　股东、股权与公司法人财产权 …………………………… 124

第一节　股东 …………………………………………………………… 124

一、股东的含义及其构成 ……………………………………………… 124

二、股东资格的认定 …………………………………………………… 126

三、股东的权利和义务 ………………………………………………… 132

第二节　股权与公司法人财产权 ……………………………………… 136

一、股权的概念和性质 ………………………………………………… 136

二、公司法人财产权的概念和性质 …………………………………… 142

三、股权与公司法人所有权的关系 …………………………………… 143

第七章　公司资本与出资制度 ……………………………………… 145

第一节　公司资本制度 ………………………………………………… 145

一、公司资本的内涵 …………………………………………………… 145

二、公司资本三原则的内涵及其演变 ………………………………… 148

三、公司资本制度的基本模式 ………………………………………… 150

四、公司最低资本额 …………………………………………………… 154

五、公司资本的变更 …………………………………………………… 155

第二节　股东出资制度 ………………………………………………… 158

一、出资制度概述 ……………………………………………………… 158

二、出资方法 …………………………………………………………… 158

三、出资形式 …………………………………………………………… 159

　　四、股东出资义务之履行及违约责任 ……………………………………… 167
　　五、财产承受和事后设立 …………………………………………………… 171
　　六、股东出资的构成 ………………………………………………………… 172
　　七、出资转让 ………………………………………………………………… 173

第八章　股份与公司债 …………………………………………………………… 178
　第一节　股份 ………………………………………………………………… 178
　　一、股份的概念和特征 ……………………………………………………… 178
　　二、股份的种类 ……………………………………………………………… 179
　　三、股票 ……………………………………………………………………… 182
　　四、股份的发行 ……………………………………………………………… 183
　　五、股份的转让 ……………………………………………………………… 189
　第二节　公司债 ……………………………………………………………… 192
　　一、公司债的概念和特点 …………………………………………………… 192
　　二、公司债券及其种类 ……………………………………………………… 193
　　三、公司债券的发行 ………………………………………………………… 195
　　四、公司债的转让、上市、偿还与转换 …………………………………… 198

第九章　公司治理结构 …………………………………………………………… 202
　第一节　公司治理结构概述 ………………………………………………… 202
　　一、公司治理结构及其演进 ………………………………………………… 202
　　二、公司治理结构的主要模式 ……………………………………………… 205
　　三、不同类型公司治理结构的主要特点 …………………………………… 208
　第二节　股东会 ……………………………………………………………… 211
　　一、股东会的概念和特征 …………………………………………………… 211
　　二、股东会的职权 …………………………………………………………… 212
　　三、股东会会议的种类 ……………………………………………………… 212
　　四、股东会会议的召集和主持 ……………………………………………… 213
　　五、股东表决权的行使 ……………………………………………………… 214
　　六、股东会决议 ……………………………………………………………… 218
　第三节　股东利益平衡与中小股东权益保护 ……………………………… 221
　　一、概述 ……………………………………………………………………… 221
　　二、《公司法》所确立的中小股东利益保护机制 ………………………… 222
　　三、控股股东和实际控制人的特殊义务 …………………………………… 225
　第四节　董事会 ……………………………………………………………… 228
　　一、董事会的概念和职权 …………………………………………………… 228
　　二、董事会的组成 …………………………………………………………… 230
　　三、董事会会议 ……………………………………………………………… 234

第五节　监事会……………………………………………………… 236
　一、监事会的概念和职权…………………………………………… 236
　二、监事会的组成…………………………………………………… 239
　三、监事会会议……………………………………………………… 240
第六节　经理………………………………………………………… 241
　一、经理的概念和内涵……………………………………………… 241
　二、经理机关的设置………………………………………………… 243
　三、经理权…………………………………………………………… 243
第七节　董事、监事、高级管理人员的资格、义务与责任………… 245
　一、董事、监事、高级管理人员的任职资格……………………… 245
　二、董事、监事、高级管理人员的义务…………………………… 247
　三、董事、监事、高级管理人员的民事责任……………………… 252

第十章　公司的财务会计与利润分配制度………………………… 257
第一节　公司财务会计制度………………………………………… 257
　一、公司财务会计制度的含义及特点……………………………… 257
　二、公司的财务会计报告及其编制………………………………… 258
第二节　公司的利润分配制度……………………………………… 262
　一、公司利润分配制度的含义……………………………………… 262
　二、可分配利润的确定……………………………………………… 263
　三、公司利润分配的原则…………………………………………… 263
　四、股利分配的方式………………………………………………… 264
　五、公司利润分配方案的提出、批准和分配顺序………………… 264
　六、违法分配的后果………………………………………………… 265
　七、公积金与公益金制度…………………………………………… 265

第十一章　公司的变更与终止……………………………………… 267
第一节　概述………………………………………………………… 267
　一、公司的变更……………………………………………………… 267
　二、公司的终止……………………………………………………… 268
第二节　公司的合并与分立………………………………………… 269
　一、公司的合并……………………………………………………… 269
　二、公司的分立……………………………………………………… 274
第三节　公司形式的变更…………………………………………… 277
　一、公司形式变更的概念和特点…………………………………… 277
　二、公司形式变更的种类…………………………………………… 278
　三、公司形式变更的要件…………………………………………… 280
　四、公司形式变更的程序…………………………………………… 281

　　五、公司形式变更的无效及其处理 …………………………………… 283
　第四节　公司的解散与清算 ………………………………………… 283
　　一、公司解散 ………………………………………………………… 283
　　二、公司清算 ………………………………………………………… 286
　　三、与公司解散和清算相关的其他几个法律问题 ………………… 291

中华人民共和国公司法 ……………………………………………… 294

主要参考书目 ………………………………………………………… 321

第一章　公司法概述

第一节　公司的概念和特点

一、公司的语源

公司，作为当代社会最常见的一种企业组织形式，人们每天耳濡目染，并不陌生。但对中国人来说，公司却是一个舶来品。在汉语中，"公"含有无私、共同的意思，"司"是指主持、管理。二者合在一起，则是众人无私地主持及管理其共同事务的意思。尽管我国台湾学者曾考证"公、司"连用最早出自庄子："积卑而为高，合小而为大，合并而为公之道，是谓公司"，其意为抛弃个人私利而从事共同之事。① 但至少在 17 世纪以前，我国古汉语中极少将"公、司"作为一词连用，对"公司"一词也无约定俗成的含义。我国大陆学者多认为，国人在商事组织意义上使用"公司"一词，是在 17 世纪开始的，并最早在我国南方沿海地区流行起来。可能因源于英文中的"company"及荷兰语中的"compagnie"，最初有"公班衙"、"公班卫"、"康邦尼"等多种译称，后逐渐被统称为"公司"。也有学者认为，最早的"公司"一词可能是郑成功时期为翻译荷兰东印度公司的名称，吸收公司一词的拉丁文字头"com"(含有公共、共同的意思)的含义，创造的一个中文新词，而后伴随着公司这样一种经济组织在中国的广泛出现而得到普遍使用。目前公司定义所见最早者为清代学者魏源(1794—1857)对西洋人的"公司"的描述："公司者，数十商辏资营运，出则通力合作，归则计本均分，其局大而联。"该解释对后来的公司立法及早期的公司法著作都产生了较大的影响。清末 1904 年《公司律》中规定，凡凑集资本共营贸易者为公司；学者王孝通也称："公司者，多数之人以共同经营营利事业之目的，凑集资本，协同劳力，互相团结之组织体也。"②时至今日，人们通常将公司理解为不同利益主体为了共同目的而建立的经营团体或组织。

二、公司的概念和特点

源于世界语系、国别的差异，"公司"一词的表述形式并不相同，各国法律界对此概念的理解也有细微的区别。但对公司的基本理解却是一致的。英美法系国家普遍使用的

---

① 参见梁宇贤著：《公司法论》，台湾三民书局 1980 年版，第 31 页。

② 详见史际春：《企业、公司溯源》，载王保树主编：《商事法论集》第 1 卷，法律出版社 1997 年版。

1

"公司"(company 或者 corporation)一词本身就包含有法人或社团的意思,所以,虽然有学者宣称:"公司一词没有严格的法律含义",① 但英美法系国家在学理上仍强调公司是有别于合伙的社团(association)组织,强调它的法人性和有限责任性;在大陆法系国家,传统意义上的公司是指,依法定条件和程序设立的以营利为目的的社团法人。结合我国《公司法》的有关规定,我国公司法意义上的公司是指股东依照公司法的规定,以出资方式设立,股东以其认缴的出资额或认购得股份为限对公司承担责任,公司以其全部财产对公司债务承担责任的企业法人。

公司作为一种企业形式,具有以下法律特征:

(一)法人性

我国《公司法》第 3 条规定:"公司是企业法人,有独立的法人财产,享有法人财产权。"这表明公司具有法人性。法人是具有民事权利能力和民事行为能力,依法独立享有民事权利和承担民事义务的法律主体。公司作为企业法人的一种,应当具有法人的本质特征:

1. 依法设立

法人是法律赋予法律人格的社会组织,必须依法设立。所谓法人依法设立包含两层含义:一是依照法律规定的条件设立;二是依照法律规定的程序办理。作为法人一种的公司必须依照公司法规定的条件和程序设立。唯有如此,方能取得合法的主体资格。

2. 有自己独立的财产

公司的财产区别于作为公司成员的股东个人的财产。公司的财产虽然来源于股东的出资,但一旦股东将其财产投资于公司,就与其个人财产相分离,并形成公司统一的财产。公司对由股东投资形成的公司财产依法享有所有权,可以依法占有、支配、收益和处分。这是公司成为法人企业的物质基础。

3. 公司是一个组织体

法人是与自然人相对应的民事主体。与自然人不同,它是人的有机集合体,须有自己合法的名称、住所和健全的组织机构,以形成自己的意志(公司成员的团体意志),并实现自己的意志。

4. 独立承担责任

独立承担责任,是法人制度的根本要求,也是公司与合伙及个人独资企业相区别的主要标志。公司一旦依法成立,便以其所有的财产对外独立承担责任,股东仅以其认缴的出资额或认购的股份为限对公司承担责任。股东有限责任是建立在公司能够独立承担责任的基础之上的,而公司独立责任则是公司人格独立的结果。

(二)营利性

公司的营利性特征已经为世界许多国家和地区的公司法所确认,从而成为公司的显著属性。公司具有营利性,是指公司必须以从事经营活动、追求利润最大化为目的。首先,公司必须从事特定的经营活动,这种经营活动具有连续性和固定性,即公司在存续期间须连续不断地进行经营活动,且这种经营活动具有同一性质、固定内容和确切的经营项目等

---

① L. C. B. Gower: Gower's Principle of Modern Company Law, 5th. Ed., Sweet & Maxwell, 1992, p. 1.

特征。其次，公司是以营利为目的而从事经营活动的。公司的营利性是其与生俱来的本性。公司是由投资者组成的，投资者投资的目的当然是为了获得投资的收益和回报。为满足投资者的获利需求，公司必然以最大限度地追求经营利润为其存在的根本目的。可以说，设立目的的营利性是根植于投资者的投资欲望和投资动机的，而相对于投资者的投资动机而言，公司仅具有工具意义，是实现投资者利益的手段和工具。对利润的追求是公司名正言顺、无须掩饰的目的。这也使公司作为商事主体同以行政管理为目的的国家机关、不以营利为目的的事业单位和社会团体等公益性法人得以区分。

营利性是针对公司的设立目的而言的，它不仅仅表现在生产和服务环节，更重要的表现在利润分配环节领域，用所得利润回报投资者是公司设立和从事经营活动的根本目的。换言之，公司营利性的标志是投资者依法得获取资本的收益。① 应该注意的是，营利性和经营性是两个不同的概念。经营性是指社会组织以从事特定的生产、服务等经营活动为特征，这些经营活动须遵守市场规律，强调成本控制和经营核算，并追求投入产出和盈余，但与营利性不同，经营性针对的仅仅是生产或服务环节，而不注重分配环节，也不关心社会组织设立的目的。在现实生活中，不少社会组织，特别是经济组织也要实行成本核算，也从事特定的经营活动，追求资产的增值保值甚至利润回报，但这些经营活动可能仅是手段，而不是目的或者不是主要目的。② 因此，这类虽从事经营但却不将经营所得分配于投资者、不以营利为根本目的，而是承担特殊社会职能的公司，它们虽被称为"公司"，但不同于普通意义上的公司，多由公法或特别法来调整。为了确切地反映公司的性质，西方国家通常将以营利为目的的公司称为商事公司。西方国家的公司法也主要是规范和调整商事公司之行为。在我国，也有一些承担特殊社会职能的经营组织，如医院等医疗卫生组织、剧院等艺术团体、会计师事务所、律师事务所等自由职业组织及博物馆等文化传播机构，它们虽然也从事特定的经营活动，但具有很强的社会公益性，经营是手段而不是目的，一般不能视之为严格意义上的公司，从而也没有被纳入我国公司法的调整范畴之中。我国公司法意义上的公司就相当于西方国家的商事公司。③

正因为股东设立公司和出资的根本目的在于获取利润，因此营利性毫无疑问应成为公司存在和行动的最高价值理念。这一行为目标通过公司的组织结构驱使经营者不能不服从于这一目标，从而把其他目标置于次要地位。当然，随着法律由个人本位转向社会本位的转变，各国立法在强调公司的营利性的基础上，越来越重视公司的社会责任。现代公司法理论也普遍认为公司作为现代社会的基本成员，也应担负基本的社会义务或社会责任（corporate responsibility）。我国 2005 年在修改《公司法》时引入了社会责任条款，在第 5 条

---

① 史际春：《论营利性》，载《法学家》2013 年第 3 期。

② 典型例证为社会企业（social enterprise），即"运用商业手段，实现社会目的"的组织形式。它通过商业手段来应对环保的需求，改善公共服务、社会福利和教育，提供就业机会，构建公平和包容的社会目标。社会企业是具有慈善和公益性质的企业，但又超越了传统的志愿与非营利组织模式，能够创造价值，只是营利所得并不主要用于分红。参见薛夷风：《社会企业对我国传统公司观念的挑战——再论公司的营利性》，载《当代法学》2011 年第 3 期。

③ 我国《公司法》虽未就公司的营利性作出明确规定，但该法第 3 条规定，公司是企业法人，而此处的企业法人乃采用我国法学界关于企业即商事企业的认识，因此实际上间接地规定了公司的营利性。

第 1 款中明确规定："公司从事经营活动，必须遵守法律、行政法规，遵守社会公德、商业道德，诚实守信，接受政府和社会公众的监督，承担社会责任。"但如何理解公司社会责任的内涵与外延及其性质，学界众说纷纭，未能形成一致观点。一般而言，公司社会责任是指公司不能以营利为唯一目的，而应最大限度地增进股东之外的其他利益相关者的利益，其涵摄的对象范围包括职工、债权人、消费者、当地社区以及生态环境等。从字面意义看，《公司法》①第 5 条第 1 款将公司社会责任分为法律层面的责任与道德层面的责任，至少使得该款规定的社会责任中的一部分具有了直接可强制实施的意义，同时为公益股东通过股东临时提案或派生诉讼等已有的公司法机制强制公司承担社会责任创造了条件。② 进一步推动公司社会责任的法律化，可选择的途径至少有两条：一是对于道德底线要求的公司社会责任，在条件允许的情况下应当尽可能将其转化为法律责任；二是借助软法特有的提倡性规范促成公司社会责任的实现，同时辅之以司法能动主义的发挥。③ 在构建公司悖德行为的法律评价机制时必须注意，相对于自然人而言，公司作为拟制的人感受不到悖德行为带来的精神压力，而分散组合投资的盛行钝化了股东对公司悖德行为的感知力，有限责任制进一步放大了风险外化的道德风险，极大地推高了公司行为的代理成本。因此，对于某些代理成本极其高昂的公司悖德行为，裁判者可以本着维护公序良俗和公共利益的考量而"以德入法"，进而内化公司悖德行为的代理成本。④

在公司法中引入社会责任条款无疑是一个立法进步，但我们也应该警惕和预防将公司营利性和公司社会责任割裂甚至对立起来的不当倾向，强调公司的社会责任并不能否认或抹杀公司的营利性本质。笔者认为，将公司的营利性与公司社会责任相对立的根源在于混淆了公司的设立目的与公司的社会责任之间的关系。现代公司作为社会的一个分子肯定也需要担负相应的社会义务，甚至要承担某些公益性方面的事务，但这并不是公司设立的基本目的，并不反映公司的本质属性。公司社会责任理论的兴起及其在现代公司法中的体现，仅仅是对公司绝对营利性的一种修正，其不是也不可能否定和动摇公司营利性这一根本属性。基于公司的营利性，公司机关在实施公司行为时，即便是为了履行社会责任而实施社会公益行为，也应首先确保公司的独立利益，从而维护公司的营利能力。通过贯彻该思想，结合公司治理结构设置与完善，才能确保公司独立法律人格的实现及其维护。尤其是在我国公司独立利益及独立人格仍未得到充分保障的背景下，更应当优先考虑公司的营利性，而不能将公司的社会责任作为忽略甚至否定公司独立法律人格的借口。⑤ 总之，公司的营利性(商事属性)与企业社会性之间看似冲突，但绝非对立。衡量一个公司的社会贡献通常也是建立在其基于营利性的特征所创造的利润基础之上的。脱离公司的营利性属性而奢谈公司的社会责任，只能是一种不切合实际的空想。因此，营利性仍然是公司的基

---

① 没有特别说明者，本书中的《公司法》均是指 2013 年 12 月 28 日全国人大常委会修订的《公司法》。

② 楼建波：《中国公司法第五条第一款的文义解释及实施路径——兼论道德层面的企业社会责任的意义》，载《中外法学》2008 年第 1 期。

③ 蒋建湘：《企业社会责任的法律化》，载《中国法学》2010 年第 5 期。

④ 罗培新：《公司道德的法律化：以代理成本为视角》，载《中国法学》2014 年第 5 期。

⑤ 范健、王建文著：《公司法》(第四版)，法律出版社 2015 年版，第 18 页。

本属性。

（三）社团性

公司社团性是近代公司产生和存在的基础。在传统公司法上，不仅单独一人不得设立公司，即使公司设立后股东减为一人也为立法所不容许。由于公司系由多个成员投资组成，具有人和资本结合的属性，故传统公司法理论将公司视为社团法人的一种，社团性也随之成为传统公司的一大属性。但随着社会经济的发展，一人公司已为越来越多的国家和地区的公司立法所承认，我国《公司法》也已经承认了一人公司的合法地位，这样仅存有一个股东的公司之合法存在与传统公司法理论中的公司社团性理论之间便存在了明显的冲突，公司社团性理论也随之受到了强烈的冲击和挑战。如何看待一人公司？其是否具有社团性？一人公司的出现和发展究竟是对公司社团性理论的彻底颠覆抑或形成新的发展？便成为学界不断思索和考虑的问题，也形成了不同的学说和观点。有学者认为，在现代各国纷纷承认一人公司的历史背景下，公司的社团性已摇摇欲坠，应该予以摒弃。① 但也有学者认为，从全球范围来看，一人公司无论是数量和规模都非常有限，在公司形态中不占有主导地位，也不代表着现代公司的发展方向，仅是公司社团性的例外，从这个意义上讲，公司社团性并没有因一人公司的出现而发生根本性的颠覆，社团性仍然是公司的一个很重要的特征。也有学者提出应该创新地看待公司社团性理论，认为一人公司虽然否定了股东的复数性，但并未否定股东的社员性（成员性），而股东的社员性乃社团性的核心内容，其重要性远甚于股东的复数性。因此，一人公司乃对股东复数性的否定，也是对公司社团性的发展，而非根本否定。② 笔者认为，强调公司的社团性的旨趣在于强调其团体人格性，强调其法律地位和责任的独立性。传统公司法理论之所以严格恪守公司的社团性，其根本意旨在于确保公司人格的独立，只有在公司成员为多个时，才能在成员之间形成有效的制约机制，才能形成有别于公司成员的团体意志和团体财产。一人公司的出现的确对传统的公司社团性和公司法律人格理论都产生了强烈的冲击，也预示着公司理论的变革，但就各国包括我国公司立法和修法过程中对一人公司所存在的种种争议及限制性规定来看，各国立法机关对一人公司仍然普遍采取比较慎重的态度。一人公司尽管得到了立法上的有条件地承认，但也附加了不少限制性的规定，以求其尽可能地保证人格上的独立。因此，一人公司被称为传统公司形态的一种例外并非毫无根据。再者，社团性的本意在于强调其组织的团体性。社团本为大陆法概念，其与财团相对应，指为一定目的或为实现特定的共同利益而由两人以上所组织的团体，其成员为社员。英美法国家虽没有财团和社团的区分，但学界也认为，在英美法国家也有与大陆法国家相类似的社团的概念，其中美国学者格雷（John C. Gray）对社团的定义尤为经典："社团是国家已授予其权力以保护其利益的人的有组织的团体，而推动这些权力的意志是根据社团的组织所决定的某些人的意志。"③在企业发展的早期阶段，公司的意志来自于股东的团体意志，股东之外的他人对公司事务

---

① 雷兴虎：《现代西方国家公司法的发展趋势与中国公司法的选择》，载《法学评论》1998 年第 4 期。

② 刘俊海著：《股份有限公司股东权的法律保护》（修订本），法律出版社 2004 年版，第 16 页。

③ 范健、王建文著：《公司法》（第四版），法律出版社 2015 年版，第 18 页。

难有参与决定权，因此，公司的团体性只能体现于投资者的复合性，从而社团性与投资者的复数性并无二致。但进入 20 世纪，特别是 20 世纪中叶以后，公司的参与决策机制也发生了变化，除公司的股东外，公司的管理人员、职工在公司中也开始发挥越来越重要的作用，因此，公司是否仅仅是公司股东的结合体也成为颇有争议的话题。与之相对应，对公司成员的理解也就存在不同的看法。那么一人公司是否具有社团性也就成了一个值得思考的问题。我们认为，英美法学者对社团的理解似乎更有其合理性，因此我们也不妨可以将社团性作变通理解。若此理由能成立，则一人公司当然也就具有一定的社团性，只不过其社团性并非单纯地表现为传统公司成员（股东）的结合，而是更为广义上的公司"成员"（公司股东、管理人员、职工）的结合体。因此，对公司是否具有社团性特征我们并无过多浪费口舌之必要，应重在理解和把握强调社团性的意义。我们认为强调公司社团性的旨趣仅在于强调其团体人格性，强调其法律地位和责任的独立性。这与公司法的宗旨和精神是相符的。

三、公司企业与其他法律企业形态

（一）企业法律形态概述

公司仅为企业的一种形式。企业是一个内涵丰富、外延宽广的概念，也是一个极易被误读的术语，其辞义学、经济学和法学解释迥然有别。① 在法学意义上，作为公司的上位概念，企业是指依法成立并具备一定组织形式，从事特定的生产经营或服务性活动的经济组织。企业在现实生活中有不同的存在形式，这些不同类型的存在形式统称为企业形态，在未受法律确认或调整之前为实然形态，得到法律确认即演变为法律形态。所谓企业的法律形态，就是指国家依据产权形式、责任承担方式、组织形式等一定的标准从法律上所确认的企业的存在形式。② 企业法律形态的特征体现在：（1）法定性。对于投资者而言，其可以根据税收、开办费用的大小与程序的繁简、资本和信用的需求程度、企业的控制和管理方式、利润分配和亏损的承担方式、责任范围、权利转让、企业的存续期限等因素，在法律规定的企业形式中进行选择，但不能超越法律规定的范围。③ （2）发展变动性。近二三十年来，西方国家公司法、合伙企业法改革风起云涌，出现了一批传统企业类型不能涵盖、传统企业法理论无法解释的新型的企业形态，如美国的有限责任公司（Limited Liability Company，LLC）、有限责任合伙（Limited Liability Partnership，LLP）、有限责任有限合伙（Limited Liability Limited Partnership，LLLP）、专业有限责任公司（Professional Limited Liability Company，PLLC），日本的投资事业有限责任合伙、有限责任事业合伙、合同公司，德国的企业主公司，欧洲的私法公司（Societas Privata Europaea，SPE）等。可以说，国外的企业法律形态正以现代速度、以非现代形式快速发展，且表现出的是一种

---

① 叶林：《企业的商法意义及"企业进入商法"的新趋势》，载《中国法学》2012 年第 4 期。
② 漆多俊主编：《市场经济企业立法观》，武汉大学出版社 2000 年版，第 94 页。
③ 甘培忠著：《企业与公司法学》（第六版），北京大学出版社 2012 年版，第 18~26 页。

"突破旧范式的创新式非常规发展"。① （3）企业法律形态决定着企业内部的组织结构，决定着企业的法律地位和投资人的风险责任范围，也决定着企业立法的体系与框架。企业法作为组织法的基本性质决定了企业法律形态应揭示不同企业的组织特点，包括其在法律地位、设立条件、设立程序、权利能力、财产构成、组织机构、经营管理等事项上的重大差异，从而使以此为基础对各种企业的分别立法具有充分的法律调整意义。因此，企业法律形态是企业内外法律关系和法律属性的概括性的反映，企业之间在法律形态上的差异才是其最根本的差异。②

按照不同的标准，企业可以表现为不同的存在形式：

1. 按照企业的产权形式、责任形式以及企业的组织形式不同，可以将企业分为独资企业、合伙企业和公司企业三种形式

独资企业，也称业主制企业，是指一人投资经营并由投资者一人负无限责任的企业。独资企业是企业的初始形态，是迄今最古老、最简单的企业形式。在业主制企业内，所有者与经营者合一，投资主体单一，企业无独立的法人资格，投资者对企业债务负无限责任。

合伙企业是指两个或者两个以上的合伙人，按照合伙协议共同出资、共同经营、共享受益、共担风险，合伙人对企业债务承担无限连带责任的企业形式。合伙企业是介于独资企业与公司企业之间的一种企业组织形式。它基于合伙协议成立，企业财产归合伙人共有，合伙人共同执行合伙事务，并由合伙人对合伙企业的债务负无限连带责任。当然，合伙企业有普通合伙企业和有限合伙企业之分，普通合伙企业的所有合伙人对合伙企业的债务承担无限连带责任，因其最为普遍和典型，故称为普通合伙企业。而有限合伙是合伙制发展到一定阶段的产物，意指由至少一名普通合伙人和至少一名有限合伙人组成的合伙企业。其中普通合伙人执行合伙事务，对外代表合伙组织，并对合伙的债务承担无限连带责任，而有限合伙人不参加合伙业务的经营，不对外代表合伙组织，只按一定的比例分配利润和分担亏损，且仅以出资为限对合伙债务承担责任。尽管如此，有限合伙企业对外在整体上仍承担无限连带责任，并不具备法人资格，仅仅是在其内部对承担责任的合伙人进行了分类，因而，也就不影响该合伙组织承担无限责任的特征。合伙企业不具有法人地位，属于典型的人合性企业。

公司企业则是依公司法设立的，由符合一定人数的出资者出资组成的，以营利为目的，具有法人资格的经济实体，其成员对企业债务承担的是有限责任，其信用基础和法律地位迥异于非法人型和以人的信用为基础的个人独资企业和合伙企业。

上述划分标准是市场经济国家普遍采用的企业形态划分标准，因其所具有的科学性和涵盖性，而被不少学者视为至善的甚至唯一的企业法定形态划分标准。

2. 按照企业的所有制性质不同，企业可以表现为全民所有制企业、集体所有制企业和私营企业

---

① 王妍：《超越规范：当代企业形态及企业法理论的祛魅与创新》，载《比较法研究》2012年第6期。

② 赵旭东主编：《公司法学》（第四版），高等教育出版社2015年版，第15页。

这是我国及其他社会主义国家所一度采取的企业形态划分标准。全民所有制企业，是指企业的财产归全体人民所有，由国家授权的机构、部门或者其他全民所有制企业投资设立的企业。集体所有制企业，是指财产属于一定范围内的劳动群众集体所有，实行独立核算、自负盈亏、共同劳动，并以按劳分配为主的企业。私营企业，是指企业财产属于私人所有，由私人投资经营的企业。

在我国及其他一些社会主义国家，长期以来忽视对企业法律形态的研究，主要是以所有制标准来界定和规范企业类型。这种按照所有制性质进行主体立法的做法，是与计划经济体制相适应的，由于过于强调投资者的身份，客观上形成了不同企业之间的不公平竞争，因而与市场经济体制格格不入。随着市场经济体制改革的推行，该种企业形态划分标准已不再成为企业立法体系的主要依据。

此外，还存在其他的一些企业形态划分标准。如按照企业的行业属性不同，企业又可被分为工业企业、商业企业、运输企业、金融企业等；按照投资者的国籍不同，可将企业分为内资企业和外商投资企业。但这些都不属于基本的企业形态划分标准。

在企业法律形态的制度供给方面，我国严格坚守法定主义的立场，无论是企业的组织类型还是企业的组织内容都必须符合法律的要求，不允许投资者在法律规定的企业形式之外进行选择，体现出鲜明的国家干预色彩。[1] 目前，我国商事实践中存在的企业形态主要包括有限责任公司、股份有限公司、个人独资企业、合伙企业(普通合伙、特殊的普通合伙、有限合伙)、股份合作企业、中外合资企业、中外合作企业、外商独资企业、农民专业合作社、集体企业等。这些企业形态主要来自成文法的设计，是一种自上而下的推广。各种企业形态之间泾渭分明、内涵固定，显得呆板、僵硬、缺乏灵活性，无法满足知识经济、风险投资等新经济形式的要求。面对西方国家为适应客观经济变化而不断创新的新型企业形态，我国在企业形态创新的路径上，既应当关注西方成功的经验，又应当注重我国民间力量的培养、注重现实的需求，根植于中国的现实社会，摆脱传统理论或观念的束缚，培育企业形态创新机制，拓宽企业形态自由发展的空间，只有这样才能够实现符合中国实际情况的市场经济与企业形态之间的良性互动。[2]

(二)公司企业与其他企业法律形态的比较

1. 公司与独资企业

公司和独资企业均为基本的法定企业形态，就企业的性质而言，二者具有共同的特点，都是以营利为目的的从事特定生产和经营活动的经济组织。但其区别也是十分明显。主要集中在以下几点：

(1)设立主体不同。独资企业的设立主体仅限于自然人。各国立法和学理上的独资企业从来就是指自然人个人投资设立的业主制企业。我国的独资企业法在法律名称上也冠以"个人独资企业"，其中的个人也指自然人个人，而不包括法人。而公司企业的投资人则既可以是自然人也可以是法人。

---

① 周游：《企业组织形式变迁的理性逻辑》，载《政法论坛》2014 年第 1 期。
② 王妍：《超越规范：当代企业形态及企业法理论的祛魅与创新》，载《比较法研究》2012 年第 6 期。

(2)成员人数不同。独资企业由一人投资设立，属单个个人投资组成的经营团体，而除一人有限责任公司及国有独资公司等①特殊公司形式外，公司成员具有复合性的特点。

(3)法律地位不同。独资企业不具有独立的法律人格，不具有法人地位，而公司企业具有独立的法律人格和法人地位，有自己独立的财产、独立的利益、完善的组织结构，并能独立地承担财产责任，是典型的法人组织。

(4)财产关系不同。由独资企业的非法人地位所决定，独资企业的财产由企业主所有，企业本身并不享有财产所有权，虽然立法也要求独资企业设置相关账册，但也只是方便国家管理和便于企业主了解掌握企业的经营情况。而作为具有独立人格的公司企业，其法人地位决定了企业必须拥有独立的财产并需要独立地承担财产责任，因此，公司企业依法对其拥有的财产享有控制和支配权，即拥有法人财产权。

(5)投资者对企业债务承担的责任形式不同。独资企业不具有独立的法律人格，企业债务在追及效力上等同于企业主个人的负债，当企业资产不足以清偿企业债务时，其业主应以其个人全部财产而不是仅以其投资于企业的财产为限承担责任。而公司企业的债务则由企业独立承担，公司投资者仅仅以其向公司认缴的出资额或股份为限对公司承担责任。

(6)行使公司经营管理权的主体不同。独资企业的所有权与经营权合一。业主享有对内决定企业一切事项、管理企业经营和对外代表企业的权利，虽然企业主会将其中的部分权利通过委托关系交由代理人或雇员行使，但其权力的本源仍在企业主。而公司的经营管理权则由公司的股东会、董事会和经理等法定的公司机关行使。公司的股东只能通过特定的公司机关来表达和贯彻自己的意图。

2. 公司企业与合伙企业

公司与合伙企业不仅在企业本质上相同，均为营利性的商事组织，而且都要求有两个以上的出资人出资，企业将出资人的出资划分成不同的份额，成员权利和盈余分配一般与出资额成正比。因此，与独资企业相比，合伙企业与公司有更大的相近性和关联性，现代公司企业就是在合伙企业的基础上发展起来的，公司企业中的无限责任公司和两合公司在责任形式和财产关系上与合伙企业基本上没有本质上的区别，因此，不少国家的公司法规定无限责任公司和两合公司准用有关合伙的规定。尽管如此，公司企业与合伙企业还是有根本性的不同，主要表现在：

(1)成立基础不同。合伙企业的成立基础在于合伙协议，而公司的成立基础则在于公司章程。合伙协议是合伙人之间权利、义务的约定，不同于公司章程。首先，合伙协议是合伙人意思表示一致达成的契约，其订立必须经全体合伙人协商一致共同签字，变更或修改也必须取得合伙人的一致同意。而公司章程则由发起人制定，变更或修改只须多数股东同意即可，无须全体股东一致同意。其次，在性质上，合伙协议仅是当事人之间的协议，因而只对签约的合伙人具有约束力；而公司章程则是公司组织的自治性文件，其虽由发起人订立但却对公司的所有股东及公司的管理人员和其他成员具有约束力。此外，在内容上，合伙协议具有任意性，法律对其少有强制性规定；而公司章程更多地受公司法强制约

---

① 从严格意义上讲，国有独资公司和外商投资设立的外商独资企业均应该属于一人有限责任公司的范畴，但我国目前将其区别对待。

束，许多内容由公司法直接规定，章程不得作出例外安排。

（2）法律地位不同。合伙企业不具有独立的法律人格，属于非法人企业。而公司企业则具有独立的法律人格，属于法人企业。①

（3）财产归属不同。合伙财产属于合伙人共有，而公司财产则属于公司所有。合伙既然不具有独立的法律人格，合伙人出资所形成的财产就难为合伙所独立拥有，而为合伙人所共有。尽管合伙企业的财产来自于合伙人的出资，但它又不是合伙人财产的简单聚合，就其性质为何众说纷纭。目前理论界通说认为合伙企业财产为合伙人共同共有。对公司财产的归属纵然也有不同的理解，但公司财产独立于出资人股东，为公司所拥有、支配和掌控，人们并无分歧，也为我国公司立法所确认。

（4）信用基础不同。合伙企业以合伙人的个人信用为基础，而公司企业则以企业的资本或资产为其信用标准。由于合伙企业不具有独立的法人地位，出资人对合伙企业的债务承担无限连带责任，因此合伙企业对外的信用基础主要在于合伙人的构成及合伙人的个人信用，合伙之间的相互依存关系也更为明显。因此合伙协议的制定、变更或修改需要取得合伙人的一致同意，通常合伙人的入伙、退伙也必须得到全体合伙人的一致同意。而公司属于法人企业，企业债务由公司独立承担，公司股东不承担出资之外的其他财产责任，因此公司属资合企业，公司对外信用的基础主要在于公司的资本状况或经营状况，而不取决于公司成员的构成和股东的个人信用。因此，公司股东之间的人身联系也就较为松散，股东出资原则上可以对外转让，公司个别成员的变动通常不影响公司的存续。

（5）企业管理权行使的主体不同。合伙企业的管理权通常由全体合伙人行使，公司的经营管理权则由公司的机关行使。合伙企业，特别是普通的合伙企业仍未脱离谁出资谁管理的经营机制。合伙企业由合伙人共同经营管理，其经营方式由合伙协议加以约定。虽然实际上为执行业务的便利，合伙企业通常都会推举其中的一名或数名合伙人为合伙业务的执行人，管理合伙事务，其他合伙人则享有监督检查权，但在法律上合伙人都享有法定的业务执行权，合伙人业务执行权的权利来源于全体合伙人的授权。② 而公司企业的业务管理权责由公司机关行使，每一个股东并不享有对公司事务的直接管理权。

（6）出资人的责任形式不同。合伙人对合伙企业的债务承担无限连带责任，而公司企业的股东对公司企业的债务承担有限责任，即仅以出资额为限对公司债务承担责任。③

实际上，相对于独资企业和合伙企业，公司企业更具有稳定性和独立性，是企业形态

---

① 合伙企业是否具有独立的法律人格是一个颇有争议的话题。传统民商法理论一般不承认合伙的法人地位，其从事民事或商事活动是以合伙人全体的个人人格或共同人格进行，但近代以来各国对合伙尤其是合伙企业地位的认识并不一致，规定也不一样。其中有的大陆法系国家，如法国就赋予其法人地位，但其并不能完全独立地承担财产责任。我国民商事立法和主导理论不承认合伙企业的法人地位，这实际上成为区别合伙企业和公司企业的一个根本性的标准。

② 当然，有限合伙企业有其特殊性。因有限合伙企业不具有其典型性，加之不少大陆法国家将其作为两合公司看待，因此，本部分比较的主要是传统意义上的合伙企业。

③ 究竟是以实际缴纳的出资额为限还是以认缴的出资额为限承担责任，取决于不同的资本制度在严格法定资本制（实缴资本制）下，是以实际缴纳的出资额为限承担责任，在认缴资本制下，是以认缴的资本额为限承担财产责任。

发展到社会化阶段的产物，是企业的高级形态，也代表着我国企业的发展方向。

3. 公司与合作社

合作社(cooperative)产生于资本主义社会，但并不为资本主义社会所独有，在社会主义社会也存在大量的具有劳动群众集体经济性质的合作经济组织。合作社是指劳动群众为了谋求和维护自身的经济利益，在自愿互利的基础上，联合起来共同筹集资金，共同劳动，并共享劳动成果的互助性经济组织。作为一种互助合作组织，合作社虽然也从事特定的经营活动，但营利并非其根本目的，服务成员为其根本宗旨，因而，合作社一直没有被视为严格意义上的企业。然而随着社会经济的发展，为了解决资金短缺等问题，以争取更大的生存和发展空间，合作社在保持其传统的非营利性特征的基础上，放宽了入社资格的限制，允许雇工经营，营利性的色彩也在不断加重，呈现出一定的公司倾向。因此，有必要将合作社与公司企业作一定的比较。

公司与合作社之间的相似之处主要表现在：(1)不少合作社都具有独立的法人资格。社员和公司股东一样，均是以其财产出资入社或入股，从而构成合作社或公司法人的自有独立财产，构成了作为法人财产的基础。① (2)成员的复合性。合作社和传统的公司都要求必须有两个以上的社员或股东构成。(3)都以章程作为组织及成员的行为准则。(4)都要求成员缴纳一定的出资。(5)都设有法人机关。合作社有社员大会、理事会(管委会)等机构，与公司的股东大会、董事会十分相似。(6)成员对合作社或公司的债务大多承担有限责任或有限保证责任。

尽管合作社与公司存在很多相似之处，甚至公司化的倾向不断加强，但合作社和公司在设立目的、管理原则、利润分配等方面仍然有根本性的不同。其区别主要表现在：

(1)经营对象不同。合作社虽然也从事经营，但它是在互助基础上，以共同经营方法，为社员自身利益而从事经营，这就是不少国家至今仍坚持的"只对社员交易"原则。而公司作为以营利为目的的商事组织，则不受经营对象的限制，可以整个社会为其经营对象。当然，随着社会经济的快速发展，为了扩大合作社的生存空间，合作社的这一限制已经被不断突破，二者的这一区别已经不太明显。

(2)对出资人的限制不同。合作社的社员具有一定的身份性，奉行"自愿入社、退社自由"原则，入社时缴纳股金，退社时返还股金，但不能转让股金；但公司作为资合性企业，则与之正好相反，股东入股后不得退股，但可转让股份或股本，只要出资保留在公司，不限制股东出资的转让。

(3)对注册资本额的要求不同。合作社以为社员服务为目的，且具有极大的开放性，对参加的社员人数无固定限制，加之责任形式的多样化，对注册资本额通常不做要求。而公司作为资本性企业，立法对其注册资本通常都有一定的最低数额的要求。

---

① 合作社的责任承担经历了一个发展过程，早期的合作社均采无限责任，后随着合作社经济力量的发展壮大，为适应合作事业发展的需要，各国的合作社法在规定社员无限责任的同时，开始规定合作社社员的保证责任和有限责任。目前绝大多数国家和地区的合作社法规定合作社成员的有限责任或保证责任。不过，就总体情况看，合作社的责任形式具有多样化的特点，并不以有限责任为限，还包括无限责任、保证责任和两合责任等多种形式。

（4）分配原则不同。合作社属于劳动者经济组织，而公司属于资本型企业，二者的分配原则迥然不同。在合作社中，资本只是手段，劳动者利用资本进行工作而不是为资本工作，利润由劳动者的劳动创造，也只能由劳动者享有。因此，国际合作社联盟确立了"限制股息"和"盈余摊还"两项基本分配原则，一方面限制股息分配的比例，另一方面根据社员与合作社进行交易的交易额按交易比例对盈余向社员返还，也称"惠顾返还原则"。这两项原则已经得到各国立法的普遍确认。

（5）社员权行使原则不同。为保证合作社社员之间能够平均分享权利，防止合作社为少数人所控制，进而演变为资本企业，国际合作社组织确立了合作社"一人一票"的民主管理原则；而公司企业为资本企业，奉行的是所谓的资本民主原则，股东一般是按出资比例或者持有股份的比例行使表决权。

（三）公司是融资本性、民主性和自治性为一体的典型的现代企业

党的十四届三中全会通过的《中共中央关于建立社会主义市场经济若干问题的决定》明确提出，建立现代企业制度是我国国企改革的主要目标。现代企业制度是与市场经济相适应的一种企业制度，它以产权清晰、权责明确、政企分开、管理科学为主要特征。公司作为现代企业的一种重要形式，在其数百年的发展过程中形成了特有的优势，成为现代企业制度的理想组织形式，也成为我国企业改革的主要方向。①

公司之所以能够成为现代市场经济最活跃、最重要的企业组织形式，成为现代企业的典型形态，是由其本身独特的法律制度和法律属性所决定的。作为企业法人的典型形态，与其他企业法人如全民所有制企业、集体所有制企业相比，公司的这种典型性可以从本质特征上集中地表现为资本性、自治性和民主性这三个方面，而其他法人企业则不一定具备这三个特征。过去，我们的全民所有制企业和集体所有制企业虽然也具有法人资格，但它们对国家表现出较大的依附性，国家并没有从根本上将其视为资本单位或经营单位，它们承担了大量的社会职能和政治任务，企业缺乏自主性，内部管理混乱。独资企业和合伙企业的成立目的虽与公司企业相同，也是为了追求资本利润，但它们的资本性却不如公司典型，缺乏资本集聚功能，并集资本所有与资本经营于一体，所以，独资企业与合伙企业也难以具备公司所具有的自治性和民主性。

为了更深入地把握公司制的灵魂，我们有必要将公司的这三大特性作进一步的阐释。

1. 资本性

公司属于一种典型的资本企业。这种典型性主要表现在：（1）资本的根本属性在于增值，因此公司存在的最高目的和最终目的就在于追求资本利润，此为资本利润原则；（2）公司作为法人企业，必须对外独立承担财产责任，股东只承担有限的出资责任，因此，资本必然成为公司对外的责任基础和信用基础，即资本责任和资本信用原则；（3）公司的责任机制和信用机制要求公司在成立之初和公司成立后必须确保资本的真实和完整，此为资本真实原则；（4）公司须由多个投资主体投资，实现了产权主体的多元化、集合化和社会

---

① 自20世纪90年代以来，建立现代企业制度渐次成为我国经济体制改革的重要梁柱和支点，目的是实现企业所有权与经营权的分离，亦即通常所言之两权分离，这深刻影响到当代中国公司法制的构建。参见周游：《公司法上的两权分离之反思》，载《中国法学》2017年第4期。

化，同时资本股权化又带来了公司产权形态的结构化。正因为公司是建立在资本责任和资本信用基础之上，并以实现资本增值为其存在的根本目的，所以，公司可谓真正意义上的资本企业。

2. 自治性

自治与管制始终是公司法中激动人心的话题。公司制度的变迁经历了一个从商人选择到国家干预的过程，随着市场化与法治化的双重演进，祛除管制和走向自治成为公司法改革的主题。尤其是在我国，公司法的始创与改革走的基本上是一条强制性变迁的道路，从管制走向善治是解决严重的公司法"架空"现象的出路所在。[1] 就其本质而言，公司是一种高度自治的企业组织形式。首先，公司是企业法人，它具有自己独立的财产、意志和利益，并独立承担财产责任。其次，公司是一种典型的法人企业。这种典型性源于其投资主体的多元化和产权形态的结构化，因此公司可以更好地摆脱其他主体的不当干预，这种独立性和自治性不仅表现在它与政府之间的关系上，而且还体现在它与投资者即公司成员之间的关系上。从外部关系来说，公司作为一种自主经营的法人组织，它应该是一种脱离政府干预、无上级主管部门的企业；就内部关系（包括股东与公司的关系）来看，它主要通过其章程实现其内部治理，章程是企业的内部行为准则，对股东、经营管理人员及职工均具有普遍约束力，从某种意义上讲，即便是公司的支配股东也不得随意干预企业的具体经营事务。

3. 民主性

公司同样是一种民主性企业。公司的民主性与其特殊的产权形式和产权结构密不可分。由于投资主体的多元化和产权形态的结构化，客观上要求投资者必须能够公平地参与公司决策和管理，并实现业务决策、业务执行及监督的分离。因此，股权平等、股东民主成为公司法的重要立法原则。伴随着公司治理运动的兴起，股东民主运动成为公司领域的一道亮丽风景，特别是最近20多年来，其对于推动公司治理起到了至关重要的作用。西方国家尤其是美国理论界纷纷对股东民主、公司民主进行探讨和研究，究其原因乃在于股东民主是市场经济的一个重要理念和指针。[2] 公司的民主性不但体现在公司的治理结构上，如在公司的管理机构的设置上贯彻分权制衡的民主思想，在公司重大事务的决策上实行资本多数决的原则，在机关成员的选任上实行民主选举，对经理人员实行聘任制等，还体现在其他诸多方面，如股东提名权制度、股东对高管薪酬的投票控制制度、电子委托书征集制度、电子股东论坛制度、股东网络投票制度等。

从公司所具有的上述特性来看，公司与任何一种企业形态相比，更能体现现代企业制度的要求：(1)产权明晰。现代法律为产权主体多元化的公司专门构造了一种特殊的法人财产制度。股东在向公司投资之后，即丧失了对其出资财产的直接支配权，股东的出资财产的所有权转化为股权，公司在股东出资的基础上形成其财产所有权，股东则依据出资行为和股东身份对公司享有红利分配请求权、剩余财产分派请求权等财产性权利（自益权）和出席股东会、选举公司机关成员等公司事务参与权（共益权），从而在公司产权的基础

---

① 曾宏伟：《公司法变迁中的商人角色》，载《中外法学》2011年第4期。

② 赵金龙著：《股东民主论》，人民出版社2013年版，第3页。

上，实现了公司人格和股东人格的分离，创建了新型的企业产权关系，并在此基础上建立起科学的资本积累机制、风险责任机制和经营管理机制。这种产权关系体现了社会经济运行中由法律界定和维护的各种经济利益主体对财产的权利关系，既有利于保障企业的正当经营权利，又有利于实现和强化企业的财产约束，从而建立起有效的内部约束与激励机制。因此，人们普遍认为，明确的产权功能，不仅是公司作为企业组织所具有的一大功能，而且在公司诸功能中占据首要的地位。而我国的国有企业中长期存在着作为投资者的国家与企业之间权利义务模糊不清的状况，企业由于缺乏应有的自主经营权，形成了与国家行政机关强烈的行政依附关系；同时，国家对企业生产经营大包大揽，导致了企业的连环责任，承担了对企业的无限责任，因而，按照公司所特有的产权制度，可以充分界定投资者与企业各自拥有的权力边界，规范各自的行为，这是把握引入公司制度原理改革我国国有企业的真谛和关键所在。(2)权责明确。权责利统一是现代企业制度处理各种关系的基本准则，也是其优越性和重要特征之一。法人制度和有限责任制度不仅明确了股东与公司之间的责任界限，而且规范的公司都形成了一套使公司财产的最终所有者(股东)与经营者(公司经营管理人员)以及生产者(职工)权责利互相协调、互相约束的组织机构和行为机制。(3)政企分开。与传统的企业法律形态不同，公司是资本结合的产物，是一种资本性企业。作为一种资本性企业，它更加强调其自治性和独立性。同时股权的分散化和社会化也有助于弱化政府对企业的干预，实现政企分开。(4)管理科学。公司是一种高度自治和民主性企业，在长期的发展过程中形成了一套以治理制衡为特色的严密科学的组织管理制度。此外，有限责任、股权转让等制度具有解除投资者的后顾之忧，进一步鼓励、刺激投资积极性等特殊功能；股权分散和流动进一步确保了公司人格的独立，使公司具有更大的稳定性和连续性。因此，公司已基本成为现代企业的主导形态，成为我国建立现代企业制度的有效组织形式。

第二节 公司法的概念和特性

一、公司法的概念

纵览各种公司法著作，学者们通常从形式和实质两种意义上来理解"公司法"一词。形式意义上的公司法，是指体系化地制定于一个法律文件内并以"公司法"命名的公司法，即以制定法或法典形式表现出来的公司法，也称狭义上的公司法；实质意义上的公司法是指规定各种公司设立、组织活动和解散以及其他与公司组织关系有关的对内对外关系的法律规范的总称，它泛指所有与公司组织有关的法律、法规和司法解释，包括《公司法》及其配套法律、法规以及司法解释，也称广义上的公司法。① 公司法理论研究的对象通常是广义上的公司法。本书所称的公司法也是指实质意义上的公司法。

---

① 截至 2017 年，最高人民法院共计发布了四个公司法的司法解释。为方便行文，后文分别简称《公司法司法解释一》、《公司法司法解释二》、《公司法司法解释三》和《公司法司法解释四》。

二、公司法的调整对象

任何法律的创制都有其特定的适用范围。公司法是规范公司这一特殊市场主体的身份和行为的法律规范。因此明确公司的概念，只是明确了公司法在主体上的适用范围和规制对象，要正确认识公司法的概念，还必须对公司法的调整对象有一个正确的理解。

与其他法律一样，公司法也有自己特定的调整对象。一般认为，公司法的调整对象主要是公司在设立、组织、活动及解散等行为过程中所发生的特定的财产和组织关系。具体包括：

(一)公司内部财产关系

公司内部财产关系主要是指公司发起人之间、发起人与其他股东之间、股东相互之间、股东与公司之间在公司设立、变更、解散和清算过程中所形成的具有经济内容的社会关系。主要包括公司资金的筹措、利润的分配、剩余财产分派、对外责任的承担等内容，是公司法的主要调整内容。

(二)公司外部财产关系

公司外部财产关系是指，公司在从事经营活动过程中与其他社会组织、个人之间所形成的平等主体之间的带有经济内容的社会关系。但公司法并不调整所有的外部财产关系。公司在日常经营活动过程中所形成的与公司组织特点无密切联系的一般交易关系，并不由公司法调整，而是由合同法、担保法等其他民商法调整。公司法只调整那些与公司组织特点密切相关而又含有经济内容的基于公司活动而形成的这部分社会关系。如公司在发行股票、公司债券过程中公司与认股人、债券持有人以及证券承销商之间所发生的社会关系；公司在合并、分立、解散过程中公司与债权人之间的债权、债务承继与清偿关系；母公司与子公司之间的控股与财产分配关系。

(三)公司内部组织关系

公司组织关系是指公司股东与公司内部组织机构之间、股东会、董事会、监事会各种组织机构之间以及公司同公司职员之间在公司存续期内所结成的各种带有管理协作性质的社会关系。这些社会关系主要体现为管理与被管理关系，也包括一些与经济关系有密切联系的人身关系以及公司内部各方之间的平等协商、互相配合、相互制约的关系。其内容主要包括：股东的地位、权利义务、股东会、董事会、监事会等公司机关的地位、职权及相互关系、公司机关成员的任职资格、产生办法、法律地位、权利、义务、责任等。

(四)公司外部组织管理关系

公司外部组织管理关系主要是指，公司在设立、变更、活动和解散过程中，与有关国家机关所形成的管理与被管理的纵向经济关系。它涉及公司的法律地位，公司经营资格的取得，公司的合并、分立、解散等内容，与公司的组织特点密不可分。

三、公司法的性质和特征

(一)概说

公司法的性质，是指公司法的本质属性，主要是从部门法分类的角度对公司法加以界定和评价，即指公司法的部门法属性。公司法的特征是指，作为法律组成部分的公司法规

15

范在内容、效力、表现形式等方面显示出来的与其他法律不同的特点，通常是从公司法规范的角度来进行评判和分析的。二者之间既有联系又有区别。一般而言，公司法的特征是由公司法的性质决定的，而公司法的性质又通过其特征得以体现。

（二）公司法的性质

根据不同的标准，学者们通常将法律部门划分为：公法和私法、国际法和国内法、实体法和程序法，在实体法中又依据其调整的对象和调整方法及其任务和功能的不同，将其细分为宪法、刑法、民法（商法）、经济法、行政法等。公司法具有以下本质属性：

1. 公司法是带有公法色彩的私法

公司法是调整公司组织及其行为的法律规范。公司作为一种基本的商事组织，其设立和运行主要是建立在当事人自愿平等、自由协商的基础之上的。因此，建立在当事人意思自治基础之上，强调设立、择业、营业、竞争和股份转让自由的公司法在本质上应属于私法的范畴。但是，随着市场经济的发展，自由竞争的资本主义逐步为垄断资本主义所取代，为了维护社会交易安全和正常的社会交易秩序，国家不断加大对经济生活的干预力度，公司的设立和活动也日益被看成超出股东利益范围而直接影响社会利益的事。许多在传统公司法领域被视为私权的领域，随着国家干预的扩大而带有明显的公法色彩。如公司资本法定、公司机关设置法定、公司法定事项的公示主义、公司行为的要式主义等。不过，尽管公司法公法化的趋势非常明显，但这一切仍改变不了公司法的私法性这一本质。

与此相关的问题是，公司法究竟是强行法还是任意法？公司法规范何者应当是任意性规范，何者应当是强行性规范，是存在一些可能的规则与标准的。例如，外部监控机制的强弱决定着规范的任意性与强行性，公司的类型决定着规范的任意性与强行性，信息不对称时规范应当为强行性，涉及公司效率的事项规范应当为任意性，诉讼性程序和法律责任规范应当为强行性。① 但如何厘定任意性规范与强行性规范之间的边界，二者之间的临界点如何设置，目前仍然是一个见仁见智的问题。②

由于特许主义的存在，历史上的公司法通常包含有大量的强制性规范，因此有人主张公司法自古以来就是强制性的，属于强行法。尽管后来随着各国市场化进程的加快，各国纷纷调整其公司政策，特许主义逐步从公司法中退出，代之以核准主义和严格准则主义，但由于公司制度在社会经济中的巨大作用和影响，公司设立原则的变更不仅没有使各国公司法中的强制性规范随之减少，相反随着准则主义的兴起，各国公司法中的强行性规范却与日俱增。因此持公司法为强行法观点者目前仍不在少数。大家认为，由于公司在现代经济生活中的特殊地位和重大影响，在现代社会公司已并非纯粹的私人事务，国家立法需要而且正在加强对公司行为的控制，从而将公司法逐步地纳入强行法的轨道中。但也有学者认为，公司法应属任意法。他们反对国家对公司事务的干预，强调公司法应作为自治法的属性和特点，主张给公司当事人留下较大的创造空间。他们认为国家创设公司法文本，不是对当事人自由的限制，而恰是给当事人提供行动指南，因此，公司法不是也不应该被设

---

① 胡田野著：《公司法任意性与强行性规范研究》，法律出版社 2012 年版，第 510 页。

② 参见汤欣：《论公司法的性格：强行法抑或任意法？》，载《中国法学》2001 年第 1 期；罗培新：《公司法强制性与任意性边界之厘定——一个法理分析框架》，载《中国法学》2007 年第 4 期。

置成为强行法。

本书认为，尽管公司在现代社会中的影响日益加剧，其人格的健全与否对整个社会交易安全都会产生重大的影响，放任公司自治既不可能也不现实，国家必须对其组织及行为作出必要的引导性安排，并设置大量的强制性规范，但这一切都不足以改变公司法为任意法的基本属性。因为，从某种意义上讲，公司本身就是一套合同规则（系列合同或合同之网），是许多自愿缔结合约的当事人——股东、董事、经理之间的协议。由于现实经济生活复杂多变，公司制度必然照顾到不同利益主体在不同场景中的各种需要，因此，公司法必须采取弹性的结构，有关制度安排必须考虑到当事人缔约时有足够的选择自由。只要这种合约没有造成消极的外部成本，法律就应当采取尊重和宽容的态度。因此，公司法本质上应属于任意法。只不过与其他的私法相比，其强制性色彩较为浓厚罢了。对于本来就具有浓厚管制情结、缺乏私法自治传统的中国来说，明确这一点应该说具有更为重要的现实意义。我国原《公司法》存在的突出问题就是强制性规范与任意性规范区分不明，强制性规范过多，从而制约了企业意志的自由形成，2005 年与 2013 年公司法修订的一个主要内容就是减少不必要的政府管制，从而使公司法的私法属性得以彰显，而西方市场经济国家最近几年公司法修法的实践也充分说明了这一点。

2. 公司法是具有一定国际性的国内法

公司法就其本质而言属于国内法。因为各国公司法只调整本国公司及外国公司在本国分支机构的组织和活动，并在其主权范围内发生效力。但随着各国经济的持续发展，国家之间的经贸联系日趋紧密，跨国界的商事活动和贸易交往日益频繁，公司作为商事活动的重要主体，其活动范围势必随之具有一定的国际性。为减少贸易交往中的法律障碍，各国在公司法的立法过程中非常重视吸收公司法的普遍原理和各国公司立法的先进经验，逐步形成了各国通用的一些法律制度，使公司法呈现出一定的国际性。尤其是随着全球经济一体化进程的加快，一些区域性经济组织正在尝试通过制定国际公约、发布规则和指令等方式协调各个成员国的立法，从而使各国公司法的国际性进一步加强。在此背景下，公司法的趋同化或一体化议题成为学界研究的热点问题。在全球范围内，由于近年来英美公司在全球经济竞争中的胜利等原因，英美公司法的影响日益凸显。现实中，全球公司法呈现出明显的融合趋势，而英美公司法似乎正是融合的目标。耶鲁大学的汉斯曼教授与哈佛大学的克拉克曼教授于 2001 年发表的《公司法历史的终结》甚至提出，现代公司法经过 100 多年的发展，已经完成了进化，各国虽然在公司治理、股权结构、资本市场和企业文化方面存在明显差异，但在公司形式的法律制度层面已经取得了高度统一，并且有可能进一步融合。① 尽管如此，我们必须看到，与行为法相比，作为组织法的公司法，更多地受制于本国的法律传统和文化传统，更多地取决于各自的经济体制和社会制度。因此，不仅不同社会制度国家的公司法存在较大的不同，即使是同一社会制度之下，不同法系国家的公司也各具特点，甚至同一法系内部各国公司法也难以实现统一。正因为此，有关国际机构建立统一公司法的种种努力都很难取得实质性的成效。

3. 公司法是具有程序法内容的实体法

———————

① 黄辉：《略论公司法一体化：中国视角及启示》，载《比较法研究》2013 年第 5 期。

公司法是规范公司组织和活动的法律规范。因此,各国公司法都着重规定公司的法律地位、公司股东及公司机关及其成员的权利、义务和责任,这些实体性内容贯穿公司法的始终,构成公司法的主要内容,所以公司法应属于一种实体法。不过,作为一种商事组织法,各国公司法在侧重规定上述实体性内容的同时,还广泛规定权利取得和行使的法定程序,以保证实体性权利的实现,因而使公司法同时带有一定的程序法性质。例如,关于股东查阅权纠纷、股东会召集权纠纷、异议股东股价评估纠纷、董事司法选任纠纷与解任纠纷、公司解散纠纷与清算纠纷等,均需要公司法作出程序法上的特别规定。① 但无论有多少程序性规范都不可能使其成为一部与实体法相对应的程序法,实体法仍是其本质属性。

4. 公司法是含有多个部门法规范的商法

公司法是规范公司这种特殊的商事主体的组织和活动的法律规范,其调整的社会关系主要是平等主体之间的财产关系以及与之有密切联系的人身关系。因此公司法基本上属于私法的范畴,其中大部分规范属于商事法规范。不过就私法而言,还存在单一立法和二元立法的区别,在采取单一立法的国家,公司法属于民法的特别法;在二元立法的国家,公司法多属于商法的组成部分。由于公司法本质上属于公法化了的私法,其中势必存在大量因国家干预而形成的社会关系,这种受国家干预而形成的社会关系,当属于经济法和行政法的范畴。调整这类社会关系的法律规范自然属于经济法规范和行政法规范。此外,各国公司法对在公司设立、变更、解散以及股份发行等过程中严重的违法行为大多规定了相应的刑事处罚措施,从而使公司法中也包含有不少刑法规范。所以,公司法可以说是多个部门法规范的集合体。但这一切并不能改变公司法为商事主体法的基本属性。

(二) 公司法的特征

1. 组织法特征

组织法是相对于行为法而言的。它是指规定某种社会组织的组织及运作的法律规范。公司是一种营利性的商事组织,它具有不同于自然人的团体人格。因而规定公司法律地位、团体人格取得、内部机构的设置和运作规则、调整公司内部成员的关系,是调整公司组织关系的公司法的最基本的义务。所以公司法首要的是组织法,也有学者将其称为"人格法"或"团体法"。在公司法规范中,组织性规则的功能在于确立主体资格、提供决策与管理机制、确保责任之承担等功能。② 正确认识公司法的组织法特征,对于深入理解公司法的本质具有重要的方法论意义。③

2. 行为法特征

行为法是调整由法律主体的活动或行为而产生的社会关系的法律规范的总称。公司作为一种营利性组织必然对外从事各种经营活动和交易行为。因此作为规范公司组织与活动

---

① 李建伟:《公司非讼程序之适用研究——公司纠纷解决的民事行政路径分析》,载《中国法学》2010 年第 5 期。

② 许德风:《组织规则的本质与界限——以成员合同与商事组织的关系为重点》,载《法学研究》2011 年第 3 期。

③ 关于公司本质的深入探讨,可参见邓峰:《作为社团的法人:重构公司理论的一个框架》,载《中外法学》2004 年第 6 期。

的公司法，在规定公司组织体的产生和运作的同时，势必需要对公司特定的经营行为进行规制，所以，公司法在为组织法的同时，也必然兼有行为法的特征。但如前所述，公司法所调整的只是与公司组织特点密切相关的部分经营关系，因此，组织法特性是第一位的，行为法特征是第二位的。

3. 强行法特征

公司法尽管从本源上讲属于私法和任意法，但作为现代社会重要的社会经济组织，公司经营机制的健全与否，不仅仅关系到公司自身的运营和发展，而且关系到公司众多职工、债权人的利益，关系到社会交易安全。因此，在经济一体化的现代社会，公司很难被完全视为一个纯粹可以任其自治的私人团体，而调整公司对内对外关系的公司法也就不可避免地保有国家积极干预的内容，相应地公司法中也就包含有大量的强制性规范，使公司法与其他的商事立法相比，呈现出更为明显的强行法特征。当事人必须遵守，不得违反。此外，在民法上，违反强行性规范的行为原则上无效，但在公司法上违反强行性规范还有众多的处罚性规定。

4. 制定法特征

由于公司法是组织法，对于公司的法律地位以及它的组织设立，尤其是有关公司组织活动中的程序性规定，必须有系统的、内容准确而又能迅速反映变化了的要求的法律规定。与此相适应的立法形式是制定法而不是判例法。因此，无论是大陆法国家还是英美法国家，其公司法的表现形式都为制定法，即都采用成文法的形式以实现对公司关系的有效调整。

5. 发展性与变动性特征

商法与民法，虽然同属于关于社会生活之法律规范，但其调整的社会关系却大为不同。商法调整的是市场交易关系，民法调整的是一般商品关系和人身关系。市场交易关系会随着商品经济与市场经济的发展而发生巨大变化，而一般商品关系和人身关系则往往保持较强的稳定性，因此民法具有规定性和连续性，一般较少修改，而商法则会随着市场交易方式和交易手段的不断更新而不断作出调整，呈现出不断发展进步的特点。在商法中，公司法又是最能体现其发展性与变动性的法律部门。在各国商法的修订中，公司法的修订无论在质上还是在量上，都是修订最多的法律。急剧变动的社会现实和日趋激烈的国际竞争，不仅带来了公司观念的不断更新，也推动着各国立法的不断变革和发展，修法已经成为全球性的潮流。① 我国《公司法》自 1993 年颁布以来，分别于 1999 年底、2004 年和 2018 年作了三次细微的修订，但囿于当时时代背景和理论局限所造成的原《公司法》的陈旧性和不完整性均没有得到纠正，仍需大规模的修订。从《公司法》列入 2003 年公布的十届人大的立法规划以来，在国务院法制办、全国人大的共同努力下，我国经历了一场少见的参与主体极其广泛的修法过程。2005 年修订的《公司法》在许多制度和原则上作出了重大突破和调整，如确立了一人公司制度，引入了公司人格否认和独立董事制度，降低了公司设立的门槛，减少了对公司最低资本数额的要求，拓宽了出资形式，改革了原有的僵硬的资本制度，允许股东分期缴纳出资，进一步完善治理结构，明确控股股东和实际控制人

---

① 范健、王建文著：《公司法》（第四版），法律出版社 2015 年版，第 45 页。

的义务和责任，强化对小股东的权益保护和救济等。可以说，2005 年的《公司法》修订不仅是在形式上对条文和文字所作出的简单改动，而是对原《公司法》的实质性突破，这次修订大大增强了《公司法》的适应性。2013 年底，为落实十八届三中全会精神，总结实践中商事登记制度的改革经验，全国人大常委会再次修改《公司法》，彻底废除了法定最低注册资本制度，将注册资本实缴制改为认缴制。本次《公司法》修改虽然涉及条文不多，但一举解决了长期以来困扰企业设立的资本难题，具有四两拨千斤的巨大杠杆功能，对于鼓励投资兴业，推进"大众创业，万众创新"以及政府的简政放权，都具有重要的现实意义。2018 年的《公司法》修订，虽然只是对股份回购制度的修改，但影响深远，对促进公司建立长效激励机制、提升上市公司质量，特别是为稳定资本市场预期等提供了有力的法律支撑。当然，本次《公司法》修订仍然只是阶段性的，并不意味着《公司法》的尽善尽美。实际上，公司制度总是被不断创新的商事实践瓦解或改写。无论是合伙人制度对公司治理理念与结构的冲击，还是股权众筹对公司融资方式的挑战，抑或是对赌协议作为应对信息不对称与激励问题新方案的出现，都说明了这一点。① 对于这些以"创新"之名进行的法律规避行为，立法机关不应采取一概否定的态度，而是需要从交易成本、社会成本以及法律监督成本等层面综合衡量法律对策。如果新交易模式具有帕雷托效率改进功能，那么立法机关应当接受这些做法，进而修改法律以回应实践需求。这意味着，法律规避行为也可能转变为公司法强制性规范以及相关管制措施改革的内生动力，进而推动公司法制的诱致性变迁。② 总之，为谋求《公司法》与实践发展之间的协调性，我们应该基于《公司法》的发展性与变动性的法律特性，淡化其安定性要求，根据形势发展的需要，对《公司法》作出适时修订，以确保其"回应型法"的时代品格。

第三节　公司法的立法模式和表现形式

既然公司法是指规范各种公司设立、组织活动和解散以及其他与公司组织关系有关的对内对外关系的法律规范的总称，那么公司法就不可能仅指某一部专门的法律，而指涉及公司的所有法律规范，加之各国法律传统的不同，立法体例也有很大的差异，因而公司法的表现形式就是多元化的。

一、公司法的立法模式

从世界范围来看，公司立法主要有单行立法、商法典、民法典等几种模式。

（一）单行立法模式

单行公司立法模式最早为英美法系国家所采用。在英美国家成文法不兴，没有大陆法系国家所普遍采用的民法典和商法典。但为了适应资本主义经济发展的需要，英美国家在判例法的基础上开始制定成文法，以调整日益发达的公司对内对外关系。如早在 1720 年，为防止恶意利用公司制度进行诈骗行为的蔓延，英国议会就率先制定了《泡沫法案》，以

---

① 王妍：《公司制度研究：以制度发生学为视角》，载《政法论坛》2016 年第 2 期。
② 董淳锷：《公司法改革的路径检讨和展望：制度变迁的视角》，载《中外法学》2011 年第 4 期。

规制公司的设立。由于《泡沫法案》在沉重打击不法之徒利用公司制度牟取不法利益企图的同时，其对公司设立的严格限制也极度地抑制了英国公司的发展，1825年，英国国会通过了《泡沫公司法》，放松了对设立公司的限制，废止了已实施了100多年的《泡沫法案》。1844年又颁发了意义深远的《合股公司法》，首次允许私人以注册方式组织公司，并于1855年在新的《合股公司法》中确立了有限责任原则，成为英国历史上第一个现代意义上的公司法。后于1862年、1908年、1929年又陆续修改过几部公司法。1948年，英国把过去历年的公司法加以整理修订，颁布《1948年公司法》，计462条，成为英国最有影响的公司法。《1948年公司法》又经历了1967年、1976年、1981年、1985年、1989年、2006年等多次修正，现仍在适用。

目前德国、奥地利、法国等绝大多数的大陆法系国家也已经改变了原有的立法模式采用单一立法模式。如德国有关公司的规定最早是在1861年商法典中专设一编，即第二编"商事公司及隐名合伙"对无限公司、两合公司、股份两合公司、股份有限公司分别加以规定。1892年，德国在商法典之外，制定了世界上第一部《有限责任公司法》，专门规范有限责任公司及其行为。为适应社会经济发展的需要，1937年，德国颁布《股份及股份两合公司法》（简称《股份法》），废止了商法典中有关股份公司及股份两合公司的规定，与《有限责任公司法》共同成为公司法的最为主要的渊源，而商法典则基本上不再具有调整公司组织的功能。法国本是民商分立的国家，有关公司的规定也最早存在于《商法典》中，并开创了通过《商法典》来规制公司设立及其组织的先河。但同样为了适应经济发展的需要，法国立法机关又分别于1856年、1863年、1867年陆续颁布了有关单行法规，规定了除有限责任公司以外的所有形式的公司，并对旧规定作了全面修改。1925年，法国又制定了《有限责任公司法》，对有限责任公司加以专门调整。1966年，法国制定了全面适用于所有公司形式的《商事公司法》，该法经过1967年、1978年、1984年、1985年、1989年等多次修改，结构严谨、内容翔实，成为最为完善的公司法之一，为其他国家制定统一公司法提供了颇有参考价值的范例。它适用于各种类型的公司，从而使公司法不仅从商法典中分离了出来，而且成为一部全面又统一的公司法。

（二）商法典模式

采用这种模式的典型国家是日本。日本的公司立法始于明治维新以后，虽然在立法上仿效欧美，但它始终把公司法（除有限责任公司法外）作为商法典的重要组成部分，而没有使其从商法典中分离出来。1890年的日本旧商法典中第一编第六章是关于公司的规定，1899年商法典将公司作为独立的一编（即第二编为公司）。第二次世界大战后，日本借鉴美国的许多公司立法经验，1956年以股份有限公司为重点对商法典的有关内容作了彻底修改。后于1962年、1963年、1966年、1981年、1990年、1993年、1994年、1997年、1998年、1999年及2000年等多次修改商法典中的公司法。而日本最近逐步摆脱传统的商法典模式，于2005年完成了统一公司法的制定。2005年的日本公司法虽然在许多地方沿袭了日本商法典中的不少内容，但做了许多实质性的修改，条文的形式与内容有了重大变化。①

---

①　［日］近藤光男著：《最新日本公司法》（第七版），梁爽译，法律出版社2015年版，第4页。

（三）民法典模式

采取这种立法模式的主要是民商合一的意大利和瑞士等部分欧洲国家。这些国家无独立的商法典，他们把规范股份有限公司等公司形式的公司法看做民法典的一个重要组成部分，专门加以规定。如意大利把相关的立法内容规定在《民法典》第五编第五章之中。而瑞士关于股份有限公司等立法内容最早规定在 1872 年的《瑞士债务法》中，1911 年瑞士将债务法纳入民法典第五编之中，从而成为民法典的一个有机组成部分。

（四）地方立法模式

采取这种立法模式的主要国家是美国。美国属于普通法系国家，但在公司立法上，又与其他普通法系国家有着明显的区别，更不同于大陆法系国家。依照美国宪法规定，美国联邦议会不享有公司立法权，公司的立法权分别由各州的议会行使。所以，在美国没有一部全联邦统一适用的公司法，而美国各州都有自己的公司法，由此引发了公司法的州际竞争问题。第一轮公司法州际竞争发端于 19 世纪 80 年代，至 20 世纪 30 年代达到高潮，这轮竞争主要表现为公司法的自由化改革，结果是美国各州普通公司法基本完成了从"管制型"向"赋权型"的转变。第二轮公司法州际竞争肇始于 20 世纪 60 年代，一直延续到现在，此轮竞争一方面使董事和高管诉讼费用补偿与责任保险范围明显扩大，并催生了直接免除或限制他们责任的条款，另一方面也推动了反收购法不断更新。① 为协调各州的公司立法，美国统一州法委员会于 1928 年制定了《统一商事公司法》，供各州立法参考，但收效甚微。1950 年，美国全国律师协会的公司法委员会起草了《美国示范商事公司法》（*Model Business Corporation*，又译为《标准公司法》或《标准商事公司法》），对当代美国公司法律制度影响较大。《示范公司法》自面世以来，已经多次修改，最近一次修改是 1999年 5 月，但该法属于示范法性质，对各州并没有直接的法律拘束力。

除了立法模式的差异外，由于法律文化的不同，各个国家的公司立法还呈现出自身的一些特点，如法国法系以严格而著称，不仅对公司形式的变更作出严格限制，而且对公司发起人和经理人规定了严格的法律责任；德国法系则一方面以条文严谨、论理缜密而见长，另一方面在有限责任公司的设立等方面又具有较大的弹性，同时还创设了职工参与等独特的管理制度；英美法系以切合实际为特点，并以丰富的判例为背景。

二、公司法的表现形式

因立法模式的差异，各国公司法的表现形式会有所不同，但就多数国家的立法和司法实践来看，公司法的表现形式主要有以下几种：

（一）公司法典

在实行单行立法模式的国家和地区，国家通过立法程序制定的公司基本法——《公司法》是公司最基本的法律渊源。

（二）特别公司法

为了满足特种类型公司经营和管理的需要，即使是实行单行立法模式的国家和地区，也通常在公司基本法之外制定有针对某些特殊类型公司的立法，如银行法、信托公司法

---

① 杨成良：《州际竞争与美国公司法的发展》，载《比较法研究》2017 年第 1 期。

等，这些立法是公司法的特别法，属于特别公司法。在我国商业银行、外商投资企业都是特种类型的公司，因此，《商业银行法》和《中外合资经营企业法》、《中外合作经营企业法》及《外资企业法》等可以看作公司法的特别法。我国《公司法》第217条也明确规定："外商投资的有限责任公司和股份有限公司适用本法；有关外商投资的法律另有规定的，适用其规定。"

（三）商法典

尽管目前各国的公司法已经在形式上脱离了商法典，但有些国家无限公司和两合公司仍然由商法典予以调整，同时商法典中的其他一般性规定，如关于商法的一般原则、商事账簿、商事登记等，也普遍适用于公司行为，因此，在实行民商分立的国家，商法仍然是公司法的一个重要渊源。

（四）民法典

在采取民法典模式的国家，公司法规范置于民法典之中，民法则为公司法的基本渊源。在我国，《民法总则》施行后，如何处理《民法总则》与《公司法》的适用关系，成为重要的法律问题。一般认为，《民法总则》作为私法的一般性规则，对《公司法》具有补充适用和漏洞填补的功能。《民法总则》有关法人、营利法人以及法律行为的一般性规则，对《公司法》均有补充适用的余地。在公司决议的成立与撤销、公司解散时的清算义务与清算后剩余财产的处理等问题上，应处理好公司法特别规定的优先适用与民法总则一般规定的补充适用之间的关系。①

（五）特别法律、法规

根据公司经营活动的客观情况和国家对其实行管理的需要，国家在统一公司法或在民法典或商法典之外，一般都颁布有一些特别的法律、法规，这些特别的法律法规有的统一规定公司法中没有规定的内容，有的是将公司法的原则性规定加以具体化，它们都属于公司法的组成部分。如英国于1963年通过的《股份转让法》、美国国会于2002年通过的旨在防范公司财务丑闻发生的关于会计和公司治理"一揽子"公司改革法案，即《萨巴尼—奥克斯勒法案》（*Sarbanes-Oxley Act*），以及不少国家和地区关于公司最低资本额及关于完善公司治理结构的法令等。

（六）其他单行法中有关公司的规定

各国都制定有专门调整某一法律关系的单行法，但法律关系的复杂性决定了法律关系不可能是单纯某个方面的法律关系，其本身也包含了其他法律所调整的对象，因而调整某一种法律关系的单行法也可能包含公司法性质的内容。如有的国家和地区制定的《商事登记法》、《商业会计法》、《企业并购法》等也当然适用于公司这种商业组织的登记、会计及并购等事项。至于破产法和证券法与公司法的关联度更为密切，其中关于法人清算的内容就部分地属于公司解散和清算的内容；而证券法中关于股份发行、上市、交易等内容也属于股份公司制度中难以割裂的部分，因此这些相关规定也可以成为公司法的渊源。

新中国公司立法刚刚起步，但我国政府大胆借鉴国外立法的先进经验，并结合我国实际采取了单行法的立法模式。目前我国公司法的立法体系已初见雏形，形成了以《公司

---

① 钱玉林：《民法总则与公司法的适用关系论》，载《法学研究》2018年第3期。

法》为基本法，再辅之以其他单行法律、法规的公司法法律体系。这些法律、法规包括：权力机关制定的特别法律、法令，如《商业银行法》、《中外合作经营企业法》等外商投资企业法，及国务院颁布或批准的行政法规，如《公司登记管理条例》、《股票发行与交易管理暂行条例》、《可转换公司债券管理暂行办法》；还包括国务院证券主管部门及其他有关部门颁布的规范性文件，如《上市公司治理准则》、《上市公司新股发行管理办法》等，这些都是公司法的主要渊源。除此之外，一些行业组织制定的自治性规章及最高人民法院所作的司法解释在公司法立法和实践中也居于十分重要的地位。

此外，在重视商事习惯和判例的英美法国家，商事习惯和判例也是公司法的重要渊源。囿于大陆法系的传统思维，商事习惯与判例似乎不能作为我国公司法的渊源。但是，随着最高人民法院案例制度工作的推进，关于指导性案例法源地位的讨论趋于热烈。2010年11月26日，最高人民法院发布的《关于案例指导工作的规定》第7条规定："最高人民法院发布的指导性案例，各级人民法院审判类似案例时应当参照。""应当参照"这一词语引发了诸多质疑：它是确立了指导性案例如同在普通法系中判例法那般的法源地位，还是不过延续了如同民法法系中的判例一般的非法源地位？抑或，它同时有别于两者？有学者对此认为，指导性案例无法通过立法明文成为法源，并不意味着它就无法借由与制定法规范的间接联系，获得与法源类似的性质。这是因为，一方面，指导性案例已经获得基于制度性权威的规范拘束力，因而不同于至多仅具有价值拘束力的其他案例，此为"应当"的蕴含之义；另一方面，指导性案例所拥有的规范拘束力又相对较弱，它的分量要低于制定法及司法解释，也可能因实质理由而被偏离，此为"参照"的内涵。所以，"应当"指向的是指导性案例的法源性质，而"参照"指涉的则是它的法源分量，两者并不在同一层次上。① 截至2018年年底，最高人民法院共发布20批指导性案例，公司法方面的指导性案例包括第8号（林方清诉常熟市凯莱实业有限公司、戴小明公司解散纠纷案）、第9号（上海存亮贸易有限公司诉蒋志东、王卫明等买卖合同纠纷案）、第10号（李建军诉上海佳动力环保科技有限公司决议撤销纠纷案）、第15号（徐工集团工程机械股份有限公司诉成都川交工贸有限责任公司等买卖合同纠纷案）、第67号（汤长龙诉周士海股权转让纠纷案）、第68号（上海欧宝生物科技有限公司诉辽宁特莱维置业发展有限公司企业借贷纠纷案）等。无论是否承认指导性案例的法源地位，这些案例都将对公司法的裁判与实施产生重大影响，因此值得学界高度关注。②

---

① 雷磊：《指导性案例法源地位再反思》，载《中国法学》2015年第1期。

② 学界关于公司法指导性案例研究的代表性成果，可参见蒋大兴：《"好公司"为什么要判决解散——最高人民法院指导案例8号评析》，载《北大法律评论》第15卷第1辑；李清池：《公司清算义务人民事责任辨析——简评最高人民法院指导案例9号》，载《北大法律评论》第15卷第1辑；彭冰：《理解有限公司中的股东压迫问题——最高人民法院指导案例10号评析》，载《北大法律评论》第15卷第1辑；韩强：《法教义学在商法上的应用——以最高人民法院指导案例15号为研究对象》，载《北大法律评论》第15卷第1辑。

第四节 公司法的价值功能和基本原则

一、公司法的价值功能

任何立法都有其特定的价值取向。立法者在制定法律规范时，以其内心恒定的价值观念决定着法律规范的取舍。公司制度同样既是反映立法者意志的价值观念的体现，同时又实现着立法者的立法意图，体现着法律特定的价值功能。

那么公司法蕴含着什么样的价值判断和价值功能呢？我们认为，对这一问题的解读应从公司的性质入手。就其本质而言，公司乃是由股东组成的营利性组织，作为一种营利性的社会组织，必须随时调整组织战略及经营策略，以因应源源不断的国内外竞争压力，因此，国家不应过多介入公司事项，以保有公司相当程度的自治空间。但是鉴于公司经营之良莠，除与股东利益息息相关外，亦涉及职工、债权人、消费者等利害关系人之利益，如一味追求公司自治，放任经营者善断妄为，恐滋生弊端，甚至造成严重的社会问题。所以，必须对其加以必要的监控，以确保其正当经营。公司自治与国家管制之间的关系，实际上反映的是公司私利性与国家管制所追求的社会公益性目标之间的对立与冲突关系。如何公平调整各方之利益，并以建立有效经营之组织，寻求公司自治与公司监控之间的竞争性平衡，是公司法的两大中心课题。这一切决定了安全、效率与公平将永远是公司法的核心价值范畴。

（一）安全

安全是法律首要的价值功能。正如霍布斯所说："人的安全乃是至高无上的法律。"[1]如果人的财产、生命、自由笼罩在侵害、灾难的阴影中，任何美妙的东西对人类都将失去价值。因此，人类自创制法律之日起，就在寻求法律的安全价值与功能。安全意味着法律必须为主体提供某种秩序。当人们在该种法律秩序下从事活动时，其合法的利益不会招致损害，因而可以产生预期的安全感；相反，动荡的社会环境、无序的经济行为、易变的法律政策，不可能实现价值的最大化。既然市场经济是一个充满投机和交易风险的风险经济，那么如何使社会交易风险降低到最低限度，为交易主体提供最大限度的安全保障，便是公司法包括其他民商事法律所应担负的重任。因此，公司法所强调的公司商事登记公示制度、出资形式法定制度、关联交易等信息披露制度等都是建立在对安全理念追求的基础之上的。

（二）效率

作为经济学的基本范畴，效率是指从一个给定的投入量中获得最大的产出，即以最小的资源消耗取得同样多的效果，或以同样的资源消耗取得最大的经济效益。一个有效率的社会，就是能够以同样的投入取得更多的对社会有用的产品，创造出更多财富的社会。[2]

---

[1] "The safety of the people is the superme law."（Thomas Hobbes, Decive, ed., S. P. Lanpreche, New York, 1949, Part 13. B. 2）

[2] 张文显著：《法学基本范畴研究》，中国政法大学出版社1993年版，第273页。

效率是衡量一个社会发展水平和发展程度的一个十分重要的因素，缺乏效率或效率低下的社会很难说是一个完善的、有前途的社会。促进和刺激投资、减少投资成本，最大限度地实现资本增值，推动社会经济发展，是公司法的重要任务和目的。因此，现代各国公司立法都把追求效率作为公司法的重要目标之一。核准主义的衰落、准则主义的兴起，法定资本制的没落和授权资本制的盛行，公司出资形式的多样化、公司内部激励机制的确立，以及公司对外交易中推定知悉制度和越权无效原则的衰微与废弃，莫不是对公司效率追求的体现。近年来，各国公司法的修改主要是围绕公司竞争力的提高和企业效率增进这一主题展开的。①

（三）公平

公平是自古以来法律所孜孜追求的理念和目标，也是任何一个法律所必须承担的重要的价值理念。尽管公平的含义，古今中外众说纷纭，但其判断标准却逐步趋向统一。通常认为，判断公平与否，一般是从社会正义的角度，以人们公认的价值观、是非观作为标准的，包括人们公认的经济利益上的"公正"、"合理"。②

公司法作为各投资主体、职工、债权人利益协调器，自然担负着追求公平和正义的基本价值功能。如与投资者的有限责任制度相对应，公司资本制度、债权人会议制度、公司人格否认制度、公司清算制度及公司利润分配制度等，都是对公司投资者与债权人利益的一种近似公平的协调和保护。当然，随着社会的发展，公司法所追求的价值理念也在发生着重大的变化，实质的、具体的公平观正在取代形式的、抽象的公平观。少数股东权利与控制股东义务的强化、资本多数决原则与有限责任原则的修正，都是现代公司立法对实质正义追求的具体体现。

当然，公司法的上述价值理念，并非截然对立，而是相互联结的。首先，尽管安全是公司法的重要价值，但所谓的安全和秩序不能建立在牺牲效率的基础之上；同样，对效率的追求，离不开正常的秩序，无序的社会必然不会带来效率；效率也是建立在公平和正义的基础之上；而没有效率的社会，也谈不上真正的公平。在具体的法律制度中，我们同样可以发现其之间的微妙关系。如公司合并制度的创设，就是为了避免公司解散而带来的巨大社会资源浪费，通过特定的程序设计而实现社会资源的重组，因而该项制度本身就蕴含着效率这一基本的价值理念，但公司合并制度对效率的追求不能建立在牺牲他人利益和交易秩序的基础之上，因此，在其制度中必然要有债权人及股东保护等特殊程序，而这恰恰反映出的是公司法中的公平和秩序的基本需求。而对公司债权人等的保护则必须把握一个必要的限度，以其权益的实现不受实际影响为限，故而各国公司法赋予债权人在公司合并中的权利是债务求偿权及担保请求权，而不是公司合并的否决权。对公司的股东而言，将公司合并的决定权赋予公司股东会这一股东集体，由公司采取资本多数决的原则形成公司决议，而不是任一股东都拥有公司合并事务的决定权。但对于不同意公司合并的少数股东，公司法则赋予其请求公司回购其所持有的公司股份、以撤回其出资的权利。这显然是

---

① 冯果：《变革时代的公司立法——以台湾地区"公司法"修改为中心考察》，载《南京大学学报》（社科版）2003 年第 2 期。

② 张新宝著：《民事活动的基本原则》，法律出版社 1986 年版，第 22 页。

公平与效率之间的一种综合体现，而这样一种科学的制度设计，正是现代正义观的实质体现。

二、公司法的基本原则

公司法的基本原则，是指公司法在调整特定的社会关系时在特定范围内所普遍适用的基本准则，也是在公司立法和司法过程中应该坚持和遵循的基本准则。公司法在其形成和发展过程中逐步形成了一系列特有的原则。其中贯穿公司法规范的最一般的准则，可以概括归纳为以下几项：

（一）保护股东、公司和债权人合法权益原则

如前所述，在公司这种现代企业制度中，存在着股东、公司和债权人三种既密切关联又相互独立的利益主体。股东是公司的缔造者，没有股东，公司就成了无源之水、无本之木，而公司一旦成立，不仅公司和股东之间财产相互分离，而且人格也彼此独立。依法成立的公司具有民事权利能力和民事行为能力，能够依法享有民事权利和承担民事义务。为了达到其设立目的，实现其经营职能，公司必然开展相应的生产经营活动，必然同债权人发生一定的业务往来关系。为了协调好股东、公司和债权人之间的这种既相互对立又相互依存的特殊利益关系，保护股东、公司和债权人合法权益遂成为世界各国公司立法的首要原则。

1. 确保股东权益

确保股东权益是实现资本自由流通和安全流通的关键，是保障公司健康运行的基础。维护股东权益是公司立法未曾动摇过的基本原则，也是各国公司立法的重心所在。首先，确保股东合法权益是调动投资者积极性的需要。投资者投资于公司成为公司股东的目的，是为了实现其投资增值的愿望。没有对股东权益的有力保护，必然会严重挫伤广大投资者的投资热情，动摇社会公众的投资信心，从而影响社会经济的发展。其次，股东行使权利的局限性客观上强化了保护股东权益的必要性。公司的独立人格使股东不能直接支配其作为出资投入公司的财产，股东只能通过股东会或股东大会来行使自己的权利。而股东会或股东大会作为公司的非常设机关，其作用毕竟有限，公司的具体业务更多地为公司董事会和经理层所执掌。股东权利行使的局限性使股东极易受到来自董事会及经理层的非法侵害。在公司股权日益分散的今天，股东会形骸化的趋势难以逆转，"所有与控制的分离"的态势更为明显，如何保护投资者的合法权益，成了一个世界性的话题，不断强化股东权益的保护成为当代公司立法发展的一个重要趋势。我国公司法也将保护股东权益作为公司法的一项重要原则加以确认，并规定了股东较为广泛的权利，如股东会的出席权、按出资比例或持股比例行使的表决权、临时股东会的召集请求权、建议与咨询权、投资收益与剩余财产分派权、出资转让与股份处置权、公司管理者的选择权等。但从公司法的实施效果来看，股东权保护这一原则的贯彻和落实在我国仍然是一个极为艰巨的任务，它需要更为健全和完善的制度加以保障。

2. 维护公司的合法权益

公司作为独立的企业法人，必须由公司法保障其权益。只有切实维护了公司的合法权益，才能使公司真正成为市场竞争的主体和法人实体，才能使公司与股东之间的财产关系

更为明晰。保护公司的合法权益不仅为公司实行自主经营、自负盈亏、自我发展、自我约束机制奠定了坚实的基础，而且有利于公司按照市场需求自主组织生产经营，进一步提高经济效益、劳动生产率和实现增值保值的目标。因此，确保公司这种经济组织能够自由经营、安全经营成为现代公司法的主要目标之一。现代公司立法无不赋予公司独立的法律人格，规定公司依法享有独立于股东的完整的财产权，确保公司意志和利益的独立，禁止他人(包括政府及股东)对公司的不正当干预。由于受长期计划经济的影响，我国企业缺乏独立的利益和意志，维护企业合法权益的观念极为淡薄，因而，确立维护公司合法权益的公司法原则具有更为深远的意义，它关系到法人制度的完善和现代企业制度的建立，关系到市场微观主体的构建和重塑。

3. 保护债权人的利益

保护债权人的利益是维护正常的交易秩序和交易安全之需要。早在中世纪，商业习惯法就规定商事交易中对善意第三人和债权人保护的原则。当公司股东承担的责任从无限责任转到有限责任时，保障与公司交往的第三人及债权人的利益显得尤为必要。公司法所确立的资本真实原则、公积金制度及债权人会议制度与公司重整制度都是这一原则的体现。20世纪后，各国公司立法更体现了自由主义基础之上的国家干预的加强，严格的"公示主义"的推行就是国家干预、保障社会利益的反映。值得关注的一个问题是，我国因应全球性公司资本制度改革的浪潮，于2013年废除法定资本制而改采认缴登记制后，引发了学界对债权人保护问题的担忧。当前我国法上对公司债权人的保护依然停留在《合同法》《企业破产法》等传统法律规则层面，而《公司法》和《企业破产法》上的债权人保护机制也都未能充分考虑到在事实破产乃至濒临破产状态下股东与债权人之间的矛盾最为尖锐时如何防止董事为了股东利益而侵害债权人利益的行为。在公司濒临破产的情况下，如果公司始终不去问责违反信义义务的管理层，又迟迟未能进入破产程序，债权人似乎也只能无能为力，这是当前公司法规范与实践相脱节的重要问题。①

(二) 股权平等原则

股权平等原则，意指公司在基于股东资格而发生的法律关系中，应按其持有的股份的性质或数额实行平等待遇，同种性质的股份应该享有同样的权利、承担同样的义务，不能有所歧视和实行差别待遇。由此可见，股权平等原则是指股东在出资额或股份基础上的平等，而不是所有股东权利的同等。也就是说，一切股东在资本面前人人平等，股东只能按其缴纳的出资额或所持的股份数享有权利、承担义务，股东享有的权利的大小与其向公司投入的资本额成正比。只要股东投资的性质相同，公司即要对其平等对待、一视同仁，而不能厚此薄彼、有所歧视，至于股东的社会地位、名望、出身等与出资无关的各种因素均在所不问。股权平等原则是现代公司立法所奉行的基本原则之一，是公司组建及运作的基础，它是民法平等原则在公司法领域的具体体现，也是平等保护投资者利益，调动投资积极性的客观需要，它渗透于公司法的各个领域，成为各国公司法共同遵循的一项基本原则。我国公司法虽未明确规定股权平等原则，但其中不少条款却都体现着股权平等的基本

---

① 陈鸣：《董事信义义务转化的法律构造——以美国判例法为研究中心》，载《比较法研究》2017年第5期。

精神，如要求股份的发行必须"同股同权"、"同股同利"、一股一表决权、按持股比例或出资比例分配剩余财产等。

股权平等原则作为公司法的基本原则，是贯彻资本民主和股东平等精神的体现。随着社会经济的发展，尤其是中小股东保护意识的增强，股权平等原则也被赋予了新的内涵，出现了细微的变化。为了维护所有股东的利益，防止多数股东对公司的垄断，从而损害中小股东的利益，不少国家和地区的公司立法对股权平等原则作出了例外的规定，允许公司章程对大股东的表决权施加一定的限制。1892 年的《意大利商法典》第 157 条甚至规定股东在 100 股的持股范围内，每 5 股有一个表决权，超过该限度的部分，每 20 股一个表决权。英国 1872 年的《公司法》第 42 条、比利时 1873 年 5 月关于公司的法令第 61 条的规定，均有同一旨趣。应该说对大股东表决权作出适当限制，是对股权平等原则的必要修正。因为在多数股东滥用其表决权优势并损害少数股东利益的情况下，仍一味坚持"一股一权"、"资本多数决"等股权平等原则，其结果只能是以形式上的平等掩盖事实上的不平等，所以，为少数股东利益计，对股权平等原则作出例外规定实有其必要。正如有学者指出的那样，一股一权原则的合理性尽管经过了学者的多次论证，但大部分国家公司法并没有将这一原则贯彻到底。允许公司按实际情况设计股权结构，可能更有利于公司长远发展，但其前提是健全公司治理制度和投资者保护制度。[1] 特别是对于高成长性公司而言，股东如何既能控制公司又能顺畅地进行股权融资，即在股权稀释过程中保持控制权，成为棘手难题。发达资本市场中广泛运用的双层股权结构与阿里巴巴采用的"合伙人制"为此提供了破解之道。因此，我国《公司法》有必要适度矫正"同股同权"原则，引进保持公司控制权的制度，预留一定的制度创新空间。[2] 此外，各国公司法大多允许依法发行特别股份，并允许持有特别股份的股东享有不同于普通股东的权利，同时公司亦得依章程的规定对特别股股东的表决权予以限制或剥夺，此亦为股权平等原则的一种例外。

（三）有限责任原则

有限责任原则，是指股东仅以其出资额为限对公司债务承担责任，它是公司作为独立的社团法人所具有的最为重要的法律特征，也是公司之所以成为现代市场经济社会赖以存在的基础和迅猛发展的原动力的秘诀所在。有限责任和公司的法人性是同一事物的两个方面，前者自股东角度而言，后者则自公司角度而言。若不存在股东有限责任原则，股东与公司的民事主体资格就难以实现彻底分离，公司的法人性就无从谈起；反之，若不承认公司的法人性，实际上就等于否定了股东有限责任原则。因此，有限责任说与企业法人制度的产物，是与现代企业相伴而生的，是现代企业与古典企业区别的一个重要标志。所以，虽然各国公司法确立股东有限责任原则的历史沿革各不相同，但现代公司立法莫不将有限责任作为自己的基本立法原则。

有限责任原则及建立在这一原则基础之上的有限责任制度，被视为现代公司制度的基石。它具有分散投资风险、刺激投资积极性、扩大经营规模、促进证券市场发展等巨大功能，并为所有权与经营权的分离及公司经营管理体制的革命扫清了最后的障碍，使企业法

---

① 张舫：《美国"一股一权"制度的兴衰及其启示》，载《现代法学》2012 年第 2 期。

② 马一：《股权稀释过程中公司控制权保持：法律途径与边界——以双层股权结构和马云"中国合伙人制"为研究对象》，载《中外法学》2014 年第 3 期。

人制度最终得以确立和完善，因此被人称为比蒸汽机的出现还伟大的发明。但是，同绝大多数的原则一样，有限责任原则也并不是绝对的。倘若把股东有限责任原则推向极端化，认为股东在以其股东资格为基础的任何法律关系中，均不必向公司债权人负有义务或承担责任，则势必容易导致损害债权人利益、破坏交易秩序等弊害，而且也是对有限责任原则的一种曲解。因为有限责任原则是建立在公司的法人性基础之上的，如果公司不具备法人的实质条件，即便是其取得了法人资格，其法人的"面纱"仍有被刺穿的可能和必要。为了防止股东利用公司法人格规避法律责任，损害社会利益，西方国家公司法在确立有限责任原则的同时，都逐渐明确了有限责任的例外情况，当股东违反其诚信义务，出资不实或存在其他滥用公司人格之情形时，股东应对公司和债权人承担相应的财产责任。① 当然，这些例外并非对有限责任原则的动摇和否定，而是对有限责任原则的补充和完善，是为了更好地发挥有限责任原则的功能。

（四）利益均衡原则

按照现代企业理论，公司是一个由不同利益相关者组成的联合体。因此在各国的公司制度设计中必须均衡地考虑不同利益主体的利益要求。如何平衡公司、股东和债权人及善意第三人等不同利益主体的利益遂成为各国公司立法的重点和最基本的指导思想，② 也是衡量一国公司法成功与否的重要尺度。利益均衡原则要求公司立法必须兼顾股东、公司及善意第三人的利益，不能有所偏废。首先，公司的存在离不开股东的支撑，所以保护资本的自由流通和安全流通，促进公司制度健康发展，就必须确保股东的权利和利益。为此，股东权的保护一直是各国公司制度的核心内容，也是公司法理论研究的重点。如最近几十年出现的股东派生诉讼制度、独立董事和审计员制度，以及重大信息披露制度等无不是在股东实质性权利遭到削弱、董事会权利不断膨胀这一新的历史背景下强化股东权保护的新举措。其次，股东利益的顺利实现及社会经济的快速发展依赖于公司组织及其人格的健全。因而，确保公司这种商事组织能够经营自由、安全经营以及尽可能快地扩大经营规模便成为公司立法的另一基本指导思想。现代公司法所奉行的"董事会中心主义"、公司资本充足原则以及普遍建立的公积金制度、股利分配制度、公司重整制度等都是确保公司财产独立和人格健全，促进公司快速、稳健发展的重要措施。保护善意第三人利益、维护社会交易安全同样是公司法的一项基本任务。公司法所确立的资本确定、资本维持、资本不变原则以及所推行的公司形态及设立条件法定主义、严格的公示制度等均是国家干预、保障社会利益的表现。除此之外，公司法还涉及大股东与中小股东、公司与职工等不同利益主体之间的利益协调和平衡。因此，公司法可谓一种利益协调平衡器。

（五）权利制衡原则

公司法在公司内部治理方面强调权利的制约和平衡，权利制衡是调整公司内部关系的重要原则。大陆法国家大多将公司的决策、执行、监督等事务分设不同的部门来行使，以实现权利之间的制约和平衡。英美法国家虽没有设独立的监督机关，但在其公司执行机关内部仍设有执行监督职能的机构和人员，如外部董事、会计监察人、审计师等。我国公司法也体现了这一基本指导思想，明确了股东会、董事会、监事会的权力配置及职责分工。

---

① 王利明：《公司的有限责任制度的若干问题》，载《政法论坛》1994 年第 3、4 期。
② 江平主编：《新编公司法教程》，法律出版社 1994 年版，第 9~10 页。

第二章 公司的种类

第一节 公司的基本分类

公司组织自诞生以来，经历了由原始形态到高级形态的历史演变过程，期间公司形式也纷繁复杂。为了进一步了解各类公司之间的差异，更好地规范公司的行为，人们通常根据不同的标准和方法，将公司作出不同的分类。根据各国公司法所确认的法定分类标准及公司法理论研究中所公认的法理分类标准，对公司可以作出如下划分：

一、无限公司、有限责任公司、两合公司、股份两合公司、股份有限公司、保证有限责任公司

依据公司股东承担责任的范围和形式不同，公司可以被分为无限公司、有限责任公司、两合公司、股份两合公司、股份有限公司、保证有限责任公司。

（一）无限公司

无限公司又称无限责任公司，是指由两个以上股东组成，全体股东对公司债务负无限连带责任的公司。无限公司是最古老的公司形式，它具有组织简便、股东通力协作、凝聚力强等优点，但也存在股东责任过重、公司规模受限等不足。无限公司与合伙企业极为近似。在不同的国家，其法律地位也不尽一致：在法国、日本、意大利等国，立法规定公司为法人；但在德国、瑞典、瑞士等国，仅承认其是公司的一种形式，否认无限公司的法人地位；在英、美等国，则将无限公司视为合伙，准用合伙的有关规定。

（二）有限责任公司

有限责任公司，简称有限公司，是指由法律规定的一定人数的股东组成的，股东以其出资额为限对公司承担责任，公司以其全部资产对公司债务承担责任的公司。根据我国《公司法》的规定，我国的有限责任公司包括一般的有限责任公司、一人有限责任公司和国有独资公司三种形式。

（三）两合公司

两合公司，是指由部分无限责任股东和部分有限责任股东组成，前者对公司债务负无限责任，后者对公司债务负有限责任的公司。大陆法系中两合公司和英美法中的有限合伙制度基本相同。两合公司兼有人合公司（无限公司）和资合公司（有限公司和股份有限公司）的特点，是有限责任与无限责任两种责任形式的结合，但由于两类股东责任不同，经营目标不尽一致，其地位和所享权利也较为悬殊，其中有限责任股东一般并不执行公司业务，对外也不代表公司，所以容易产生两类股东之间的不信任和冲突，其利益难以协调，因而也存在固有的缺陷。正因为此，从全球范围来看，两合公司为数并不多。但最近一些年，随着风险投资的兴起，有限合伙及两合公司的优势重新显现，所以在我国公司法的修订过程中，主张确认两合公司的呼声很高。

（四）股份两合公司

股份两合公司是指由部分有限责任股东和部分无限责任股东组成，其中无限责任股东对公司债务负无限责任，有限责任股东对公司债务仅以其所持股份为限承担责任的公司。股份两合公司是无限责任公司和股份有限公司的结合形态，其有限责任部分的资本划分为股份，可以发行股票，股东仅以其所认购的股份为限对公司债务承担责任。股份两合公司本欲吸收无限公司和股份有限公司的优点，但反而失去了其各自的优点，所以，在当代这种公司形式已十分鲜见，基本上成为一种被时代淘汰的公司形式。

（五）股份有限公司

股份有限公司是指，由一定人数以上的股东组成的，公司资本分为等额股份，股东以其所持股份对公司承担责任，公司以其全部资产对公司债务承担责任的公司，具有资本股份化、证券化和社会化等特点，是现代公司的重要组织形式之一。在我国，股份有限公司又有上市公司和非上市的股份有限公司之分。前者的股票可以在证券交易场所公开挂牌交易，而后者则不能上市交易。

（六）保证有限责任公司

保证有限责任公司是英国公司立法所确认的一种公司形式，一般用于慈善性组织，或者学校、画廊、博物馆等准慈善组织，其目的在于满足对外赔偿责任可能会比较大，但日常运营费用较低的组织。[1] 股东对公司债务所承担的清偿责任按其所承诺的出资的一定比例确定。因此，保证有限责任公司不是典型意义上的有限责任公司，而是介于有限责任公司与无限责任公司之间的一种公司形式。有学者甚至认为，它更像无限责任公司，只不过承担责任的财产范围不是股东个人所有的全部财产，而是其所保证的财产范围。[2] 笔者认为，股东的责任范围尽管并不局限于出资范围之内，但它仍以股东特定的财产为限，所以有别于无限责任，故该类公司仍以划归为有限公司为妥。

上述公司形式，按其股东所负的责任是否完全相同，在学理上又被称为一元公司或二元公司。无限责任公司、有限责任公司和股份有限公司，因股东所负责任相同，为一元公司；两合公司及股份两合公司，则被称为二元公司。

需要说明的是，上述公司的分类标准主要是适用于大陆法系国家，而英美法系国家则没有采取这种公司分类。大陆法系中的无限责任公司与两合公司并不存在于英美法系的公司分类之中，而被作为普通合伙和有限合伙排除于公司组织形式之外。英美法系的公司主要包括封闭式公司和开放式公司。这两类公司无疑是公司企业的最高级阶段或者说是最典型形态。我国公司法也仅规定了有限责任公司和股份有限公司这两种高级公司形态，而将大陆法系国家中的无限公司和两合公司这两种公司形式通过合伙企业法以普通合伙和有限合伙来加以规制。这种将公司作为与合伙对称的制度安排颇类似于英美法系国家。但必须

---

① 邓峰著：《普通公司法》，中国人民大学出版社 2009 年版，第 89 页。

② 雷兴虎主编：《公司法新论》，中国法制出版社 2001 年版，第 21 页。

认识到，我国公司法上的有限责任公司虽属封闭式公司，但没有涵盖发起设立股份有限公司，而股份有限公司却容纳了开放式公司和封闭性地发起设立股份有限公司。这种结构导致了封闭式公司适用不同规则，开放式股份有限公司、封闭式股份有限公司适用同样的规则，不利于实现公司法体系的一体化。因此，有必要科学地运用封闭式公司（或非开放式公司）、开放式公司划分的工具，在公司法内部将封闭式公司的制度资源进行有机地整合，重塑有限责任公司制度，使有限责任公司制度外不再存在其他封闭式公司制度，以实现封闭式公司制度的统一，为公司法的现代化奠定基础。同时，应当在外商投资公司法与公司法之间，实现外商投资公司法并入公司法的目标，不再保留外商投资公司法单独的体系，并在外商投资有限责任公司法与公司法一体化中完成有限责任公司的制度统一。①

二、封闭式公司和开放式公司

在学理上，以股东构成和股份的转让方式为标准，公司可以分为封闭式公司和开放式公司。

封闭式公司和开放式公司是英美法系国家的一种分类。封闭式公司（英称 Private Company，美称 Close Corporation），又译"私公司"、"不上市公司"、"少数人公司"、"非公开招股公司"，是指公司股份全部由设立该公司的股东所拥有，不能对外发行股份，股东的出资证明不能在股票市场上自由流通的公司。此种公司最早创制于 1907 年的英国公司法，当时将股东人数限于 50 人以内（后于 1980 年公司法取消了该项限制）。由于不能向社会公众发行股份，所以与公众无涉，具有封闭性。封闭性公司类似于大陆法系国家中的有限责任公司，但由于英美国家的私公司，仍须将资本分成股份，所以，它与我国公司法上的有限责任公司仍有相当之出入。

开放式公司（英称 Public Company、美称 Share Corporation），又译"公开公司"、"多数人公司"、"公公司"、"公开招股公司"，是指可以按照法定程序公开招股，股票可以在证券市场公开进行交易的公司。开放式公司类似于大陆法国家中股票获准上市的股份有限公司。

三、人合公司、资合公司及中间公司

以公司的信用基础为标准，公司通常可以分为人合公司、资合公司及中间公司三种类型。

人合公司，是指公司的经营活动是以股东的个人信用而非公司资本为信用基础的公司。人合公司的对外信用在于股东的个人信用，而不取决于公司资本的多寡。由于公司股东的个人信用是公司对外信用的基础，所以，公司股东之间具有较强的依附性，强调股东之间的相互信任和合作，由股东对公司的债务负无限连带责任。无限公司是典型的人合公司。

资合公司，是指公司的经营活动是以公司的资本规模而非股东的个人信用为基础的公

---

① 王保树：《公司法律形态结构改革的走向》，载《中国法学》2012 年第 1 期。

司。因为资合公司的债务不能连带股东出资以外的财产，所以公司信用状况只能取决于公司的资本规模，公司资本成为公司对外承担财产责任的唯一担保。为了防止公司资本不足而损害债权人利益，各国法律对资合公司的设立和运行都规定了严格的条件。相反，公司股东之间无须彼此了解，任何人均可以成为公司的股东。股份有限公司便属于典型的资合公司。

中间公司，又称"人资兼合公司"或"人合兼资合公司"，是指公司的经营活动和设立基础同时依赖于公司的资本规模和股东个人信用，兼有资合公司和人合公司特点的公司。两合公司和股份两合公司属于典型的人资兼合公司。有限责任公司从本质上属于资合公司，但与股份公司不同，它比较注重股东之间的信任和合作，所以它也应属于广义上的人合兼资合公司。

四、母公司和子公司

以公司的外部控制关系为标准，公司可分为母公司和子公司。

母公司，是指拥有其他公司一定比例的股份，能够控制、支配其他公司的公司。母公司是一种控制性公司，所以有时也被称为"控制公司"或"控股公司"。但控制公司的产生除因资本控制而产生外，还可以纯粹基于控制协议而产生，因此控制公司的外延应比母公司广。此外，在西方国家学理上，将控股公司分为"纯粹控股公司"和"混合控股公司"。前者只以控股为目的，不参与公司的经营；后者除持股以外，还直接参与公司的经营。而母公司通常指后一种情况。

子公司则指一定比例以上的股份被另一公司拥有，并被该公司实际控制的公司。

尽管母公司和子公司之间体现着控制和依附关系，但就法律地位而言，二者却都具有独立的法人资格，独立地对外承担财产责任。这与我国《公司法》第 14 条第 2 款的规定是一致的。不过值得注意的是，虽然世界各国的公司立法仍然坚持母公司对子公司债务承担有限责任的原则，但针对公司实践中母公司不当控制子公司以逃避责任和义务，损害债权人和社会公众利益事件的大量发生，不少国家在司法实践中确立了"公司人格否认"等司法规则，在某些特殊情况下，可以要求母公司直接对子公司的债务承担财产责任，以体现法律的公正。针对实践中出现的问题，我国《公司法》在 2005 年修订时也增加了母公司（控股股东）义务和责任的规定。值得注意的是，近年来上百家中国企业利用协议控制模式实现了在境外间接上市，这种非基于股权关系的控制关系难以套用公司法关于母公司和子公司之间的规定进行规制。所谓协议控制模式，是指一种在境外设立并上市的壳公司依靠合同安排控制境内实体公司，从而实现境内实体公司境外间接上市的法律结构，包含协议控制与可变利益实体（Variable Interests Entity，VIE）。① 2011 年 6 月份发生的支付宝VIE 事件，将协议控制模式带给公司法的挑战聚焦在灯光之下，如何回应这一法律难题值

---

① 刘燕：《企业境外间接上市的监管困境及其突破路径——以协议控制模式为分析对象》，载《法商研究》2012 年第 5 期。

得学界认真对待。

五、总公司和分公司

这是以公司的内部管辖系统为标准，对公司所作出的分类。

总公司，又称"本公司"，是指依法设立，用以管辖公司全部组织的具有企业法人资格的总机构。分公司是指在业务、资金、人事等方面受总公司管辖，不具有法人资格的公司的分支机构。作为公司的分支机构，分公司不具有独立的财产，不能独立地承担财产责任，其业务活动的结果由总公司承受。分公司虽然不具有法人资格，但它仍具有经营资格，需要向公司登记机关依法办理登记，领取营业执照，并可以自己的名义开展业务活动，参与民事诉讼，但不能独立承担财产责任。

六、本国公司和外国公司

以公司的国籍为标准，公司可分为本国公司和外国公司。

具有本国国籍的公司为本国公司，不具有本国国籍的公司则为外国公司。

各国关于国籍的认定标准并不一致，有设立准据法主义、股东国籍主义、设立行为地主义、住所地国籍主义等不同的标准。我国对公司国籍的认定，兼采设立准据法主义和设立行为地主义，即凡依照我国法律在我国被批准登记设立的公司，不论外资多少，均为我国公司，属中国法人。反之，不依照中国法律在中国境内设立的公司即为外国公司。① 外国公司不具有中国国籍，不属于中国法人。但其经过中国政府允许，办理必要的登记手续后，可以进行经营活动。

我国《公司法》第十一章专章规定了外国公司分支机构的设立、地位、权利和义务。规定"外国公司在中国境内设立分支机构，必须在中国境内指定负责该分支机构的代表人或者代理人，并向该分支机构拨付与其所从事的经营活动相适应的资金"（第193条）；"外国公司的分支机构应当在其名称中标明该外国公司的国籍及责任形式"（第194条第1款）；"外国公司的分支机构应当在本机构中置备该外国公司章程"（第194条第2款）；"外国公司在中国境内设立的分支机构不具有中国法人资格。外国公司对其分支机构在中国境内进行经营活动承担民事责任"（第195条）；"经批准设立的外国公司分支机构，在中国境内从事业务活动，必须遵守中国的法律，不得损害中国的社会公共利益，其合法权益受中国法律保护"（第196条）；"外国公司撤销其在中国境内的分支机构时，必须依法清偿债务，依照本法有关公司清算程序的规定进行清算。未清偿债务之前，不得将其分支机构的财产移至中国境外。"（第197条）

此外，在日常生活中，经常遇到的一个术语是"跨国公司"。跨国公司是指以一国为基地或中心，在不同的国家或地区设立子公司、分公司或投资企业，从事国际性生产经营活动的经济组织。跨国公司并非严格的公司法概念，实为政治经济学或国际经济法的范畴。它在法律上并不是一个独立的法律实体，其内部关系表现为母子公司、总公司与分公司及其他参股投资关系，并受相应的法律规范调整，各国公司法中并没有专门调整跨国公

---

① 我国《公司法》第191条规定："本法所称外国公司是指依照外国法律在中国境外设立的公司。"

司关系的条款。

七、一般法上的公司和特别法上的公司

以公司所适用的法律为标准，公司分为一般法上的公司和特别法上的公司。

一般法上的公司是指仅受公司法管辖的公司，一般的公司属于这类公司。特别法上的公司是指除公司法外，还受其他特别法的管辖，如保险公司、银行同时还受保险法和银行法的管辖。

第二节　有限责任公司

一、有限责任公司的概念和特征

有限责任公司是指依公司法设立的，由符合法定人数股东组成，股东以其出资额为限对公司承担责任，公司以其全部资产对公司债务承担责任的企业法人。我国《公司法》规定的有限责任公司，不仅包括传统意义上的普通有限责任公司（本书称为一般有限责任公司），还包括特殊意义上的国有独资公司和由单个自然人或法人投资组建的非国有性质的一人有限责任公司。

与其他类型的公司相比，有限责任公司具有以下特征：

（一）股东人数的限定性

对于有限责任公司的股东人数，许多国家或地区的公司法都有下限和上限的规定，有的国家虽未规定股东的最低人数，但对公司的最高人数则作出了限制。限定有限责任公司的人数是因为有限责任公司有自身的特殊性。有限责任公司虽为资合公司，但不同于股份有限公司，它强调股东之间的合作和信任，具有一定的人合性，这就决定了公司的人数不宜太多，否则将会影响公司股东之间的了解和合作。我国公司法也规定，有限责任公司应由50个以下股东组成。

（二）股东责任的有限性

有限责任公司属于单一责任型企业。公司财产与其投资者即公司团体成员的财产是相互分离的，其责任也是相互独立的，公司以其所拥有和支配的财产对外独立承担责任，股东对公司负有依法出资的义务，且仅以出资额为限对公司债务承担责任。即便公司财产不足以清偿公司债务，股东也不负出资以外的其他财产责任。这是有限责任公司与无限责任公司及两合公司的根本区别。

（三）股东出资的非股份性

股份有限公司的资本，要划分成若干金额相等的股份，股东就其所认购的股份对公司负责。而有限责任公司的资本，除采取"出资平等制"和"复数股份制"的国家外，一般不分为股份，每个股东只有一份出资，其出资额可以不同，股东仅以出资额为限对公司负责。在我国，有限责任公司的股东出资采单一出资制，其出资非股份性的特征至为明显。由此形成了有限责任公司与股份有限公司的一大区别。

（四）公司资本的封闭性

有限责任公司的资本不具有证券化的特点，全部资本只能由股东认缴，不能向社会公开募集股份，不能发行股票，公司发给股东的出资证明书不能在证券市场上流通转让。[①]由于有限责任公司不能对外公开发行股份，且股东出资证明书不允许在证券市场流通，为满足公司人合性的要求，股东向外转让出资还会受到立法或章程的限制，资本具有相对封闭性的特点。基于资本的封闭性，公司财务会计账簿也无须向公众公开。所以有限责任公司也是一种典型的封闭式公司。

（五）公司组织的简便性

有限责任公司的设立程序简单，只有发起设立，而无募集设立；其组织机构也较为简单、灵活。其中股东会由全体股东组成，董事、监事由股东选举产生，规模较小和股东人数较少的有限责任公司可以不设董事会和监事会，只设一名执行董事和一至两名监事。经理为公司的任设机关，公司股东会和董事会的召集方法和议事程序也通常由公司章程规定，法律不作强制性规定，运作机制比较灵活。而股份有限公司特别是上市公司，其组织机构的设置则要完备健全得多，运作程序也非常复杂。

（六）资合与人合的统一性

有限责任公司虽然从本质上讲是一种资本的联合，但它与股份有限公司相比更加强调和注重股东之间的信任和合作，也比较容易实现股东之间的合作，因此，对于有限责任公司，国家立法更加尊重和维护股东之间的自治安排，在公司章程有规定的情况下，公司章程通常优先适用。而股份有限公司股东人数众多，股权结构复杂，成员地位相差悬殊，公司成员之间不仅协商成本巨大，且往往难以达成共识，因此，公司法更多体现为强制性规范，以节约公司运作的成本和维护公司运作的效率。有限责任公司的上述几个特点都不同程度地根源于公司的人合色彩，因此，人合与资合的统一是有限责任公司的最为本质的特征。只有充分把握住这一点，才能更好地把握有限责任公司的特质，也才能够更好地理解公司法的有关规则。

为了充分了解有限责任公司的上述特征，有必要对有限责任公司制度形成的时代背景进行更详尽的了解。

二、有限责任公司的制度成因及简要评价

有限责任公司起源于 19 世纪晚期的德国，是西方国家公司类型中出现最晚的一种，其创设的目的是为了克服既存公司形式的不足，而综合了已有公司的各自优点，创设的一

[①] 在中国目前法律实践中，有限公司如欲成为上市公司或行使公开融资的权利，需先透过"公司改制"环节，成为股份公司，再以股份公司身份申请公开发行。这种法律安排存在诸如"引发上市包装"、"导致纠纷隐藏"、"引发 PE 腐败"、"不当增加企业融资成本"等弊端，极易形成"融资骗局"。因此，有学者建议修改《公司法》、《证券法》相关规定，摒弃改制上市的习规，让有限公司乃至合伙企业等各种企业组织形式可以直接公开发行上市，在公开发行成功之后，直接变更/转换为股份公司。根据"好项目"，而非"好的公司组织形态"配置融资权利，可以节省企业融资成本，加快融资过程，公平地实现"企业的发展权"。参见蒋人兴：《公司组织形态与证券（融资）权利——摒弃有限公司"改制上市"的法律习规》，载《现代法学》2013 年第 1 期。

种具有封闭性和一定的人合性、主要适用于中小企业的一种投资形式。

在19世纪晚期以前，在西方国家并存着四种公司公司形式——无限公司、两合公司、股份两合公司和股份有限公司。这四种公司形式尽管都有其优点，但在19世纪中后期都不同程度地暴露出与经济发展不相适应的弊端，尤其是无法满足中小企业发展的需要。首先，无限公司虽然具有良好的信用基础，公司设立简便，但个人担负无限责任，加重了投资者的投资责任，加大了投资者的投资风险，沉重的财产责任无法调动投资者的投资积极性，阻碍了公司的发展；至于两合公司和股份两合公司，尽管其部分地引入了有限责任机制，但公司内部两种股东之间权利、义务、责任的不对等性及经营目标的差异，使两者之间的利益冲突很难协调，而内在的矛盾冲突使这两种公司形式非但不能在经济生活中占据主导地位，反而在数量上呈现出逐年减少的趋势。股份有限公司虽然在当时的经济生活中已占据主要形式，成为西方市场经济国家筹集社会资金的有效组织形式，但股份有限公司股东人数众多、股东流动性强、股权分散，股东之间缺乏了解和信任，公司内部凝聚力差，缺乏同舟共济的协作精神。一旦公司经营出现困难，股东首先考虑的并非如何帮助企业摆脱困境，而是争相抛售股票，以转移投资风险，其结果对公司无疑是雪上加霜，从而增大了公司实现内部控制的成本和事业经营上的风险。考虑到公司资本来源的社会化，国家必然加大对股份公司的法律控制，使其设立有严格的程序和条件限制。这一切都决定，股份有限公司只适合于需要广泛募集资金的大型公司，而不可能成为中小规模的理想形式。现实经济生活的发展强烈要求立法作出一种新的制度安排以满足中小企业发展的需要。为此，1892年在德国企业家和法学家的共同努力下，颁布了全世界首部有限责任公司立法，确立了有限责任公司这种新型的公司形式。

有限责任公司制度的产生是为了克服既存公司的缺陷和不足，以满足中小企业发展的需要。具体而言，就是要剔除当时占据主导地位的无限责任公司股东财产责任过重和股份有限公司股东人数太多、流动性过强、股东凝聚力太弱等弊端，而吸收无限公司强调人合及股份有限公司股东承担有限责任等已有公司的优点，以避其所短、扬其所长，成为一种适应中小企业的新型企业组织形态。这样，新创设的有限责任公司制度便以封闭性和有限责任为其根本特点，也可以说是其制度设计的基点。为此，有限责任公司制度一方面以股东对公司债务承担有限责任为原则；另一方面，限定公司股东人数，不允许向社会募集资本，限制股份或股东出资的自由转让，以便于股东之间的合作，强化公司内部合力。此外，由于公司不向社会募集资金，股份流动性受到限制，公司的财务会计文件无须公开，所以，封闭性便成为有限责任公司的本质属性。这一本质属性也决定了有限责任公司的上述特点。

自19世纪末有限责任公司制度诞生以来，有限责任公司以其特有的制度优势，迅速在世界各国得到推广，成为中小企业的理想组织形式，深受广大投资者的欢迎。迄今，其数量已跃居首位，成为极其重要的一种公司形式。当然，这种公司形式也有其自身的局限性。尽管有限责任公司同时吸收了无限责任公司和股份有限公司的优点，但其人合性和封闭性的特点，使其丧失了股份有限公司向社会广泛筹资的优势，一般难以成长为大型企业。各国实践中，有限责任公司这种公司形式也多为中小型企业所采用。我国的情况则有所不同。由于近年来大量的国有企业采用有限责任公司的形式进行公司化改制，一些国有股东和法人企业的强大资产实力，使部分有限责任公司的规模也相当大。在我国市场改革的进程中，有限责任公司不仅为广大的民间资本投资联合提供了理想的组织形式，而且也因有限责任公司组织简便，内部协调性好，不需要证券市场的配套条件等优点，为国有企业进行公司化改造提供了重要的制度支撑。所以，有限责任公司目前已经成为我国最主要的企业组织形式之一。

三、一人有限责任公司

（一）一人有限责任公司的概念和特征

一人有限责任公司，亦称一人公司、独资公司或独股公司，是指公司全部出资或股份为一人拥有的公司。在理论上，根据不同的标准，一人公司可以有不同的分类。如根据认定标准不同，可以分为形式一人公司和实质一人公司。形式一人公司是指公司的股东只有一人，而实质一人公司是指公司的股东虽有复数多人，但所有股份实际上为一人持有，比如家族式公司，或仅其中一人为股份或出资之真正所有人，其余股东系依信托等法律关系而为名义股东，就其名义下之股份或出资并不能实际享有权益之公司等。① 再如，依立法承认的时间先后不同，可以分为设立时一人公司和设立后一人公司（或称存续时一人公司）。前者出现于立法允许一人股东设立公司的情况下，公司设立时即只有一个股东的公司；设立后一人公司是指公司在存续过程中出现公司所有资本集中于一人或实际上集中于一人持有的公司形态。实质上的一人公司在世界上普遍存在，各国立法对此也基本上不作禁止性规定；对于形式上的一人公司，各国立法态度则不完全统一。有的既不允许一人投资设立具有法人地位的有限责任公司，也不允许公司成员只剩一人时以公司形式存在；有的国家则不允许设立时一人公司存在，但允许存续一人公司取得法人地位；有的国家和地区立法则不仅允许存续时一人公司，而且允许设立时一人公司，甚至有的国家和地区还允许股份有限公司采取一人公司形式。但总体上看，允许形式上的一人公司设立和存在已经成为大多数国家的选择，也代表着现代公司立法的发展潮流。

面对实质上一人公司的大量存在和现实生活的客观需求，我国在2005年修订《公司法》时确立了一人有限责任公司的合法地位。实际上，在我国《公司法》修订之前，原《公司法》中就有特殊形式的一人公司，如国有独资公司和采取公司形式的外商独资企业都属于一人公司的范畴。依据我国《公司法》第57条第2款的规定，一人有限责任公司，就是指单一投资主体投资设立的具有法人资格的有限责任公司。因国有独资公司制度上的特殊性，我国公司法将其与一般意义上的一人有限责任并行规定，即一人有限责任公司不包括国有独资公司，对于后者本节随后专作介绍。本部分所介绍的仅为我国公司法所规定的一般意义上的一人有限责任公司，即非国有的一人公司。

一人公司，具有一般有限责任公司的主要特征，如股东责任的有限性、公司资本的封闭性、设立程序与公司机关的简易性等。但作为特殊类型的有限责任公司形式，它也具有自己的特点，主要表现为：

1. 股东人数的唯一性

---

① 林国全：《论一人公司》，载《比较法研究》1999年第3、4期。

无论是一人发起设立的一人公司，还是因股东的出资或股份全部转归一人持有而形成的一人公司，在其成立或存续期间，公司股东仅为一人。

2. 股东身份的双重性

一人公司，特别是由自然人出资设立的一人有限责任公司，其所有者和经营者通常都为同一人。所以，在一人公司中，一人股东通常身兼数职，缺乏一般公司所有的相互制衡机制，公司人格实际独立程度较低。正因为此，世界各国都毫无例外地对这种公司作出特殊规定，尽可能地防止公司人格与股东人格的混淆，以保护交易相对人的利益。

3. 公司组织机构的特殊性

由于一人公司股东的单一性，公司无法设立股东会。至于董事会和监事会的设立，则通常按照有限责任公司章程的相关规定执行。

（二）一人公司的特殊规制

一人公司的设立及运营制度原则上适用有限责任公司制度，但是基于上述一人公司股东人数单一、内部制衡机制缺失、公司人格与股东容易混淆等特性，法律对一人公司的监控相比于普通类型的有限责任公司，通常更为严格。具体表现在：要求登记部门做特别登记公示，强化一人公司的外部监察制度，对一人公司股东的现金出资比例提出更高的要求，更多可能地适用法人格否认原则等。我国《公司法》也以专节对一人有限责任公司作了特别的规定，其宗旨在于：一方面承认一人公司的合法性，从而鼓励投资者充分运用公司的形式创造财富；另一方面最大限度地限制一人公司本身的固有缺陷，防止利用一人有限责任公司牟取非法利益，维护社会经济秩序的稳定。我国公司法对一人有限责任公司的特殊规制主要包括以下几个方面：

1. 滥设一人公司之禁止

为了阻止因一人公司的滥设而导致个人财产的细分化和确保债权人担保的财产，《公司法》规定一个自然人只能投资设立一个一人有限责任公司，并且该一人有限责任公司不能投资设立新的一人有限责任公司。

2. 特殊的公示规则

鉴于作为一人有限责任公司唯一股东的自然人与法人在运作及承担连带责任情形下偿债能力的不同，《公司法》规定一人有限责任公司应当在公司登记中注明自然人独资或者法人独资，并在公司营业执照中载明，即公示其特殊性，为一人公司的交易相对人提供相应的风险提示。

3. 治理结构及其运作的规范和透明

一人公司不设股东会，但要求股东作出应由股东会决议事项的决定时，应当采用书面形式，并由股东签名后置备于公司，以保证公司运作规范，并增强公司运作的透明度，保护债权人利益，维护正常的交易秩序。

4. 财务独立与规范运作

公司法要求一人有限责任公司应当在每一会计年度终了时编制财务会计报告，并经会计事务所审计，实行财务会计报告强制性年度审计制度。

5. 法人人格否认适用特殊的举证责任规则

鉴于一人有限责任公司的特殊性，《公司法》规定："一人有限责任公司的股东不能证明公司的财产独立于股东自己的财产的，应当对公司债务承担连带责任。"这意味着在股东是否应该对公司债务承担连带责任的判定上，采取举证责任倒置，公司债权人无须证明公司财产与股东个人财产存在混同，股东有滥用公司人格之事实，而财产是否混同的举证责任由公司股东承担，这不同于一般公司法人人格否认的举证规则。

我国《公司法》力图通过"一人有限责任公司"这一专节的规定，改变原《公司法》框架内，既无法有效取缔一人公司，又无法有效规制实质意义的一人公司的尴尬局面，真正将一人有限责任公司纳入法制的轨道中，使得一人公司的运作变得有章可循，从而在法律的框架内限制一人公司弊端的同时，发挥其特有优势，推动整个社会经济的健康发展。① 但实践中依然存在不少争议，尤其是关于一人公司的认定。例如，实质上的一人公司是否应当适用《公司法》关于一人公司人格否认的规定？实质上的一人公司，或者是股东之间的持股比例相差极为悬殊，或者股东之间存在夫妻关系、父子关系等亲属关系，其共性特征都是表面上具有普通有限责任公司的特征，但实质上只有一个股东。如果容忍这些公司以普通有限责任公司的面目示人，却行一人公司之实，势必会扰乱市场经济秩序。从公平正义的角度来说，实质上的一人公司应适用公司法关于一人公司的相关规定，以其真实的法律形态受到相应的对待。当然，在实质一人公司的认定上，不能仅仅因其股东均为家庭成员或者股东之间持股比例相差悬殊而当然被认定为实质一人公司，还应该从股东出资及行使权利等角度综合判断。再如，普通有限责任公司因股权转让导致全部股权集中于一个股东之手，但未进行工商登记变更，是否属于一人公司？对于该类公司，应以工商登记为准，还是以股权结构的事实状态为准，判断其归属的公司类型及适用的法律规制？应当认识到，工商登记未变更而呈现出的假象，是由于该股东未履行变更登记义务造成的，如果以工商登记显示的假象对抗债权人，对债权人显然是不公平的。为此，应依其真实的股权结构直接适用一人公司的法律规则，如果存在债权人不能从公司获得清偿的情形，可依债权人的请求适用《公司法》关于一人公司法人人格否认的规定。②

四、国有独资公司

(一)国有独资公司的概念和特点

根据《公司法》第64条的规定，国有独资公司，是指国家单独出资、由国务院或地方人民政府授权本级人民政府国有资产监督管理机构履行出资人职责的有限责任公司。一般学者把国有独资公司概括为三个特点，即投资主体的单一与限定性、资产的国有性和股东责任的有限性。所谓投资主体的单一与限定性是指，与一般的有限责任公司不同，国有独资公司的投资主体不仅只有一人，而且只能限定于国家，由国家授权给政府国有资产管理部门履行出资人的职责，其他国有企事业单位不能成为国有独资公司的股东；资产的国有性，是指国有独资公司是由国家投资设立，资产归国家所有，属于国有企业的一种特殊形

---

① 赵旭东著：《新旧公司法比较研究》，人民法院出版社2005年版，第295页。

② 胡晓静著：《公司法专题研究：文本·判例·问题》，华中科技大学出版社2013年版，第24~25页。

式；股东责任的有限性，意指国有独资公司与个人独资企业由投资者对企业债务承担无限责任不同，投资者仅对公司承担有限责任。

（二）国有独资公司的本质

公司法对于国有独资公司规定的目的，在于强化国家对于某些经营领域的集中控制。因此国有独资公司的适用领域应该有一定的控制。我国原《公司法》第64条第2款规定："国务院确定的生产特殊产品的公司或者属于特定行业的公司，应当采取国有独资公司形式。"其立法本意是，将一人公司体制引入到必须由国家经营且须国家100%持股的行业和领域，强调即使需要国家独资经营，也要改变传统的国有独资经营的企业体制，实行公司制，但从国计民生及国家安全等方面考虑，不宜与他人合资经营或由他人参股，故方考虑实行国有独资公司之形式。所以，一般认为，适宜或者应该采取国有独资公司的行业或领域主要涉及：(1)国家安全行业，如重要的军事工业和实际国防关键领域以及国家储备系统。(2)特大型不可再生资源和稀缺贵重金属的开发利用，如石油、天然气、铁矿、煤矿以及稀有金属的开采利用。(3)对国家发展具有长期发展战略意义的高新技术，如超大型集成电路的研制等。(4)关系国计民生的重要能源的调配与利用，如电力的输送和配备等。(5)其他关系国计民生的行业和领域，如烟草、食盐、铁路、邮政等。然而，即便是这些需要国家控制的行业领域是否必须实行国家单一控股，确实是一个颇有争议的问题，而在实践中，传统认为应该属于国家绝对控制的自然垄断行业，如航空、邮政、金融等领域也在纷纷引入竞争机制。国有独资公司并不是保证国家实现控制的唯一组织形式，因此，《公司法》取消了原第64条第2款的这一过于僵硬的规定。

国有独资公司实际上是一人公司在国有企业中的运用，是国家所有权主体经营国有资产的一种新探索。但从解释论上看，国有独资公司不是《公司法》意义上的一人公司，不适用《公司法》关于一人公司的特别规定。

如前所述，传统公司法理论坚持公司的社团性，要求公司须有两个以上的股东，而单个投资者只能成立承担无限责任的非法人企业。但20世纪以来，随着大资本实力的增强，在一些国家出现了公司股东减至一人的现象，而由于解散这些公司对社会利益影响较大，所以，人们逐步改变了对一人公司的态度，一人公司存续成为一种客观上无法回避的现实。这种现象又促使设立一人公司成为社会经济发展的一种需求，社会经济及与之相适应的经济关系的发展，使传统的商法及公司法理论开始突破，一人公司为越来越多的国家立法所接受和认可。一人公司的问世表明企业资本的存在形式经历了从单个资本到资本集中、又回到单个资本的过程，但这并非历史的简单回归，一人公司制度中单个投资者与公司法人在法律地位上的相互独立，就是社会经济实践对公司制度的修正和发展。与此同时，在20世纪中叶，随着资本主义国家经济职能的扩张，国有化政策在不少国家得到强化和实施，国有经济的比重不断提高，如何经营国有资产也成为一个非常重要的问题，在探索和解决这一问题的过程中，逐步形成了三种不同的国有资产经营模式：一是由政府部门按行政方式设立的具有不同独立程度的分支机构，它们分布于公益性行业，一般不具有独立的法律资格；二是依据特别法律条款建立和经营的公法人企业，这类国有企业大多处于公用事业及特殊行业领域，从属于某个政府机构，但在管理上有一定的自主权或特权，具有独立法律人格；三是国家作为唯一股东、控股股东、参股股东的商事公司，这类国有企业处于竞争性行业和一小部分垄断性行业，按公司法设立及活动是这类国有企业的主要特点。① 这样，一人公司制度在国有资产领域找到了新的契合点，成为探索国有资产经营模式改革的新途径。我国原公司法在对一人公司持否定态度的同时，但却允许国家授权投资的机构或国家授权的部门单独投资设立有限责任公司。正如徐晓松教授所分析的，"究其立法意图，主要在于借鉴国外一人公司制度，对国有企业中必须由国家完全控股的部分进行制度创新"。② 也就是说，通过国家所有权向国家股权及公司法人财产权的转换，实现国家所有权实现方式的改革，以解决国有资产经营中存在的问题。③

但是对国有独资公司的特殊性，我们必须有一个清醒的认识。与普通公司不同，国有独资公司投资主体的单一性和产权结构的特殊性，很容易使一人公司中极易出现的股东与公司人格混同的问题演变成国家对企业直接管理和控制。同时，由于国家作为唯一投资股东，又使国有股权主体的塑造更为困难，而公司董事会权力的扩大又有可能导致公司经营阶层对公司的控制，造成国有资产的流失。因此，对其不能盲目推崇，并将其视为国有企业的主导形式，它只宜存在于需要国家完全控股的特殊行业和领域。实践中我国的国有独资公司设置过多、过滥，不少本应采取普通有限责任公司形式的国有企业却采用了国有独资公司形式，结果是国有企业公司化改革流于形式，换汤不换药，与十八届三中全会提出的国企混合所有制改革的旨趣相背离。④ 因此，尽管我国公司并不排除涉及国计民生的特殊行业之外的其他企业选择国有独资公司形式，但由于国有独资公司无法形成有效的分工制约机制，难以发挥公司的制度优势，所以，其只能是国有企业改革的过渡形式，从企业发展的长远性看，对一般的竞争性企业应采取其他公司形式，严格限定国有独资公司的适用领域。

国有独资公司在公司的设立和运行等基本方面应适用公司法的一般原理和规定，但基于其投资主体的单一性和企业资产的国有性，公司法在国有独资公司的治理结构等方面都作出了特殊的制度安排。此外，全国人大常委会于 2008 年 10 月 28 日颁布的《企业国有资产法》将国家对企业国有资产的监督管理也作了具体规定，明确了作为出资人的国有资产管理机构对国有企业，包括国有独资公司的监督管理职责，为国有独资公司的规范化运作提供了法律依据。

---

① 徐晓松著：《公司法与国有企业改革研究》，法律出版社 2000 年版，第 253~257 页。
② 徐晓松著：《公司法与国有企业改革研究》，法律出版社 2000 年版，第 256 页。
③ 在国有独资公司体制下，作为公司的投资者，国有资产所有权主体只能在公司法规定的范围内享有股权，同时也只有在公司法规定的方式下行使权利，去实现并最终维护自己的投资利益。尽管国有独资公司同其他国有企业一样，只是国家行使所有权以实现其财产增值的工具，但由于公司企业所具有的特点，国家一旦投资建立独资公司，企业就以公司法人的资格，按公司法规定的组织机构和活动方式，对国家投资的财产享有其作为法人的应享有的全部权利。这显然有助于处理一直困扰我国国企改革的政府与企业的关系问题。
④ 吴越：《国企"混改"中的问题与法治追问》，载《政法论坛》2015 年第 3 期。

第三节 股份有限公司

一、股份有限公司的概念和特点

股份有限公司，又称股份公司，是指注册资本由等额股份构成，股东以其所持股份为限对公司承担责任，公司以其全部资产对公司债务承担责任的企业法人。

股份有限公司与其他类型公司相比较，具有以下特征：

（一）股东的广泛性

股份有限公司与其他公司类型相比，它是一种集开放性与社会性为一体的现代公司形式。为了满足公司开放性和社会性的需要，各国公司法对股份有限公司的最高人数都没有作出限制和要求，其股东可以成千上万，而且只要认购公司股份的人都可以成为公司的股东，而没有身份上特殊要求，因而具有广泛性的特点；相反，各国公司法对股份有限公司的最低人数大多有特殊的要求。我国《公司法》第78条规定："设立股份有限责任公司，应当有二人以上二百人以下为发起人，其中须有半数以上的发起人在中国境内有住所。"①

（二）资本募集的公开性

具备一定条件的股份有限公司可以通过发行股票的方式筹集社会资金，为方便股东认购股份及行使权益之需要，股份有限公司的资本须划分等额的股份，从而使公司的资本具有股份化和证券化的特点。

（三）资本的股份性和证券化

股份有限公司的资本划分为等额的股份，并以股票这种有价证券形式加以表示，每个股东持有的股份数可以不同，但每股代表的金额必须相等。公司资本股份化和证券化，有利于公司股东认购公司股份、行使股东权益及股东进行利润分配，这也是股份有限公司与有限责任公司最为明显的区别。

（四）公司的资合性

股份有限公司是一种完全而纯粹的资合性公司。首先，股份有限公司对股东的身份，并无特殊的要求，只要认购公司股份就可以成为公司的股东，这和强调股东之间信任与合作的有限责任公司完全不同；其次，股份有限公司的股东，可以在法律规定的范围内自由转让公司的股份，无须征求他人意见或受到公司章程或股东会决议的限制。股份的自由流动，使股份有限公司不具有人合因素。公司的信用完全建立在公司的资本，即股东的出资基础之上，因而人们普遍认为，股份有限公司是一种纯粹而又典型的资合公司。

（五）公司的开放性

股份有限公司是一种开放式公司。这种开放性体现在：第一，公司股东具有广泛性、

---

① 为了适应竞争的需要，不少国家和地区纷纷修改公司立法，放宽对公司，包括对股份有限公司设立条件的限制，其中不断降低发起人的最低人数要求。如韩国于1995年将股份公司发起人的人数由原来的7人改为3人，甚至有的国家和地区如德国和我国台湾地区甚至允许一人发起设立股份有限公司。正是基于此，我国《公司法》也降低了对股份有限公司最低发起人的人数要求。

流动性和社会性,在股东最高人数及内部构成上没有限制;第二,由于公司股东人数众多,且资金多为社会公众投资而成,因此为使投资者了解公司经营情况和发展前景,股份有限公司的财务会计报表必须向投资者公开。公司财务公开是股份有限公司的一个很重要的特征。

（六）充分的法人性

股份有限公司是一种最为典型的法人企业。股份有限公司被公认为最典型的法人企业。由于股东的广泛性使公司的所有权与控制权的分离,表现得最为充分。公司具有最完备的组织机构和最独立的财产,这一切造就了公司人格的彻底独立,充分体现了法人组织的基本特征,法人制度的完善与股份有限公司的出现和发展密不可分。所以,人们时常为无限公司和两合公司是否应具有法人资格争论不休,所有与控制高度结合的有限责任公司也在司法实践中,经常会因人格的混同而被否定其法人人格,但股份有限公司的法人资格却很少存有争议或被轻易否定。

尽管股份有限公司存在上述诸多特性,但其最根本和最本质的特征在于它的开放性、社会性和资合性。一句话,它是一种集社会性与开放性于一体的资合性公司。这是我们理解股份有限公司具体制度设计的关键所在。

二、股份有限公司的利弊分析

股份有限公司发端于17世纪荷兰和英国的殖民公司,但真正的普及和发展却是在19世纪的工业化时代,是工业化大革命的产物,并成为当今时代最为重要的一种投资形式。许多西方国家的经济学家和法学家将股份有限公司视为新时代的伟大发现,认为它的重要性并不亚于蒸汽机和电力的发明,没有它,大规模的现代化生产是不可想象的。马克思也对股份有限公司的作用给予了极高的评价,指出:"假如必须等待积累去使某些单个资本增长到能够修建铁路的程度,那末恐怕直到今天世界上还没有铁路。但是,集中通过股份公司转瞬之间就把这件事完成了。"[①]这充分说明企业形态的变革,对于促进生产力的发展有着十分重要的作用。

股份有限公司之所以成为众多投资者乐于选择的组织形式,是因为它具有其他公司形式所不具有的优点,能够适应现代社会经济的需要。其主要优点包括:（1）便于集资。股份公司巨额的资本被划分为金额相等且数额较小的股份,并可以通过发行股票的形式向社会公开募集,有利于吸收社会资金,达到积少成多,集腋成裘之功效,使公司在短期内募集到巨额资本。因此,股份有限公司被公认是集中资本的最为有利的企业形式。（2）分散风险。股份有限公司拥有众多股东。由于股份金额较小,众多股东中的个人实际拥有的股份数仅占公司资本的很少一部分,而股东又以其拥有的股份金额对公司承担财产责任,因此,一旦公司经营亏损,其风险则由所有股东共同分担,有利于分散公司经营的风险。（3）投资灵活。股份有限公司资本实行股份化、证券化,股票可以自由转让。投资者可以根据自己的需要灵活选择投资对象和投资证券的种类,当投资者决定收回投资或转移其投资方向时,还可以转让其所持有的公司股份,具有灵活、方便的显著优势。（4）便于公司

---

① 《马克思恩格斯全集》第23卷,人民出版社1972年版,第688页。

的对外扩张。在股权相对集中的企业或公司中，投资者欲对企业实施控制，须拥有绝对多数的股权，而在股权高度分散的股份公司，尤其是公众持股的股份公司中，就可以实现以较少的资本达到公司控制的经营策略，从而大大降低控制成本。同时，股份有限公司在股票公开上市交易后，能够通过股份与股份的交换、股份与资产的交换来兼并企业，实现企业的重组和改造，所以，股份公司成为资本扩张的最为有效的形式和工具，国际上的大型跨国公司大多是采用股份有限公司的形式。(5)有利于提高公司的管理水平。股份有限公司是最为典型的法人企业，建立有最为完善和有效的公司治理结构。一方面，在股份有限公司中，以董事和经理为中心的专门机构管理着公司的生产和经营，而人数众多的小股东则只领取股息和红利，不参与公司的具体经营，这种专门化管理有利于提高公司的经营管理水平，也有助于塑造专门的企业家队伍。另一方面，股票的自由流动，使投资者可以通过"以脚投票"的方式，对公司的经营管理层实施外在的监督和压力，促使公司管理层尽职尽责地为公司服务。(6)经营恒定。股份有限公司是一种人格最为独立的企业法人。作为一种资合性法人组织，只要经营正常，股份有限公司一般不会因公司股东或管理层变更而使其组织存在受到影响，故是一种最为稳定的企业组织形式。

当然，任何企业组织形式都不是完美的，股份有限公司也不例外。股份有限公司的上述优点，往往同时也是其弱点。作为股份有限公司，其不足主要表现在：(1)公司设立条件严格、设立程序复杂。股份有限公司的成立条件要比封闭性的有限责任公司严格得多，这是由股份有限公司的开放性和社会性特点所决定的。由于股份有限公司并不以特定的投资者为对象，所以，各国公司立法对其成立均规定了极为严格的条件，以免引起不必要的社会震荡。同时，在股份有限公司采取向社会公众募集设立的方式时，其须践行制定招股说明书、发布公司章程、报经政府有关部门核准，委托他人发行等复杂的程序，从而必然会增加公司的设立成本，延长公司的设立周期。(2)股东之间不宜合作，缺乏责任感和信任感。股份有限公司股东人数众多，股东流动性强，股东之间互不相识，缺乏了解，所以股东之间很难协调。加之股票的自由流动，使股东随时可以通过股票的出让收回投资或转移风险，故一旦公司经营不佳，股东就纷纷抛售股票，弃之而去，这对公司无疑是雪上加霜、釜底抽薪，甚至导致公司解体。(3)公司经营易受证券市场行情等外部因素的影响。股份有限公司，特别是公众持股的上市公司，其经营容易受到来自证券市场等外部不确定因素的影响。证券市场是一个高度流动的风险投资场所，具有高度的关联性和风险传递性。一旦证券市场出现一丝不稳定迹象，就会迅速波及所有的上市公司。东南亚金融危机与美国次贷危机就是很好的例证。股份有限公司的上述弊端和不足，决定了并非所有的企业都能或都宜采取股份有限公司的形式。股份有限公司一般只适合于需要巨资的大型公司。

三、上市公司

(一)上市公司概述

上市公司是指发行的股票经国务院或国务院授权的证券管理部门批准在证券交易所挂牌交易的股份有限公司，是与证券市场密切相连，受法律严格管制，且最富典型性的公众公司。

我们知道，公司资本具有证券化的特点，任何一个股份有限公司均可以在特定的范围内发行股票，并依法转让，因而具有流通性。但股票交易有上市交易和柜台交易之分，流通并不意味着所有的股票都能够在证券交易所内公开挂牌交易，即使在发达的市场经济国家也只有部分优质证券才能获准在证券交易所上市或挂牌买卖，只有其发行的股票在证券交易所挂牌交易的公司才属于上市公司，否则不能称为上市公司。

上市公司作为股份有限公司的一种形式，它具有股份有限公司的共同特征。但由于上市公司所发行的股票能够在证券交易场所公开、自由买卖，股份的流动性更强，股东变换的频率更快，公众对公司信息披露的要求更高，所以，上市公司与非上市的股份有限公司相比，其公众性公司和开放式公司表现得更为突出。在英美国家，"公众公司"和"开放式公司"主要指的就是上市公司。

公司股票上市往往需要符合一定的条件，因此，公司通过股票上市等于向世人宣布，公司的资产、经营管理和发展前景达到了政府或证交所确定的上市标准，有利于提高公司的声誉和地位；同时，股票上市扩大公司股票流通的范围，增强了股票的流动性，便于以后股票的发行和公司资金的筹措；再者，由于股票上市，社会公众及政府对其管理和财务结构提出了更高的要求，信息的强制披露，使公司的经营置于全社会的监控之下，而股市的涨跌，则是对公司业绩和管理层经营能力的最好的评判，因而，通过股票上市也有利于促进公司治理结构的完善。

(二)公司股票上市的条件和程序①

1. 上市条件

股票上市意味着发行人的股票进入到自由公开买卖的市场范围之中，它不仅仅是证券发行行为的延续，而且是连接证券发行和交易两个市场的桥梁，对于证券市场的健康发展意义重大。因此，公司发行的股票欲求上市交易，必须具备一定的条件，这个条件就是上市标准。各国关于上市标准的规定都是依据其证券市场的具体情况而定的，它与各国的经济发展状况、经济发展模式有着直接的关系，因而各国的证券上市标准并不完全相同，甚至一个国家在不同的经济发展阶段其证券上市的标准也存在差异。一般而言，发达国家的证券上市标准要高于发展中国家。各国证券交易所关于上市的标准主要有：

(1)上市公司的规模限制。上市公司的规模限制主要体现在上市公司的实收注册资本不得低于一定规模，以此保证上市的证券能够达到规模效应，防止证券上市后的"有行无市"，降低证券交易所的市场效率。同时一定数额的资本也是上市公司行为的可靠保证。

(2)上市公司的盈利能力。上市公司盈利能力的高低往往标志着证券投资价值的高低，高盈利能力的公司对投资者的吸引力肯定要比低盈利能力的公司要大，在证券交易所的交易活跃程度肯定也要高。这样不仅能大大提高投资者的投资回报率，而且能大大提高证券市场的吸引力，提高证券交易所的市场效率。因此，各国一般都会规定申请上市的公司必须具备一定的盈利能力，而且要求这种盈利能力呈逐年上升趋势。

(3)上市公司的资本结构和偿债能力。上市公司的资本结构主要是指公司股东各种出资的构成、借贷资本与实有资本之间的比例。良好的资本结构有利于公司的稳定经

---

①　详见冯果主编：《证券法》，武汉大学出版社 2014 年版，第 80~89 页。

营，因此各国均有上市公司资本构成比例的要求，而公司的偿债能力反映了公司的经济实力，偿债能力的高低直接关系到债权人债权和投资者的投资收益的实现程度，关系到上市公司上市证券的活跃程度，甚至直接影响到投资者的投资信心及证券市场的稳定。

（4）上市公司的股权结构。上市公司的股权结构对于证券上市后其流通性的保持和交易的正常进行都有至关重要的意义。这就要求上市公司的股权必须具有一定的分散性，社会公众的证券持有量必须达到一定的比例，只有这样才能满足股票流通性的需要，才能防止和避免证券持有人直接影响或操纵证券的交易价格。

（5）上市公司的成立时间。各国一般都要求证券上市的公司在上市前已经开业一定年限以上。这是因为，一方面，刚成立的公司业务开展时间短，国家或者交易所所规定的上市公司必须予以公布的各项财务指标无法反映出来，投资者无法根据现有的情况来判断其盈利能力和偿债能力，无法进行投资决策；另一方面，监管当局和证券交易所也无法对该公司的质地予以审核判断，从而决定是否准予其上市。

根据公司法与证券法的分工，公司上市的条件、程序等内容改由证券法加以规定。根据《证券法》第50条的规定，股份有限公司申请股票上市必须符合下列条件：（1）股票经国务院证券监督管理机构核准已公开发行；（2）公司股本总额不少于人民币3000万元；（3）公开发行的股份达到公司股份总数的25%以上；公司股本总额超过人民币4亿元的，公开发行股份的比例为10%以上；（4）公司最近3年内无重大违法行为，财务会计报告无虚假记载。证券交易所可以规定高于前款规定的上市条件，并报证券监督管理机构批准。

2. 申请股票上市的程序

与绝大多数的市场经济国家一样，我国实行自愿上市制度，如果公司不愿意受上市制度的严格管束，不愿意承受因证券市场的交易而改变股东持股比例的风险，公司可以选择不上市，而如果公司股票欲上市交易则必须提出申请，申请获准后方可上市交易。根据我国《公司法》、《证券法》、《首次公开发行股票并上市管理办法》等的规定，股份有限公司申请其股票上市须按下列程序进行：

（1）提出上市申请。《证券法》第48条规定："申请证券上市交易，应当向证券交易所提出申请，由证券交易所依法审核同意，并由双方签订上市协议。"股票上市交易申请的核准权由证监会下放于证券交易所行使，标志着我国证券上市交易制度与国际的接轨，也反映出我国证券市场的不断成熟。根据《证券法》第52条第1款的规定，公司申请股票上市交易，应当向证券交易所报送下列文件：①上市报告书；②申请上市的股东大会决议；③公司章程；④公司营业执照；⑤依法经会计师事务所审计的公司最近三年的财务会计报告；⑥法律意见书和上市保荐书；⑦最近一次的招股说明书；⑧证券交易所上市规则规定的其他文件。

（2）证券交易所上市委员会审查批准。证券交易所上市委员会在收到上市申请文件后，应当对申请文件进行审查，审查包括形式审查和实质审查。

（3）签订上市协议书。上市公司与证券交易所之间的基本关系属于市场提供者与证券发行者之间的合同关系。因此，上市委员会批准后，上市公司应与证券交易所签订上市协议书，对双方的权利义务作出约定。

（4）上市公告。股票上市交易申请经证券交易所同意后，上市公司应当在上市交易的 5 日前公告经核准股票上市的有关文件和《证券法》第 54 条规定的应当公告的事项，包括：①股票获准在证券交易所交易的日期；②持有公司股份最多的前十名股东的名单和持股数额；③公司的实际控制人；④董事、监事、高级管理人员的姓名及其持有本公司股票和债券的情况。

（5）挂牌上市。在完成上述步骤后，公司将按照上市协议规定的时间，在证券交易所挂牌上市。

（二）公司股票上市的暂停和终止

上市公司暂停上市，是指已经上市的证券在遇到特殊情况下，被暂时取消上市资格，待暂停原因消除后，再恢复其上市资格的一种法律制度。上市公司暂停上市有时是上市公司主动申请暂停上市，但大多数情况下，是由于发生了公司法、证券法或证券交易所规定的暂停原因，由证券监管机关或证券交易所决定暂停该公司发行的证券在交易所进行的集中交易。根据我国《证券法》第 55 条的规定，上市公司有下列情形之一的，由证券交易所决定暂停其股票上市交易：（1）公司股本总额、股权分布等发生变化不再具备上市条件；（2）公司不按规定公开其财务状况，或者对财务会计报告作虚假记载，可能误导投资者；（3）公司有重大违法行为；（4）公司最近 3 年连续亏损；（5）证券交易所上市规则规定的其他情形。上市股票因上述原因被暂停上市交易后，证券交易所须出具"暂停上市通知书"，并在国家指定的公开报刊上公布。公司暂停上市通常都有时间段的限制，当暂停上市的原因消失后，上市公司可以提出恢复上市的申请，经同意后，由证交所开具"恢复上市通知书"，并在国家指定的报刊上公告。

证券上市后并非一劳永逸，如果上市公司发生变化，达不到上市标准，就应当取消其上市资格。根据我国《证券法》第 56 条的规定，有下列情形之一的，由证券交易所决定终止其股票上市交易：（1）公司股本总额、股权分布等发生变化不再具备上市条件，在证券交易所规定的期限内仍不能达到上市条件；（2）公司不按照规定公开其财务状况，或者对财务会计报告作虚假记载，且拒绝纠正；（3）公司最近 3 年连续亏损，在其后一个年度内未能恢复盈利；（4）公司解散或者被宣告破产；（5）证券交易所上市规则规定的其他情形。《证券法》第 62 条规定，对证券交易所作出的不予上市、暂停上市、终止上市决定不服的，可以向证券交易所设立的复核机构申请复核。

（三）上市公司治理结构

上市公司是最为典型的公众性公司，具有股权相对分散、所有与控制相对分立、股票自由流通等特点，因此，上市公司的内部治理的完善与否，对于保护投资者的合法利益，调动投资者的投资积极性，促进证券市场的健康发展，都有至关重要的意义。所以健全上市公司治理结构是各国公司法的一致努力，也是近年来各国公司法和证券法改革的重点。由于历史及体制上的原因，我国上市公司股权结构不合理的问题比较突出，损害中小股东和投资者的事件不断发生。为了规范上市公司的运作，我国《公司法》对上市公司的治理结构作出了特殊规定，中国证监会近年来也颁布了一系列有关上市公司治理结构的规范性文件，对此，我们将在第九章作进一步的介绍。

第四节 外商投资公司

本节所说的外商投资公司，是指采取公司组织形式的外商投资企业，即依照中国法律在中国境内设立的、部分或全部资金来自境外、外国投资者有相应的支配、控制权的公司企业，是国际私人资本对中国进行直接投资的方式。

外商投资企业产生于 20 世纪 70 年代末中国改革开放的初期，是为引进和吸收外资而创立的企业法律形式，并通过相继颁布的《中外合资经营企业法》（1979 年颁布、1990 年修正）、《中外合作经营企业法》（1988 年颁布、2000 年修正）和《外资企业法》（1986 年颁布、2001 年修正）及其他配套法规予以规范。外商投资企业，是由外国投资者参与设立或由外国投资者单独设立，具有涉外因素，故又称涉外企业。我国企业立法规定了外商投资企业具有三种形式，实践中又俗称三资企业。其中，中外合资经营企业是中国合营者与外国合营者依照《中外合资经营企业法》等相关法律规定，在中国境内设立的共同投资、共同经营，按出资比例分享利润、承担风险及亏损的企业，属于股权式企业；中外合作经营企业是中国合营者与外国合营者依照《中外合作经营企业法》等相关法律规定，在中国境内设立的由合同确立双方权利和义务，并根据合同从事生产经营的企业，属于契约式企业。外资企业是依照《外资企业法》等相关法律规定，由外国个人、企业或其他经济组织单独投资设立的外国投资企业。外商投资企业中的中外合资经营企业具有中国法人地位，中外合作经营企业和外资企业既可以是法人企业也可以是非法人企业，既可以采取公司形式也可以采取其他企业形式。依照《中外合资经营企业法》的规定，中外合资经企业的法定组织形式是有限责任公司，但实践中由于外资并购等原因，也出现了中外合资的股份有限公司。在我国有关的行政法规中，中外合资的股份有限公司是指由一定人数以上的中外股东设立、全部资本由等额股份构成，外国股东可自由兑换外币购买并持有公司注册资本一定比例以上股份，股东以其所认购的股份为限对公司承担责任，公司以全部资产对公司债务承担责任的企业法人。由于外商投资企业可以而且一般也都采取公司的组织形式，因而也是公司法的重要规制对象。

由于外商投资企业法是在公司法之前颁布的，在公司法颁布后，《公司法》和外资企业法的关系问题以及外商投资企业的法律适用问题就成为一个备受关注的问题。《公司法》第 217 条规定："外商投资的有限责任公司和股份有限公司适用本法；有关外商投资的法律另有规定的，适用其规定。"由此可以看出立法者将公司法视为调整外资关系的一般法，外资企业法是公司法的特别法。必须承认，在投资主体、企业设立程序、出资形式、一人公司制度、资本认缴制、公司治理架构、董事会制度、经理制度、股权转让程序等方面，外资企业法与公司法存在显著的制度差异。① 但这种二元结构的立法体系存在诸多不科学、不公平、不合理之处，与十八届三中全会提出的"统一内外资法律法规"、"实行统一的市场准入制度"等精神相背离。因此，有必要推动《公司法》与三套外资企业立法的联动修改与并轨改革。

---

① 刘俊海著：《现代公司法》（第三版），法律出版社 2015 年版，第 1062~1067 页。

第三章　公司的设立

第一节　公司设立概述

一、公司设立的定义与性质

(一)定义

公司设立是指公司发起人为促成公司成立并取得法人资格，依照法律规定的条件和程序所必须完成的一系列法律行为的总称。从上述定义中我们不难发现，公司设立首先是一种法律行为，只有依法进行，方能产生预期的法律后果。其次，公司设立是由一系列行为组成的，这些行为贯穿于公司发起、筹建到成立的全过程，具有连续性。虽然公司设立的内容会因设立公司的类型不同而有所区别，但所有这些设立行为都是以取得法人资格、使设立的公司形成法律上的独立人格为宗旨，所以这些行为必然是围绕公司成立并取得法人资格这一终极目的而有序展开。最后，公司设立由发起人来负责实施，因此，发起人的素质和行为对公司的成立至关重要。

公司设立与公司成立是两个相互关联又相互区别的法律概念。我国《公司法》对公司设立和公司成立原则上也作了区分。如该法第 35 条规定："公司成立后，股东不得抽逃出资。"再如第 94 条规定，股份有限公司的发起人在公司不能成立时，对设立行为所产生的债务和费用负连带责任，并对设立过程中因其过失而致公司利益造成的损害负赔偿责任。当然，在法律条文上并未在措辞上对二者作严格区分，在某些场合，"成立"也用"依照本法设立"等措辞来表达，如《公司法》第 8 条等条款的规定。公司成立是指设立中的公司经发起人依法定的条件和程序完成了所有设立行为并得到登记主管机关核准，取得法人资格，可以依法经营的特定状态或法律事实。公司设立是公司成立的前提，公司成立是公司设立行为与政府审查核准的结果。公司发起人即便完成了设立行为，但若不能获得政府部门的登记核准，公司也无法成立。公司设立与公司成立的区别主要在于以下几个方面：(1)行为性质不同。公司设立是发起人为促成公司成立而实施的法律行为，主要是基于当事人的意思表示，其基本性质属于民事行为，应遵循平等、自愿、等价有偿等民法基本原则；而公司成立则主要是由公司发起人的设立行为引发政府登记主管机关核准的行政行为，并产生公司取得合法经营资格这一法律事实。(2)法律效力不同。公司设立只是公司成立的前提，在公司设立阶段，即便是公司的所有设立行为都已完成，只要公司尚未成立，公司就不能成为独立的民事主体，独立享有权利、承担义务。而公司成立则意味着新的民事主体产生。(3)行为主体不同。公司设立的行为主体是发起人，公司成立是行政机关的行政行为和发起人的设立行为共同作用的结果，所以，在公司成立这一环节所涉及的行为主体包括政府机关和发起人。

（二）公司设立的性质

公司设立既有民事行为，也有行政行为，但其核心部分或主要内容是民事行为。对于这种民事行为的性质，学术界一直存在着不同认识，有合伙契约说、单独行为说、合并行为说、共同行为说等学说观点。其中，合伙契约说认为，发起人签订协议，合意组建公司，制定公司章程视为设立人的契约，并进而将设立行为视为合伙契约。单独行为说认为，公司的设立是发起人以组织公司为目的的个别单独行为。合并行为说认为，公司设立是共同行为与契约行为之合并行为，具有共同行为和契约行为的双重属性。共同行为说认为，公司的设立是设立人的共同行为，即在同一目的之下，以两人以上的意思所为的共同一致的行为。①

上述各学说从不同角度说明了公司设立行为的性质。其实公司设立行为包括当事人设立公司的一系列行为，对其性质不可一概而论。如股东出资协议、设立事项的委托等在相当程度上具有契约行为的性质；制定公司章程则是以创办公司为共同目的的各方的一致行为，所以具有共同行为的性质。认股人认购股份的行为则属于单独行为。由于在公司设立行为中，制定公司章程的行为最为重要，故持共同行为说者为众。

二、公司设立的原则

公司设立原则是指一个国家在法律上对公司设立所采取的基本态度，即以怎样的程序限制来规范公司的设立。各国公司法采取的设立原则因国情不同而有所差别。从历史上看，大致有以下几种设立原则：

（一）自由主义

自由主义又称"放任主义"，即公司的设立完全听由当事人自由，国家不加任何干预和限制。放任主义产生于公司制度萌芽时期，与当时法人制度和法人理论尚不完善密不可分。② 由于该种设立原则是特定历史条件的产物，难以适应规范公司行为和维护社会经济秩序的要求，所以这一设立原则随着法人制度的完善和现代公司的出现而被淘汰。

（二）特许主义

所谓特许主义，是指公司的设立须经国家元首发布命令或议会通过特别法令的形式予以许可。与此种原则相应的公司设立制度被称为特许制，其盛行于17—18世纪的英国、荷兰等殖民国家。它是早期资本与绝对主义和极权主义的王权相结合的产物，并成为当时殖民国家对外推行殖民扩张和掠夺的工具。③ 由于特许主义是封建特权的产物，它严重阻碍了个人之间的自由竞争和统一市场的形成，阻滞了公司制度和资本主义经济的发展，所以到19世纪，采用特许主义的主要资本主义国家纷纷抛弃了该项原则。

---

① 范健、王建文著：《公司法》（第四版），法律出版社2015年版，第100~101页。
② 石少侠主编：《公司法教程》，中国政法大学出版社1997年版，第58页。
③ 江平主编：《法人制度论》，中国政法大学出版社1994年版，第114~115页。

（三）核准主义

核准主义，又称"许可主义"或"审批主义"，是指公司的设立除具备法律规定的条件之外，还须经过政府主管机关的审核批准。核准主义最初为德国和法国所采用。与特许主义相比，核准主义有利于公司的设立。但就其本质而言，二者是形异而实同。只不过前者是行政的特权，后者是立法上的特权。此种制度因国家对公司设立干预程度较大，设立公司最终能否被行政机关批准当事人难以确定，这显然不利于普遍发展公司事业，促进经济发展。所以，目前采取这一法制的国家也已为数不多。即便是采用这种制度，也只是针对特殊类型的公司，如特种行业的公司。

（四）准则主义

准则主义，又称"登记主义"或"注册主义"，指设立公司不须经行政主管部门审批，只要具备法律规定的条件，即可向注册登记机关申请登记。准则主义顺应了资本主义经济自由和公司制度发展的需要，19世纪末即为各主要资本主义国家所采用。但单纯的准则主义难防滥设公司和欺诈行为，20世纪以后，各国政府开始严格规定公司的设立条件，加重发起人的责任，强化政府的监管。这种立法现象被人们称为"严格准则主义"。

一般认为，公司设立法制史上的核准主义以及与此相适应的核准制，淡化公司设立的民事行为性质，强调国家的积极干预，是"交易安全"价值取向的极端体现，其目的是借助行政机关的行政权力来监督公司发起人的行为，以确保经济安全。在市场机制尚不发达、市场风险意识有待强化的情况下，核准主义尤受推崇。而准则主义则是自由和效率优先理念的集中体现。它强调设立人的意思自治和设立自由，反对公权力对经济生活的随意干预，顺应了商品经济对企业设立便捷的客观要求。当然，准则主义并非对交易秩序的完全漠视，而是通过公司设立条件的预先设定来控制交易风险。因此，准则主义最为本质的特点在于两点：一是交易安全的实现借助于客观的法定条件，而非行政机关的主观自由裁量；二是保障交易安全的条件的法定化和公示化。这样，准则主义既为企业的设立者提供了客观的标准，便于企业设立，又通过公示向社会公众提供普遍性的信息，从而控制和降低了因追求安全而支付的设立成本。这也是准则主义能够成为当今社会最为基本的公司设立原则的关键所在。

我国公司设立制度也经历了从核准主义到准则主义过渡的演变过程。在《公司法》颁行之前，对企业的设立实行的是严格的核准主义。设立公司必须经过政府主管部门的审核批准。这种制度是与计划经济体制相适应的，不仅公司设立程序烦琐、设立效率低下，而且造成行政特权的膨胀，导致行业垄断和市场分割，妨碍市场竞争的正常进行。[①] 1993年《公司法》颁布后，我国放弃了单一的上述原则，实行核准主义和准则主义相结合的原则。该法规定，有限责任公司原则上实行准则主义。即设立一般的有限责任公司，符合公司法规定条件的可直接申请登记，无须由行政主管部门实行前置审批，但对特定行业和经营特定项目的有限责任公司、外商投资的有限责任公司，法律、行政法规规定在公司登记前需报经有关部门审批的，则仍须经审批。对于股份有限公司，囿于当时历史条件仍然实行核准主义，即发起设立股份有限公司须经国务院授权的部门或省级人民政府批准。在公

---

① 方流芳：《公司审批制度与行政性垄断》，载《中国法学》1992年第4期。

司法的实施过程中，大家普遍感受到，与以前的企业立法相比，公司法在公司设立制度方面有了长足的进步，但国家干预的色彩仍较为浓厚，其集中的表现就在于核准主义的适用范围仍然过于宽泛，政府自由裁量的余地仍然过大，势必阻碍企业的自由设立，难以适应日益激烈的国际竞争的需要，其中被广为诟病的是按公司形式分别采取不同的设立制度的做法。大家普遍认为，设立股份有限公司须经国务院授权部门或省级人民政府批准的规定没有充足的理论依据，也与国际惯例不相吻合，应该予以摒弃。根据《公司法》第6条的规定，在我国无论是发起设立有限责任公司还是发起设立股份有限公司一般均采取准则设立主义，但法律、行政法规对设立公司必须报经批准的，则采用核准主义。后者主要是指从事诸如金融、烟草、食品、医药、国防等某些国家设置了特别设立条件的特定行业和特定经营项目的有限责任公司和股份有限公司，以及涉外公司。而募集设立的股份有限公司，则仍应纳入核准设立主义的范畴，其是否具备向社会发行股份的条件还须证券监管部门审核。股份有限公司设立原则与有限责任公司设立原则的统一，不仅使我国的公司设立制度更趋合理，而且有助于简化设立程序，方便公司设立，促进经济发展。

第二节　公司设立的方式、条件和程序

一、公司设立的方式

公司设立的方式根据公司资本或股份是否由发起人以外的人认购，分为发起设立和募集设立两种。①

发起设立是指公司的资本或股份由发起人全部认购，不向发起人之外的任何人募集而设立公司的一种方式。发起设立具有设立程序简单、对社会公众影响较小、成立后的公司其股东相对稳定和封闭等特点，多为中小型公司所采用。有限责任公司等封闭式公司只能采取该种方式设立公司。由于发起设立的认股是在发起人中进行，无须向社会其他公众发行股票，因而发起设立又称同时设立或单纯设立。

募集设立又称渐次设立或复杂设立，是指发起人只认购公司一定比例的股份，其余部分按法律规定的程序向社会公众公开募集或者向特定对象募集而设立公司的方式。募集设立不同于发起设立之处在于公司在设立阶段可以向外招募股份。与发起设立相比，募集设立具有募集对象开放性的特点，特别是向社会公开募集股份时，具有广泛募集社会资金的优势，具有较强的资金筹集能力。正因为它可以通过发行股份的方式充分吸收社会闲散资金，在短期内筹集设立公司所需的巨额资本，所以，当设立较大规模的公司时，为缓解发

---

①　这主要是大陆法系国家的划分。在英美法系国家或地区，没有发起设立和募集设立的概念。由于英美法系国家或地区注册资本实行授权资本制，且法律对公司注册资本没有最低数额的限制，在公司成立前，不要求发起人认购公司股份，也不允许公开发行股份，只有在公司成立后，才允许以公司名义公开发行股票，筹集公司资本。因此，在这些国家和地区，公司设立仅是履行一般性注册手续而已，不存在发起设立和募集设立之别。参见孙晓洁著：《公司法基本原理》，中国检察出版社2006年版，第89页。

起人的出资压力，往往采取募集设立方式。但募集设立方式程序复杂，公司成立周期较长，并且公司设立的结果是公司股东人数较多，股权高度分散，股东流动性加大，所以这种设立方式只能适用于资合性较高的股份有限公司。

由于募集设立具有募集对象广泛和对社会影响大等特点，为防止发起人的欺诈行为，加重发起人的责任，保护广大投资者的利益，各国公司法均要求公司采取募集设立方式设立公司时发起人须认购公司股份总数一定比例以上的股份。我国《公司法》第84条也规定："以募集设立方式设立股份有限公司的，发起人认购的股份不得少于公司股份总数的35%；但是，法律、行政法规另有规定的，从其规定。"

根据《公司法》第77条的规定，募集设立包括向社会公开募集和向特定对象募集两种情形。前者即所谓的公募发行，也即证券法中所说的公开发行（Public Offering）；后者即所谓的"私募发行"，也称非公开发行（Private Placement 或 Private Offering）。在成熟的资本市场上，私募是企业获得股本融资的主要来源之一，甚至是比公募历史更为悠久的一种资本募集方式。在国际资本市场上，私募与公募相对应，是指发行人或证券承销商通过自行安排将股票、债券等证券产品销售给他所熟悉的或联系较多的合格投资者，从而避免经过证券监管部门审批或备案的一种证券发行方式。① 与证券公开发行相比，私募发行的特征体现在：（1）私募免于核准和注册，无须进行全面和详细的信息披露。（2）私募发行的对象特定，一般是具有法律规定资格的特定投资者，且具有人数上的限定性。（3）私募发行方式受到限制，不能公开通过广告、募集说明书等形式和推销证券和募集资金。（4）私募发行的规模和数量以及私募发行的证券转售受到限制。（5）私募发行对象购买证券必须以投资为目的，投资者购买私募证券后必须持有一定时间。②

私募发行制度的核心和本源在于注册豁免。由于私募发行对象被认为有别于普通社会公众，符合条件的私募发行便可免于经受冗长烦琐的申请、查核，从而具有操作便捷、时效性强的优势；加之私募往往直接针对特定对象销售，可以相应节省大量公开承销费用及发行成本，有效降低公司设立和发行成本。但私募发行的缺点也十分明显，主要在于：（1）因为受到转售方面的法律限制，私募证券的流通性较差。（2）为了弥补投资者不易变现的风险和损失，发行人多数必须给予额外的流动性溢价，其发行利率与资金成本相应提高。（3）对私募证券的投资者来说，须投入额外的信息收集、查证和研究成本，同时遭受欺诈的风险也有所增加，而这些也多会反映在其与发行人洽谈的发行条件上，造成发行成本的上升。③

可以说，证券私募发端于资本市场的内生需求，特定的投资者要求特定的发行方式与之匹配，简化变通的规范反过来又进一步促使筹资人选择私募方式。相对于公募发行，私募发行领域法律干预的强度较弱，更多地强调私人秩序和契约安排。正由于证券法固有的信息披露等机制在私募发行环节受到了削弱，基于投资者保护的客观需要，在允许私募发行的国家和地区对私募发行的范围、招募形式等均加以严格界定和控制。在发达国家特别

① 孙晓洁著：《公司法基本原理》，中国检察出版社2006年版，第91页。
② 王林清著：《证券法理论与司法适用》，法律出版社2008年版，第119~120页。
③ 郭雳：《发展规范我国私募发行的分析》，载《证券市场导报》2003年第8期。

是美国，私募发行的特定对象仅限于那些拥有相当资产或收入、具备足够投资知识经验、了解发行人有关信息、能够自我保护的机构或个人，对于其中某些对象还有人数方面的限制。在招募方式上禁止发行人或证券承销商采用一般性广告或公开劝诱的行为(包括采取公告、广告、广播、电视、网络、信函、电话、拜访、询问、发表会、说明会及其他方式)推销股份或其他证券。除此之外，法律还在信息提供、转售限制、向主管机关报告备查等方面对私募发行提出了特殊的要求。

我国《公司法》和《证券法》所确立的私募发行制度，与公司和证券法制史上曾经有过的"定向募集"非常相似但并非完全相同。在《公司法》出台之前，我国国务院有关部门于1992年联合颁布的《股份有限公司规范意见》曾经规定有公司定向募集设立这种方式。根据该意见第7条第3款的规定，募集设立方式包括社会募集和定向募集两种。采取定向募集方式设立，公司发行的股份除由发起人认购外，其余部分不向社会公众公开发行，但可以向其他法人发行部分股份，经批准也可以向公司内部职工发行部分股份。当时的定向募集并没有发行对象仅限于合格投资者的严格界定，更没有招募形式的控制，加之"定向募集"与"社会募集"之分与当时的股票发行配额交错作用，人为地造成了公司形态与证券形态的混乱。所以1993年《公司法》和1999年的《证券法》都取消了在股份公司募集设立中"社会募集"和"定向募集"之分，一律采取公开向社会公开发行的募集方法。由于向社会公开募集发行，要求的条件、程序严格，耗时长、费用高，无法满足中小公司融资的需要，另外随着资本市场中机构投资者的日益壮大，我国私募发行的条件也日益成熟，特别是我国入世后，发展和完善私募发行制度已成为提升我国资本市场地位的客观需要，因此，在我国《公司法》中明确允许公司在设立时，可以向特定的对象募集股份，即允许私募发行。我国《证券法》第10条、第13条对私募发行的发行对象的人数、招募方式等作出了限制性规定，初步建立起了私募发行制度的基本框架，但对特定对象的资格及人数、私募发行中的休息披露要求、私募发行的条件、程序和监督、私募发行证券的转让等都没有作出相应的规定，即使已有的规定也存在内容模糊、不易操作等问题，需要进一步健全和完善。①

二、公司的设立条件

公司的设立条件，是指公司取得法人资格所须具备的基本要素，是公司成立的实质性条件，所以，也有学者认为准确讲应该是"公司成立条件"。② 本书认为，公司成立是公司设立所追求的结果，公司成立条件和公司设立条件没有本质上的区别，故在此不再做具体区分，而仍沿用大家已经习惯了的"公司设立条件"一词。我国《公司法》第23条和第76

---

① 我国《证券法》将私募发行简单规定为"向累计不超过200人的特定对象发行"，不但没有明确何谓"特定对象"及是否存有资格限制，也未对"累计不超过200人"如何计算予以明确，实践中难于执行；关于私募发行的方式，《证券法》明确了私募发行"不得采用广告、公开劝诱和变相公开方式"，但是，对何为"公开劝诱"、"变相公开"同样没有具体说明，这就有赖于中国证监会制定必要的细则或者最高人民法院在具体案例或者司法解释中予以阐明。

② 孙晓洁著：《公司法基本原理》，中国检察出版社2006年版，第92～93页。

条分别对有限责任公司和股份有限责任公司的设立条件作出了明确规定。《公司法》第23条规定，设立有限责任公司，应当具备下列条件：(1)股东符合法定人数；(2)有符合公司章程规定的全体股东认缴的出资额；(3)股东共同制定公司章程；(4)有公司名称，建立符合有限责任公司要求的组织机构；(5)有公司住所。《公司法》第76条规定，设立股份有限公司，应当具备下列条件：(1)发起人符合法定人数；(2)有符合公司章程规定的全体发起人认购的股本总额而设立公司；(3)股份发行、筹办事项符合法律规定；(4)发起人制订公司章程，采用募集方式设立的经创立大会通过；(5)有公司名称，建立符合股份有限公司要求的组织机构；(6)有公司住所。

尽管不同的国家对不同类型公司的设立条件所规定的宽严标准和具体内容有所不同，但一般都包括以下几个要件。

(一)人的要件

人的要件，是指对公司的发起人(或股东)在人数、资格等方面的要求。

1. 人数要求

发起人，也称创办人，是指订立发起协议，提出设立公司申请，向公司出资或认购股份，并对公司设立承担责任的人。由于发起人负有向公司出资或认购股份的义务，在公司成立后即为公司的股东。发起人不同于普通的认股人或出资人，后者仅履行公司股份认购及缴纳出资的义务，对公司设立不承担其他责任。而发起人则不单须有出资行为，而且必须是实施了设立行为之人。因此公司发起人通常应具有以下条件：(1)发起人之间具有共同设立公司的意思表示；(2)发起人必须有认缴股份或出资的行为；(3)发起人必须是实施设立行为之人，如签订发起人协议、在公司章程上签名盖章、对外声明对公司设立事务负责等。有限责任公司因采取发起设立方式设立公司，所有创始股东均为公司的发起人；股份有限公司在采取募集设立方式设立公司时，发起人只指那些实施公司设立行为、制定公司章程、负责召开首次股东大会的股东，其他股东则为非发起人股东。

传统公司法理论认为公司是社团法人，是人的组合，应具有鲜明的股东多元化的特点，所以，世界上绝大多数国家和地区的公司法都曾坚持公司的发起人必须是2人以上。对股份有限公司的发起人人数要求则更高。不过目前越来越多的国家已经允许设立仅有一人的有限责任公司或股份有限公司，所以发起人的最低人数限制已经不断遭到突破，但鉴于有限责任公司具有很强的"人合"性质，很多国家仍然保留了对其最高人数的限制。我国《公司法》顺应公司法发展潮流，取消了原《公司法》有限责任公司的股东必须在2人以上50人以下的要求，规定"有限责任公司由50个以下股东出资设立"。同时对股份有限公司的最低人数要求由原来的5人降低至2人。尽管对股份有限公司的股东人数没有上限的要求，但为避免股份公司发起人人数过多，导致设立行为的低效，我国《公司法》对股份有限公司发起人的上限也作出了规定，规定发起人应在200人以下。这也是我国公司法的一个独特之处。

2. 发起人的资格要求

设立行为是一系列的特殊法律行为的组合。公司发起人的设立行为对公司人格的健全、社会交易秩序的稳定都有直接的影响，为此，不少国家和地区的公司法对发起人的资格大多作出了相应的限制，主要包括：

(1)无民事行为能力人和限制民事行为能力人及其他禁治产者不得成为公司的发起人。传统公司法理论认为，发起人是公司设立事务的负责人，无民事行为能力人因无法判断自己行为的性质，也无法对自己的行为后果负责，故不能成为公司的发起人。目前，我国公司法对发起人的行为能力并没有作出明确要求，公司发起人应否为完全民事行为能力人，在理论界存有分歧。多数学者坚持认为只有完全行为能力人才能充当公司的发起人，在公司登记实践中也基本上采纳这种观点。但也有个别学者主张，行为能力欠缺不应构成有关当事人充当发起人的障碍。① 笔者认为，发起人与公司股东是两个完全不同的概念，无民事行为能力人和限制民事行为人可以因持有公司股份而成为公司的股东，但作为公司设立事务的负责人，发起人则不仅须对自身行为负责，还须对公司人格之健全及其他认股人负责，无民事行为能力人和限制民事行为能力人无法判断自己行为的性质，也无法对自己的行为后果负责，故从交易安全计，不宜成为公司的发起人。此外，依据其他法律规定禁止从事经商活动者，如国家公务人员，因其自身身份的特殊性，也不得成为公司的发起人。

(2)法人充当发起人时，应当受法人的宗旨限制。与自然人相比，法人的权利能力受其性质限制；而法人之间，法人的权利能力又会受其宗旨和目的范围的限制。从立法角度看，各国对非营利性组织从事商业活动(包括设立公司)都施加一定的限制。原则上禁止非营利性的法人组织从事与非营利性组织生存或目的无关的商业活动，以保证非营利性事业的健康发展。我国《公司法》虽无此明确规定，但基于公益法人，尤其是为满足公共需要和改善公共福利为目的行使公共职能的国家机关法人，包括部分事业机关法人在社会生活中的特殊使命和地位，国家三令五申不得经商办企业，因此不能作为公司发起人。根据现行立法，基金会、社会团体和民办非企业单位不得从事营利性经营活动。如《社会团体登记管理条例》第4条规定："社会团体不得从事营利性经营活动。"

(3)发起人的国籍和住所限制。各国政府为了便于对公司的管理和控制，一般从本国的利益出发，对发起人的国籍和住所地作出一定的要求。但随着经济全球化进程的加快，为进一步吸纳国际资本，不少国家和地区的公司法都作出了相应的修改，放宽了对发起人国籍和住所的要求。我国公司法仅要求，设立股份有限公司时须有半数以上的发起人在中国境内有住所，对有限责任公司的发起人的国籍和住所则无要求。

(二)物的要件

物的要件是指作为资合公司的有限责任公司和股份有限公司所应具备的必要的物质条件。其中最为重要的是资本要件。由于公司资本是公司赖以生存的"血液"，是公司运营的物质基础，也是公司债务的总担保，所以各国公司法对公司的资本要件都极为重视，较为详尽地规定了公司资本的构成、最低限额等。值得注意的是，为了适应现代经济生活的需要，近几年来，各国公司立法在强调对债权人利益予以保护的基础上，更加注重公司的融资功能，对股东的出资形式、公司最低资本限额的规定呈现出了更为灵活的趋势。过去很长一段时间，我国公司法实行严格的法定资本制，将公司的信用评价维系于静态的公司注册资本之上，希冀通过强有力的资本管制来实现交易安全。然而事与愿违，严格的资本

---

① 蒋大兴著：《公司法的展开与评判》，法律出版社2001年版，第3~14页。

管制人为抬高了公司融资成本，抑制了社会大众投资兴业的诉求与热情。2013 年年底，全国人大常委会对《公司法》规定的资本制度进行了彻底变革，将注册资本实缴登记制改为认缴登记制，放宽注册资本登记条件，简化登记事项和登记文件，可谓是一场"颠覆性修改"。① 本次资本制度改革并不意味着公司设立不再需要资本条件，它只是改变了市场与政府力量的配比方式，从静态的资本信用理念走向了动态的资产信用理念，将资本事项交由公司章程予以设定。实际上，公司法资本制度的重大变革并未否定资本制度的基本原理和与之相关的股东出资义务和责任。取消最低资本额，改变的只是股东出资义务的范围或数额，而非股东出资义务本身。公司资本从有限制的认缴制到无限制的认缴制，改变的只是股东履行出资义务的期限，股东以其认缴而非实缴的出资额为限对公司债务负责，资本的"认而不缴"并不免除股东的出资义务或责任。认缴资本的采用也不能终结或取代实缴资本的独特作用。资本真实的法律要求不因取消法定最低资本额和实行完全的认缴资本制而改变，取消验资的特定法律程序，决非否定资本真实性的法律要求，而只是改变资本真实的实现方式。② 因此，资本依然是公司设立必不可少的要件。

（三）行为要件

所谓行为要件，是指公司的设立行为必须符合法律要求，这主要包括公司章程的制定、公司名称的选择、组织机构的确定、股份的发行等。凡公司法规定公司设立时必须具备的设立行为条件，应当符合公司法的要求，否则公司不得成立。

（四）组织要件

公司的组织要件，是指公司作为组织体所须具备的基本条件。作为一种社团法人，公司应该具有规范的名称、赖以形成和实现公司团体意志的健全的组织机构，以及具有稳定的经营场所。

三、公司设立的程序

公司设立程序，是指发起人设立公司时所应遵循的法定步骤。公司设立程序因各国采取的公司设立原则的不同以及不同类型的公司所采用的设立方式的不同而有所差异。一般而言，有限责任公司的设立程序比较简单，而股份有限公司的设立程序则较为复杂；发起设立程序简单，募集设立程序比较复杂。但发起人签订发起人协议、制定公司章程、认购股份、缴纳出资、确定组织机构、申请设立登记则是公司设立的基本程序。下面结合有限责任公司和股份有限公司的不同特点，就其设立程序分别作一阐述。

（一）有限责任公司的设立程序

有限责任公司是一种非公众性的、封闭性的法人企业，只能以发起设立方式设立公司，因而其设立程序相对简便。根据《公司法》第二章及其他法律法规的规定，有限责任公司的设立主要经过以下程序：

---

① 甘培忠：《论公司资本制度颠覆性改革的环境与逻辑缺陷及制度补救》，载《科技与法律》2014年第 3 期。

② 赵旭东：《资本制度变革下的资本法律责任——公司法修改的理性解读》，载《法学研究》2014年第 5 期。

1. 签订发起人协议

发起人既是设立公司的倡议者，也是公司设立行为的具体实施者，因此发起人在公司的设立中发挥着决定性的作用。发起人的法律地位，可以从两个方面来理解：从设立中公司与发起人的关系看，发起人作为一个整体应属于设立中公司的机关，对外代表设立中的公司进行创立活动，履行设立义务；从发起人之间的关系看，发起人之间的关系是合伙关系，如果公司未能合法成立，发起人对其设立行为所产生的义务对第三人负连带责任。①发起人发起设立公司必须首先就公司设立的主要事项形成共同的意思表示，方可进行下一步的设立活动，因此，尽管签订发起人协议并非各国公司法规定的设立公司的必经程序，但从实际情况看，在发起人为数人时，发起人之间一般都要就公司设立的有关事项及相互之间的权利义务关系订立协议或形成发起人会议决议，这已经成为设立公司的首要程序。②

发起人协议是发起人之间就设立公司事项所达成的明确彼此之间权利义务关系的书面协议。与旨在规范成立后公司及其成员行为的公司章程不同，它重在约束、规范发起人的行为，其性质类似于合伙协议。在公司设立程序中，组建公司的方案、股权分散和集中的程度、发起人之间的职责分工等，均由发起人协议形成最初格局。因此，拟定发起人协议不仅对公司组建至关重要，而且对公司的未来发展也有着难以磨灭的影响。至于发起人协议的内容，可以从发起人的功能推之：资本筹集条款，包括本人的出资和资本的募集；公司设立条款，包括设立目的、方式、章程制定、组织机构的安排及办理设立手续等；公司成立后的营业安排条款等。③

2. 订立公司章程

订立章程是公司设立的一个必经程序。任何公司的设立均须订立公司章程，订立公司章程的目的是为了确定公司的宗旨、设立方式、经营范围、注册资本、组织机构以及利润分配等重大事项，为公司设立创造条件并为公司成立后的活动提供一个基本的行为规范。

3. 报经主管部门审批

根据《公司法》第 6 条第 2 款的规定，法律、行政法规规定设立公司必须报经批准的，应当在公司登记前依法办理批准手续，即报经有关部门审批并非所有有限责任公司设立的必经程序，只有法律、行政法规规定必须报经审批的，才有此程序。

对有限责任公司的设立，我国公司法废止了过去长期实行的行政许可制度，改用注册登记制，以简化公司的设立程序，提高公司的设立效率，适应社会主义市场经济的要求。据此，设立一般性的有限责任公司，在制定了公司章程，缴纳了出资，具备了设立公司的实质要件之后，即可直接向注册登记机关申请注册登记，但法律、法规对设立公司规定必须报经审批的，在公司登记之前仍须办理审批手续。这类公司主要是意欲进入许可制度管理和控制之下的某些行业的公司，主要包括证券公司、保险公司、商业银行、金融资产管

---

① 赵旭东主编：《公司法学》(第四版)，高等教育出版社 2015 年版，第 90 页。

② 我国《公司法》第 79 条第 2 款明确规定："发起人应当签订发起人协议，明确各自在公司设立过程中的权利和义务。"由此来看，发起人签订发起人协议已经成为我国股份有限公司设立的必经程序。

③ 石慧荣著：《公司法》，华中科技大学出版社 2014 年版，第 31 页。

理公司、基金管理公司、期货公司、信托公司、财务公司、融资性担保公司、融资租赁公司、汽车金融公司、小额贷款公司等。

4. 认缴出资

认缴出资包括出资认购和实际缴纳两个环节。公司的资本来源于股东的出资，出资是股东基于股东资格对公司所为的一种给付，凡股东都须履行约定的出资义务。除实行授权资本制的国家外，公司章程所记载的资本总额，在公司成立时都必须落实到每一个股东名下。尽管有些国家的公司法规定股东可以分期缴纳出资，但股东已经认购而尚未缴付的出资，也构成对公司债务的确切担保。即使在授权资本制下，对已发行部分的资本，股东也必须严格履行其出资义务。因此，认购和缴纳出资是有限责任公司设立的关键性程序。没有股东的出资认购和缴纳行为，公司就无从成立。

为了从根本上维护公司及债权人的合法权益，我国原《公司法》特别强调公司资本的充实，要求股东足额缴纳章程所规定的各自认缴的出资额。其中，股东以货币出资的，应当将货币足额存入准备设立的有限责任公司在银行开设的临时账户，以实物和工业产权、非专利技术及土地使用权作价出资的，应当依法办理财产权转移手续。修改后的《公司法》改革了我国公司法所确定的资本制度，《公司法》第26条第1款规定，"有限责任公司的注册资本为在公司登记机关登记的全体股东认缴的出资额。"第28条第1款规定："股东应当按期足额缴纳公司章程中规定的各自所认缴的出资额。股东以货币出资的，应当将货币出资足额存入有限责任公司在银行开设的账户；以非货币财产出资的，应当依法办理其财产权的转移手续。"因此，修订后的现行《公司法》所确立的是允许股东分期缴纳出资的资本制度，股东认购的出资无须在公司成立时全部缴纳，但有义务按期足额缴纳公司章程中规定的各自所认缴的出资额。对此，我们将在第七章中作进一步的介绍。

5. 确立机关

公司的机关是对内管理事务，对外代表公司的法定机构。作为法人组织的有限责任公司，其意志的形成和实现，均须依赖于法人机关及其成员的活动。因此，公司在登记成立前必须对公司权力机关、业务执行机关和监督机关的组织及其成员的分工作出决定，并须符合法律的规定。在实践中，有限责任公司的组织机构在制定公司章程时已经作出了规定，并且把董事会成员作为申请登记的一项内容。

6. 申请设立登记

设立有限责任公司，应当由全体股东指定的代表或者共同委托的代理人向公司登记机关申请设立登记。公司设立登记事项，各国规定并不相同，一般包括公司名称、住所、经营对象、资本总额等。我国《公司登记管理条例》第9条规定的公司登记事项包括：(1)名称；(2)住所；(3)法定代表人姓名；(4)注册资本；(5)公司类型；(6)经营范围；(7)营业期限；(8)有限责任公司股东或者股份有限公司发起人的姓名或者名称。

申请设立有限责任公司，应当向公司登记机关提交设立登记申请书、公司章程、股东的法人资格证明或者自然人的身份证明等文件。法律、行政法规规定设立时必须经过审批的还应提交有关审批文件。对此，《公司登记管理条例》第20条第2款规定，申请设立有限责任公司，应当向公司登记机关提交以下文件：(1)公司法定代表人签署的设立登记申请书；(2)全体股东指定代表或者共同委托代理人的证明；(3)公司章程；(4)股东的主体资格证明或者自然人身份证明；(5)载明公司董事、监事、经理的姓名、住所的文件以及有关委派、选举或者聘用的证明；(6)公司法定代表人任职文件和身份证明；(7)企业名称预先核准通知书；(8)公司住所证明；(9)国家工商行政管理总局规定要求提交的其他文件。公司登记机关对于申请设立的公司进行认真审查，凡符合公司法规定条件的，应予以登记。经公司登记机关核准并发给企业法人营业执照，公司即告成立。公司登记机关核准登记后，应发布公司登记公告。公告内容一般包括公司名称、住所、法人代表、公司类型、注册资本、经营范围和方式、注册号等。经公告后，公司登记程序才告全部完成，公司登记事项始产生对抗第三人的效力。

设立登记作为公司市场准入的关键环节，其条件设置及其公权力的介入限度对于市场主体和交易秩序具有重大影响。长期以来，在"父爱主义"的精神指引下，我国对公司的市场准入总是秉持着较为严格的态度，对公司的设立登记实行实质审查。在公司登记中，政府的审查替代了公众的考察，政府的判断取代了公众的判断，公众不但丧失了判断能力，丧失了预测风险的能力，同时也丧失了判断真伪的欲望和抵御风险的能力。长期的实质审查的实践说明，登记事项的真实性并没有如同希望的那样令人满意，以"全能政府"理念为指导的公司设立登记并没有真正实现"好政府"的美好愿望。① 有鉴于此，我国近年来进行了大刀阔斧的商事登记制度改革，主要改革内容包括：(1)实行"先照后证"，应经营者申请，直接核放营业执照。(2)推进"三证合一"登记制度改革，全面实行"三证合一、一照一码"登记模式。(3)改革现行以"营业执照"为中心的商事登记制度，实现商事主体资格登记和经营资格登记相分离，理顺商事主体登记与经营资格许可的相互关系，建立审批与监管高度统一的登记制度。(4)改革现行有限责任公司注册资本实缴登记制度，实行注册资本认缴登记制度。(5)改革现行企业登记年度检验制度，实行商事主体年报备案制度，构建有效采集和查询商事主体真实经营状况的信息基础。(6)改革现行商事登记公示制度，建立统一的商事主体登记许可及信用信息公示平台，实现信息资源的真正共享。经过改革，公司设立登记的繁琐环节被极度削减，公司市场准入的门槛得以极大降低，为推进"大众创业，万众创新"塑造了良好的制度环境。

(二)股份有限公司的设立程序

股份有限公司因其设立方式的不同，其设立程序也有较大的不同。发起设立的程序相对简单，而募集设立的程序则远为复杂。

股份有限公司发起设立的程序包括订立发起人协议，制定设立公司的可行性研究报告，制定公司章程，报请政府主管部门审核批准，发起人认股和缴纳股款，选举公司董事、监事，申请设立登记，登记机关核准登记等。其主要程序与有限责任公司的设立程序相同，故不再赘述。

募集设立是股份有限公司设立的一种方式。采取募集方式设立公司，可以使发起人在拥有较少资金的情况下达到设立股份有限公司的目的，使所设立的公司从一开始就得到公众的广泛投资，但这一设立方式也增加了公司的设立风险，并有可能给证券市场带来一定

---

① 王妍：《公司登记中的政府角色》，载《政法论坛》2011年第1期。

的困扰，所以，有的国家公司立法禁止采用这种方式设立公司。① 即便是允许公司采取募集方式设立公司的，也都对募集设立的程序作出了明确的要求。

根据我国现行《公司法》的规定，募集设立包括公开募集（公募）和非公开募集（私募）两种类型。在我国私募发行是向累计不超过 200 人的特定对象发行股份。由于其向特定人数之内的特定对象发行，所以在美、日等发达国家，公司证券的私募发行均不需要监管部门的核准，而只需要向监管机构备案或登记，手续相对简单，而公开发行因涉及不特定的投资对象，因而法律要求比较严格，程序也比较复杂。下面主要就公开募集设立的一般程序作一介绍。

采取公开募集方式设立公司主要经过以下几个步骤：

1. 发起人签订发起人协议、制定公司章程

股份有限公司募集设立的最初工作是由全体发起人签订发起人协议、制定公司章程，公司的经营范围中有属于法律、行政法规规定须经批准的项目的，须报有关政府审核批准。其方法与发起设立相同，兹不赘述。

2. 发起人认购公司股份

如果发起人不具备一定的经济能力，不出资或出资很少，仅凭他人资本进行经营活动，就很容易诱发盲目投资和欺诈。为加重发起人责任，减少投资者风险，保护投资者利益，各国公司法都要求发起人在采取募集方式设立公司时，必须认购占公司注册资本总额一定比例的股份。我国《公司法》第 84 条也规定："以募集设立方式设立股份有限公司的，发起人认购的股份不得少于公司股份总数的 35%；但是，法律、行政法规另有规定的，从其规定。"对于发起人认购股份的比例是否应有上限，学者观点不一，我国公司法对其也未作出明确规定。法律规定发起人认购股份的最高比例，有助于维护募集设立公司的公开性和公众性，有利于与发起设立相区分。

3. 发起人募集股份

在募集设立股份有限公司的过程中，发起人认购股份达到法定比例后，经国务院证券主管机关批准，其余股份依照法定程序，向社会公开募集。由于股份的公开募集涉及社会公众利益，影响到社会资金的流向、产业结构、社会经济秩序、金融秩序乃至政治环境的稳定，所以我国《公司法》和《证券法》以较多的篇幅对发起人募股作了专门规定。其具体步骤如下：

（1）募股申请。发起人向社会公开募集股份，必须向国务院证券主管部门提出募股申请。申请募股时，依法应提交的主要文件有：设立股份有限公司公开发行股票，应当符合《中华人民共和国公司法》规定的条件和经国务院批准的国务院证券监督管理机构规定的其他条件，向国务院证券监督管理机构报送募股申请和下列文件：公司章程；发起人协议；发起人姓名或者名称，发起人认购的股份数、出资种类及验资证明；招股说明书；代收股款银行的名称及地址；承销机构名称及有关的协议；依照本法规定聘请保荐人的，还应当报送保荐人出具的发行保荐书；法律、行政法规规定设立公司必须报经批准的，还应当提交相应的批准文件。批准设立公司的文件；公司章程；经营估算书；发起人姓名或者

---

① 如《德国股份公司法》第 29 条规定，发起人全部认购公司所有的股票，公司方可设立。

名称；发起人认购的股份数；出资种类及验资证明；招股说明书；代收股款银行的名称及地址；承销机构名称及有关承销协议。国务院证券主管部门对符合公司法规定条件的募股申请，予以批准；对不符合规定条件的募股申请，不予批准。对已作出的批准如发现不符合公司法规定，应予以撤销。尚未募股的，停止募股；已经募股的，认股人按所缴股款并加算银行同期存款利息，要求发起人返还。

（2）公告招股说明书。发起人在募股申请获得国务院证券主管部门批准后，即可向社会公告招股说明书。招股说明书又称"募股章程"，是设立中的股份有限公司或已成立的股份有限公司制作并发布的供社会公众了解发起人、将要成立的公司或已经成立的公司的情况，说明公司股份发行的有关事宜，指导公众购买公司股份的规范性文件，也是公司对社会公众认购或购买本公司所发行的股份的要约邀请，是公司为了募集资金向社会公开募集股份、发行股票等事宜的书面通知。就募集设立公司而言，制定招股说明书的目的在于使社会投资者了解设立中公司的具体情况，同时也是发起人向社会投资者就设立中公司的实际情况真实披露的一种书面承诺，是判定发起人应否对社会投资者承担责任的一种主要依据。因此，招股说明书必须依法制作。根据《公司法》第86条的规定，招股说明书应当附有发起人制定的公司章程，并载明下列事项：①发起人认购的股份数；②每股的票面金额和发行价格；③无记名股票的发行总额；④募集资金的用途；⑤认股人的权利义务；⑥本次募股的起止期限及逾期未募足时认股人可撤回所认股份的说明。根据《证券法》第25条的规定，招股说明书应当在国务院指定的全国性报刊、网站上公告，根据情况也可以同时在地方报刊上公告，并将其备置于指定场所供公众查阅。招股说明书公开的时间为公开发行之前。发行证券的信息依法公开前，任何知情人不得公开或泄露该信息。

（3）制作认股书。发起人不仅要制作招股说明书，还要同时制作认股书。认股书也称"认股证"，是公司制作的供认股人在认股时填写之用的书面法律文件，也是确认认购权的一种书面凭证。就其性质而言，是公司所作出的一种合同要约。根据这一要约，公司或发起人承诺只要认购人填写认股数目并签名盖章，合同即成立，公司或设立中的公司则负有义务保证认股书持有人在指定的一段时间内，即有效期内，可用已议定的价格购买公司指定数目的股票。认股书是一种格式法律文件。根据我国《公司法》的规定，认股书必须载明《公司法》规定的招股说明书必须记载的事项。

（4）委托证券承销机构承销。股份发行有直接发行和间接发行之分。前者是由证券发行人直接向社会公众发行股份；后者则是指公司须委托他人发行。为了加强对股票公开发行的监控，《证券法》第87条要求公开发行的股份必须由证券经营机构承销，签订承销协议。股票承销分为包销和代销两种方式。代销是指证券公司代发行人发售股票（证券），在承销期结束时，将未售出的股票（证券）全部退还给发行人的承销方式。包销是指证券公司将发行人的股票（证券）按照协议全部购入或者在承销期结束时将售后剩余股票（证券）全部自行购入的承销方式。在前一种方式下，承销商收取代理费，不承担任何风险。而在后一种方式下，承销商买进股票时价格略低，售出时则价格略高，其差价扣除发行的费用，则是承销商的包销利润，不过承销商也同时承担了公司所发行股份的全部风险。依据规定，公司公开发行股份须与证券公司签订证券承销协议。承销协议事实上是发行证券的公司与证券承销机构之间就股票发行的有关事宜所达成的意思一致表示，其性质属于股票销售的代理或信托合同。根据《证券法》第30条的规定，证券承销协议应当载明下列事项：①当事人的名称、住所及法定代表人姓名；②代销、包销证券的种类、数量、金额及发行价格；③代销、包销的期限及起止日期；④代销、包销的付款方式及日期；⑤代销、包销的费用和结算办法；⑥违约责任；⑦国务院证券监督管理机构规定的其他事项。

（5）认股人认购缴纳股款。认股人决定认股时，应依法在发起人备妥的认股书上填写所认股数、金额、住所并签名盖章。从法律上讲，认股人认股行为是对发起人募股要约的承诺，认股人一旦填写了认股书，就应当按所认股数承担缴纳股款的义务，否则也将构成违约。依据国外有关立法规定，如果认股人在规定的期限内，经催告仍不能缴纳股款，便自动丧失认股人资格，对其所认股份，发起人可另行招募；如果由此给公司造成损失，发起人或公司可以要求认股人予以赔偿。当然认股行为发生后，认股人也可以基于法定的事由撤回其认股，其性质属于因法定事由之合同撤销，后果是认股人有权不再履行认股书中承诺缴纳股款的义务或要求发起人退回已缴纳的股款。根据我国《公司法》和《证券法》的有关规定，发生下列情况时，认股人可以行使撤销权：①主管部门撤销募股批准，导致公司不能成立；②在招股说明书规定的募股期限内股份未能募足，导致公司不能成立；③在全部股款缴足后，发起人未能在法定期限内，即30日内召开创立大会，导致公司未能及时成立；④公司创立大会作出公司不能设立决议；⑤公司设立申请未能完全符合法定登记条件，因公司登记机关不予登记，导致公司不能成立。

（6）银行代收股款。多数国家和地区的公司法规定，募集设立的股份有限公司发起人不得自行收受认股人缴纳的股款，而必须委托专门机构代收股款。有的规定代收机构为银行或信托公司，有的规定为银行或邮局。我国公司法规定的代收机构为银行。根据《公司法》第88条的规定，发起人在向社会公告其招股说明书之前，必须同银行签订代收股款协议。所谓代收股款协议，是股票发行人委托银行代其收缴认股人股款的委托协议。发起人与银行基于协议而产生的关系是委托人与被委托人之间的关系。协议内容应包括：①当事人的名称、住所和法定代表人的姓名；②代收股款的种类、期限；③代收股款的保存、交付；④代理费用、支付方式和期限；⑤违约责任；⑥其他需要约定的事项。根据协议，受托银行有义务以委托人的身份处理代收股款的事务，并且未经授权，不得将该事务转委托其他金融机构办理。在接受认股人缴纳股款并确认无误后，应向付款人交付由发起人签名的股款缴纳凭证。受托银行应在股款缴纳凭证及其存根上签章，并将存根交还发起人。受托银行在收受股款后，还负有向有关部门出具收款证明的义务。

（7）召开创立大会。依照我国公司法规定，发行股份的股款缴足之后，必须经法定的验资机构验资并出具证明。在验资机构对出资进行检验认定其合格，并出具验资证明后，发起人必须在获得该验资证明之日起30日内，召开创立大会。创立大会是指募集设立的股份有限公司成立之前，由发起人召集，并由全体认股人（包括发起人）参加的商讨公司是否设立以及公司设立过程中及公司成立后重大事项的会议，创立大会又是设立中公司的意思决定机关，是成立后公司股东大会的前身，行使与股东大会类似的职权。根据我国公司法的有关规定，创立大会由发起人召集和主持，发起人应当在创立大会召开15日以前将会议日期通知各认股人或予以公告；发起人未在规定的时间内召开创立大会的，认股人可以按所缴纳股款加算银行同期存款利息，要求发起人返还；创立大会应有代表股份总数过半数的发起人、认股人出席，方可举行。创立大会行使以下法定职权：①审议发起人关于公司筹办情况的报告；②通过公司章程；③选举董事、监事；④对公司的设立费用、对发起人用于抵作股款的财产的作价进行审核；⑤发生不可抗力或者经营条件发生重大变化直接影响公司设立的，可以作出不设立公司的决议。

(8)申请设立登记。根据公司法规定，募集设立的股份有限公司的董事会应于创立大会结束后 30 日内向公司登记机关申请设立登记。其登记程序与方法与有限责任公司和发起设立的股份有限公司基本相同。不过，根据《公司法》第 92 条、《公司登记管理条例》第 21 条的规定，募集设立的股份有限公司在申请设立登记时所提交的文件，除法律所规定的发起设立公司所需提交的文件外，还须提交国务院证券管理部门的批准文件、创立大会的会议记录等。公司登记机关对于申请设立的公司进行认真审查，凡符合公司法规定条件的，应予以登记。经公司登记机关核准并发给企业法人营业执照，公司即告成立。公司登记机关核准登记后，应发布公司登记公告。

第三节 公司设立的效力

一、公司设立效力概述

公司设立效力，是指设立公司行为所产生的法律后果。设立公司行为的直接后果无非有三：一是公司成立，即经过设立程序，使拟组建的公司符合法定条件，被依法核准登记，取得法人资格。二是公司不成立，即经过设立程序，拟组建的公司不符合法定条件或违反法律强制性规定，未被核准登记，公司设立失败；公司设立失败也可能是因情势发生变化，由公司召开创立大会决议不设立公司。三是公司虽然成立，但因设立行为存在瑕疵，导致被责令采取补救措施，或者被宣告公司设立无效或被撤销。无论公司是否成立，及设立行为是否存有瑕疵，发起人都要对其设立行为承担相应的法律责任，这也是设立行为效力的重要表现。

二、公司成立

公司设立依法完成即导致公司成立的法律后果。其效力表现在：公司自此取得法律人格，可依法开设账户、办理税务登记，并独立从事生产经营活动，拥有法律规定范围内的经营自由，享有法律所赋予的法人人格和财产权利，如名称专用权、商誉权、知识产权等。由于公司设立行为的复杂性和阶段性，公司法必须对公司设立阶段所产生的权利义务关系作出相应的规范和调整，因此，公司设立完成后，有两个问题就至关重要：其一是设立中的公司的法律地位问题，其与成立的公司究竟是什么关系？其二是发起人的设立行为对公司产生什么样的效果，其行为所产生的权利义务由发起人承担还是有公司承担？

（一）设立中公司的性质及其法律地位

从发起人创设公司到公司正式成立，需要经过一段时间。这一时期的公司被称为设立中公司或未完成的公司，即自发起人订立发起人协议或订立公司章程之时起至设立登记完成之前尚未取得法人人格的"公司"。

关于设立中公司的法律地位或其法律身份，即能否在法律上作为一个独立的民商事主体，从而享有特定的权利、承担特定的义务，公司法理论至今尚未形成统一、明确的认识。传统公司法理论多将设立中公司视为无权利能力的社团或非法人团体，准用合伙的有关规定。但现在不少学者认为，将设立中的公司简单地视为没有权利能力的社团或发起人合伙，并没有准确把握和揭示设立中公司的性质和特点。首先，设立中的公司并非要以发起人之间产生债权债务关系为目的，而是要创设一个有独立财产和利益的企业法人。其次，设立中的公司与发起人合伙并非同时并存。发起人合伙可能在公司成立之后因发起人之间特定的权利义务关系没有完结而依然存在，也可能在公司尚未成立，即在公司设立之中，因公司机关的产生而结束其使命从而解散。当然，设立中的公司与发起人合伙之间有着密切联系，如发起人制定章程或执行有关设立的事务，就既是发起人合伙的合同履行行为，也是设立中的公司制定公司基本规则和团体机关的活动。但二者的重叠并不能说明二者为同一体。再者，从法律形式上看，设立中的公司作为公司的雏形，由于未履行设立登记，未取得法律人格，因而不具备权利能力，但从其实际状态上看，设立中的公司在接受了公司的股东出资、建立了相应的组织机构之后，也就实际上具备了相应的行为能力，各国立法也出于公司设立的客观需要赋予设立中公司特定的权利，如可以设立中的公司名义开立临时性账户并从事与设立有关的活动，包括一定的交易行为。因此，设立中的公司尽管没有完全意义上的权利能力和行为能力，但其实际上已具有一定的权利能力和行为能力，所以，设立中的公司应该具有有限的人格，是具有有限权利能力的社团或非法人团体。

笔者认为，设立中公司是企业法人人格从无向有转换的一个过渡性或阶段性的组织。它与已具备法人资格的成立后的公司不同，它不可能具有独立的法律主体地位，但它与纯粹意义上的不以取得法人资格为目的的民事合伙也不相同。这种阶段性和过渡性的特点决定了设立中的公司必然超越发起人的个人人格而具有团体人格的一些基本特质，故其法律地位既不能等同于法人组织，也不能完全等同于民事合伙这样一种典型的非法人团体。一方面，设立中公司不具有独立的法律人格，不具有完全的权利能力，仅享限于与公司设立的有关事项的有限的权利能力；另一方面，设立中公司应该又是独立或区别于发起人个人的具有相对独立地位的法律主体，发起人为设立公司而产生的权利义务不归属于发起人等出资者，而归属于设立中的公司，待公司一经成立，不须经其他转移行为，而归属于成立后的公司。同时，发起人若侵犯了设立中公司的利益，则应当对设立中公司承担损害赔偿责任，公司成立后请求赔偿的权利归公司所有。相反，如果无设立中公司这一相对独立的主体，则设立程序中发起人为公司而取得的财产，包括发起人的出资和募集股款，应首先归到发起人名下，待公司成立后，由发起人转移给公司。这样的程序不仅缺乏经济性，而且向公司出资成为发起人的个人财产的一部分，可能被要求用来偿还发起人的个人债务，不利于公司的有效设立。因此，基于设立中公司与成立后公司的紧密联系，将设立中公司认定为享有有限权利能力的社团或非法人团体比较妥当。目前，我国有关非法人团体的研究还比较薄弱，其定义如何、法律地位怎样不甚明了，由此关于设立中的社团和非法人团体究竟是什么关系的理解也就存有差异。有人依据《最高人民法院关于适用〈中华人民共和国民事诉讼法〉若干问题的意见》等法律文件认为，非法人团体是一个内涵特定、外延明确的概念，是指依照程序设立，有一定财产或经费，有自己的名称、组织机构和场所，但不具有独立承担民事责任能力的非法人组织。依法登记和具有稳定性是非法人团体的两个主要特征，而设立中公司虽然也有一定财产或经费，有自己的名称、组织机构和场所，具有一定的权利能力和行为能力，不能独立承担民事责任，但在程序未经合法登记，未领取营业执照或登记证，因而与非法人团体还是存在重大差异；另外，非法人团体是一种较具稳定性的组织体，而设立中公司仅为过渡性组织体。因而设立中公司不能简单地纳入"非法人团体的范畴"，从而主张确立"设立中社团"这一概念以与非法人团体相区分。这种主张不无道理，但也具有很大的局限性，因为这种关于"非法人团体"的理解是单纯建立在目前我国非法人团体必须登记才能成立的基础之上的，而忽略了多数国家非法人团体，甚至具有法人资格的某些公司无须登记即可成立的客观事实。实际上，在国外民法理论中，非法人团体是包含了无权利能力社团、合伙、设立中社团及法人分支机构在内的一个上位概念。[1]

我国公司法中没有设立中公司的说法，更谈不上对设立中公司的地位作出规定。但有关行政法规和司法解释却有类似的规定。例如，《公司登记管理条例》第 3 条规定，"未经公司登记机关登记的，不得以公司名义从事经营活动"。此规定不承认设立中公司具有人格，发起人不得以公司名义从事经营活动；《公司登记管理条例》第 17 条规定："设立公司应当申请名称预先核准。"第 19 条规定："预先核准的公司名称保留期为 6 个月。预先核准的公司名称在保留期内，不得用于从事经营活动，不得转让。"第 54 条规定："公司登记机关作出名称预先核准决定的，应当出具《企业名称预先核准通知书》。"《公司法司法解释三》明确使用了"设立中公司"这一概念，其第 3 条规定："发起人以设立中公司名义对外签订合同，公司成立后合同相对人请求公司承担合同责任的，人民法院应予支持。公司成立后有证据证明发起人利用设立中公司的名义为自己的利益与相对人签订合同，公司以此为由主张不承担合同责任的，人民法院应予支持，但相对人为善意的除外。"综合上述规定，我们可以理解为设立中公司享有公司名称权，并可以从事经营活动之外的设立活动。再如，我国《企业法人登记管理条例》第 36 条规定："经国务院有关部门或者各级计划部门批准的新建企业，其筹建期满 1 年的，应当按照专项规定办理筹建登记。"按有关规定，企业筹建人办理筹建登记后，就可以批准的筹建企业名义刻制公章，到银行开立临时账户，并可以筹建企业名义从事设立活动。这些规定也可以视为对设立中公司的承认。不过，上述规定用语模糊，且歧义丛生，无法有效解决公司设立中存在的问题，而在实践中，以设立中公司名义所进行的活动却大量存在，因此，有必要对设立中公司的地位作出规定，以避免因法律规定的缺失及混乱而导致设立纠纷的发生。

---

[1] 范健、王建文著：《公司法》（第四版），法律出版社 2015 年版，第 119~120 页。

(二)设立中公司行为之责任归属

发起人为促成公司的成立，必然代表设立中公司实施一系列的行为。[①] 如何认定这些行为的效力及对后续将成立的公司究竟产生什么样的约束力，是研究公司设立效力必须解决的核心问题。

鉴于设立中公司的上述属性，理论界通说认为，在公司成立的情况下，凡发起人基于其发起人资格在其权限范围内代表设立中公司的行为所产生的权利义务关系原则上应该由成立后的公司承继；反之，发起人所从事的与设立活动无关的行为原则上对成立后的公司无拘束力，除非成立后的公司予以确认。其基本理论依据主要有"发起人社团机关说"和设立中的公司与成立后公司"同一体说"。由于设立中公司被视为有限权利能力的社团，其与发起人有相对的独立性，而发起人则为设立中公司的执行机关，那么，发起人基于其发起人资格并在其权限范围内所为之行为即应为设立中公司之行为。而就设立中公司与成立后的公司之间的关系而言，设立中的公司是成立后的公司的前身，成立后的公司则是设立中的公司的延续，二者可以超越人格的有无而在实质上归属于一体，犹如胎儿和婴儿之关系，其设立阶段的法律关系等同于成立后的法律关系，即随着公司的成立，原股东不变，董事、监事不变，因设立行为产生的权利义务，也不应因公司的成立而终结，因此不需要特殊的转移行为。[②] 当然，只有因公司设立行为而生之权利义务才当然地转移于成立后的公司，而与设立无关之行为对公司并无拘束力。因为设立中公司是有限权利能力的社团，发起人等设立中公司的机关只能在其职权范围内行使，如果超越其权限不仅不利于维护交易安全，还有可能造成设立中公司的发起人或其他机关成员滥用其职权损害后续成立的公司及其他投资人的利益。因此，绝大多数国家和地区的公司法都规定，发起人代表设立中公司所实施的非设立公司所必需的其他交易行为对公司不具有拘束力，由发起人对行为后果负责。然而，如果公司的发起人或设立中公司的其他机关成员为设立中公司及未来公司之利益而与第三人所缔结的法律行为，对公司概不发生效力，则不仅对发起人不公平，而且也不见得就必然有利于相对人及公司，因此，现代公司法也都建立了"重新承诺"或"契约更新"制度，即成立后的公司可以通过追认重新承担设立中公司已经承诺的义务或通过变更契约主体或内容以新契约来取代旧契约。[③] 这实际上赋予了后来成立的公司予以追认的权利。这也应该成为处理我国司法实践的基本依据。

值得注意的是，上述论及的仅是发起人所实施的代表设立中公司所实施之行为，即发起人以设立中公司名义所实施之行为及其责任归属。但现实生活中设立中公司之行为表现形式极其复杂，既有以设立中公司名义实施之行为，也有以发起人自己名义而实施之行

---

① 我国的学者们通常并不区分公司设立行为和设立中公司的行为，而是均在"设立中公司行为"或者"设立行为"的单一概念下或同一含义上展开讨论。严格而言，设立行为与设立中公司的行为并非同一概念，前者指的是为满足公司设立条件以达到公司登记的目的而进行的一系列法律行为，如租赁或购买办公场所、雇佣员工、收取出资、开立银行账户、聘请中介机构等；后者指的则是以设立中公司作为主体从事的法律行为，其外延大于设立行为。参见胡晓静著：《公司法专题研究：文本·判例·问题》，华中科技大学出版社 2013 年版，第 91 页。

② 柯芳枝著：《公司法论》，中国政法大学出版社 2004 年版，第 18 页。

③ 范健、王建文著：《公司法》(第四版)，法律出版社 2015 年版，第 124 页。

为，还有以尚未成立的公司的名义实施之行为。对于发起人以自己名义和以尚未成立的公司的名义为设立公司而实施之行为，其行为结果更具复杂性，应视具体情形加以判定。

发起人以自己的名义为设立中公司实施的行为在行为外观上迥然不同于以设立中公司名义实施的行为。对此，可依据委托代理理论来确定行为效果的归属。此时，设立中公司是委托人，发起人是受托人。依据我国合同法原理及有关规定，如果在订立合同时受托人向第三人披露了委托人或第三人知道委托人实际上是代理他人订立合同或从事交易，且交易行为在委托人的授权范围内，则与第三人形成隐名代理关系，其行为效果应与显名代理相同；如果未披露委托人，且第三人不知道委托人与受托人之间的代理关系，则委托人享有介入权而第三人则享有选择权。① 因而，如果第三人在订立合同时知道发起人与设立中公司有代理关系的，该合同直接约束设立中公司与第三人，即设立中公司应对该行为负责；如果第三人在订立合同时不知道发起人与设立中公司有代理关系的，当发起人因设立中公司的原因对第三人不能履行义务时，发起人应当向第三人披露作为委托人的设立中公司，由第三人选择发起人或设立中公司作为相对人主张权利，但第三人不得变更选定的相对人。一旦第三人选定设立中公司作为相对人，发起人所实施的行为就直接约束设立中公司和第三人。如果发起人所实施的行为是设立公司之必要行为，其所产生的权利义务就直接由其后成立的公司承继；反之，如果该行为超出了公司设立及开业准备行为的范围，并非公司设立所必需的营业行为，那么非经成立后公司追认，对公司不发生拘束力，只能由发起人对该行为负责。

在公司成立之前，公司法律实体尚未产生，若允许发起人以尚未成立的公司的名义同第三人进行交易，就会导致事实上的欺诈，因此禁止发起人以拟成立的公司(The Not-Yet-Existing Corporaton)名义实施交易行为是西方学者和立法较为一致的观点和做法，以维护正常的社会交易秩序。对于其行为后果之归属及行为欠缺之救济，学者观点及各国立法尽管不尽相同，但有一点却是相同的，即不排除公司成立后对设立中公司以公司名义实施的行为予以追认，而对公司产生相应的约束力。② 我国《公司法》也以直接规定冒用公司名义的法律责任的方式，对以拟成立之公司名义实施法律行为作了禁止性规定。该法第210条规定："未依法登记为有限责任公司或者股份有限公司，而冒用有限责任公司或者股份有限公司名义的，或者未依法登记为有限责任公司或者股份有限公司的分公司，而冒用有限责任公司或者股份有限公司的分公司名义的，由公司登记机关责令改正或者予以取缔，可以并处十万元以下的罚款。"问题是，是否凡发起人以拟成立的公司名义实施之行为皆为无效行为，对公司不产生拘束力呢？对此，笔者认为不能如此简单地下结论。首先，若发起人实施的是设立公司所必需的行为，尽管其行为存在不当之处，但其行为性质决定仍应由设立中公司负责较为公允，且各国公司法禁止的是冒用公司名义从事的营业行为，从我国《公司登记管理条例》关于名称预先核准登记的有关规定来看，并没有禁止发起人用预先核准登记的公司名称从事设立行为，而《公司法》第210条的规定之本意应在防范冒用公司名义从事欺诈性交易之行为；再者，即便是该条包括了禁止发起人以拟成立的公司

① 马俊驹、余延满著：《民法原论》，法律出版社2005年版，第736~737页。
② 范健、王建文著：《公司法》(第四版)，法律出版社2015年版，第124页。

名义从事设立活动，但从条文的字面表述上也难以得出绝对否定设立行为效力之意。因为"责令改正"乃首选责任形式。至于改正的方式，当然包括将"拟成立之公司名义"改正为"设立中公司"。因而，本书认为发起人以"拟成立的公司"名义所实施的设立公司的必要行为对后续成立的公司应该有拘束力，而不能仅仅因为其没有用"设立中公司"的名义就断然否定其法律效力，否则对交易相对人也存在不公。特别是前述《公司法司法解释（三）》第 3 条所确立的由成立后的公司直接承继合同的权利义务的制度，使得以"公司"、"公司筹备组"等设立中公司的名义与他人所签合同的义务主体易于确定，并较好地保护了发起人的利益。这种直接承继合同的权利义务制度的法理基础，应当是成立后公司是设立中公司的自然延续，故应由延续的组织体自动承继合同的权利义务。当然，发起人有时为谋取自己利益而滥用设立中公司的名义，以此向公司转嫁债务，这种行为如果由公司承担责任不具有正当性与合理性，所以当公司证明发起人存在不诚信行为时，表明发起人不是为公司的利益考虑，其行为也就不是作为公司的机关实施的，公司对其行为当然不应承担责任。这一分析结论的根据在于：发起人的不诚信行为本质上属于合同法上的代理权滥用，因此，当发起人滥用设立中公司的名义与第三人订立合同、为自己谋取利益时，应当由发起人承担合同责任。如果发起人与第三人恶意串通损害公司利益的，则应由发起人与第三人承担连带赔偿责任。① 至于发起人以"拟成立的公司"所实施的非设立公司之行为，则不对公司产生拘束力，应由行为人承担个人责任，但若公司成立后予以追认，应该予以准许。这也是各国实践中的普遍做法。如在德国，如果公司在注册前以公司名义承接了债务人的合同义务，只要具备《股份法》第 41 条第 2 款的规定，就不必要像《民法典》第 415 条规定的那样征得债权人的同意。②

（三）发起人的责任

公司设立行为是由发起人发起和实施的，因此发起人行为对公司设立的后果有直接的关系，为保证公司人格的健全，维护认股人的利益和正常的社会交易秩序，各国公司法都采取加重发起人责任之做法，明确规定发起人应担负的义务及违背义务后的法律责任。其责任性质包括民事责任、行政责任和刑事责任。由于发起人刑事责任和行政责任都有明确的法律规定，较少存在认识上的分歧，本部分着重介绍和分析发起人的民事责任。

在公司成立的情况下，发起人所承担的民事责任主要包括资本充实责任、出资违约责任和损害赔偿责任。

1. 资本充实责任

资本充实责任是指为贯彻公司资本真实原则，由公司发起人共同承担的相互担保出资义务履行，确保公司实收资本与章程所定资本相一致的民事责任。③ 资本充实责任是发起

---

① 江必新、何东宁等著：《最高人民法院指导性案例裁判规则理解与适用（公司卷）（第二版），中国法制出版社 2015 年版，第 9 页。

② ［德］托马斯·莱塞尔等著：《德国资合公司法》，高旭军等译，法律出版社 2005 年版，第 96 页。

③ 准确地讲，此处称"义务"更为合适。鉴于"资本充实责任"一词大家已经习惯接受，所以在此也就加以沿用。

人在公司法上的一种特殊责任，其目的在于在发起人之间建立一种相互督促、相互制约的出资担保关系，以确保公司资本充实，维护公司债权人和社会公众利益，并提高公司设立的效率，防止社会资源的浪费。

作为一种特殊的法律责任，发起人资本充实责任具有以下特点：(1)资本充实责任是公司法上的法定责任，不以当事人的约定为必要，也不能以公司章程或股东会的决议来免除。(2)资本充实责任是违反出资义务之外的其他发起人的责任，违反出资义务股东承担的是出资违约责任，其内容与资本充实责任不同。(3)资本充实责任因公司设立行为而产生，仅限于公司发起人。① 其他非发起人股东或认股人不承担此项责任。(4)资本充实责任是无过错责任，只要有资本不充足的事实即可构成，发起人是否有过错在所不问。(5)资本充实责任是连带责任，全体公司发起人中的任何一人对资本不足的事实均负全部充实责任，先行承担资本充实责任的发起人，可向违反出资义务的其他发起人追偿，也可要求其他发起人均担。

对于资本充实责任的具体内容各国公司法的规定并不完全一致，但其一般包括认购担保责任、缴纳担保责任、价格填补责任以及由于出资不实而给公司或第三人造成损失时的损害赔偿责任。(1)认购担保责任，即设立股份有限公司而发行股份时，其发行股份未被认购或认购后又取消的，由发起人共同认购。在此情形下，履行认购担保责任的公司的发起人可以自然取得认购部分的股权。(2)缴纳担保责任。股东虽认购股份但未缴纳股款或交付现物的，由发起人承担连带缴纳股款或交付未给付财产价额的义务。缴纳担保责任也称出资担保责任。与认购担保责任不同，履行缴纳担保责任的发起人只是代行出资义务，他并不能因此而当然取得履行责任部分的股权，而只能向违反出资义务的股东行使追偿权。② (3)价格填补责任，也称差额填补责任。在公司成立时，如果出资现物的实际价额显著低于章程所确定的价额，发起人对不足的差额部分承担连带填补的责任。履行差额填补责任的发起人可以向出资不实的股东行使追偿权。(4)损害赔偿责任。发起人不仅要对股份认购、股款缴纳承担保证责任，而且还要对因出资不实给公司造成的损害承担赔偿责任。这种损害赔偿责任同样是基于资本充实原则实行的无过错责任，实际上是一种代为赔偿责任，在发起人对公司的实际损失进行赔偿后，同样享有向违约股东求偿的权利。

我国《公司法》第30条规定："有限责任公司成立后，发现作为设立公司出资的非货币财产的实际价额显著低于公司章程所定价额的，应当由交付该出资的股东补足其差额；公司设立时的其他股东承担连带责任。"第93条规定："股份有限公司成立后，发起人未按照公司章程的规定缴足出资的，应当补缴；其他发起人承担连带责任。股份有限公司成立后，发现作为设立公司出资的非货币财产的实际价额显著低于公司章程所定价额的，应当由交付该出资的发起人补足其差额；其他发起人承担连带责任。"从我国《公司法》的规定来看，对于有限责任公司，仅规定发起人的差额担保责任，对于股份有限公司则不仅规定了发起人的差额填补责任，还规定了发起人的缴纳担保责任。对于认购担保责任和因出资不实而给公司造成损失时的损失赔偿的连带责任，我国《公司法》则没有明确规定。

---

① 也有国家，如日本将其扩充至公司成立时的董事。
② 在公司履行了失权程序的情况下除外。

2. 出资违约责任

出资违约责任是指发起人(股东)违反其约定的出资义务对公司或其他股东所应承担的民事法律责任。发起人在设立过程中认购出资额或认购股份的行为是一项重要的设立行为。当发起人实施认购行为后，没有按期足额缴纳股款，应当对公司或其他股东承担违约责任。《公司法》第28条第2款规定："股东不按照前款规定缴纳出资的，除应当向公司足额缴纳外，还应当向已按期足额缴纳出资的股东承担违约责任。"第83条规定："发起人不依照前款规定缴纳出资的，应当按照发起人协议承担违约责任。"从我国《公司法》的上述规定看，我国公司法只规定了违反出资义务的发起人对其他履行了出资义务的股东的责任负担问题。至于违约股东是否应对公司承担违约责任，则不明确。按照契约理论和各国的实践，发起人在违反出资义务的情况下，公司可要求其承担相应责任。从我国《公司法》第28条第2款的条文表述来看，违约股东有向公司足额缴纳股款的义务。尽管其义务性质不是很明确，但公司显然可以成为权利主体向股东追缴欠缴的股款。即不仅其他履行了出资义务的股东可以主张权利，公司也可以成为权利主体。①

3. 损害赔偿责任

损害赔偿责任是指发起人在实施设立公司行为过程中，因实施了损害公司、其他股东和公司债权人利益之行为而对受害人承担的民事赔偿责任。发起人的损害赔偿责任是一种过错责任。根据发起人损害赔偿责任的对象不同，发起人的损害赔偿责任可以分为两种情形：一是发起人在公司设立过程中，其行为损害了股东或公司的利益，而对公司或股东应承担的赔偿责任，如非公开地获取特别利益或报酬、滥用设立费用等；二是发起人在实施设立行为过程中，违反法律规定损害了第三人的利益，而应对第三人承担的损害赔偿责任。一般认为，发起人在实施设立事务范围之外的行为后果应由发起人个人承担，而在设立事务范围之内的行为后果应由设立中的公司承担。但因发起人的过错行为给公司和其他股东造成的这部分损失，发起人应对公司和其他股东承担相应的赔偿责任。我国《公司法》第94条第3项明确规定："在公司设立过程中，由于发起人的过失致使公司利益受到损害的，应当对公司承担赔偿责任。"这一规定与国际上的通常做法是一致的，但与其他国家的规定相比，规定得不够具体。例如，对发起人应承担损害赔偿责任的行为内容规定得不够明确，将主观过错简单地界定为"过失"，而"故意"没有被涵盖其中，没有规定发起人之间的连带责任，缺失时效和程序方面的规定等。这些缺陷导致难以对发起人追究责任。

三、公司不成立

公司不成立也称设立失败，是指公司设立目的未实现之情形。导致公司未成立的原因很多，如公司成立未获批准；资金未能按时募足；因投资环境发生变化，发起人在申请公司设立登记之前决定停止公司设立活动；创立大会不能如期或顺利召开；创立大会作出不成立公司的决议等。但最为普遍的原因是公司在设立条件上不符合法律规定，公司登记机关拒绝予以登记，公司因而不能成立。

---

① 冯果著：《现代公司资本制度比较研究》，武汉大学出版社2000年版，第87~100页。

在公司设立失败的情况下，先前发生的与设立公司相关的费用、债务及与先公司交易行为就失去了公司这一拟定的责任主体，只能由实施该行为的主体——发起人承担。由于发起人之间的关系近似于合伙关系，因此各国公司法一般准用合伙的有关规定，规定发起人应对设立行为所产生费用和债务及先公司交易行为承担连带责任。在募集设立的情形下，发起人对已收股款还负有连带返还责任。我国《公司法》第94条规定："股份有限公司的发起人应当承担下列责任：（一）公司不能成立时，对设立行为所产生的债务和费用负连带责任；（二）公司不能成立时，对认股人已缴纳的股款，负返还股款并加算银行同期存款利息的连带责任；……"需要说明的是，这里所说的"债务"应包括合同之债也包括侵权之债。至于发起人相互之间的责任承担，应按其约定或投资比例进行划分。

四、公司设立瑕疵

（一）公司设立瑕疵的概念

所谓公司设立瑕疵，是指已被公司登记机关核准登记为公司并获得营业执照后，存在设立过程中并未完全按公司法规定的条件或程序而设立公司的情形。公司设立瑕疵不同于公司设立失败，后者又称设立不能，即由于种种原因公司虽经创设却不能成立，即所设立的经济组织未被核准登记。由于根本就没有取得法人资格，所以其产生的后果与公司设立瑕疵有明显的不同。

公司设立瑕疵的产生原因及表现形式多样。依据不同的标准可以作出不同的划分，如依据其产生的原因不同，可以分为：（1）主观瑕疵和客观瑕疵。主观瑕疵主要指设立人行为能力和意思表示的缺陷，如无行为能力人或限制行为能力人充任公司的发起人，投资者因被欺诈而实施了投资行为等；客观瑕疵主要指设立行为在客观上违法，如公司没达到法定实质要件、公司章程欠缺必要记载事项或记载事项违法、公司设立程序违法等。（2）依据其内容不同，可分为程序瑕疵和实体瑕疵。前者违反程序性规定，如未经有关主管机关批准，创立大会召集程序不合法等；而后者则指违反公司法所规定的实质要件，如股东未达到法定人数，公司注册资本低于法律规定，出资形式不符合法律要求等。（3）依据其产生的环节不同，可以分为登记前产生的瑕疵和登记时产生的瑕疵。前者如虚假出资骗取登记；后者如公司登记机关错误登记而导致登记存在瑕疵。（4）依据其后果的严重程度不同，可以分为可以补救的瑕疵与无法补救的瑕疵。对主观瑕疵及轻微瑕疵，立法大多允许进行补正，而客观瑕疵及其他较为严重的瑕疵一般不能补正，直接导致公司设立无效或撤销的后果。一般而言，有三种情况无法通过补正机制解决公司的瑕疵设立问题，包括公司设立违反强制性法律、行政法规或者公序良俗，公司设立行为存在严重欺诈行为，公司设立行为存在瑕疵且当事人怠于或拒绝补正。

（二）公司设立瑕疵的法律后果

1. 瑕疵补救与公司人格的承认

尽管公司设立瑕疵可以导致公司设立没有法律效力，但这毕竟只是一种消极的办法，对于公司的设立来说，公司人格的消灭所造成的资源损失和浪费是一个不容忽视的问题，并且对于公共交易安全及社会经济的发展至为不利，所以，绝大多数国家和地区，对于并不严重的瑕疵，通常是采取责令补救的办法，以保有公司的人格，减缓对社会经济带来的冲击。如《德国股份公司法》第276条规定："有关企业经营对象方面的规定的缺陷，可以在遵守法律和章程规定的情况下，通过修改公司章程予以弥补。"根据其第275条之规定，当事人如果提起公司设立无效之诉，在公司可以对缺陷予以弥补的情况下，只有当起诉权利人要求公司消除缺陷，而公司在3个月内未能满足此要求时，才能提起设立无效之诉。法国公司法也有类似的规定。同样在美国，依据事实原则和不容推翻原则可以有条件地承认公司的人格。[1]

2. 公司设立的无效与撤销

虽然宣告已成立的公司其设立行为无效或撤销已成立的公司会导致巨大的社会资源浪费，但为维护社会交易秩序及交易安全的需要，各国公司法对存在严重设立瑕疵或不能在规定期限内补救缺陷、消除瑕疵的公司，还是赋予利害关系人以提起公司设立无效或公司设立撤销之诉的权利。利害关系人可以在法定的期限内（一般规定在公司成立后的两年内），依照法定程序向法院提起设立无效或设立撤销之诉。法院在对公司设立瑕疵及其严重程度认定的基础上，可以宣告公司设立行为无效或作出撤销公司的判决。公司法中的设立无效判决和设立撤销判决，其效力虽然可及于第三人，但无溯及力，不影响判决确定前公司、股东及第三人间产生的权利和义务，其目的在于保护交易的安全和经济秩序的稳定，此不同于民法中无效民事行为和可撤销的民事行为，后者是自始无效。另外，虽然在立法技术上存在单一立法模式和双重立法模式之分，但目前绝大多数的国家采取的是单一立法模式，即仅规定了设立无效或设立撤销制度中的一种，只有法国和日本等个别国家同时规定了两种制度。但据学者研究，二者并没有本质差异，而且在实践中很难作出严格区分。[2]

从国外的有关立法与司法实践来看，无论是设立无效还是设立撤销都具有以下特征：（1）设立无效和设立撤销针对的只是公司"法人人格"的存续，而不要求对该公司成立后所做的全部商事活动及行为作出评判，也就是说法律上并不因此对该公司以往的交易行为进行清理，如认定某一交易行为的效力等。如《法国商事公司法》第369条规定，股东和公司均不得利用无效对抗善意的第三人，以维持市场秩序和交易秩序的稳定。（2）设立无效和设立撤销具有相对性特征。这种相对性表现为：第一，无效和撤销都不是绝对的，而是可以进行补救的。如前所述，各国立法对无效和撤销都规定了极为严格的适用条件，只有在瑕疵严重或不能补救的情况下才会导致公司的撤销。第二，公司设立无效和撤销的判决不具有溯及力，也就是说无效的"效力"并非"公司自始无效"，因此，公司设立无效制度和公司设立撤销制度与民法中民事行为无效与撤销制度并不完全相同，而现在在不少教材中流行的公司设立无效为一种绝对无效，而公司设立撤销为相对无效的观点也并不准确。（3）设立无效和撤销之诉必须在公司成立后的一定期间（如一至两年）内提起，以保持社会

---

[1] 美国原先的法律否认瑕疵设立公司的效力，后来逐渐采用"事实公司"、"法律公司"、"表见公司"等例外规则承认瑕疵设立公司有效，直到后来美国的州制定公司法将瑕疵设立公司有效作为一般原则予以确认。参见施天涛著：《公司法论》（第三版），法律出版社2014年版，第97页。

[2] 周芬棉：《公司设立瑕疵制度研究》，载徐杰主编：《经济法论丛》第1卷，法律出版社2000年版，第463~491页。

秩序的稳定。(4)公司设立无效和撤销之判决其结果是导致公司解散,公司依法进入清算程序,而不是直接终止公司的法人资格。

(三)我国公司设立瑕疵的法律后果

在我国公司实践中,已大量存在公司设立瑕疵的现象。我国公司法也有关于公司瑕疵设立的规定。《公司法》第198条规定:"违反本法规定,虚报注册资本、提交虚假材料或者采取其他欺诈手段隐瞒重要事实取得公司登记的,由公司登记机关责令改正,对虚报注册资本的公司,处以虚报注册资本金额百分之五以上百分之十五以下的罚款;对提交虚假材料或者采取其他欺诈手段隐瞒重要事实的公司,处以五万元以上五十万元以下的罚款;情节严重的,撤销公司登记或者吊销营业执照。"该条内容基本沿用了原《公司法》第206条的规定,但提高了罚款比例与额度,并将"撤销公司登记或者吊销营业执照"作为选择性行政措施。此外,现行《公司法》第199条沿用了旧《公司法》第208条之规定,对出资不实的法律后果作出了如下规定:"公司的发起人、股东虚假出资,未交付或者未按期交付作为出资的货币或者非货币财产的,由公司登记机关责令改正,处以虚假出资金额百分之五以上百分之十五以下的罚款。"

从上述规定来看,我国公司设立瑕疵的情形主要有:虚报注册资本、提交虚假证明文件或者采取其他欺诈手段隐瞒重要事实取得登记,以及虚假出资及出资不实等法定情形,其后果主要是行政责任,包括责令改正、罚款、撤销公司登记、吊销营业执照等。需说明的是"吊销营业执照"和"撤销公司登记"是两个不同的概念。尽管依照我国行政法规及实践,公司被吊销营业执照后即进入解散、清算程序,从而导致公司被注销,但从理论上讲,公司被吊销营业执照并不必然导致公司终止,还可以通过补正相应实体与程序内容,使瑕疵设立公司得以存续,公司登记依然有效。因此,此次修订并非简单的文字修正,而是尽可能体现企业维持和尽可能承认瑕疵设立公司的法律人格的立法精神和意图的真实反映。但需要注意的是,《公司法》第198条所列举的违法行为,系由公司原始出资人或发起人、申请人所为,而非公司所为,不宜适用吊销公司营业执照。由于撤销公司登记具有溯及既往并否定公司有效成立的法律效力,会诱发连锁性的债务清偿危机,为避免不必要的交易损害和社会动荡,实践中应慎用公司设立登记撤销。①

检视我国现行的公司设立瑕疵制度,其特点在于:(1)过于倚重行政的主导作用,忽视司法机关的协调与配合。在我国,当公司存在设立瑕疵的情形下,虽然也面临着被责令补正和被撤销两种可能,这与国外立法有共同之处或类似之处,但我国的现行立法将公司撤销权赋予公司登记机关而非法院,所以我国的公司设立撤销制度与西方国家的公司设立无效和公司设立撤销制度有着明显的不同。我国的公司设立撤销制度,采取的是绝对的行政职权主义,其有利之处在于便于国家对公司设立条件与程序的有效监督,保证了对公司设立瑕疵处理的便捷性,并有利于行政效率的提高。然而,其存在的缺陷却十分明显。因为将职权绝对化地限定于登记机关后,便剥夺了公司利害关系人的撤销请求权和诉权,也

---

① 肖海军:《论公司设立登记撤销制度》,载《中国法学》2011年第2期。

不利于法院审判权的行使。① 而西方国家的公司设立无效与撤销制度则主要为司法救济制度，体现的是司法最终解决的法治原则。(2)关于公司瑕疵设立的责任，在我国只有行政责任和刑事责任的规定，而无民事责任的规定，这与西方国家重视民事责任规定和民事规制手段运用的指导思想也完全不同；且由于没有完备的公司设立无效或撤销制度，当瑕疵设立公司被撤销时，其法人资格是否自始不存在就缺乏统一的认识，这无益于保护正常的交易秩序和交易相对人的利益。(3)关于设立瑕疵产生原因及处理程序的规定都非常简略，表现出较大的立法局限性。如《公司法》第198条规定，公司设立时，"虚报注册资本、提交虚假证明文件或者采取其他欺诈手段隐瞒重要事实取得公司登记"，且"情节严重的"，撤销公司登记。但何谓"情节严重"便不得而知，从而导致现有立法缺乏应有的操作性。此外，公司设立瑕疵产生的原因和具体形式很多，而现有立法对设立瑕疵产生原因之规定未免过于简单，其结果是其他许多公司设立瑕疵事由无法作为公司设立撤销的依据。与公司设立的有关制度相比较，我国公司设立制度构建体系中"重事前控制，而轻事后补救"的特点暴露无遗。我国公司立法上述特点所反映出的不仅仅是制度建构技术上的差异，其实质是观念和指导思想上的滞后。这与我国在长期的计划经济体制下所形成的"重公权、轻私权"意识不无关系。因此，建立健全我国的公司设立无效和撤销制度，赋予利害关系人以诉讼权利，当是我国《公司法》修改时应该予以考虑的重要问题之一。

归纳学界的研究成果，本书认为，瑕疵设立制度的改革和完善应从以下几个方面着手：首先，鉴于行政职权主义具有便于监督和行政高效等优势，我们可依然保留公司登记机关依法自主作出撤销公司登记及予以行政处罚的职权，而不必完全仿效国外法制，实行单一的司法解决模式；但应该注重司法救济，赋予法院受理公司设立无效诉讼的职权，实现司法与行政的配合。据此，可以赋予股东、董事、监事、债权人等公司利害关系人以选择申请权，既可以向法院提起设立无效之诉也可以向登记机关申请撤销瑕疵设立公司。其次，通过法律明确规定公司利害关系人的瑕疵设立公司设立撤销请求权和设立无效请求权，为股东、董事、监事、债权人等公司利害关系人行使权利提供法律依据。同时，应建立瑕疵设立公司法律人格否认的阻却机制，明确规定瑕疵补正制度，使瑕疵设立公司的法律人格不至于被轻易地剥夺，以实现企业稳定之需要。再次，增加可导致设立撤销或无效的法定事由，为敦促瑕疵补正和当事人行使权利提供法律依据。最后，明确规定公司无效与撤销登记不具有溯及力并不得及于第三人。

五、公司设立的法律责任

公司设立的法律责任是指与公司设立有关的机构和人员在公司设立过程中，违反法律规定义务所引起的不利后果。公司设立的实质是设立公司的发起人、提供有关公司设立的中介服务机构及主管公司设立审批、登记的政府机构及人员共同实施一系列行为的过程。在这个过程中，法律对上述各方都有义务规定，所以，设立责任不仅指发起人的设立责

---

① 根据现行立法，若法院在诉讼过程中发现公司设立撤销原因并经当事人申请时，它无法主动依司法途径否定公司的法人资格，而只能暂时中止审理，并依司法建议书的形式要求公司登记机关撤销公司登记。但在实践中，受各部门利益的影响，此种司法建议常常不受重视，从而降低了司法效率。

任，还包括发起人以外的有关机构和人员的设立责任。就设立责任的性质而言，设立责任既有民事责任，也有行政责任和刑事责任。

（一）发起人的设立责任

发起人是公司设立的主要责任承担者，其责任包括民事责任、行政责任和刑事责任，因民事责任问题我们在前面已经论及，在此主要介绍其他与其相关的行政责任和刑事责任。

我国现行法律规定，发起人在设立公司过程中存在虚假出资、虚报注册资本、抽逃出资等情形的，除应承担民事责任外，还应承担相应的行政责任，情节严重的还要受到相应的刑事处罚。

（1）采取虚报注册资本等手段骗取登记。根据《公司法》、《公司登记管理条例》及《关于惩治违反公司法的犯罪的决定》等法律法规规定，股东或发起人办理公司登记时虚报注册资本、提交虚假证明文件或采取其他欺诈手段骗取登记，责令改正。虚报注册资本数额巨大，后果严重或者有其他严重情节的，处3年以下有期徒刑或者拘役，可以并处虚报注册资本金额10%以下的罚金；股东或发起人是单位的，对该单位判处虚报注册资本金额10%以下的罚金，并对直接负责的主管人员和其他直接责任人员，处3年以下有期徒刑或者拘役。

（2）虚假出资。根据现行法律规定，股东或发起人未交付货币、实物或者未转移财产权，虚假出资的，由公司登记机关责令改正，处以虚假出资金额5%以上10%以下的罚款；虚假出资数额巨大，后果严重或者有其他严重情节的，处5年以下有期徒刑或者拘役，可以并处虚假出资金额10%以下的罚金；虚假出资的股东或发起人是单位的，对该单位判处虚假出资金额10%以下的罚金，并对直接负责的主管人员和其他直接责任人员，处5年以下有期徒刑或者拘役。

（3）抽逃出资。根据现行法律规定，公司股东或发起人在公司成立后不得抽回出资，违反规定者，由公司登记机关责令改正，处以所抽逃出资金额5%以上10%以下的罚款；抽逃出资的数额巨大，后果严重或者有其他严重情节的，处5年以下有期徒刑或者拘役，可以并处抽逃出资金额10%以下的罚金；抽逃出资的股东或发起人是单位的，对该单位判处抽逃出资金额10%以下的罚金，并对直接负责的主管人员和其他直接责任人员，处5年以下有期徒刑或者拘役。

（4）违反规定发行股票或者公司债券募集资金。根据现行法律规定，股东或者发起人制作虚假的招股说明书、认股书或者公司债券募集办法发行股票或者公司债券，或者未经有关主管部门批准擅自发行股票或者公司债券的，责令停止发行，退还所募资金及利息，处以非法募集资金金额1%以上5%以下的罚款；违法发行数额巨大，后果严重或者有其他严重情节的，处5年以下有期徒刑或者拘役，可以并处非法募集资金金额5%以下的罚金。

（二）中介服务机构及其工作人员的设立责任

在公司设立过程中，资产评估、验资或者验证的中介服务机构起着重大的作用。公司登记机关是根据资产评估机构对非货币资本的评估以及验资机构关于公司实收资本的验资报告来判断该公司在资本方面是否符合公司设立的法定条件；而公司资本规模的大小又是公司成立后的最重要的信用标尺。所以，如果上述中介服务机构提供虚假的或者有重大遗漏的资产评估报告或者验资报告，必然会对公司登记机关及社会公众产生误导，从而可能产生严重的社会后果。为此，我国公司法及其他法律法规对中介服务机构的法律责任作出了明确而又严格的规定。

1. 民事责任

在公司设立过程中，承担资产评估、验资的资产评估或验资机构违反公司法及有关法律规定提供虚假证明文件，给善意第三人造成损害的，除依法承担行政责任和刑事责任外，该评估、验资机构应与公司承担连带民事责任，其性质属于侵权责任，以中介服务机构及其工作人员存在主观过错为前提，包括故意和过失。其中过失是对其注意义务的实质违反，在实践中注意程度通常采用的是客观标准，即同类专家应尽的注意程度，也就是专家标准。

至于代收股款的银行和设立中公司开设账户的银行在公司设立过程中应否负有义务？给认股人或第三人造成损失应否承担责任？国外不少立法都有明确规定，在公司成立之前，不允许公司发起人动用公司股本，若银行没有履行应有的监管义务，致使公司股本被发起人侵蚀，应承担相应的责任。我国公司法对此没有作出明确规定，致使公司在成立之前，股东就抽逃出资的行为非常普遍，为规范公司设立，应明确银行在公司设立中的角色和相应义务。此外国外为强化公司的设立责任，还规定了公司设立过程中所选出的首任董事、监事等类似发起人的责任，我国公司法尚未此规定，但不少学者主张引进相关制度，以增强公司的设立质量。

2. 行政责任

承担资产评估、验资或者验证的机构提供虚假材料的，由公司登记机关没收违法所得，处以违法所得 1 倍以上 5 倍以下的罚款，并可以由有关主管部门依法责令该机构停业、吊销直接责任人员的资格证书，吊销营业执照。承担资产评估、验资或者验证的机构因过失提供有重大遗漏的报告的，由公司登记机关责令改正，情节较重的，处以所得收入 1 倍以上 5 倍以下的罚款，并可以由有关主管部门依法责令该机构停业、吊销直接责任人员的资格证书，吊销营业执照。主观过错是否行政处罚的构成要件，理论界存在不同的观点。有人主张实行无过错责任或严格责任，即承担行政责任不应以过错作为责任要件，只要中介机构实施了违法违规行为，不论其是否存在主观过错，都当然应承担行政责任。笔者认为，在法律责任的追究上，除某些特殊的民事责任，如高度危险作业等实行无过错责任以补偿受害人的损失外，其他法律责任，尤其是行政责任和刑事责任都是以补偿为功能，而惩罚性的法律原则当然应以被惩罚者的主观过错为前提。我国《公司法》的现行规定也同样强调当事人的主观过错。

3. 刑事责任

承担资产评估、验资、验证、会计、审计、法律服务等职责的中介组织的人员故意提供虚假证明文件，情节严重的，处 5 年以下有期徒刑或者拘役，并处罚金；索取他人财物或者非法收受他人财物，故意提供提供虚假证明文件，情节严重的，处 5 年以上 10 年以下有期徒刑，并处罚金。上述人员严重不负责任，出具的证明文件有重大失实，造成严重后果的，处 3 年以下有期徒刑或者拘役，并处或单处罚金。构成单位犯罪的，对单位判处罚金，并追究直接负责的主管人员和其他直接责任人员的责任。

（三）政府机关及其工作人员的设立责任

公司的设立审批、募集股份的核准、设立登记是设立过程中的政府行为。政府机关及其工作人员必须按照法律规定的条件和程序履行职责。对不符合法定条件的设立公司的申请予以批准，或对不符合法定条件的股份发行申请予以核准，或者对并不符合法定条件的登记申请予以登记，对有关责任人员应追究相应的行政责任和刑事责任。

（四）公司的设立责任

我国公司法采取设立要件主义，公司非经登记不得成立。未依法登记为有限责任公司或股份有限公司，而冒用有限责任公司或股份有限公司名义的则构成违法。根据《公司法》第210条的规定，冒用有限责任公司或股份有限公司名义的责令改正或者予以取缔，并可处10万元以下的罚款。构成犯罪的，依法追究刑事责任。此外，公司成立后，应及时开业，无正当理由超过6个月未开业的，依照《公司法》第211条的规定，由公司登记机关吊销其营业执照。

第四章 公司章程

第一节 公司章程概说

一、公司章程的概念

公司章程是规定公司组织及行为基本规则的重要法律文件，是公司设立运行的前提和基础。对任何一个公司而言，公司章程都具有不可或缺的功能，因而素有"公司的宪章"之称。

学者们基于对公司章程的不同理解，分别从不同的角度对公司章程的制定主体、内容、法律效力等方面进行了界定。通说认为，公司章程是公司必备的由公司股东或发起人共同制定并对公司、股东、公司经营管理人员具有约束力的规定公司组织及活动的基本规则的书面文件，是以书面形式固定下来的全体股东共同一致的意思表示。其概念至少包括以下几个方面的内容：(1)章程记载内容具有根本性，其记载的一般是对于公司及其运行有根本性影响的事项，诸如公司的名称、性质、宗旨、经营范围、组织机构、活动方式、权利义务分配等；(2)章程是公司成立和运行的必备文件；(3)由公司发起人或股东共同制定；(4)对公司及其成员具有普遍的约束力。公司章程有实质意义上的公司章程和形式意义上的公司章程之分。实质意义上的公司章程是规定公司组织及活动的公司根本规则本身；形式意义上的章程，则指记载上述根本规则的书面文件。另外，还有原始章程和非原始章程之分。原始章程是指公司设立时所制定的章程，而非原始章程是指公司成立后依法变更后的章程。

大多数国家的公司章程由单一文件组成，一般记载公司的名称、宗旨、资本总额、组织机构以及其他重要事项。但在英、美等国家，公司章程由两个文件组成。按英国公司法规定，在设立公司时，应先制定一项公司组织大纲(Memorandum of Association)处理公司的对外事务，主要包括公司的名称、住所、宗旨、公司种类、责任范围、资本等内容。此外，还需要制定一项公司组织章程(Article of Association)，处理公司内部事务。公司组织章程主要是关于股东与公司间的权利义务关系，公司的机构以及人员和活动等方面的规定。英国公司法还附有公司组织章程的标准格式。美国各州的公司法也要求在公司设立时须有两个基本文件：一是公司章程(Charter)，其性质相当于英国的公司组织大纲；另一个是公司章程细则(By-Laws)，只规定公司的内部事务，相当于英国的公司组织章程。但无论是在英国还是在美国，公司组织章程(Article of Association)和公司章程细则(By-Laws)均被视为公司组织大纲(Memorandum of Association)和公司章程(Charter)的补充，不必提交公司注册机关备案，也不必向社会公开。在公司组织章程和章程细则与公司组织大纲或公司章程不一致时，分别以公司组织大纲或公司章程为准。

二、公司章程的特征

公司章程与公司其他法律文件相比具有以下特征：

（一）法定性

纵观各国公司立法，无论历史传统还是政治体制上的差异，均无一例外地在法律上要求公司必须具备相应的章程，而且这些要求都是强制性的规定，公司、股东及其管理人员均不得违反，否则公司即无法成立。如《日本有限责任公司法》第 5 条第 1 款规定："有限责任公司在成立时必须制定公司章程。"《德国股份公司法》第 23 条和《有限责任公司法》第 2 条甚至规定公司章程必须经过"公证"。《美国示范商事公司法》第二章第三节规定："一个人或若干人向州务长官送交公司章程作为组织公司的申请的可以作为发起人。"虽然该条款没有正面规定成立公司必须制定章程，但从其规定作为发起人的条件——"送交公司章程"可以看出，制定章程是公司设立的必备条件。在我国，章程的法定性更是不言而喻。我国公司法明确规定，股东或发起人共同制定章程是公司设立的必要条件之一。

所谓法定性，是指公司章程的法律地位、内容、形式以及修改程序和效力均由法律强制规定，具有鲜明的法律规定性特征。主要表现在以下五个方面：

第一，法律地位法定，即具有不可或缺性。公司章程是法律强制要求的公司设立必不可缺的文件，一旦获得批准或获准登记，章程就会发生法律效力，因而在公司法律关系中，其地位和效力是法定的，其本质是投资者之间以及投资者和经营者之间在法律约束下的"契约"，既是确定投资者权利义务的依据，也是经营者对投资者的一种行为承诺，是投资者对经营者行使监督、进行起诉的法律依据。如果没有公司章程或者在法律上不赋予公司章程以特殊的法律地位，现代企业制度就不可能产生。

第二，内容法定，即章程内容具有确定性。公司章程的内容设置十分规范和严格，无论是英美法系国家还大陆法系国家的公司法一般都对公司章程应该记载的重要事项加以规定，从而使公司章程的内容具有确定性。

第三，章程形式法定。公司章程作为具有特殊地位与特殊效力的法律文件，各国法律一般规定，必须采用书面形式并履行法定备案或审批手续才生效。

第四，公司章程制定和修改程序法定，即公司章程具有固定性或不可变更性。公司章程制定和修改必须严格按照法律规定的程序进行，否则，不会发生法律效力。这与一般的契约或社团自治规章不同，是由公司的团体人格和公司章程的涉他性特点所决定的。

第五，章程效力法定。公司章程一经制定便发生相应的法律效力，其之于公司若宪法之于国家，对公司及其成员具有绝对的约束力，公司及其成员的行为不得违反公司章程的规定，否则该行为无效。

（二）真实性

所谓真实性，是指公司章程记载的内容必须是客观存在与实际相符的事实。这是公司具有强制效力的法律基础，也是章程的本质特征之一。公司章程的这一特征取决于公司这一特殊的营利法人的本质，公司章程的真实与否不仅直接影响到股东权利义务的实现，甚至会影响到公司债权人的利益，因此，各国公司立法无不强调公司章程的真实与客观，并对章程进行不实记载的法律后果作出具体而又详尽的规定。对章程进行虚假记载的处理方式概括起来有以下三种：一是拒绝登记。即在公司登记时发现公司章程记载不实，登记机关有权拒绝登记。如《德国有限责任公司法》第 9c 条规定："（1）如果公司没有按照规定设立和申报，法院得拒绝登记，如果实物出资估价过高，亦同。（2）如果公司合同中的规定存在瑕疵、缺陷或无效，法院……得依照本条第一款的规定拒绝登记。"《德国股份公司法》第 38 条也有相同的规定。二是承担赔偿责任。即在公司成立后若发现公司章程有虚假记载时，责任人应承担赔偿责任，这种责任通常是连带责任。如《德国有限责任公司法》第 9a 条(1)规定："如果为设立公司目的做虚假说明，由股东和公司业务执行人作为连带债务人缴付欠缺的出资、赔偿未列入组建费用的酬金以及赔偿其他由此而产生的损害。"《法国民法典》第 1840 条规定："公司法人以及经营、领导和管理机构的最初成员，对因未在章程中必须载明的事项，或因疏漏或未按规定履行法律规定的成立公司的手续而造成的损失承担连带赔偿责任。"三是对虚假记载责任人进行罚款或刑事制裁。我国公司法对章程记载的真实性，特别是在"注册资本"和"股东出资"方面，要求就更为严格。

（三）公开性

所谓公开性，是指公司章程不仅要对投资人和债权人公开，必要时还要向一般社会公众公开，这是保障社会交易安全的需要。对于公众持股的开放式公司，公司章程的这一特征更为显著。章程公开的法律意义有三：一是股东知情权的要求。股东作为公司的投资者，当然有权利了解公司的基本状况，以便及时行使决策和监督权，而章程向股东公开是了解公司基本运作规则，考察公司的经营行为及管理人员的管理行为是否依照公司章程行使的先决条件；二是便于潜在的投资者了解公司的组织和运作，以作为其是否向公司投资的参考；三是便于交易相对人及时了解公司的资本规模、组织结构、股权情况及其变动，使其能够对交易行为作出客观判断，更好地行使债权，维护交易安全，促进交易。我国《公司法》第 96 条规定股份有限公司应当将公司章程置备于本公司，这是一种直接公示。而鉴于有限责任公司股东人数有限和闭锁性的特点，公司法没有要求有限责任公司直接公示其章程，而是通过公司登记机关作为公示义务人，向想了解公司情况的公众间接公开的。同时，修改后的公司法进一步加强了股东知情权的保护力度，《公司法》第 33 条和第 97 条明确规定股东有权查阅和复制公司章程。

（四）合意性

公司章程的合意性是指公司章程是股东一致同意或多数同意的产物，没有股东的合意，公司章程就不能合法地存在。一般来说，公司设立时的章程由股东共同制定，人数较多的股份有限公司可能委托发起人制定，但无论由谁制定，均需由公司创立大会的多数股东同意，而且公司章程的修改也同样需要经过公司多数股东的认可方为有效。合意性的要求在各国公司法中均有规定。如《德国有限责任公司法》第 2 条规定："公司合同必须由全体股东签名。"《日本有限责任公司法》第 6 条规定："章程应有下列事项，并由各位股东签名。"我国公司法也同样有明确的要求。

（五）自治性

虽然理论界关于公司章程的性质存有争议，但无论何种观点，均不否认公司章程乃公司规范内部组织关系与公司行为的基本文件与规则。公司章程是供股东或发起人意思自治的产物，只要其内容不违背法律的强制性规定，均具有法律约束力。公司章程的自治性主要表现在以下三个方面：其一，公司章程作为一种行为规范，不是由国家而是由公司依法自行制定的，是公司针对自身情况在法律允许的范围内所作出的具体制度或规则安排。其二，公司章程是一种法律以外的行为规范，由公司自行执行，无须国家强制力保证实施。若出现违反公司章程的行为，只要该行为不违反法律，则通常由公司自行解决。其三，公司章程作为公司内部规章，其效力仅及于公司内部及相关当事人，而不具有普遍约束力。①

三、公司章程的作用

作为公司组织与行为的基本准则，公司章程对公司的成立及运营具有十分重要的意义，它既是公司成立的基础，也是公司赖以生存的灵魂，发挥着保障公司内外部参与人的经营安全、促进公司内部人员以及国家与公司之间的衔接、保障公司组织与公司法律的和谐并促进公司创新等作用，具有"安全阀"、"连通器"和"润滑剂"等多重功能。②

首先，公司章程是公司设立的最基本的条件和最重要的法律文件。各国公司立法均要求设立公司必须订立公司章程，公司的设立程序以制定章程开始，以设立登记结束。公司章程是公司对政府作出的书面保证，也是国家对公司进行监督管理的依据，没有公司章程，公司就不能获准成立。

其次，公司章程是全面指导公司行为、活动的基本规范。公司章程是全体股东的集体意思表示，反映了股东的共同意愿。因此，公司及其成员的全部活动都要受公司章程的约束，公司只能在章程规定的范围内从事经营活动。由于公司章程的内容涉及公司的组织原则、业务活动的范围等各个方面，是公司最基本的行为准则，对公司从设立到解散的全过程，始终具有指导作用和约束效力，而在公司章程以外公司所制定的其他各种规章制度或文件则不得与公司章程相抵触。

再次，公司章程具有公司信用担保的功能。公司章程的法定性、真实性和公开性等特征决定了公司章程的信用担保功能。现代公司法普遍要求公司必须制定公司章程、强制注册登记公司章程、强制性维持公司章程。在现代经济生活中，人们都是自己利益的忠实维护者，都试图实现自己经济利益的最大化，无论是公司的股东还是债权人都是如此。就公司的股东而言，公司章程对股东的权益和管理层的义务都有详尽的规定，它表明并承诺公司将依照章程的规定从事活动，保证投资者的投资安全和资本权益，由此公司章程就事实上具有出资人权益担保书的功能，成为确立股东与公司关系的基础性法律文件，从而在公司与投资者之间建立起一种信用关系。同时，公司章程也是向第三人表明信用和使相对人了解公司组织和基本情况的重要法律文件。公司章程向外公开申明的公司宗旨、营业范围、资本数额以及责任形式等内容，为债权人和第三人与该公司进行经济交往提供了条件和依据，便于公司对外开展经营活动，维护交易安全。

---

① 范健、王建文著：《公司法》(第四版)，法律出版社2015年版，第176页。
② 常健著：《公司章程论》，中国社会科学出版社2011年版，第75~88页。

最后，公司章程构成对政府的书面保证，成为国家对公司进行管理的重要依据。在现代社会，公司作为社会的构成分子，具有社会人的属性，必须履行遵守法律、促进社会和经济发展等最起码的社会义务，服从国家的管理。现代国家对公司行为的约束一靠法律，二靠章程。当公司的发起人以公司章程作为公司设立的要件之一，向公司登记机关申请登记注册，便意味着向政府作出了书面保证，保证公司将按照章程规定的准则从事组织和经营活动。而且，公司章程法定性特征表明，公司章程的很多内容必须符合法律的强制性规定，体现国家的意志。因而，公司章程必然成为政府对公司进行监督和管理的重要依据。

第二节　公司章程的性质和效力

一、公司章程的性质

关于公司章程的性质，理论界尚存有分歧。一种意见认为，公司章程是当事人之间关于其法律行为的契约条款。另一种意见认为，公司章程是一种自治法规，因为章程不仅对当事人有约束力，而且对第三人也有一定的效力。还有一种意见认为，公司章程是一种自律性规则。① 笔者认为，公司章程兼有内部自治规则和内部契约的双重属性。首先，章程一经批准，其效力就及于公司和公司的所有成员，它不仅对参与制定章程的股东或发起人具有约束力，对以后参加公司的股东也同样具有约束力，即公司章程的效力并不局限于参与制定章程的股东或发起人，这与契约在性质上是有明显差别的。其次，从公司章程的内容和作用来看，由于公司章程的内容除涉及股东的权利义务外，还包括公司的业务活动范围、公司内部管理体制，以及公司的组织原则等各个方面，是公司及其所有成员的基本活动准则，它对公司从设立到解散的全过程，始终具有全面的指导和规范作用，因此，与单纯规定当事人权利义务的协议也有所不同。再次，契约系两个相对应的意思表示的一致，而公司章程的许多条款则是同一内容的多个意思表示的一致，并无对立的利益存在。综上所述，从总体上看，公司章程不同于一般契约，系公司内部自治规范性文件，是公司及其成员所制定的最高行为准则。但公司章程中的部分条款，特别是关于股东权利义务的有关条款也确有明显的契约性质，是股东与公司、公司与经营者及股东相互之间权利义务的安排，具有权利义务的对应性。因此，将其视为一种体现意思自治的特殊协议，也不无可取之处。实际上，在司法实践中，也越来越多地表现出对其协议性的支持和认可。

笔者认为，无论是将公司章程理解为公司社团的自治规章，还是将其理解为股东与发起人就公司重要事务所做的规范性和长期性的协议安排，公司章程都体现出当事人之间较强的合意性，其属于私法自治的范畴当无疑义，可以说是典型的当事人或社团的自治行为或契约行为。但是正如有的学者所分析的，公司章程的制定又是一个涉他性的行为，其并非仅仅是制定者之间的一种契约安排，公司章程的约束主体不仅仅局限于章程的制定者而且还涉及制定者以外的人，甚至公司的外部人员，更为重要的是公司章程所安排的并非是一个一般的交易行为，而是一个会影响第三人甚至交易秩序的社团组织，基于公司社团性

---

① 石慧荣著：《公司法》，华中科技大学出版社2014年版，第32页。

和公司法团体法的特性，公司章程所体现的股东意思自治也不可能是一种纯粹的、完全的意思自治，公司法必须对公司事务预先作出适当安排，以给公司自治提供行动指南。① 这正是当今社会私法公法化在公司法领域的体现。然而，国家的干预和引导决不意味着国家的强制。国家立法必须为公司自治留下足够的空间，章程的制定恰恰是公司实现自治的最为基本的手段，因此，公司章程自治性规章的基本属性无论何时都不可能发生根本性的改变。

强调公司章程的自治性对于转轨时期的中国具有尤为深远的意义。

首先，它有助于我们在立法中正确地处理国家干预与私法自治的关系，有助于更好地把握公司法的本质，推动我国公司立法的健康发展。自治与强制始终是一对纠缠于商法中的矛盾体，商法作为私法，其本质是开放的、自治的，但此种开放与自治始终有其底线，因此，即使在所谓的私法自治领域，事实上也自始充满了国家强制。公司法的性质问题也成为理论界始终争吵不休的问题，有理解为强行法者，也有认为应为任意法者，因前述两种观点无论哪一种观点都有偏颇之处，故又有人提出综合法的论点。我国公司法制定的极为特殊的历史背景，使我国公司法蒙上一层比一般市场经济国家更为浓厚的强行法的色彩，在公司组织形式选择、机构设置、利润分配等方面都作出了强制性的安排，因此，由于强制性规范的大量存在和任意性规则(包括赋权性规则和补充性规则)的严重缺失，使公司自治的空间大为压缩，公司章程的意义在实践中难以发挥，"橡皮图章"的叫法足以说明了这一点。正如有学者所指出的那样，由于良好的公司法律传统的缺失、国家立场的错位以及法院能力的不足，公司走向了异化，公司章程制度陷入了困境。② 可喜的是，经过 2005、2013 年两次公司法修改，公司法中的任意性规范显著增多，公司章程的自治功能得以彰显。据统计，现行《公司法》不仅使用了 80 多次"可以"，而且还多次出现"公司章程另有规定的除外"、"由公司章程规定"等表述。公司自我意识开始被唤醒并逐渐强化，拥有自主经营、自负盈亏、自我发展、自我约束和自我完善的能力已成为公司独立市场主体的品格和内在追求。至此，公司章程已不再是公司法毫无生气的临摹和翻版，开始有了满足自治需要的规范创制，从而赋予了其个性化的生命力。③ 有学者对此认为，"公司章程另有规定的除外"这种"但书"条款，将原本为强制性的法律规范转变为任意性的法律规范，从而使《公司法》的这些规范仅仅具有填补公司章程空白的功能，这一变革使公司章程真正得以成为国家法律秩序中的次级法律秩序，并成为裁判的法源。④

其次，强调公司章程的自治性，也有利于提高当事人的权利意识和责任意识，有利于提高公司的治理水平。在我国由于长期受计划经济体制的影响，人们缺乏契约意识，对公司章程的作用更是认识不够，结果公司章程在不少人的眼中，除了是公司设立的必备文件外，根本不知还有什么其他功能。这种对其自治规章性质和功能认识的不足，必然造成人们注重章程的形式，而忽略其内容，以及草率制定章程的不良后果，引发了许多的社会

---

① 蒋大兴著：《公司法的展开与评判》，法律出版社 2001 年版，第 284~286 页。
② 常健著：《公司章程论》，中国社会科学出版社 2011 年版，第 171~194 页。
③ 郭富青：《公司创制章程条款研究》，载《比较法研究》2015 年第 2 期。
④ 钱玉林著：《公司法实施问题研究》，法律出版社 2014 年版，第 147 页。

问题。

二、公司章程的效力

公司章程的效力，就是指对当事人的约束力，包括公司章程的时间效力和对人的效力。时间效力是指公司章程生效的时间，即何时开始发生效力的问题，章程的对人效力是指对哪些具体人（或对象）有约束力，即生效的范围。

（一）公司章程的时间效力

公司章程伴随着公司的设立通常经过若干阶段，比如章程签订后发起人签字、创立大会通过、行政机关批准以及工商登记部门审查登记。那么公司章程效力产生于何时？从国外相关规定看，公司章程既有自签字时生效，也有自注册时生效等多种做法。我国《公司法》对此未做规定。我国学界具有代表性的观点认为，公司章程生效的时间应该在公司登记成立时。其理由基于以下几点：（1）公司章程一经生效即意味着公司行为能力的获得，而公司章程未经登记，公司不具有相应的行为能力，所以公司章程也不应生效；（2）应将公司章程和发起人协议相区分，后者重在约束协议双方的权利义务，而前者则涉及第三人，所以必须经过登记审查方能生效；（3）按照公司设立原则，公司只有在公司成立之后，股东、董事、监事、经理等才能依据公司章程享有权利和承担义务，所以章程只有在公司登记成立后才能生效。① 也有学者认为，公司章程的制定是一个复合行为，由若干步骤组成，每一个步骤的完成，对有关当事人都产生拘束力。具体讲，章程中调整发起设立投资者之间的关系的内容自签字盖章时成立生效；章程中调整尚未成立的公司、尚未产生的董事、监事、经理以及未来可能加入公司的其他股东的那些内容，则自公司成立时生效。② 笔者认为，公司章程确定地发生效力的时间应在公司获准登记成立之时，但如果公司设立时未制定发起人协议或该协议约定不明或者协议约定与公司章程规定不符，而公司又未能最终成立，则公司章程关于发起人缴纳出资等发起人之间权利义务的规定，应具有法律效力，可以作为调整发起人之间关系的法律依据，即作为公司团体自治性规章的公司章程的生效时间为公司成立之时，但在其整体生效之前，将有条件地在发起人之间部分地发生效力。公司章程的失效时间则自然以公司终止时间为准。

（二）公司章程对人的效力

1. 公司章程对公司的效力

公司章程是公司最基本的规范文件，是公司的行为准则，公司本身的行为当然受公司章程约束。这主要表现在以下几个方面：首先，公司依章程对股东负有义务。股东在其权益受到侵犯时可以对公司起诉以取得其应有的权益。在英国，公司依章程对股东负有义务的理论依据还源于公司章程所具有的契约性，认为章程实际上是公司与其成员之间所签订的一种契约，尽管法律没有明确规定"章程与条例（指细则）视若已由公司签名、盖章"，但公司依章程应对股东负有义务。在英国 Johnson v. Lyttle's Iron Agency 一案中，公司所为的股份注销行为不符合公司章程，股东提起诉讼加以阻却，英国上诉法庭根据公司章程对

① 范健：《股份有限公司章程记载事项》，载《南京大学法律评论》1997 年版。
② 赵旭东主编：《公司法学》，法律出版社 2003 年版，第 167 页。

公司有约束力的理论而撤销了公司注销股份的行为。① 其次，公司依章程对社会(交易第三人)负有义务。公司章程视为公司对社会的承诺，公司有义务按照章程规定履行其所承诺的义务，如依照章程设置组织机构，使用章程所确定的公司名称，按照公司章程规定的方式行事等。

2. 公司章程对股东的效力

公司章程系股东集体意志的体现，对公司股东自然具有约束力。但与一般的契约关系不同，公司章程的效力不仅及于公司章程的制定者，而且还及于后续加入公司的股东，这是由章程的自治规则性质所决定的。公司章程对股东的效力主要表现为股东依章程规定享有权利和承担义务。

首先，股东享有章程规定的权利，如出席股东会会议、参与公司管理、请求利润分配等。这些权利一旦载入章程，任何人即不得剥夺和侵犯。其次，股东也负有遵守公司章程的义务。包括按照章程规定缴纳出资、维护公司人格独立，不得随意干预公司经营，不得损害公司和其他股东利益等。

就股东的义务而言，应包括两方面的内涵。其一是股东对公司的义务；其二是公司股东对其他股东所负的义务。这都是公司章程对内效力的表现。由于英美法系学者对公司章程性质的认识与大陆法系国家的学者颇有不同，他们多将其视为一种契约，在契约主体的认识上有差异，有的学者认为公司章程不仅是公司股东与公司之间的契约，而且也构成股东相互之间的契约，一个股东对另一股东所承担的义务如果被违反，另一股东可以章程为依据直接提起诉讼，要求义务违反方承担责任，而不必借助于公司来实现权利救济。但也有学者认为，它仅是股东与公司之间的契约，对股东之间并没有直接的约束力，股东不得以章程为依据对另一股东提起诉讼。而更多的学者认为，公司章程原则上也可以被视为公司成员，即股东之间的契约，对他们具有约束力，但这种契约的违反通常不能由公司成员提起，而仅能通过公司这一媒介提起诉讼，只有在极个别的情况下，股东可以直接提起诉讼，追究另一股东的违约责任。我国学者也有持后一种观点的。② 笔者认为，既然将公司章程视为一种股东相互之间的契约，却限制其以章程为依据直接提起诉讼，反要借助于公司来实现其权利救济，这在法理上无论如何也难以解释。实际上，在我们前面对公司章程性质的介绍中已经指出，公司章程兼有自治规章和契约的双重属性。从本质上讲它是一种自治规章，是每一个股东对公司即股东全体所做的一种承诺，其义务的强制执行只有公司这个投资者集体才有权提起，单个股东无权追究。但公司章程又兼有契约的性质，其部分条款设计的是股东相互之间的权利义务，如股东在转让出资时的受让义务等，当股东违反其对其他股东的义务时，另一股东当可直接提起诉讼。但这只能适用于对个别股东义务违反之特定情形。

3. 章程对公司董事、监事、高级管理人员的效力

公司作为多个投资者主体的集合体，已由原始资本时期的共同投资、共同经营发展到当代资本与经营的分离，如何让投资者放心地将资金投入公司，国家如何在确保投资者利

① 张民安著：《公司法上的利益平衡》，北京大学出版社2003年版，第67页。
② 张民安著：《公司法上的利益平衡》，北京大学出版社2003年版，第68~69页。

益的前提下加强对公司的监督，既确保经营者独立经营，又防止经营者损害投资者利益，便是公司法必须解决的问题，国家必须在投资者和经营者之间建立起一种在国家立法保证下的有效"通道"。这一"通道"就是公司章程。在一定意义上讲，公司章程的本质是投资者与经营者之间在法律约束下的"契约"，是经营者对投资者的一种行为承诺与法律保证，因此，公司章程必然对公司的经营者，包括公司的董事、经理以及监事，具有法定的拘束力。无论是公司董事还是监事其权利都源于公司章程，所以他们在行使权利时，必须承担公司章程对他们权利行使所施加的义务，如果他们违反此种义务，则应对公司承担责任。

（三）公司章程对外效力

公司章程是否应具有对外效力是目前公司法学界争议较多的问题。传统公司法理论基于公司章程公开性的特点，认为当公司章程注册或公布之后，社会公众要同公司进行交易，完全可以通过到公司登记机关查阅公司章程的办法去了解公司的有关信息。如果公司交易相对人完全可以查阅公司章程的内容并清楚地了解公司的有关信息而不去查阅、了解和掌握这些信息，那么公司的交易相对人则应承担其不利后果。此即为公司法上长期所实行的公共文件的推定知悉或推定通知制度。但是，这种推定仅具有逻辑上的合理性，却不具有实践操作上的合理性。事实上，与公司交易的第三人并非都可以从工商行政管理机关轻而易举地查询到公司章程的具体内容，即使可以也要产生一定的交易成本。正因为如此，主流观点认为，公司章程对公司以外的第三人不具有法律效力，与公司交易的第三人不负有对公司章程的审查义务。①

第三节　公司章程的内容

一、公司章程记载内容的分类标准

公司章程的制定属于社团自治行为，但因其关乎社会公共利益，故并不能完全实行意思自治，公司法必须对公司章程的内容作出相应的要求，其记载的事项中就会既有国家强制性要求内容，也会有当事人即股东自主安排的事项。依据法律对公司章程记载事项有无明确规定，以及所记载内容有无对公司章程效力的影响，公司章程的记载事项通常在理论界被分为绝对必要记载事项、相对必要记载事项和任意记载事项三类。

（一）绝对必要记载事项

绝对必要记载事项是指章程中记载的、不可或缺的事项，公司章程缺少其中任何一项或任何一项记载不合法，都会导致整个章程的无效。对于公司章程的绝对必要记载事项，各国公司法都予以明文规定，主要是公司章程性质所要求的必备条款。通常包括公司的名称、住所地、公司的宗旨、注册资本、财产责任等。如《德国股份公司法》第 23 条规定，公司章程必须记载的事项有：（1）公司商业名称及其住所地；（2）公司经营范围；（3）基本资本数额；（4）股票的票面价值和每一票面价值的股票数量，有多种股票存在的，还应说明每一种股票的种类和数量；（5）发行的是记名股票还是无记名股票；（6）董事会成员

---

① 赵旭东主编：《公司法学》（第四版），高等教育出版社 2015 年版，第 126 页。

人数或确定其人数的规则。

（二）相对必要记载事项

所谓相对必要记载事项是指法律列举规定的一些事项，可以听凭章程制定人自主决定是否载入章程。一旦章程予以记载，便发生效力。如果不予以记载，不影响整个章程的效力；某项记载不合法，则仅该事项无效，并不导致整个章程无效。显然，相对必要记载事项对于公司的意义和重要程度逊于绝对必要记载事项，所以公司法采取了比较宽松的态度。

综合《德国股份公司法》第26、27条，《法国公司法实施细则》第55条及《日本商法典》第168条等的规定，可以看出章程的相对必要记载事项通常包括：发起人所得的特别利益、设立费用及发起人的报酬、公司的期限、分公司的设立等。我国并没有列举相对必要记载事项。

（三）任意记载事项

所谓任意记载事项，是指法律并不列举，只要不违背法律的强行性规定、公共秩序和善良风俗，章程制定人便可根据实际需要载入章程的记载事项。在公司章程中，这些事项与其他事项同样具有约束力，非依股东会的特别决议不能更改。如不加记载，不影响整个章程的效力；如记载不合法，也仅该事项无效，不影响整个章程的效力，章程的其他事项仍然有效。从我国《公司法》第25条第8项和第81条第12项来看，"股东会（或股东大会）认为需要规定的其他事项"当属于任意记载事项。

纵观各国立法，涉及公司根本性质，即营业能力的事项，规定大多相同，如公司名称、宗旨、资本额等。对于其他一些事项，如利润分配办法、存续期等，各国立法态度并不一致，如日本把公司的存续期列为任意记载事项，比利时则列为相对必要记载事项。但总的原则是绝对必要记载事项尽可能只列涉及公司根本性质即营业能力的重大事项；而其他的具体技术性规则则列入相对必要记载事项或任意记载事项。

二、我国《公司法》关于公司章程内容的规定

依据我国《公司法》第25条的规定，有限责任公司章程应当载明下列事项：（1）公司名称和住所；（2）公司经营范围；（3）公司注册资本；（4）股东的姓名或者名称；（5）股东的出资方式、出资额和出资时间；（6）公司的机构及其产生办法、职权、议事规则；（7）公司法定代表人；（8）股东会会议认为需要规定的其他事项。对比原《公司法》第22条的规定，新《公司法》删除了其中股东的权利和义务、股东转让出资的条件、公司解散事由和清算办法这三项内容。其中，股东的权利和义务虽未单独规定，但散见在其他法条中，并较原《公司法》规定的内容远为丰富，而股东转让出资的条件、公司的解散事由和清算两项，则用专门法条加以规定，在国外这些事项多属于公司自决的范畴，不宜作为绝对必要记载事项对待。这次修改既简化了公司必要记载事项的内容，也增加了公司自治的空间。

依据《公司法》第81条的规定，股份有限公司章程应当载明下列事项：（1）公司名称和住所；（2）公司经营范围；（3）公司设立方式；（4）公司股份总数、每股金额和注册资本；（5）发起人的姓名或者名称、认购的股份数、出资方式和出资时间；（6）董事会的组成、职权和议事规则；(7)公司法定代表人；(8)监事会的组成、职权和议事规则；(9)公司利润分配办法；(10)公司的解散事由与清算办法；(11)公司的通知和公告办法；(12)股东大会会议认为需要规定的其他事项。

同其他国家立法相比，我国公司法关于公司章程记载事项的规定有两个特点：一是公司章程只有绝对必要记载事项和任意记载事项的规定，而没有规定相对必要记载事项。我国《公司法》第 25 条第 1 款第 8 项和第 81 条第 12 项就是对任意记载事项的规定。对此学界评价不一。有学者认为，我国无须像国外那样将公司章程记载事项以其重要程度作出分类，公司法只须对必须记载的事项作出规定，其他没有作出规定的事项任由当事人选择。① 笔者认为，现代公司法越来越注重意思自治在公司运作中的作用，法律也尽可能地赋予公司这一商事主体更为广阔的自治空间，让它们在市场经济自由竞争中实现优胜劣汰，将公司章程依其与社会公共利益关联程度的不同及其重要程度作出划分，区分为绝对必要记载事项、相对必要记载事项和任意记载事项，涉及公共利益的重要条款为必要记载事项，将相对重要事项和完全可由公司自由决定是否记载的事项列为相对必要记载事项和任意记载事项，交由当事人自行决定。若仅从这一角度看，该观点确有其合理之处，因为在明确必须记载事项之后，相对必要记载事项和任意记载事项之间再做划分确实显得多余。但问题是，我国现行规定所列举的"应当载明"的事项中是否全都是事关公司根本性质的事项，值得怀疑。因为就国外的立法情况看，其中我国现行立法所说的"应当"列举的事项中的许多事项，诸如：公司的解散事由与清算办法、公司机构的产生办法、议事规则等，尽管也被视为必要记载事项，但很少被列入绝对必要记载事项中，而是将作为相对必要记载事项看待。鉴于我国现代意义上的公司出现和发展的历史较短，人们对公司章程的意义认识不足，以及现实生活中公司章程制定不规范等问题，增加公司应列举的事项，对于发挥公司法的引导功能不无益处，但即使这样，在这些必要记载事项中也应该根据其重要程度再作出细分，区分为绝对必要记载事项和相对必要记载事项，这样既可达到引导公司尽可能地规范、完善公司章程之目的，又可给公司章程制定留下一定的弹性空间。因而，笔者主张对公司章程记载事项还是依照其重要程度，细分为绝对必要记载事项、相对必要记载事项和任意记载事项，更有利于我国公司的健康发展。

我国公司法关于公司章程记载事项的规定的另一个特点是，有些内容为我国《公司法》所独有，比如股份有限公司的设立方式、公司的利润分配办法、公司的法定代表人等。对于股份有限公司的设立方式在章程中记载是必要的，因为设立方式不同，其设立程序就会有较大的区别，涉及报送不同的设立文件以及是否向社会公开募集股份等重大问题，与社会公众利益有较大的关联，所以作为绝对必要记载事项无多大争议；利润分配办法，理论上讲不予记载，并不应该导致公司章程的无效，公司设立的合意也不应该由于缺乏利润分配办法而具有瑕疵，但记载于章程就应该对全体股东发生约束力，所以许多学者主张公司利润分配办法不宜作为公司章程的绝对必要记载事项。正因为此，《公司法》在 2005 年修订时，不再将公司利润分配办法作为有限责任公司章程必须记载的事项。但鉴于股份有限公司股权分散的特点，为避免因利润分配办法不确定而给股东利益带来损害，

---

① 张民安：《公司设立制度研究》，载王保树主编：《商事法论集》第 7 卷，法律出版社 2002 年版。

《公司法》仍将其作为公司章程应当记载的事项予以保留，笔者认为这是妥当的。至于将公司法定代表人仍然作为公司章程的必要记载事项，我们则认为不太合理。因法定代表人具有易变性，一旦法定代表人变化，就需要修改章程，还需要进行公司变更登记，平添许多麻烦。而法定代表人制度的程序意义远远大于实体意义，因此，其宜作为任意记载事项，法定代表人产生或变更直接去办理工商登记即可。

除了《公司法》关于公司章程记载事项的规定外，中国证监会所颁布的《上市公司章程指引》及国务院证券委、国家体改委所制定的《到境外上市公司章程必备条款》分别对于上市公司及到境外上市公司的章程条款作出了特别的规定，在制定相应章程时必须予以注意。

第四节　公司章程的制定和修改

一、公司章程的制定

（一）公司章程的制定主体和程序

公司章程的制定是针对公司的初始章程而言的。公司章程系公司团体的自治规范，是全体股东或出资人的合意，因此，原则上应由全体股东共同制定，以便于出资人就公司设立事项进行充分协商，但由于公司种类的差异，股东人数多寡相差较大，所以在现实生活中存在共同订立和部分订立两种情形。共同订立是由全体股东或发起人共同起草、协商制定公司章程；部分订立是由股东或发起人共同起草、制定公司章程，形成初始文本后再经其他股东、发起人签字，形成正式文本的制定方式。共同订立和部分订立均是针对公司章程起草而言，无论是采取共同订立还是部分订立都需要公司设立时的全体股东或发起人对章程的正式文本予以认同，因此均属于共同制定。只是在募集设立的情况下，由于股东（认股人）人数众多，会议召开极不方便，意见较难统一，要求所有认股人都参与章程的制定、对每一条款都完全赞同，不仅不现实，也没有必要。为提高公司章程的制定效率，加快公司设立进程，各国公司法一般允许公司在募集设立的情形下，由发起人负责制定公司章程，但最终文本要经过创立人大会予以确认。我国公司立法作出了同样的规定。

根据我国《公司法》第23条的规定，有限责任公司的章程应当由全体股东共同制定。这里所说的"全体股东"也就是指全体参与公司设立的发起人，"共同制定"应该理解为公司章程的制定应该体现全体股东的共同意志，但并非要求每一个股东都积极地参与章程的起草和讨论，只要每一个股东在章程上签字盖章，表示同意或认可章程的内容，接受章程的约束即可。

一人有限责任公司由于只有一个股东，所以其不存在共同制定的问题。《公司法》第65条对于特殊的一人有限责任公司即国有独资公司，作出了特殊的规定："国有独资公司章程由国有资产监督管理机构制定，或者由董事会制定报国有资产监督管理机构批准。"据此，国有独资公司的制定有两种方式：一是由作为国有独资公司投资主体的国有资产监督管理机构依照公司法的有关规定制定；二是授权董事会负责制定，报国有资产监督管理机构批准。不管采取何种方式，章程的最终决定权都在投资者（国有资产监督管理机构）

手中。

我国《公司法》第 76 条对于股份有限公司章程的制定作出了一般要求，即由发起人共同制定，采取募集设立的还应经创立大会通过。而根据《公司法》第 90 条第 2 款的规定，由发起人、认股人组成的创立大会，其职权之一就是审议通过公司章程。创立大会通过的公司章程应认为能够反映公司设立阶段投资者的集体意志。

（二）公司章程制定的一般原则

公司制定章程应遵循一定的准则，概而言之，主要包括以下几点：

1. 不与公司法内容相重复原则

不与公司法内容相重复原则，意指诸如股东表决权、知情权、质询权、诉讼权等公司法已经明确规定了的内容，公司章程不必再作记载，公司章程的制定应该针对公司自身的情况作出具体的制度或规则设计。而我国目前实践中则普遍存在着公司章程简单罗列法条、针对性不强等问题，这说明我们对章程的性质和意义的理解还不够充分。事实上，只有通过有针对性的公司章程条款的设计，公司章程的价值才能得到充分的发挥。我们也相信，随着《公司法》的修改，特别是赋权性规则的增加和公司自治空间的扩展，章程的重要性会越来越得到人们的重视，具有个性化的章程也将会越来越多。当然对于这一原则的理解不能过于绝对化，应坚持在不违背法律的情况下，将公司章程的制定权交给公司自己，公司不仅可以对《公司法》的规定作出进一步的细化，也允许公司重复规定《公司法》中的一些强制性规定，因为有时一些法律条款的强调和重复，也绝非是毫无意义的，更不全都是资源浪费，它是在法律赋予下的权利的行使。这种权利行使的方式自然会因公司的不同而各异。总之，不与公司法相重复原则，反对的是对公司法条文的毫无选择和无意义的照搬，警惕的是千篇一律的毫无个性特色的格式化章程。①

2. 不与公司法相冲突原则

不与公司法相冲突原则，是指公司章程的内容，不得与公司法中的强行性规范相抵触。如前所述，公司法属于具有强烈公法色彩的私法，其中蕴含了很多强制性的规定，公司章程在制定时就不能在公司法规定之外以股东意志为由作出相反的安排。如果公司章程规定有违公司法的强制性规定，则该条款无效或不能对抗第三人。当然，公司法中的任意性规范，仅起示范和引导作用，因此，允许公司章程作出例外规定；若公司章程作出特殊规定的，则章程优先于公司法适用。由于我国公司法理论研究还不够成熟，不少公司法条款又过于简略，所以对公司法中某些条款属性的理解就会存在很大的差异，这反过来会进一步加剧公司实践的混乱。因而，还需要进一步从理论上梳理究竟哪些规范应该属于强制性规范，为何其应该成为强制性规范。当然这也是一个十分复杂的理论问题。不过，结合《公司法》的修改，理论界在这一问题上已经达成了很多共识。一般认为，纯粹属于公司内部（或投资者之间）不关系到第三人利益的事项，如公司利润分配规则（以不损害公司资本为前提）、股东出资转让办法等，通常可以由投资者自行决定，这些规范一般属于非强制性规范。但作为投资者应该享有的基本权利，如股东知情权、质询权、建议权、诉权以及利润和剩余财产分派请求权等属于股东的固有权，不得予以剥夺。我国《公司法》2005

———————————

① 即所谓的标准章程文本。

年的修订也基本上朝着这个方向在努力，将很多原本作为强制性规范存在的条款改为任意性条款，同时加大了对中小股东的保护力度，强化了公司控制股东和管理层的义务，这些规定都上升为强制性规范，不允许章程作出相反的规定，如不允许剥夺股东知情权、建议权的股东固有权，也不允许公司章程减免控制股东或管理层的义务和责任。这一些改变应引起我们的关注。

3. 填补公司法授权性空白和弥补公司法漏洞的原则

各国公司法都将许多公司内部权利义务的分配交由公司章程规定，对于人合和具有人合因素的公司更是如此。我国《公司法》也有大量授权性空白规定，如《公司法》第 43 条第 1 款、第 48 条第 1 款等规定，股东会、董事会和监事会的议事方式和表决程序，除《公司法》的规定外，可以由公司章程作出不同或更为具体的规定。《公司法》第 44 条第 3 款规定，董事长、副董事长的产生办法由公司章程规定；《公司法》第 50 条规定，执行董事的职权由公司章程规定，等等。对于上述情况，若公司章程中不作具体规定，则相应的组织和活动将因无章可循而陷入混乱。因此，公司应当根据自身的实际需要制定相应的条款，以填补公司法留下的空白。有学者将这种条款称为"公司创制章程条款"，即公司为了自身的实际需要，依据法律的授权制定的，体现全体股东共同意志或公司团体意志，调整公司组织和活动关系的，具有变更、替代和补充公司法功能的自治规范。公司章程创制条款不但应充分体现股东或公司的意志，蕴含着公司法所没有的创新成分，而且具有排除或代替公司法任意规范调整的功能。公司章程创制条款的有效性，不但应当考虑是否符合强制规范的要求、是否侵害股东的固有权利、是否损害债权人和社会公共利益，还要从是否违反公司的性质、法理基础、公共政策等方面进行判断和利益平衡。尤其是必须结合具体案情，探寻章程制定条款的本意和目的，进行全面深入的个案思考，才能最终判定其效力。① 关于公司创制章程条款与公司法之间的效力关系，有学者认为："若属授权性空白，则公司章程的规定有补充的效力；若法律规定一定的幅度或范围，在该幅度和范围内，股东可以自由选择；若由于立法缺陷而留下非授权性空白，应根据公司法精神和公司法原理具体确定。在此情形下，可认为公司章程对公司法有细则性作用。"②这一见解应该说相当精辟。

此外，公司章程的制定还应注意做到公司章程的稳定性和可变性的兼顾。既不能随意变更，也不要一成不变，应根据公司的实际需要，按照法定的程序在需要调整时作出修订。

二、公司章程的修改

公司章程的修改，即公司章程的变更，是指在公司章程登记生效后增加、删减或改变公司章程内容的行为。通常，公司章程作为公司活动和行为的基本准则，具有相当的稳定性，不得随意更改。否则，不仅会对公司的经营决策、正常的生产经营活动产生影响，而且会带来交易秩序的混乱。但是，由于社会环境和公司本身的情况并非恒定不变，一旦这

① 郭富青：《公司创制章程条款研究》，载《比较法研究》2015 年第 2 期。
② 范健、王建文著：《公司法》，法律出版社 2006 年版，第 207 页。

些客观条件发生变化，公司的经营战略、经营方式、管理手段、经营规模以及资本构成都会作出相应的调整，此时修改章程就成为必然，因此，公司章程的稳定只具有相对的意义而无绝对效力。各国公司法也都对公司章程修改和变更进行了宽严不一的限制。

（一）公司章程修改遵循的法律原则

公司章程修改须遵循如下基本原则：（1）不违法原则。即公司章程的修改不得违反法律的强制性规定，不得违反善良风俗，这是大多数国家立法或公司法理论都十分强调的一项基本原则。如英国公司法规定，公司细则的修改须符合公司法和有关法律的规定，并应受习惯法的约束。（2）不损害股东利益原则。股东是构成公司的基本因子，发起人创设公司的目的在于为公司股东谋取合法利益，因此各国公司法将保护股东利益作为公司的基本原则，并给予股东平等保护，确保其实施，而公司章程所设置的条款往往也是对公司法所规定的股东利益的确认和扩张。但是股东之间，尤其是公司多数股东和少数股东之间存在着利益的差别，就难免会发生利益的冲突，为防止公司大股东操纵公司股东会修改公司章程损害小股东的利益，绝大多数国家的公司法要求公司章程的修改不得损害股东的利益，否则被损害股东可以诉讼方式主张修改无效。有的国家和地区的公司立法明确规定，非经股东同意，公司章程的修订不得变更该股东的既得权，也不得给股东设定新义务。① （3）不损害公司债权人利益原则。公司章程的修改并不单纯是股东之间的私事，公司章程内容，尤其是公司资本的减少，公司的合并、分立，甚至公司住所和名称的变更都会在一定程度上影响到公司债权人债权的实现程度，甚或给债权人的利益带来严重的影响，因此，不得损害公司债权人利益原则也是公司章程修改的一项基本原则。各国公司法大多赋予公司债权人对公司章程修改的异议权。②

（二）公司章程修改的程序

公司章程的修改须按照法定的程序进行。其修改程序一般包括：（1）提出修改公司章程的议案，即提案程序；（2）就公司章程修改提案进行议决，即议决程序；（3）就修改后的公司章程进行变更登记，即登记程序。

对于哪些人具有提出修改公司章程的权利，我国《公司法》并没有作出明确规定，但由于公司股东会或股东大会的定期会议或临时会议都有权修改公司章程，因此有权召集与提议召集股东会或股东大会的人员均依法可以成为公司章程修改的具体提案人。依据我国《公司法》的相关规定，下列人员可成为修改公司章程的提案人：（1）有限责任公司的董事会、代表 1/10 以上表决权的股东、1/3 以上董事或监事；（2）股份有限公司的董事会、单独或合计持有公司股份 1/10 以上的股东、监事会。为了保证公司正常的经营秩序，股东或监事会所提出的修改章程的提议应向公司董事会提交，并经董事会讨论同意后方作为股东会议案，在召集股东会或股东大会时作为股东会或股东大会的议事项目进行表决。我国《公司法》第 102 条第 2 款规定："单独或者合计持有公司百分之三以上股份的股东，可以在股东大会召开十日前提出临时提案并书面提交董事会；董事会应当在收到提案后二日内

---

① 如我国台湾地区"公司法"第 130 条第 2 款规定："前项第五款发起人所得之特别利益，股东会得修改或撤销。但不得侵及发起人既得之利益。"

② 范健、王建文著：《公司法》，法律出版社 2006 年版，第 215 页。

通知其他股东，并将该临时提案提交股东大会审议。临时提案的内容应当属于股东大会职权范围，并有明确议题和具体决议事项。"但由于我国原《公司法》规定，除董事会外的其他符合法定比例的股东、监事仅有提议召开股东会或股东大会的权利，因而其提案如不被董事会采纳，就不可能被提交到股东会或股东大会，从而成为有效提案。鉴于现实生活中，公司股东大会或股东会的召集权为董事会所把持，股东特别是少数股东的提案权难以实现的客观现实，《公司法》第 101 条第 2 款还规定特定情形下监事会及连续 90 日以上单独或者合计持有公司 10% 以上股份的股东自行召集和主持股东大会的权利，从而使监事会、股东修改公司章程的提案权获得了一定的法律保障。

各国或地区公司法均将修改公司章程作为股东会的特别决议事项加以规定，要求有绝对多数的表决权通过。我国亦然。我国《公司法》第 43 条第 2 款、第 103 条第 2 款分别规定，有限责任公司修改公司章程的决议，必须经代表 2/3 以上表决权的股东通过；股份有限公司修改公司章程必须经出席股东大会的股东所持表决权的 2/3 以上通过。

公司章程依法变更后，应向公司登记机关申请变更登记。若没向公司登记机关申请变更登记，其效力如何，学界存有分歧，各国或地区立法规定也不一致。概而言之，有有效说和无效说两种观点。日本和德国公司法采无效说，韩国和我国台湾地区"公司法"则采有效说。我国《公司法》对公司章程变更的生效时间未作规定。学界通说认为，"经公司登记机关核准登记后，修改后的章程才告正式生效"。① 笔者认为，既然我国《公司法》对公司章程变更生效要件没作特殊要求，变更登记就宜理解为公司章程变更的生效要件，而公司章程的变更登记只能是一种对抗要件，即修改公司章程原则上在股东会作出决议后生效，但法律规定某些变更事项应经主管机关批准的，经批准后才发生法律效力。登记事项发生变更时，公司应向登记机关申请进行变更登记，不作变更登记的，不得以变更事项对抗第三人。

如果公司章程的修改可以溯及适用修改前的公司和股东的行为，就易导致公司法律关系的不稳定，所以学者普遍认为，公司章程的修改应不具有溯及既往的效力。我国香港《公司条例》第 13 条就明确规定，被修改或增加的公司组织章程与原先订的章程具有同样的效力，但修改不具溯及力。我国《公司法》对此没有作出规定，但应作同样解释。

---

① 范健、蒋大兴著：《公司法论》(上)，南京大学出版社 1997 年版，第 232~233 页。

第五章　公司的人格制度

第一节　公司人格概述

公司法律人格的产生，尤其股东有限责任制度的确立，被西方学者誉为"现代社会最伟大的独一无二的发明"。现代公司法理论认为，公司法律人格独立和有限责任制度是现代公司制度的两大基石。现代公司法是建立在公司法律和经济独立的基础之上的，公司法的基本精神是以法律的形式塑造公司的法人人格，并在公司所有与经营的前提下，完善公司的治理结构以进一步实现公司人格的独立。因此，公司法人人格的独立是公司法最为核心和最为基本的理论问题，公司法的所有问题基本上都是围绕公司人格独立这一轴心展开的。那么，何谓公司的人格？公司人格是如何确立的？公司人格独立又主要由哪些要素决定，是本节欲着重探讨的问题。

一、公司人格的内涵

"人格"一词，在社会学、伦理学、心理学、哲学等不同的学科中，有其不同的内涵。[1] 作为法律概念，其含义是指作为一个法律上的人的法律资格，即维持和行使法律权利，服从法律义务和承担法律责任的能力的集合。[2] 人格学说来源于罗马法。罗马法学家用"头颅"（caput）这一表示具体事物的名词来表示这一抽象的法学概念，其用意是只有具有头颅的人才能称其为具有市民法权的人，即私法意义上的人。因此，在古罗马法时代，人和人格是分离的，既具有完全人格的人，又有不完全人格的人和无人格的人。到近代民法，随着人权意识的发展，自然人的人格理论才得以突破。因此，在现代法中，人格通常与法律主体的法律地位、民事能力等紧密相连。公司人格即指公司的法律地位或者作为民事或商事主体的资格，它包含公司的法律地位、公司的权利能力与责任能力等内容。

二、公司人格的历史演进

公司法人人格的形成，尤其是公司独立法人人格的最终确立，是一个漫长的演进过程。公司法人是法人团体人格和公司形式融合的结果。因此，理解公司人格也必须首先从法人人格的演进谈起。

---

[1]　范健、蒋大兴著：《公司法论》（上），南京大学出版社 1997 年版，第 268 页。
[2]　参见《牛津法律大辞典》，光明日报出版社 1988 年版，第 688 页。转引自范健、蒋大兴著：《公司法论》（上），南京大学出版社 1997 年版，第 268 页。

学界通说认为，法人人格的历史同样源于古罗马法。如前所述，在古罗马法时期，并非每一个人都能成为权利主体。在古罗马法上的人格是与人分离的，这种分离表明法律上人和生物意义上的人是分离的，前者在技术用语上为"persona"，后者则为"homo"。这种分离表明生物意义上的人和法律意义上的人是两个不同的概念。生物意义上的人可以不是法律意义上的人，法律意义上的人也可以不是生物意义上的人。要成为法律意义上的人关键是要取得法律的确认和认可，而不在于其是否具有生物意义上的特征。法律可以承认生物意义上的人成为权利主体，也同样可以承认非生物意义上的人成为权利主体。① 这就为团体成为法律上的人，即法人的产生在理论上和法技术上奠定了基础。事实上，当时个别法学家已经论证了团体也可以成为法律上的人，可以独立享有权利和承担义务。然而，罗马学者也仅仅是在理论上论证团体人格与个体人格的不同，具有团体人格性质的社会组织形式在当时也只是一种事实上的存在，罗马法始终也没有形成明确的法人概念和近现代意义上的法人制度。真正意义上的社团法人是随着社会（团体）本位思想的兴起和西方各国在立法中确立法人制度之后才出现的。随着自然法和人文主义的兴起，人的平等权利和地位受到重视，尤其是资产阶级启蒙思想家高举自由、平等、博爱的大旗，提出天赋人权，在民事主体制度上主张人生而平等，给予自然人普遍而平等的民事权利，并推动了近代民法的产生。民事主体制度上人与法律人格不再分离，对自然人已不再用其是否有法律人格来决定其是否为权利主体，这样法律意义上人格就偏离了其原有的功能。但其原有的功能在团体的法律地位问题上仍顽强地保留了下来。法律人格与团体结合的产物即为法人人格，团体是法人人格产生的实体基础。"法人"这一词是由意大利注释法学派所创制，当时的意思是"以团体名义的多数人的集合"，因此这一词创制之初，与现代法人概念不可同日而语，仅仅是"团体"的代名词，而不具有独立的人格因素。后来，教会法学派为了解释教会对世俗财产的所有权，想象在团体成员的多数之外还有抽象人格的存在，该人格即为"法人"，它像自然人一样能够享有财产权。后期的注释法学派在教会法学派的理论基础上定义"法人"的概念："在团体成员的多数之外独立存在的抽象人格"②，这标志着真正意义上的法人概念的确立。据考证，最早将法人概念引入制定法的是1794年德国普鲁士邦普通法典，后为1896年德国民法典所采用，并传至全世界。当今民事立法中，法律人格就分为自然人和法人两类。其中，自然人成为生物意义上的人的民事主体资格的标志，法人则是团体成为民事主体资格的标志。唯一不同的是，生物意义上的人与自然人在范围上是同一的，所有生物意义上的人均具有民事主体资格，而成为自然人；而法人与团体的范围则是不同一的。并非所有的团体都能取得法律资格而成为法人。团体只有具备一定的事实要素，并经代表国家的法律的确认才能取得法律资格成为法律意义上的人，即法人。赋予团体以法人资格的意义在于，将团体和组成团体的成员在人格上区分开来，他们各自具有法律上的人格而相互独立，团体成员的变化更迭不会影响到团体人格的独立和存续，从而大大稳定和简化了法律关系。

　　公司人格即是法人制度和公司组织形式嫁接的产物，公司法人人格的产生和确立经过

---

　　① 江平主编：《法人制度论》，中国政法大学出版社1994年版，第2～3页。

　　② 张俊浩主编：《民法学原理》，中国政法大学出版社1991年版，第169页。

一个由分散的成员个体人格到由数人集聚而成的团体人格，再到公司法人独立人格这样一个漫长的演变过程。

公司作为资本主义生产关系的产物，其萌芽早在中世纪时期就已产生。在中世纪地中海沿岸城市就出现了家族经营团体，它从独资经营演变而来，是合伙的一种形式，这种组织形式为法律所承认，以家族财产承担无限责任。这种家族经营团体具有浓厚的身份属性，在对外交往上并不具有独立的主体地位，而是以家族成员的面目出现，法人人格在此组织形式中尚无痕迹，团体的法律面孔尚呈现出个体人格的形式。随着航海事业的发达，航海贸易日益繁荣，在中世纪的地中海沿岸出现了以海运企业为主的康孟达组织（commenda），康孟达是一种商事契约，是航海者和资本家进行合作的商业合伙形式，是商业性共同经营，使家族经营团体向前迈进了一步。按照康孟达契约，由资本家或银行家出资，航海者贩运货物，盈利是按出资比例分配，亏损时资本家按出资额为限承担有限责任，航海家则承担无限责任。这种组织形式成为无限公司和有限合伙组织的前身。其稳定性比家族经营团体强，也得到大多数国家民商法的承认。甚至法国、日本、意大利等国都将无限公司和两合公司列入法人之中。尽管不少国家将两合公司和无限公司列入法人之列，但由于成员还要承担出资之外的财产责任，因而其与成员独立程度还不够充分和完整。现代意义上公司法人人格独立的标志是股份有限公司。1600年成立的英国东印度公司和1602年成立的荷兰东印度公司是最早的股份有限公司。股份有限公司的出现在公司制度发展史上具有划时代的意义，直到它的出现，法人制度和公司形式的嫁接才最终完成，公司取得完全独立的法律人格。从某种意义上讲，也正是股份有限公司的出现，才使法人制度最终得以牢固的确立。公司完全摆脱同股东的牵连，成为独立的法律主体，得益于有限责任原则的全面确立，股东在享受有限责任优惠的同时，以放弃对公司财产的支配权和经营权为代价，从而使股东人格和公司人格彻底分离。公司法人独立人格才进一步牢固确立。

三、公司人格的特征

基于前面的分析，公司人格具有以下特征：

1. 公司人格的团体人格性

公司人格是与自然人的个人人格相对应的一种团体人格。首先，公司这种团体人只有通过法律的认可才能取得法律上的人格，而转化为法律人。所以公司人格的取得与自然人人格的自然取得颇不相同，它只有在公司履行了法定的认可和登记程序后才能取得法律人格。其次，公司作为一种团体人，它不是如自然人那样的生理学的有机体，而是社会的组织体，其内部的组成与自然人不同，即团体必须是法的组织。尽管团体人作为团体，可以被视为是一种拥有欲望、能够从事行为活动的本体，但由于是无形的组织体，所以它必须通过由个人组成的机关来形成意志，进行决策、从事行为。团体机关的活动，是由部分来直接表达全体意志的行为。

2. 公司人格的独立性

公司人格的独立性是指公司人格独立于公司法人成员的人格，公司是区别于其成员的另一法律实体。公司人格独立是公司人格最为本质的特征，也是法人制度精髓在公司领域的表现。

　　公司人格的独立主要体现在:① (1)公司财产独立。公司财产独立,是指公司拥有与其成员财产清晰可辨的可归其独立支配的公司财产。公司财产归公司所有,而非其成员所有。公司财产独立是公司人格赖以独立存在的物质基础,也是后者的必然要求。(2)公司责任独立。公司责任独立,是指公司以其财产独立对公司债务承担责任。公司责任独立与股东的有限责任是相互统一、对应的。公司一经成立,即独立承担责任,这是公司人格独立的法律后果,并已成为现代公司制度的经典原则。(3)公司存续独立。公司存续独立,是指公司的人格的生命周期不受其成员构成和成员人格周期的影响,可以独立于其成员而存在。(4)诉讼主体资格独立。诉讼主体独立,是指公司作为法人,当其权利受到侵害或者违反法律义务时,可以以自己的名义起诉、应诉,这是公司人格独立的程序保障。除此之外,公司人格的独立性还表现在公司可以有自己的名称、住所,有能证明其自主行动的统一的印章,能以自己的名义签订契约,获得、拥有、转让财产,有自己独立的利益等其他方面。

　　3. 公司人格的平等性

　　公司人格的平等性,是指公司作为法律主体在其主体资格上与其他主体是平等的。人格平等是民商法所调整的商品经济的客观要求。因为商品是天生的平等派。尽管由于公司性质、规模、资金状况、经济实力等具体条件的不同会导致公司事实上的不平等,但商品经济客观上要求法律给每一个市场参与者提供一个平等参与竞争的资格和机会,即人格的平等。

　　公司人格平等是公司法人地位平等的依据。其真正的内涵是,不论公司的性质、行业、财产多寡,其法律地位和主体资格一律平等,不允许特权存在。当然,须说明的是,由于公司自身的性质、章程、经营范围以及法律法规的限制,每一个公司所实际享有的权利与承担的义务往往有天壤之别。所以,所谓公司人格只是从其作为法律主体资格的一般性角度来谈的,而非指公司具体权利内容上的绝对一致。

　　4. 公司人格的永续性

　　在公司合法存续期间,公司人格并不因公司成员的变化而变化,因此具有相对的恒定性。公司成立后,除非发生了法律规定的情形,否则它可以一直存续下去。这是由公司的团体性人格所决定的。正如罗马法学家阿尔费鲁斯(Vlfenus Varus)曾作出的精辟分析,他指出:"船舶的船员经常更换,有时甚至全部船员都更换了,但船舶依然存在。军团也是如此,其成员走了一批,又来了一批,但军团依然存在。"②

　　四、公司人格的构成要素

　　尽管现代各国关于公司本质的认识已趋于一致,但由于立法传统、法律习惯等诸多因

---

　　①　当然这种独立性是从最为彻底意义上而言的。实际上各国由于法律文化、传统等原因在独立性的理解上是有很大不同的,从而在确定公司人格及其构成要素上还是有很大的不同。对此,我们在本节关于"公司人格的构成要素"部分还会论及。

　　②　周枏著:《罗马法原论》(上册),商务印书馆1996年版,第269页。

素不同，公司人格在构成要素上还是存在着一定的差异。学界关于公司人格的构成要素也存在分歧，有两要素说、三要素说、四要素说。两要素认为，构成公司人格要素只能是独立财产和独立意思；[1] 三要素说认为，独立财产、团体意思和独立责任构成公司法律人格的确认标准和条件。[2] 四要素说，以江平先生为代表，认为，独立名称、独立意思、独立财产、独立责任是团体独立人格的四个要素。[3] 笔者认为，这些观点的差异主要是由于其所分析的国家的立法规定的不同所造成的。如果基于我国的立法现实和立法习惯，并结合我国公司的具体形态和公司改革的方向等因素来看，笔者更倾向于认同四要素说。其中，公司名称是公司人格取得和维系的形式要件，而意思独立、财产独立和责任独立则是支撑公司人格取得和维系的实质要素。首先，依据我国公司法和《民法通则》第37条的规定，公司有自己的名称是其取得法人资格的必要条件，作为商事主体，需要具备独立的名称，以便在对外从事商事交易活动中与其他民事主体相区分，这是公司人格独立的一个外在标志，也是公司意思独立、财产独立和责任独立的载体；其次，财产独立是公司人格独立的基础。公司法人的生命扎根于社会经济生活，正是因为其在社会经济生活中的价值而使其获取了在社会经济生活中的特有地位，才具有了赋予其法律人格的特殊意义，公司法人天然地作为经济主体而存在，这就决定了其必须拥有独立支配的财产，只有这样它才有资格进入市场同他人进行交易。财产对于法人较之于自然人具有更本质的意义，自然人取得财产并不以其拥有财产为先决条件，没有任何财产的自然人仍是具有独立人格的民事主体，但团体要具有人格成为法人，则以其拥有独立的财产为必要条件，没有任何财产的团体是绝对不可能具有独立人格的。[4] 可以说，自然人人格的取得更多的是出于伦理的考虑，而法人团体人格的取得则更多的是出于对经济效益的追求，这便是财产在这两种人格中地位迥异的根源所在。独立财产的要求直接决定了公司特殊的财产权结构，对此我们在后续的章节中再详加介绍。再次，独立意思是公司法人人格之本质要素。正因为公司有了独立的财产，公司才能以其财产为载体，在股东共同意志的基础上形成有异于股东共同意志的抽象的单个意思，即公司独立的意思，从而具备了作为法律人格所必需的独立意志。所谓公司独立的意思，并非股东意志的简单集合，而是体现股东共同意志又不同于股东共同意志的作为独立的法律人格而独立生成的意志。这就必须有一套独立的机制保证公司独立意志的生成和表达。公司法人治理结构的设计就是以保证公司意思独立为宗旨的，而与之相应的经济组织，如合伙，有时尽管也体现或反映合伙人的共同意志，但其并没有团体意志形成的严格机制，合伙人共同作出即可。最后，独立责任是公司意思独立和财产独立的必然结果。责任自负是私法上的一项基本原则，作为公司法人自然也应该遵循和恪守这一原则。责任自负具有两项基本含义，即"责任自负的应当性"和"责任自负的可当性"。"责任自负的应当性"是与公司意思独立联系在一起的，公司意思独立意味着公司能够自由地作出意思表示并为一定行为，既然这种行为是由公司根据其自由意思作出的，就自然应该由

① 范健、王建文著：《公司法》（第四版），法律出版社2015年版，第210页。
② 李庆：《论公司的法律人格》，载《现代法学》1998年第6期。
③ 江平主编：《法人制度论》，中国政法人学出版社1994年版。
④ 江平主编：《法人制度论》，中国政法大学出版社1994年版，第13页。

公司独立承担因这种行为引起的后果，即独立承担责任；"责任自负的可当性"是指具备承担责任的条件。对于公司法人而言，是与公司财产的独立联系在一起的。公司作为经济活动的主体，其责任集中地体现为财产责任，而公司财产的独立为公司独立承担财产责任提供了现实基础，因此，公司责任独立只不过是公司意思独立和财产独立的派生物，同时也是二者的最终体现。由此也有学者将公司独立承担责任视为公司人格的根本性标志。

第二节　公司的名称和住所

一、公司的名称

(一)概述

任何一个公司都应该有自己的名称，就像自然人有自己的姓名一样。公司名称就是公司的称谓，是公司依法专有的与其他企业相区别的一种文字标志。它是公司人格独立和特定化的具体体现，是公司设立登记、从事生产经营活动，并享有权利承担义务的基本条件。正是基于以上原因，各国公司法都对公司的名称作出了相应的规定。

在进一步研究公司名称的具体制度之前，有必要掌握公司名称和商号之间的关系。所谓商号，又称商业名称或商事名称，是商主体(包括商自然人、商合伙和商法人)在从事商行为时所使用的名称。在法律属性上，商号是商主体在社会活动中用以确定和代表自身，并区别于他人的文字符号和标记，它依附于商主体，是商主体相互区别的重要外在标志。[1] 公司作为商事主体，其所从事的主要是商事活动，且西方商号的采用肇端于公司领域，所以不少人认为商号和公司名称系取同义。但在我国，对商号却存在着不同的理解。广义上的商号等同于商事名称，由于它包括工商企业的名称，也包括个体工商户的字号；狭义上的商号仅仅指字号，它是企业名称的一个组成部分。[2] 事实上，随着社会经济的发展，公司社会功能日趋复杂，公司名称与其商号出现了分离趋势，商号可以与公司名称相同，也可以只是公司名称中的一部分，甚至可以不同于公司名称。[3] 根据《企业名称登记管理条例》第7条可知，在我国现行法律文件中，公司名称与公司商号是从属关系，即公司商号只是公司名称的组成部分。

(二)公司名称的特征

1. 标示性

公司名称是公司在从事生产经营活动中用以相互区别的标志，其最重要的职能就是在营业交易上明确标示它的主体。但它与用来识别和区分经营者生产经营商品或提供服务的商标或服务标记仍有一定的不同。公司名称的标示性已经成为公司外化的标志，如果缺乏一个专一的、独用的行为名义，公司人格与身份上的混淆也就在所难免，人格的完整性也就无从体现。

---

① 范健、王建文著：《商法总论》，法律出版社2011年版，第279页。
② 参见范健主编：《商法》，高等教育出版社、北京大学出版社2001年版，第54页。
③ 参见范健、蒋大兴著：《公司法论》(上)，南京大学出版社1997年版，第198页。

102

2. 依附性

公司名称是公司用于代表自己的名称。它依附特定的公司本身，是公司形象的组成部分，因此各国公司法大多要求公司名称的转让应当伴随公司本身的全部或一部分转让，禁止公司名称单独转让。

3. 财产性

公司名称与自然人的姓名还有所不同。公司名称不单具有识别和区分经营主体的功能，它还与特定的经营活动相联系，是构成公司形象的主要因素，属于公司商誉的重要组成部分。而商誉则是商人经济能力的社会评价，是具有价值形态的财产权利。[①] 作为商誉的组成部分，商号可以用来投资，也可以用以有偿转让，通常被视为物、行为之外的一种无体财产，也是《保护工业产权巴黎公约》所确认的工业产权的保护对象。

（三）公司的名称权

公司的名称权是指公司对自己的名称所依法享有的权利。从其内容、效力等方面看，公司的名称权具有以下几个特点：

1. 权利内容上的双重性

公司名称兼有人身权和财产权的双重属性。一方面，公司名称作为经营主体的一种表达符号，始终与特定的公司相联系，具有人身权的鲜明特征，因此被不少人视为法人的人格权。另一方面，公司的名称又总代表着一定的经营活动和信誉，具有一定的财产价值。所以对于这种特殊的财产享有的权利自然属于财产权的范畴。

2. 权利效力上的排他性

一般来讲，公司名称一经登记注册，公司就取得该名称的专用权，在法律上具有排他的效力。这种排他性，一方面表现在排斥其他公司在相同的地域内登记、使用同一名称或相近的名称；另一方面，表现在可以阻止其他公司不正当地使用同一名称。凡擅自使用他人已经登记注册的公司的名称的行为，都构成对他人公司名称专用权的侵犯，被侵权人有权请求停止侵害，赔偿损失。

3. 可转让性

公司名称权作为一种财产权利，通常可以转让，但鉴于其兼有人身权的特性，对公司名称权的转让一般都附有一定的条件限制。

（四）公司名称的选定

关于公司名称的选定，世界各国的立法所采取的原则不尽相同。概括起来有两种：一是商号真实原则，即选定的公司名称必须与经营者的名称与营业内容相一致，否则禁止使用。法国、瑞士、拉美诸国均采用此制。二是商号自由原则，即公司采用何种名称原则上不加限制，由当事人自由选择。英国、美国、日本采用此制。当然，所谓的商号自由原则是相对于商号真实原则而言的，并非绝对的自由。事实上，即使采用商号自由原则的国家，对公司名称的选定也附有一定的限制性条件，是有限制的或相对的商号自由原则。

除上述原则外，还有一个世界各国普遍奉行的原则：单一名称原则，即一个公司原则

---

① 参见吴汉东：《论商誉权》，载《中国法学》2001 年第 3 期。

上只准使用一个名称，公司设立的分支机构的名称以附加文字表示。只有在极特殊的情况下才允许同一个公司使用两个以上的名称。

我国原则上采用商号真实原则。从《企业名称登记管理规定》第 6 条和《公司法》第 8 条的规定来看，公司名称通常应该由以下四个部分组成：第一部分是公司所在地名称；第二部分是公司的具体字号，这是公司名称的一个重要组成部分；第三部分是公司的行业或营业部类；第四部分是公司的种类，即应在公司名称中标明"有限责任公司"或"股份有限责任公司"字样。

根据《企业名称登记管理规定》，公司名称中不得含有下列内容：(1)有损国家或社会利益；(2)违背社会公共道德的；(3)不符合民族、宗教习惯的；(4)违背公平竞争原则的；(5)可能对公众造成欺骗或者误解的；(6)可能损害他人合法权益的；(7)法律、行政法规禁止的。同时，公司名称中不得含有下列名称、文字、字母、数字：(1)国际组织名称；(2)政党、宗教组织名称；(3)国家机关、党政机关、军队、事业单位、社会团体名称；(4)外国文字、汉语拼音字母、数字(不含汉字数字)。此外，根据《企业名称登记管理规定》及其他相关法规，只有全国性公司、大型进出口公司、大型企业集团才可以在公司名称中使用"中国"、"中华"、"全国"、"国际"等文字；只有三个以上分支机构的公司，才可以在公司名称中使用"总"字；只有私人企业、外商投资企业，才可以使用投资者的姓名作为商号。

我国的公司采用单一商号原则。《公司登记管理条例》第 11 条规定，公司只能使用一个名称。

（五）公司名称的核准与登记

就世界范围来看，取得商号的途径有以下几种：(1)因使用而自然取得，不需要注册。(2)需要注册。这里既包括将商号单独申请注册，也包括与企业登记同时进行注册。很多国家还规定商号权可以通过注册为商标或服务标记而获得。但大多数国家都规定，公司名称必须登记，因此登记是公司取得名称权的基本途径。

我国《企业名称登记管理规定》第 3 条规定，企业名称在企业申请登记时，由企业名称的主管机关核定，企业名称经核准登记后方可使用，在规定的范围内享有专用权。可见，我国使用的是强制注册制。登记是企业取得名称权的唯一途径。

企业名称登记一般与公司开业登记同时进行，但根据《公司登记管理条例》第 17 条的规定设立公司应当在开业登记前申请名称预先核准；法律法规规定有必须报经审批项目的，应当在报送审批前办理名称预先核准，并以公司登记机关核准的公司名称报送审批。

设立有限责任公司，应当由全体股东指定的代表或者共同委托的代理人向公司登记机关申请公司名称预先核准；设立股份有限公司，应当由全体发起人指定的代表或共同委托的代理人向公司登记机关申请名称预先核准。申请名称预先核准，应提交下列文件：(1)有限责任公司全体认股人或股份有限公司全体发起人署名的公司名称预先核准申请书；(2)认股人或发起人的身份证明文件；(3)登记机关要求提交的其他文件。登记机关在收到上述文件 15 日内作出核准或驳回决定，如作出核准决定，应发给《企业名称预先核准通知书》。预先核准的公司名称的保留期为 6 个月。在保留期内，不得以预先核准的公司名称从事经营，也不得转让预先核准的公司名称。

（六）公司名称的转让

公司名称可以转让，但大多限制其单独转让。我国1985年《工商企业名称管理暂行规定》曾规定，企业名称可随企业一同转让，也可单独转让。由于单独转让弊端较多，新的《企业名称登记管理规定》改用世界上较一致的做法，废除了单独转让。其第23条规定，企业名称可随企业或者企业的一部分一并转让；企业名称只能转让给一户企业。企业名称转让后，转让方不得继续使用已转让的企业名称，企业名称的转让方与受让方应当签订书面合同或协议，由原登记机关核准。

二、公司的住所

公司住所对于公司来说是必不可少的。因为公司作为法律所赋予的商事权利主体，需要进行必要的商事活动，就离不开作为开展商事活动必要前提的长期固定的活动地址，即住所①。确认公司的住所不仅有利于维护公司的合法权益和正常的社会秩序，而且具有十分重要的法制意义：它既是确定公司登记机关和管理机关的前提，又是在诉讼中确认地域管辖和诉讼文书送达的一项基本标准。同时，在涉外诉讼中，公司住所还是解决法律冲突的重要依据。所以各国公司立法对公司住所均作出了相应的规定。

公司住所的确认标准，各国法律规定不尽相同。多数国家以公司的业务执行地为其住所，但也有部分国家以公司的登记注册地为公司的住所。我国《公司法》第10条规定："公司以其主要办事机构所在地为住所"。这一规定与我国《民法总则》第25条的规定相一致。② 所谓主要办事机构所在地，是指公司开展业务活动，决定和处理公司事务的公司机构所在地。

此外，依据我国《公司法》的规定，公司住所是公司章程的绝对必要记载事项，也是公司注册登记事项之一。公司住所应当依法登记而不登记，公司存在的合法性即具有瑕疵。公司变更住所，而不变更章程，不作变更登记，不得以此事项对抗第三人。

第三节　公司的能力

一、公司的权利能力

（一）公司权利能力的概念

公司的权利能力是指公司立法所赋予的公司能够参加法律关系，并依法享有权利、承担义务的资格。公司只有依法具有了权利能力，才能取得企业法人资格，才能成为独立的法律关系的参加者，才能享有具体的权利和承担具体的义务。所以，公司的权利能力不同于公司的权利，公司的权利能力是公司取得具体权利的资格、基础或前提条件。而公司取得具体权利则是公司具有权利能力在具体法律关系中的一种体现。另外，既然享有权利能

---

① 雷兴虎著：《公司法新论》，中国法制出版社2001年版，第73页。
② 《民法总则》第25条规定："自然人以户籍登记或者其他有效身份登记记载的居所为住所；经常居所与住所不一致的，经常居所视为住所。"

力是公司取得独立法律主体地位的前提和必然结果，那么公司的权利能力则无疑成为公司人格的重要内容。

（二）公司权利能力的特征

公司的权利能力主要有以下四个特征：（1）公司的权利能力从本质上讲，是公司的法律资格。公司的权利能力是公司作为民事主体进行民事活动的前提，是其独立享有民事权利和承担民事义务的基础。不具备民事权利能力，也就没有资格享有民事权利和承担民事义务。（2）公司的权利能力不是天赋的，而是由国家的立法所赋予的。公司法人本身是法律创设的结果，因此，其权利能力的有无及大小完全取决于法律的规定，是立法赋予的结果。（3）公司的权利能力始于公司依法成立之日，止于公司依法解散、法人资格依法终止之日。设立中的公司没有权利能力，依法解散尚处于清算中的公司只能在清算范围内享有权利和承担义务。（4）公司的权利能力在不同公司之间有较大的差异。公司的权利能力因公司的性质、公司任务、公司所在行业或经营范围的不同而有所区别，有的公司的权利能力大一些，有的公司的权利能力小一些，有的公司的权利能力的范围广一些，有的公司的权利能力的范围窄一些。例如，国家基于政策上的考虑，可能会对特殊领域的公司的经营活动实施特殊的限制，如金融类公司企业与非金融类公司企业在权利能力上就有着根本性的不同。所以，尽管从抽象意义上讲，公司的人格一律平等，但在公司的权利能力的设计上仍会有所差异。公司人格平等并不意味着公司权利能力的绝对相同。公司的权利能力虽然是公司人格的重要内容，但它与公司的人格仍然是两个不同层次的概念，前者是从较为宏观与抽象的角度来理解，侧重于公司的法律地位；后者则从具体的微观制度来设计，主要侧重于公司享有权利的范围界定。我们十分赞同确立公司人格和地位平等的必要性和重要性，但并不认同用抽象的人格概念来取代权利能力的学说或主张，因为其无助于法律制度的设计，也不符合各国的立法实际。

（三）公司权利能力的限制

公司法人作为民事主体和自然人一样，都具有民事权利能力，即享有民事权利和承担民事义务的资格。但是，由于公司法人与自然人在性质上的差异，以及公司法对公司的特殊要求，决定了公司的权利能力在性质上、法律上和目的上都将受到一定的限制。其限制主要表现在以下几个方面：

1. 公司权利能力因性质受到限制

尽管公司和自然人一样，具有民事权利能力，但公司与自然人毕竟是两类不同性质的民事权利主体。公司作为一个组织体区别于作为生命体的自然人，所以公司不能享有自然人的那些以自然性质为前提的专属于自然人的权利，如生命健康权、婚姻权、肖像权、亲属权、隐私权、身体权等，自然也不承担与这些权利相对应的义务。它只能享有与自然人的自然属性无关的名称权、名誉权、荣誉权、著作权、商标权和专利权等权利。除此之外，公司的权利能力不受主体性质的限制。

2. 公司的权利能力因法律规定而受到限制

法人和自然人一样，其权利能力都要受到法律的限制，即主体只在法律限制的范围内享有权利能力。但是，公司作为法人，不仅要受到一般法律的限制，而且还要受到公司法的特别限制。公司法的公司权利能力的限制主要表现在：

第一，时间上的限制。公司权利能力始于公司成立而终于公司终止。设立中公司不具有权利能力，最多属于具有有限权利能力的非法人团体，地位具有不确定性和特定性；解散后的公司在公司清算完毕并注销之前，属于清算公司，其权利能力虽然存在，但仅限于清算范围内，公司只能在清算范围内活动，不得从事与清算活动无关的事务。

第二，转投资的限制。转投资是指公司按照《公司法》、《证券法》等法律规定，通过投资其他公司的股权而获取收益或利润的法律行为，既包括单向转投资，也包括双向转投资（如交叉持股）。转投资对于活跃资本市场和企业集中规模经营具有积极意义，但可能导致公司资本虚增，背离资本真实原则，容易成为董事、监事控制公司股东会的工具。①为了保证公司的正常运作，维护公司债权人的利益，不少国家和地区的公司法对公司转投资作出了限制。这种限制主要表现在两个方面：（1）投资对象的限制。绝大多数国家和地区的公司法均禁止公司成为其他营利性经济组织中承担无限责任的成员，包括成为无限责任公司或两合公司中的无限责任股东以及承担无限责任的合伙人。这是因为无限责任股东或合伙人，对于公司或合伙企业的债务应负连带的无限清偿责任。如果公司成为他公司的无限责任股东或承担无限责任的合伙企业的合伙人，万一他公司或合伙企业倒闭，则公司势必受到牵连，加重公司的债务责任，危及公司自身的经营和债权人的利益。因此，不少国家和地区的公司法对此加以限制。（2）投资规模的限制。公司可以成为他公司的有限责任股东，对此并无歧义。但为了保证公司资本的充实与确定，保证公司债权人的债权能够得到及时、充分的实现，还有部分国家和地区曾对公司的转投资规模作出了一定的限制。我国台湾地区"公司法"第13条规定，公司如为他公司有限责任股东时，其所有投资总额，除以投资为专业或公司章程另有规定或经依左列各款规定，取得股东同意或股东会决议者外，不得超过本公司实收股本的40%。此外，各国公司法还普遍禁止或限制子公司或从属公司持有母公司或控股公司的股份，或者限制公司互相持股的数额。

我国《公司法》第15条规定："公司可以向其他企业投资；但是，除法律另有规定外，不得成为对所投资企业的债务承担连带责任的出资人。"依据该条规定，公司不应成为合伙企业中承担无限责任的普通合伙人。需说明的是，2006年修订的《合伙企业法》却允许法人成为合伙企业的合伙人，也就是说公司可以成为合伙人承担连带责任。《合伙企业法》的相关规定就与《公司法》的该项规定产生了冲突。在2006年修订《合伙企业法》时，大家争议比较大，立法机关的意见是：《公司法》第15条本来就允许立法作出例外规定，现在《合伙企业法》的规定就属于例外规定，因此，《合伙企业法》与《公司法》没有矛盾。但问题是，我国不存在无限公司这种企业形态，如果将合伙企业排除在外，实难再找出其他形式的连带责任出资人。因而，在《合伙企业法》修改后，我国《公司法》中关于转投资的限制基本上是被彻底取消了。公司法对于转投资的彻底松绑，所反映出来的鼓励投资兴业的精神值得肯定，但对于转投资开禁所引发的不良后果缺乏充分考量。实践中，转投资自由化所产生的相互持股现象以及由此滋生的相互持股公司管理层狼狈为奸、滥用控制权与关联交易现象，面临法律规制难题。因此，建议公司法对公司相互持股现象进行必要的限制。

---

① 施天涛著：《公司法论》（第三版），法律出版社2014年版，第138页。

第三，对公司资金借贷的限制。公司之资本是公司运营和对外承担责任的物质基础和保证，向社会贷放资金不仅会扰乱金融秩序，通常也超越了公司的经营目的，因此为不少国家和地区的公司立法所禁止。我国原《公司法》第 60 条也有公司"董事、经理不得挪用公司资金或者将公司资金借贷给他人"之规定。据此，无论公司董事、经理是以个人名义，还是以公司名义，将公司资金借贷给他人，都为法律所禁止。原《公司法》第 159 条和第 161 条还规定，公司为筹集生产经营资金，可以依照法律规定的条件和程序发行公司债券，但累计债券总额不得超过公司净资产的 40%。上述规定之本意在于确保公司资本的充实和确定，及公司财务之健全，保护股东、公司和债权人的利益，但过于僵硬的规定，反过来限制了公司的投融资活动，与国际上放宽公司投融资限制的趋势不太吻合，故新《公司法》对此作出了调整。修改后的《公司法》第 148 条第 3 项规定，公司的董事、高级管理人员不得"违反公司章程的规定，未经股东会、股东大会或者董事会同意，将公司资金借贷给他人或者以公司财产为他人提供担保"。由此，对于公司借贷仅从程序上加以限制。实际上，公司借贷限制已经不属于对公司权利能力限制的范畴，而更多地蕴含有规范公司董事、高级管理人员行为之意义和功能。根据修改后的《公司法》的规定，董事、高级管理人员可以根据公司章程的特别规定或经股东会同意，将公司资金借贷给他人。对于公司借贷问题的这种务实态度，实际上反映了公司信用观念的转变，因为公司的一般借贷并不会影响到公司的信用基础。应该说，现行公司法确立的公司借贷规则相当谨慎，没有正面回答公司借贷效力问题，没有正面规定公司间借贷的禁止，也没有明确规范同一集团及关联公司间的借贷问题。实践中，为规避现有的公司借贷规则，投资形式的公司借贷应运而生，包括股权式投资安排（按照投资形式将借贷资金注入公司）、约定利润分配比例（实为利息支付）、约定股权转让及担保转让以确保借款人本金安全等。鉴于现行公司法确立的公司借贷规则难以因应实践诉求，有必要选择禁止加例外许可的立法模式，在公司法中宣誓公司借贷权利能力，明确公司借贷的自治性、明确公司借贷的禁止条款及公司借贷许可的例外情形，设定公司借贷规则的民事、行政及刑事责任，强化公司借贷的信息披露制度。①

第四，公司对外担保的限制。除公司为自身的债务而设定抵押外，公司资产原则上不应作为他人债务的抵押物，否则，必将危及公司股东与公司债权人之权益。同理，公司为其他债务人的保证人，其后果亦相同。因此，禁止公司为他人债务提供担保是很多国家公司法较为普遍的规定。我国台湾地区"公司法"规定，"公司除依其他法律或公司章程规定得为保证者外，不得为任何保证人"。尽管台湾地区"公司法"对物的担保未作明文限制，但在实践中因其"与为他人保证之情形，并无不同"，而同样被予以限制。② 虽然出于便利融资之考虑，在台湾岛内曾有不少学者提议对公司不得为保证的条款予以修改，放宽限制，但该类提议始终未得到立法机构认可。我国原《公司法》第 60 条第 3 款规定，"董事、经理不得以公司资产为本公司的股东或其他个人债务提供担保"，至于公司对其他公司债

---

① 李有星：《公司间借贷关系立法结构性调整：禁止、许可抑或其他》，载《法治研究》2011 年第 2 期。

② 柯芳枝著：《公司法论》，台湾三民书局 1985 年版，第 28~29 页。

务的担保则法律未明确禁止。不过，修改后的《公司法》对原《公司法》的该项规定也作出了进一步的完善。现行《公司法》第 16 条规定："公司向其他企业投资或者为他人提供担保，依照公司章程的规定，由董事会或者股东会、股东大会决议；公司章程对投资或者担保的总额及单项投资或者担保的数额有限额规定的，不得超过规定的限额。公司为公司股东或者实际控制人提供担保的，必须经股东会或者股东大会决议。前款规定的股东或者受前款规定的实际控制人支配的股东，不得参加前款规定事项的表决。该项表决由出席会议的其他股东所持表决权的过半数通过。"另外，《公司法》第 148 条进一步规定，公司的董事、高级管理人员不得违反公司章程的规定，未经股东会、股东大会或者董事会同意，以公司财产为他人提供担保。

从上述规定来看，我国《公司法》并未绝对禁止公司的对外担保，而是对相关问题作出了明确规定：(1)明确了公司对外担保的决策机构。公司对外担保只能依照公司章程的规定，由公司董事会或股东会、股东大会以决议方式作出，其他任何机构、任何个人不得擅自作出公司对外担保的决定。其中，公司为公司股东或者实际控制人提供担保的，必须经股东大会或者股东会决议。(2)明确了公司为股东及实际控制人提供担保的特殊决策程序及后果。公司在为公司股东或者实际控制人提供担保的情况下，该股东或者接受担保的实际控制人支配的股东，不得参加该事项的表决。该项表决由出席会议的其他股东所持表决权的半数以上通过。公司董事、高级管理人员违反公司规定，未经股东会、股东大会或者董事会同意，以公司财产为他人提供担保的，因此所得的收入应当归公司所有；给公司造成损害的，应当承担赔偿责任。① (3)明确了公司的担保对象。在符合条件下，本公司的股东、其他个人都可以成为公司担保的对象。(4)明确了公司对外担保时要遵循公司章程关于担保总额及单项担保额的限额规定。这些具体规定使得公司对外担保的有关规则更加明确，也更为科学。

在司法实践中，如何认识《公司法》第 16 条与《合同法》第 50 条的关系，是一个颇有争议的问题。《合同法》第 50 条规定："法人或者其他组织的法定代表人、负责人超越权限订立的合同，除相对人知道或者应当知道其超越权限的以外，该代表行为有效。"该条中的"应当知道"扮演着"引致功能"，将《公司法》第 16 条引入《合同法》第 50 条之中，由此引发的一个问题是：公司对外投资或担保时，合同相对人是否有审查董事会或股东(大)会决议的义务？有学者认为，《公司法》第 16 条属于公司对外担保的内部约束机制，表现为一种决策程序，但由于是法律的明文规定，使之具有溢出效应，结合《合同法》第

---

① 关于《公司法》第 16 条第 1 款的属性、公司的内部行为(公司章程和内部机构决议)是否具有外部效力、能否构成诉讼中的请求权基础等，学界素有争议。一种代表性观点认为，第 16 条第 1 款应当为赋权性与强制性相结合的条款，一旦公司担保程序由公司内部要求提升为法律规定，即具有推定公知的属性，担保权人须承担合理的审查义务，否则应承担不利之后果。这是因为，公司担保属于处分公司资产的行为，法院须本着审慎保守之立场方能倒逼担保权人细为审查公司章程和相关决议。这一方面可以减少争端、降低讼累，另一方面则可渐次形成诚实守信与醇厚善良的商业文化，久而久之将降低社会交易成本，增进社会福祉。参见罗培新：《公司担保法律规则的价值冲突与司法考量》，载《中外法学》2012年第 6 期。

50 条的规定，公司担保合同的相对人应当对公司章程与相关决议进行形式审查。① 类似的观点认为，公司通过章程对转投资或担保事项规定的内部决策程序没有上升为法定要求时，对第三人没有约束力，但这种决策程序一旦由公司内部要求提升为公司法上的要求时，其效力范围就发生了改变，第三人与公司签订协议时，应当注意到法律的既有规定，即第三人不能只为自己交易的达成而不顾可能的越权行为对对方公司资本充实、股东利益或债权人利益的影响。② 但必须认识到，公司法对公司担保的规范，是为了股东和公司利益免于不法侵害而设计的程序性规范，其目的是为了使董事、经理或者控制股东遵守对公司的忠实义务和勤勉义务，以及违反这些义务时追究责任的依据。对债权人课予审查义务，并非这些规范的应有意义，尤其是将原本应当由公司内部法律关系当事人遵从的义务演变为债权人承担的义务，会伤及交易的安全，对债权人显失公平。③ 在《民法总则》颁布实施后，有学者认为，《公司法》第 16 条是对公司法定代表人代表权限的法定限制，不宜以《民法总则》第 61 条第 3 款关于法定代表人代表权的约定限制不得对抗善意相对人的规定为依据，否定相对人的审查义务。相对人未尽到形式审查，应当知道法定代表人超越代表权限，未经公司追认，担保合同对公司不生效力，就相对人所受损失由法定代表人和相对人依其过错进行分担。④

　　第五，对公司收购自身股份及对自身股份收质的限制。公司原则上不得收购自身股份，这是由股份的不可返还性及股东平等原则所决定的。首先，如果允许公司以其资金收购自己的股份，则公司将会成为自身股份的拥有者，这样股东与接受投资者同为一个主体，在逻辑上难以自圆其说。而且，更为重要的是，会发生与向股东返还股款（即股东收回投资）相类似的效果，这与股份的不可返还性相矛盾，与股东不得退股和公司资本维持等原则相悖离。其结果容易使公司萎缩，不利于公司资本的充实和公司财产的巩固，不利于维护公司和债权人的合法权益。其次，如果允许公司以其自有资金有偿取得自己的股份，就等于对出卖股份的股东予以优待，有违股东平等原则。因为其实质等于赋予出卖股份与公司的股东以收回投资的权益，客观上会损害其他股东的利益。最后，如果允许公司持有自身股份，容易使自有股份成为公司操纵股价的手段。因为公司能够及时掌握自己的财务信息，当股票价格下跌时，它可尽力收买，而当股票价格上涨时，它又可以再行卖出，这无疑助长了公司的投机行为，不利于股票交易的正常进行。但公司在特定的情况下，其收购自身股份，不仅为公司经营所必需，而且不会损害债权人利益，甚至反会有利于债权人利益的最终实现。所以，现代公司立法对公司收购自身股份只是采取限制，而非绝对地予以禁止。公司为减少注册资本、推行职工持股计划、避免重大且急迫的损害而取得股份，以及公司应特定股东大会决议中反对股东的股份买回请求权而取得股份，均为立法所准允。而且，随着社会经济的发展，为适应复杂多样的现实生活的需要，各国立法、

---

① 梁上上：《公司担保合同的相对人审查义务》，载《法学》2013 年第 3 期。

② 赵旭东主编：《公司法学》（第四版），高等教育出版社 2015 年版，第 146~147 页。

③ 钱玉林著：《公司法实施问题研究》，法律出版社 2014 年版，第 176 页。

④ 高圣平：《公司担保中相对人的审查义务——基于最高人民法院裁判分歧的分析和展开》，载《政法论坛》2017 年第 5 期。

判例及学说都对公司自己股份取得朝着放宽限制的方向发展。与放宽限制的趋势相适应，各国立法在放松管制的同时，更加注重从其他方面完善对公司债权人和股东的保护措施。我国原《公司法》第149条规定，公司不得收购本公司的股票，但为减少公司资本而注销股份或者与持有本公司股票的其他公司合并时除外。该条规定与世界上绝大多数国家的立法态度基本一致，但过于严苛。为此，不少学者主张，"为促进公司经营臻于高效，我国《公司法》可在消除自己股份取得对民商法秩序和经济法秩序冲击之弊害的前提下，缓和对自己股份取得的禁止性规定"。① 为了适应公司发展中越来越多的需求，修改后的《公司法》放宽了对公司股份回购的限制，并对回购后股份的处理作出了更为完善的规定。

首先，《公司法》在原有的两种除外情形，即减少公司注册资本及与持有本公司股份的其他公司合并之外，新增加了四种例外情形：其一是将股份用于员工持股计划或者股权激励。职工持股计划是为了通过将公司的股份奖励或发行给职工的方式，使公司的员工持有公司的股份，从而将公司管理层或其他员工的利益与公司的发展、经营的效益有机的联系在一起。自从2014年6月证监会《关于上市公司实施员工持股计划试点的指导意见》颁布以来，员工持股计划在我国得到了快速发展，尤其是随着国企混合所有制改革的推进，员工持股计划被赋予了更多的公共政策功能。② 员工持股面临的一个现实问题是：这些股份从何而来？公司当然可以发行新股，但发行新股并不是所有公司的选择，公司更多地考虑是将已经发行的股份买回来，然后再在某个时候将购回的股份重新分配或出售给员工。其二是增加了公司合并、分立等特殊情形下应异议股东的请求而回购其持有的公司股份之例外情形。公司要进行一些重大的交易活动，特别是公司的合并、分立会导致公司的财产状况、经营目的等发生重大变化，甚至会导致公司股东投资初衷的彻底改变，而这些事项的决议尽管采取的是特别决议，但仍有部分少数股东的意愿无法得以体现，为维护少数股东利益，法律就赋予少数股东一种权利，即可以要求公司将自己的股份买回去，这样少数股东可以通过退出公司以保障自己的利益。这就形成了《公司法》第142条所允许的公司股份回购的第四种情形，即"股东因对股东大会作出的公司合并、分立决议持异议，要求公司收购其股份"之情形。我国《公司法》第74条同时规定："有下列情形之一的，对股东会该项决议投反对票的股东可以请求公司按照合理的价格收购其股权：(一)公司连续五年不向股东分配利润，而公司该五年连续盈利，并且符合本法规定的分配利润条件的；(二)公司合并、分立、转让主要财产的；(三)公司章程规定的营业期限届满或者章程规定的其他解散事由出现，股东会会议通过决议修改章程使公司存续的。"其三是增加了将股份用于转换上市公司发行的可转换为股票的公司债券之例外情形。此种情形的回购既有助于上市公司将股份回购与发行可转债购买资产配套使用，保障股东权益，维护上市公司

① 刘俊海著：《股份有限公司股东权的保护》，法律出版社1997年版，第334页。
② 党的十八届三中全会通过的《全面深化改革若干重大问题的决定》提出"允许混合所有制经济实行企业员工持股，形成资本所有者和劳动者利益共同体"。为推进我国国企混合所有制改革，法律需要明确规定国企员工持股主体的类型、持股者尤其是持股会的独立民事主体资格；确保员工股权具有一定的影响力、确保员工股权的行使效果；通过建立灵活的股权退出机制、提供政策优惠、保护持股员工权益等方式对国企员工持股参与予以激励。参见蒋建湘：《国企混合所有制改革背景下员工持股制度的法律构建》，载《法商研究》2016年第6期。

整体价值，也有利于保障股价平稳运行，提升股东回报。相对于增发可转债而言，将回购的股份用于发行可转债可以有效避免转股之后对上市公司总股本的稀释；同时期限长达三年的库存股制度，也为股票回购和发行可转债购买资产配套使用提供了一个较长的窗口期，有利于上市公司统筹安排各项资本运作。其四是增加了上市公司为维护公司价值及股东权益所必需之例外情形。该情形具有一定的兜底性质，具有一定的规范弹性。由于"公司价值"与"股东权益"内涵与外延并不明晰，股份回购容易被滥用。尤其在进一步将股份回购决策程序便利化的情况下，该项存在无疑为公司管理层进行利益输送和市场操纵提供了制度便利，加剧市场混乱。

其次，进一步完善了股份回购的处理规则。其一，《公司法》第142条第2款规定，对于第1款第(1)项、第(2)项规定的情形收购本公司股份的，应当经股东大会决议；对于第1款第(3)项、第(5)项、第(6)项规定的情形收购本公司股份的，可以依照公司章程的规定或者股东大会的授权，经三分之二以上董事出席的董事会会议决议。其二，要求回购股份应在规定的时间内处理。属于第(1)项情形的，应当自收购之日起十日内注销；属于第(2)项、第(4)项情形的，应当在6个月内转让或者注销；属于第(3)项、第(5)项、第(6)项情形的，公司合计持有的本公司股份数不得超过本公司已发行股份总额的百分之十，并应当在三年内转让或者注销。其三，强化了公司在股份回购时的信息披露义务。上市公司收购本公司股份的，应当依照《证券法》的规定履行信息披露义务。上市公司因《公司法》第142条第1款第(3)项、第(5)项、第(6)项规定的情形收购本公司股份的，应当通过公开的集中交易方式进行。

上述公司股份回购制度的修改引发了广泛争议。不少学者认为，护盘是上市公司回购的主要目的之一，也是2018年公司股份回购制度修改的重要原因。修订后的条文中未对股份回购资金来源进行限制，将暴露两方面的潜在风险，一是可能导致资本虚构，弱化债权人保护，二是为借贷资金入场提供了渠道，增加金融杠杆，冲击证券市场稳定。应当注意到，随着资本市场快速发展和市场环境的变化，公司股份回购的需求日渐多样，原公司法允许的股份回购情形过于狭窄且程序繁琐，确有改革之必要。但改革后的公司股份回购制度存在矫枉过正之嫌，容易引发系统性的不良后果。因此，国务院及其证券监管部门应当完善配套规定，坚持公开、公平、公正的原则，督促实施股份回购的上市公司保证债务履行能力和持续经营能力，加强监督管理，依法严格查处内幕交易、操纵市场等证券违法行为，防范市场风险，切实维护债权人和投资者的合法权益。

可否以公司自身股份收质，同样是理论界予以关注的问题。《公司法》第142条第4款规定："公司不得接受本公司的股票作为质押权的标的。"这与国际惯例是相一致的。禁止公司将自身股份收为质物的目的在于限制公司拥有自身股份。因为假如公司接受债务人以本公司的股票作为质押物，债务人无力清偿到期债务而公司拍卖质押物又无人应买，自然公司会成为自己股份的所有人，从而违背公司不得拥有自身股份的一般规则。且若不予以禁止，公司很可能以接受自己股份为质押标的为名而行取得自己股份之实。故"唯恐容许公司收质自己股份有被利用为禁止取得自己股份之脱法行为之虞，遂亦禁止公司收质自己之股份"①。但由于自己股份的收质与收购自己股份在动机和效果上并非完全一样，是否应将自己股份的取得与收质完全等同看待，各国之间，以及不同学者之间的认识并不一致。有人认为，公司有自己的股份作为债权的担保，总比没有任何担保为佳，在必要时应允许公司接受自己的股份作为质押物。因而，日本政府就采取了较为灵活、务实的做法。1981 年日本商法修改后，允许公司于发行股份总数 1/20 的限度内，可以自己的股份作为债券的担保。笔者认为，日本的做法并非无任何参考价值。

3. 公司权利能力受公司章程所记载的目的范围(经营范围)之限制

我国公司法曾严格恪守目的限制理论。依据原《公司法》的有关规定，公司的权利范围与公司的经营范围是相适应的、相一致的。公司作为法人在设立登记时必须确定其经营范围并记载于公司章程之中，公司的经营范围中属于法律、行政法规限制的项目，应当依法经过批准。公司依法只能在其登记的经营范围内从事经营活动，否则，由公司登记机关责令改正，并处以 1 万元以上 10 万元以下的罚款；情节严重的，吊销营业执照。

对于公司的权利能力应否受到章程所定目的的限制，是近年来颇有争议的问题，各国立法对此也有不同的规定，学理上也有不同的解释。对公司章程所定目的，限制的是公司的权利能力抑或是行为能力，理论界的认识也不统一，绝大多数学者认为其限制的是权利能力，但也有学者认为其限制的只能是公司的行为能力。笔者倾向于认为其限制的是公司的权利能力。因为法律研究行为能力的目的无他，只是为了确定民事主体对自身行为应否负责。法律将自然人分为无行为能力人、限制行为人和完全行为能力人，其确定自然人行为有无及健全与否的标准是自然人有无意思识别和判断能力，其结果是该自然人应否独立承担责任。如果自然人有完全行为能力，即应对其行为负责，反之则不承担责任，由他人(包括监护人)承担责任。确定公司有无行为能力的依据也应该是公司有无健全的意思形成机制，其目的同样是确定法人应否独立承担责任。正如法律禁止党政机关干部经商，从事特定的经营活动，但我们不能说，该条禁令限制的该类自然人的行为能力，因为他们具备完全的意思识别能力和判断能力，一句话，是完全民事行为能力人。因而公司章程所定目的恐亦难以说限制的就是公司的行为能力。一个公司即便是超越了公司目的，只要其是公司独立作出决定，恐怕照样要承担相应的不利后果。即便是认为公司章程所定目的限制的是公司的行为能力，根据民事主体能力理论的相关学说，在超越公司行为能力的情况下，由于公司系无行为能力者(至少属限制行为能力者)，故公司对其行为无须承担责任。其结果与权利能力限制说并无二致，同样解决不了权利能力所难以解决的问题。因此，后者在理论上不仅没有本质性突破，反增许多困惑。所以，笔者认为还是采传统学说为宜。19 世纪的民商法要求法人必须在目的范围内活动。至今，仍有一些大陆法系国家的民商法规定法人的权利能力须受目的限制。在英美法系国家也有越权原则，认为法人从事章程所规定的目的以外的行为无效，公司的权利能力因目的条款而受到严格的限制。目的限制和越权无效原则的理论依据在于，每个法人的成立目的不同，其经营范围和业务活动范围也不相同，因此，其权利能力也会有所不同。并且传统公司法理论认为目的限制理论和越

---

① 柯芳枝著：《公司法论》，台湾三民书局 1985 年版，第 249 页。

权无效原则也是出于保护股东、债权人和交易安全的需要。因为：（1）股东是根据经营范围或公司的目的条款来预测投资风险，作出投资决策，公司通过章程对股东作出承诺——股东的出资将用于经营范围内的项目。如果公司超越经营范围就有可能违背股东投资的初衷，实际上是让股东承担了本不是股东打算承担的投资风险。（2）由于公司的经营目的不同，其成立的条件和履约能力会有很大的差异，第三人可以通过章程来判断公司的经营范围和履约能力。如果公司随意超越经营范围，就有可能因其履约能力欠缺，而使第三人利益受损，进而影响交易安全。

然而，自 20 世纪以来，特别是近几十年来，目的限制和越权无效原则受到了越来越多的抨击。早在 1945 年，由英国的科恩委员会起草的一份关于修改公司法的报告中就指出，越权无效原则对股东来说是虚幻的保护，对不注意的第三人是一个陷阱，而且是不必要的争论和烦扰的根源。因为，在现代社会，随着股权的分散和所有与控制的分离，股东越来越远离经营圈子，对董事、经理的经营行为是否超越经营范围，往往无从知晓，所以根本无法有效地行使制止权；而对于第三人来说，由于按传统的公司法理论，第三人在与公司或其代理人进行交易时，必须事先查清公司或其代理人是否越权，否则，根据推定知悉原则，他就要与公司一起承担交易无效的后果，这对第三人显然不利，有时也是极不公平。为此主张废弃目的限制和越权无效原则。

为了保证第三人的交易安全，改善不幸被俘的第三人的不利地位，同时也是为了保证公司更经济有效地进行生产经营活动，一些国家在判例和学理上，对传统的目的限制和越权无效原则进行了修正和改革。欧共体 1968 年颁布的公司法第一号指令规定，由公司的机关实施的行为对公司具有约束力，即便这些行为不在公司的目的范围之内，但如果能够证明对方当事人知道或不可能不知道此种行为超出了公司目的条款所规定的范围，公司可以免除自己的责任。英国为与此指令保持一致，颁布了《1972 年欧共体法案》，改变了传统的越权行为无效的原则。根据该法第 9 条第 1 款的规定，为了保护一个与公司善意交易的人，任何由公司董事会决议的交易，即使超出了公司组织大纲中所规定的公司权力范围，对公司也有约束力。美国修正后的标准公司法规定得更为精练，即不得因为公司欠缺权利能力而对其行为提出无效之诉。随着各国立法的调整，关于公司章程目的太宽的效力也逐步为其他理论所取代。其中，具有较大影响的学说有代表权限制说和内部责任说两种。前者认为，章程所定的目的，不是对公司权利能力的限制，是对公司管理机关对外代表权的范围的约定；后者认为，章程的目的不是限制组织机关代表权的，是组织机关行为范围的义务或执行职务时对公司应负的义务，董事如果违反目的，就构成忠实义务违反。这两种学说都认为，违反章程所定目的的行为，其本身具有对外效力。只不过作为公司的内部纪律处分，有不同的处理而已。但内部责任说更具合理性。①

面对各国公司法理论和立法的调整以及我国公司实践中存在的《公司法》和《合同法》规定不一致的矛盾，《公司法》第 12 条第 1 款规定："公司的经营范围由公司章程规定，并依法登记。公司可以修改公司章程，改变经营范围，但是应当办理变更登记。"同条第 2 款规定："公司的经营范围中属于法律、行政法规规定须经批准的项目，应当依法经过批

---

① 详见末永敏和著：《现代日本公司法》，金洪玉译，人民法院出版 2000 年版，第 10~11 页。

准。"从而作出了与《合同法》的司法解释相统一的规定。可以认为，我国立法目前的态度是，除国家限制经营以及法律、行政法规禁止经营的活动外，公司可以超越经营范围从事活动，且该行为应当有效。当然，这并不意味着超越权限的公司机关成员对内责任的免除。《公司法》关于经营范围的规定，借鉴了当今发达国家对目的限制和越权原则在解释和适用上所作的修正成果和经验，对于维护交易安全，保护第三人的合法权益，进而促进我国市场经济的发展具有重要的现实意义和深远的历史影响。

二、公司的行为能力

公司的行为能力，是指公司以自己的意思或行为独立地取得权利、承担义务的资格。由于对法人的本质有不同的看法，因此在对待公司的行为能力问题上，也存在着分歧。采取法人拟制说的认为，只有自然人才可以成为权利义务的主体，法人乃法律所假设，并无实体存在，因此法人无行为能力，公司也就当然不具有行为能力；采取法人实在说的则认为法人并非法律拟制的结果，法人有其实体存在，因而主张公司有行为能力。我国《民法通则》第 36 条规定，法人具有民事行为能力，因而公司也应该具有民事行为能力。

公司不同于自然人，其本身不能实施民事行为，是通过它的机关来实现其行为能力的。公司的机关是公司的组成部分，公司机关以公司名义对外进行的民事法律行为就是公司本身的行为。因为它体现着公司的团体意志，代表的是公司的整体利益，其产生的权利义务自然应该由公司来享有和承担。所以，公司的行为能力是通过公司的机关及其成员的活动来实现的。公司有时也通过其代理人进行民事法律行为，从而实现公司的民事行为能力。但代理人不同于公司的机关，公司的机关是公司的一个组成部分，与公司是同一主体，它是代表公司进行活动的，而公司的代理人则与公司是两个独立的主体，代理人的意志和法人的团体意志是各自独立存在的。代理人的行为须有公司的授权委托才能对公司产生效力，而公司的机关以公司的名义实施的民事行为，自然对公司发生效力。

不同的公司其行为能力是不同的。研究公司的行为能力不能不考察公司的资本状况、组织机构设置以及公司的践约能力。当一个公司缺乏自己的独立意志、无法自主决策时，其行为能力就应该是残缺和不健全的。这也是为什么一个对子公司过度控制的母公司应该对子公司的行为承担责任的法理依据。同样处于清算或歇业状态的公司，其行为能力也存在问题，无法也不应开展与清算事务无关的活动，由此产生的后果就不能由公司一人来独立承担，实际决策者也应当承担相应的责任。目前在我国理论界对自然人行为能力状况的研究较为充分，而对公司法人行为能力问题则缺乏研究，由此导致公司立法的许多严重疏漏，债权人利益保护极为不周。所以，加强公司法人行为能力理论建设具有十分重要的现实意义。

三、公司的责任能力

公司的责任能力，也称为公司的侵权行为能力，是指公司在进行经营活动时对自己所为的违法行为承担责任的资格。关于公司责任能力问题，同样受法人本质学说的左右。依法人实在说，自然承认公司有实施侵权行为的能力，从而就具备对其行为负责的资格，即具有责任能力。相反，若依法人拟制说，因其否认公司的意思能力，从而也就否认公司的侵权行为能力。我国《民法通则》规定，法人应能独立承担民事责任，《公司法》第12章更进一步明确了公司的法律责任。因此公司具有侵权行为能力和责任能力是显而易见的。

公司责任能力其实质是公司对其自身的侵权行为承担民事责任，而公司侵权行为须具备下述几个要件：

1. 须属公司代表机关或者其有权代表公司者实施的行为

如上所述，公司法人代表机关的行为，就是公司的行为，公司须为之负责。此外，其他的有权代表公司者（通常是公司的工作人员）所实施的行为，公司也须为之负责。除此之外，非公司的代表机关或不能代表公司的一般从业人员非在授权范围内所实施的行为，不能作为公司的侵权行为。

2. 须是公司机关成员在执行公司职务时所实施的行为

公司机关成员以公司名义对外代表公司实施的民事行为，属于公司本身的行为，公司须为之负责。但并不是公司代表机关成员的一切民事活动，都须由公司负责。因为公司机关成员本身具有独立的自然人和法人代表的双重身份，只有当机关成员行使法律或公司章程规定的职权，或者在职权不明而以公司的名义从事经营活动时，其行为才能代表公司。反之，如果公司机关成员以自然人身份从事与自己经济利益有关的经营活动时，其行为则只能由其个人负责。在实践中，通常确认机关成员之行为系职务行为还是个人行为的参考标准主要有以下几点：（1）是否是以法人名义实施行为。原则上不是以法人名义实施的行为，不属于公司之行为。（2）是否在外观上足以被认为属于执行职务。在外观上足以被他人视为代表公司行为时，即便行为人没有明确地以公司的名义实施相关行为，在司法实践中仍被视为执行职务之行为，公司仍要承担责任。公司机关成员所实施的与法人职务有相当关联之行为，通常都被视为公司法人的行为。

3. 须是机关成员在执行职务时所实施的侵权行为，即必须具备一般侵权行为的要件

这包括：（1）有损害事实；（2）损害的发生与加害行为之间具有因果关系；（3）加害行为有无法阻却的原因；（4）加害行为出于过错。

公司因侵权行为致他人受损时，对受害人负损害赔偿责任。公司赔偿了他人损害后，可视具体情况请求实施侵权行为的公司机关成员作出补偿，但这种补偿在性质上已非一般意义上的侵权责任，而是根据公司章程及公司内部规章制度所承担的一种具有混合性质的内部责任。

如何科学界定法人的责任和内部成员的责任，是法律制定和法学研究的一个重要课题。目前，我国有的学者将民法通则所确立的区分民事责任界限的原则称为"经营原则"，即只要法人企业的法定代表人或工作人员在经营范围内（执行职务过程中）的一切行为，都应视为法人实施的行为，而不是他们的个人行为，因此产生的责任也应由法人承担，而不是由他们个人负责；同时认为"以经营原则作为界定责任的标准尚比较宽，尤其是当法人的法定代表人或工作人员在经营活动中从事一些违反法人利益的非法活动时，仍要由法人来承担责任就很不合理了"，从而主张采用越权原则，即便是在公司的经营范围内，但如果法人的法定代表人或工作人员超越了法律、法规、章程所规定的权限，均应由他们本

人承担责任，而不应由公司承担。① 应该说，上述主张对于保护公司的利益，限制其法定代表人和工作人员滥用权力的行为是有经济作用的。但上述主张对公司债权人则可能极为不利。特别是公司对法定代表人权力限制的一些内部约定，交易相对人很难知悉，采取单纯的越权原则会损害善意第三人的利益。由于机关成员的个人财产与法人财产相比毕竟微弱得很，难以补偿受害人之损失，加之注重对债权人的保护是现代各国公司立法的趋势，因而我们认为，规定董事执行职务时有恶意或重大过失时，该董事与公司对第三人负连带赔偿责任似更科学，它既可以加重公司机关成员的责任，也可以更为有效地保护债权人的利益。

第四节 公司人格否认制度

一、公司人格否认的含义

公司人格否认（disregard of corporate personality），又称"刺破法人面纱"（piercing the corporation's veil）或"揭开法人面纱"（lifting the veil of the corporation），指为阻却公司独立人格的滥用和保护债权人利益及社会公共利益，就具体法律关系中的特定事实，否认公司及其背后的股东各自独立的人格及股东的有限责任，责令公司的股东对公司债权人或公共利益直接负责，以实现公平、正义目标之要求而设置的一种法律措施或制度。② 公司人格否认制度的产生源于公司法人人格的异化和股东有限责任的滥用，其实质是对股东有限责任原则的一种排除，即通过对那些滥用公司团体人格独立性和股东有限责任的股东责任的直接追索，以阻却公司人格的滥用和保护债权人及社会公众的利益，实现法律公平、正义目标之要求。该项制度最早出现在英美国家的判例法中，主要是针对公司股东滥用公司独立人格和股东有限责任行为的一种事后规制手段，后为大陆法系国家在司法实践中广为采用。迄今为止，公司人格否认还主要是作为一种法理适用于司法实践之中，但也有部分大陆法国家通过制定法的形式追究公司股东滥用公司独立人格和股东有限责任之责任。③ 公司人格否认可以说已发展为英美法系和大陆法系共同认可的维系公司法人人格制度的一项原则。

二、公司人格否认制度的本质和基本特征

公司人格否认制度是不是对公司法人制度的根本否定？公司法人否认制度的本质或根本目的是什么？这是我们在研习公司人格否认法理及相关制度时必须解决的问题。公司人格否认制度并非对公司法人制度的动摇和否定，而是对公司法人制度的坚持，对有限责任原则的修正，其目的是为了使公司法人制度和有限责任原则更好地发挥作用，是公平和正

---

① 江平主编：《法人制度论》，中国政法大学出版社1994年版，第39~40页。
② 朱慈蕴著：《公司法人格否认法理研究》，法律出版社1998年版，第75页。
③ 如《德国股份公司法》第117条规定，利用自己对公司的影响力致使公司受到损害的任何人，包括股东在内，都要对公司、公司股东以及公司债权人负损害赔偿责任。

义理念在公司制度中的进一步弘扬和体现。因为法律赋予公司独立的法律人格的目的，是为了使公司在社会中发挥其有效的机能，但当公司不具备法人的实质要件，而仍机械地坚持公司人格和责任的独立，就会使法人制度失去其本来的意义，就会违背正义理念，因而当出现股东与公司无法分离之情形时，通过对特定的法律关系，个别地相对地否定公司的法人人格，以恢复法人制度的本来面目，调整失衡的利益关系和倾斜的公司法人制度的天平，实现法律公平、正义的价值目标，这才是公司人格否认法理及制度的本质和根本目的所在。有部分学者认为，《公司法》第 20 条第 3 款并没有否定公司的法人人格，相反，它仅仅剥夺了相关公司股东享有的有限责任特权。① 但主流观点认为，在公司人格否认案中，不仅剥夺了股东的有限责任特权，而且还同时否认了股东所在公司的法人资格，这一点无论是在英美法中的"揭开公司面纱"还是在德国法中的"穿透责任"制度实践中，都是成立的。② 鉴于此，公司人格否认法理及制度具有以下基本特征：

1. 以公司具备法人人格为前提

公司法人人格否认制度虽然具有否定公司人格之功能，但它不同公司人格否认说，它是以承认公司具有法人地位为前提的。而且，从其内涵上来看，公司人格否认是对已经合法取得公司独立法人资格，且该独立人格及股东有限责任又被滥用之公司而设置。所以，如果一"公司"没有取得合法身份，不具备独立之法人资格，它就不能行使法人之权利，其所有行为及其后果都将被视为无效，也就不存在适用公司人格否认制度而要求公司股东或成员就公司实体之行为或债务承担责任之必要。一句话，"无人格，自无否定之必要"。

2. 只是对特定个案中公司独立人格予以否认

正如日本学者森本滋先生所言，公司人格否认只是"对照法人制度的目的，就某一公司而言，贯彻其形式独立性就被认定违反了正义、衡平的理念，并不对该公司的存在给予全面否定，而是在承认其法人存在的同时，只就特定事案否定其法人人格的机能，将公司和股东在法律上视为同一体"，③ 所以与根本就不承认公司团体人格的法人否认说，及具有永久剥夺公司人格效力的公司设立无效、公司组织的撤销等均不相同，公司人格否认制度只适用于个案中公司法人人格不合目的性而需要否认其法人人格的场合，其效力不涉及该公司的其他法律关系，并且不影响该公司作为一个独立实体的继续合法存在。

3. 公司人格否认制度主要表现为对失衡的公司利益关系之事后的法律规制

尽管有部分国家和地区，通过制定法的形式来控制公司法人人格及有限责任原则的滥用，但迄今为止，公司人格否认制度仍然主要体现为一种事后的司法救济。这主要是由于五花八门的公司人格滥用行为很难在公司法律制度中事先一一规定，只有采取事后的司法规制方式才可以既维护公司法人人格制度的一般正义，又可以灵活地调整公司利益关系的失衡以实现个别正义。所以，公司人格否认法理主要是通过追究法人人格滥用者的责任，对因法人人格滥用而无法在传统的法人制度框架内获得合法权益者给予一定的法律救济。

---

① 吴越著：《公司法先例初探》，法律出版社 2008 年版，第 275 页。

② 高旭军：《论"公司人格否认制度"中之"法人人格否认"》，载《比较法研究》2012 年第 6 期。

③ ［日］森本滋：《所谓法人格否认法理的再研究》，载《私法》第 36 号，有斐阁 1974 年版，第 124 页。转引自朱慈蕴著：《公司法人格否认法理研究》，法律出版社 1998 年版，第 94 页。

三、公司人格否认适用的一般场合和条件

(一)公司人格否认法理适用的一般场合

各国在司法实践中，适用公司人格否认法理的情形较为复杂，而学者在对其适用场合进行归纳时也是众说纷纭，但基本上都包括公司资本显著不足、利用公司法人人格潜逃法律和回避合同义务及公司法人人格完全混同等场合。①

1. 公司资本显著不足

在实行有限责任原则的情形下，公司资本作为公司对外独立承担财产责任的最低担保，对公司债权人至关重要。所以，公司资本显著不足，始终被作为导致公司法人人格否认法理适用的最重要的因素之一。如果出资人以公司方式组织经营，而又未具备足额资本，就可以认为出资人有利用公司法人人格制度逃避股东责任的企图。在实践中，多数法院也都是依靠显示公司资本不足的事实，来证明公司独立存在的不公平性，从而否认公司的人格。不过这里所说的资本不足，是指公司成立时股东实际投入公司形成的公司资本额与公司经营之事业及隐含的风险相比明显不足，而非制定法上对公司资本最低限额相比显著不足。后者是一种法律的强制性要求，任何公司之成立均应满足该要求，否则就无法成立；如果公司骗取了登记，或者在公司成立后抽逃出资，以至于注册资本低于公司法中最低资本额的要求时，依各国公司法制的一般要求，任何利害关系人均得请求法院解散公司，而不仅仅是"揭开公司法人面纱"，于一时一事否定公司之人格。这里的公司资本显著不足，是基于经济要求而非法律要求。公司资本显著不足，表明公司股东利用公司人格经营其事业的诚意欠缺。这种利用较少资本经营大事业者或者高风险事业者，目的就在于利用公司人格和有限责任把投资风险降低到必要限度之下，并通过公司形式将投资风险外化给公司的债权人。所以，法官常基于公正的要求，刺破公司的法人面纱。当然，由于公司资本显著不足之含义具有较大的模糊性和相对不确定性，法官在具体判例中对公司人格的否认颇为谨慎，通常会将公司资本显著不足这一因素与其他因素结合起来考虑，以避免导致新的不公。

2. 利用公司回避合同义务

股东利用公司形式从事经营活动，须以公平、善意为前提，并严守股东与公司相分离的原则，股东才能享有有限责任之特权。反之，若公司仅仅为股东逃避合同义务之工具，而将合同对方当事人置于极为不利的地位，则公司人格独立性之价值就值得怀疑。所以，在公司被用来作为回避合同义务之场合，公司的法人人格通常也将被否认。公司被用来逃避合同义务的情形常见的有以下几种：(1)负有契约上特定的不作为义务(如竞业禁止义务、商业保密义务、不得制造特定商品的义务等)的当事人，为回避这一义务而设立新公司或利用旧公司掩盖其真实行为。(2)通过成立新的公司逃避债务。在实践中，负有巨额债务的公司的股东，往往通过抽逃资金及解散该公司或宣告该公司破产，再以原有的经营场所、公司资产、董事会成员及从业人员等另设公司，从事原有之事业，以逃脱原来公司之巨额债务。(3)利用公司对债权人进行欺诈以逃避合同义务。现实生活中，有的公司既

---

① 朱慈蕴著：《公司法人格否认法理研究》，法律出版社1998年版，第140~152页。

无资产也无人员，纯粹是股东用来行使诈骗的工具。上述情形发生时，公司人格的独立性就会被否认。

3. 利用公司规避法律义务

利用公司规避法律所规定之强制性义务，有损社会公共利益，有违法人制度的根本宗旨，从而使其存在的合法性和正当性均存在问题。如为了逃税、洗钱等非法目的而成立公司，为避免自己的财产被强制执行而成立公司等均属公司法人人格的滥用。

4. 公司法人格的形骸化

公司法人格形骸化实质上是公司与股东完全混同，使公司成为股东或另一公司的另一个自我，或成为其代理机构和工具，以至于形成股东即公司、公司即股东的情况。公司法人格的形骸化是公司与股东人格的混同，在一人公司和母子公司的场合下，公司形骸化更容易产生。一旦发生公司同其股东或一公司同他公司的人格混同化的现象，法院通常就要揭开公司的面纱。在实践中，公司法人格形骸化，主要表现在公司意志、利益、财产等独立性的丧失，公司被股东不当控制以及公司与股东或另一公司之间财产、业务与组织机构的混同，则是公司人格混同的集中体现。其一，股东对公司的不正当控制。所谓不正当控制，是指股东(包括自然人和法人)对公司通过控制而实施了不正当的甚至非法的影响，使公司丧失了其独立的意志和利益，及独立行为的能力，成为另一公司谋取利益的工具。过度、不正当的控制，导致公司自身意志和利益的丧失，最突出的例子是子公司向母公司及其他姐妹公司不正当地输送利益。其二，财产混同。财产混同，是指公司的财产不能与该公司的成员及其他公司的财产做清楚的区分。财产混同是对分离原则的背离，极易导致公司财产的隐匿、非法转移和被股东私吞、挪作他用。财产混同一方面表现为公司与股东财产的同一或不分，如公司与股东使用同一办公设施、公司财产无记录或记录不实，公司账簿与股东账簿不分或一体化；另一方面也可以表现在公司与股东利益的一体化上，即公司与股东的收益之间没有区别，公司的盈利可以随意转化为公司成员的个人财产，或转化为另一个公司的财产，而公司的负债则为公司的负债。其三，业务混同。主要表现在公司与股东及其他姐妹公司之间业务的不加区分或难以作出区分。他们不仅从事相同的业务，而且其活动都受同一控制股东或机构指挥和支配，大量的交易活动的形式上的交易主体与实际主体不符或无法辨认。其四，组织机构混同。组织机构独立是公司意志独立的关键，因此，公司人格混同的另一表征即为公司与股东及他公司在组织机构上的混同。如公司与股东或两个实体在组织机构上交叉、重叠，甚至雇员都完全一样，搞所谓的"一套班子，两块牌子"。这样，公司与股东或其他组织之间尽管形式上独立，但实质上是互为一体，难分彼此。

(二)公司人格否认法理的适用要件

公司人格否认制度是对公司法人制度的有益补充，必须严格把握其适用条件，而不能滥用，否则，就会使整个法人制度处于不稳定状态，违背创设公司人格否认制度的初衷。通常而言，公司人格否认制度应遵循以下适用要件：

1. 主体要件

适用公司法人人格否认法理及制度的主体要件包括两个方面：一是公司人格的滥用者；一是因公司法人人格被滥用而受到损害，并有权提起适用公司人格否认之诉的当事人。首先，须对公司法人人格承担责任者只能是滥用公司人格的积极股东和支配股东，消极股东及非支配股东无须承担责任，这是在适用公司人格否认法理时必须坚持的一点，惟有如此，方能保证公司法人人格否认制度的正确实施；其次，能够提起公司法人人格否认法理适用之诉者，也只能是股东之滥用公司法人人格行为的实际受害者，通常是公司的自愿债权人和非自愿债权人，而不宜盲目扩大。① 如果因公司的董事或经理擅权谋取私利而使上述当事人利益受损，可依照公司法的相关规定，追究公司董事、经理之责任来予以补偿，而不能提起公司人格否认法理适用之诉。

2. 行为要件

公司法人人格的否认必须有股东滥用公司人格的事实和行为，如滥用公司人格诈欺公司债权人、滥用公司人格规避合同或法律义务，以及公司形骸化等。至于股东滥用公司人格的行为是否需要具备主观标准，在理论界一直存有争议。早期学者从法的安定性出发，多持主观滥用论，主张支配股东具有主观滥用意图是其承担责任的必备要件，以防止公司法人人格否认法理之被滥用。但由于主观滥用论在主观判定及受害人在法人人格滥用目的举证上的困难，现在越来越多学者改采客观滥用理论，即公司法人人格否认法理的适用，应从客观的角度出发，而不应拘泥于权利滥用的主观态度，即股东的主观目的不应成为公司人格否认的必备要件，只要支配股东实施了滥用公司人格的行为或具备公司人格被否认的客观事实，滥用公司人格者就须承担相应的责任。在我国的审判实践中，法院也通常不审查不当行为人是否具有逃避债务的目的。

3. 结果要件

公司人格否认法理适用的一个重要条件是，必须有损害事实存在，且该损害的发生与股东滥用公司法人人格的行为之间有因果关系。首先，"无损害，则无救济"。公司法人人格否认的目的在于对失衡的利益关系予以矫正，对受害的公司的债权人予以司法上的救济，而如果公司虽有滥用公司人格之行为，但并无任何损害事实发生，自无适用公司法人人格否认法理的客观必要。其次，如果当事人的损失是由其他原因引起，与公司滥用公司法人人格之行为无因果关系，公司人格否认规则也不能适用。这就要求利益受损的当事人必须能够证明其所受损害与滥用公司人格的不正当行为之间存在因果关系，否则不能向法院提请否认公司法人格的诉讼请求。

四、公司人格否认制度在中国的运用与发展

在中国，伴随着公司法人制度的建立，公司独立责任与股东有限责任原则也随之确认，但公司法人人格否认法理并未得到立法界和司法界的广泛承认。我国公司法严守股东有限责任原则，缺乏公司人格否认的立法规定，也不存在严格意义的公司法人人格否认法理的司法审判上的适用。但面对实际生活中法人人格被屡屡滥用的严峻现实，我国立法和

---

① 在某些特殊情形下，股东或者其他人也有动因请求法院无视公司法人独立地位或者视公司与股东或其他人"人格混同"，这被称为公司人格的逆向否认（或逆向刺破公司面纱），其实质依然是基于公平考量而在个案中否认公司的法人独立地位，以免因固执于法人独立性而违背公平。参见王军著：《中国公司法》，高等教育出版社 2015 年版，第 68 页。

司法实践也在有意或无意地向公司法人人格否认法理靠近。

1990 年 12 月 12 日国务院发布了《关于在清理整顿公司中被撤并公司债权债务清理问题的通知》(以下简称"通知")。该"通知"规定:"……三、各级党政机关及所属编制序列的事业单位,凡是向其开办的公司收取资金或实物,用于本机关的财务开支或职工福利、奖金、补贴等开支的,应在收取资金和实物的限度内,对公司所欠债务承担责任。四、公司虽经工商行政管理机关登记注册,但实际上没有注册资金,或者实有资金与注册资金不符的(国家另有规定的除外),直接批准开办公司的主管部门或者开办公司的申报单位、投资单位在注册资金范围内,对公司债务承担清偿责任。对注册资金提供担保的,在担保资金范围内承担连带责任。五、注册资金是国家授予企业法人经营管理的财产或者企业法人自有财产的货币体现。各级机关和单位已向公司投入的资金一律不得抽回。公司的主管部门或开办单位如有抽逃、转移资金、隐匿财产逃避债务的,应将抽逃、转移的资金和隐匿的财产全部退回,偿还公司所欠债务。如有剩余的,凡是党政机关投资的,一律为国有财产,由直接投资单位收回;属于集体企业投资的,应退回原投资单位。"上述规定无疑是针对被撤销公司的债权债务的清理事项作出的特殊规定,但它显然突破了股东不对公司债权人直接负责和仅以出资额为限对公司负责的原则。表现在:一是它要求出资人直接清偿公司的债务;二是在部分规定中要求出资人在受益范围内或在侵吞公司的财产的范围内承担清偿公司债务的责任,而不是以出资额为限。

1994 年《最高人民法院关于企业开办的其他企业被撤销或者歇业后民事责任承担的批复》(最高人民法院法复[1994]4 号文)①第 1 条第 3 项的规定同样蕴涵有法人人格否认的功能。即在企业不具备《企业法人登记管理条例实施细则》所规定法人条件(包括公司资金达到规定的最低要求)的情况下,即便是领取了企业法人营业执照,人民法院亦可否定其法人资格,其民事责任由开办该企业的企业法人承担。②

2003 年 1 月 3 日最高人民法院公布的《关于审理与企业改制相关的民事纠纷案件若干问题的规定》(法释[2003]1 号文)第 35 条规定:"以收购方式实现对企业控股的,被控股企业的债务,仍由其自行承担。但因控股企业抽逃资金、逃避债务,致使被控股企业无力偿还债务的,被控股企业的债务则由控股企业承担。"

上述文件的适用范围、适用场合均有很大的局限性,无法包容现实生活中复杂多样的公司人格滥用之情形,为此,我国《公司法》在 2005 年修订时进一步确认了公司人格否认制度,其第 20 条规定:"公司股东应当遵守法律、行政法规和公司章程,依法行使股东权利,不得滥用股东权利损害公司或者其他股东的利益;不得滥用公司法人独立地位和股东有限责任损害公司债权人的利益。公司股东滥用股东权利给公司或者其他股东造成损失

---

① 具体内容详见本章第一节。

② 至于"批复"第 1 条第 2 项,有学者认为其具有公司人格否认法理的特点(朱慈蕴著:《公司法人格否认法理研究》,法律出版社 1998 年版,第 356 页)。但笔者认为,恰恰相反,该项规定根本没有突破股东有限责任原则。因为股东仅在注册资本与实际出资的差额范围内承担责任,其履行的依然是其本应该履行的出资义务,而非出资以外的其他义务,所以与公司人格否认法理所强调的股东责任可谓大异其趣。

的，应当依法承担赔偿责任。公司股东滥用公司法人独立地位和股东有限责任，逃避债务，严重损害公司债权人利益的，应当对公司债务承担连带责任。"针对一人有限责任公司容易发生公司财产和公司人格混同的特点，《公司法》第63条还特别规定："一人有限责任公司的股东不能证明公司财产独立于股东自己的财产的，应当对公司债务承担连带责任。"从以上《公司法》的有关规定我们可以看出，我国《公司法》在坚持股东有限责任原则的基础上，也确立了股东不得滥用公司人格的指导思想。虽然《公司法》对于公司人格否认制度只是做了原则性规定，关于滥用公司法人人格和有限责任的具体标准，还留待于司法机关在司法实践中具体把握，但以成文法的形式规定公司法人人格否认制度，实是我国公司法的一个重大突破。在十余年的制度实践中，公司法人格否认制度已经得到了积极应用。我国的公司面纱刺破率明显高于国外，而且呈现逐年上升的态势。很多案件发生在经济欠发达地区，而且这些地区的刺破率整体上高于经济发达地区。目前所有公司法人格否认案件都针对股东数量很少的有限责任公司提起，而且股东人数越少，刺破率越高，涉及一人公司的面纱刺破率高达100%。与理论预测不同，我国涉及合同之债和侵权之债的案件在刺破率上并没有明显不同，而且在公司集团场合的刺破率不高反低。混同是最为常见的刺破理由，其中财产混同又适用最多，导致的刺破率也最高。① 当然，《公司法》确立的人格否认规则整体来说还比较粗糙，需要细化。例如，在企业集团中，集团核心企业滥用控制地位，通过不公平的内部资源分配和风险安排，让某个成员企业从事高风险的经营活动，却不为其提供充足的资金，甚至还不断地从该成员企业抽取资产，导致其抵御风险的能力异常脆弱。当风险最终来临时，这家成员企业便沦为集团商事投机活动中的"弃子"。根据公司人格否认规则，原告在主张被告即核心企业承担"过错责任"的时候，必须证明核心企业对成员企业的经营管理实施了不合理的控制，让成员企业遭受某种损失，以及控制行为与该损失之间存在因果联系。然而，由于现实中原告一方（特别是成员企业的债权人），对于企业内部事务缺乏了解，难以收集足够证据来充分举证，特别是当子公司同时承受多种原因造成损失时，如何证明债权人的损失是由核心企业的过错行为直接造成，更是变得"难上加难"。考虑到目前企业集团作为一种现代的企业高级组织形式正越来越被广为采用，这样一种保守和模糊的规则到底能不能充分地保护与公司交易的第三人和其他利益相关者，确实值得怀疑。② 由于企业集团兼具市场与组织的二元特征，其管控结构呈现层级化和网络化的分野，进而导致英美法系和以德国为代表的大陆法系对于母子公司债务责任问题采取不同的法律规则范式。有学者建议我国采用一个以英美法系的分离实体范式为主、德国的单一企业范式为辅的新范式，即在引入英美法系公司法人人格否认制度的基础上，批判性地吸收德国康采恩制度的有益成分，建立一个涵括一般适用规则、特殊适用规则和自由契约机制的母子公司债务责任体系。③ 随着实践和理论的进一步发展，我国应当进一步完善公司人格否认制度的各项配套规定，以更好地指导公司的经营和司法审判实践。

---

① 黄辉：《中国公司法人格否认制度实证研究》，载《法学研究》2012年第1期。
② 赵渊：《企业集团中核心企业的连带责任》，载《政法论坛》2011年第3期。
③ 黄辉：《国企改革背景下母子公司债务责任问题的规制逻辑和进路》，载《中外法学》2017年第6期。

第六章 股东、股权与公司法人财产权

第一节 股 东

一、股东的含义及其构成

(一)股东的含义

股东是公司的构成员,是公司股份或其出资的持有人。具体而言,是指基于对公司的出资或其他合法原因,持有公司资本一定份额,依法享有公司投资人权利并承担相应义务的人。具体而言,有限责任公司的股东是指在公司成立时向公司投入资金或在公司存续期间依法继受取得股权而享有股东权利和承担义务的人;股份有限公司的股东就是在公司成立时或公司成立后合法取得公司股份并对公司享有出资人权利和义务的人。股东概念隐含以下几点含义:

1. 股东是公司的出资人或投资人

公司是由其成员出资构成的经济组织,没有成员的出资就不可能组成公司。因此向公司认缴出资是其成为公司股东的前提条件。虽然有的股东是通过赠予或继承等继受方式取得股权(股份),但其前手也是通过认缴股本或股金而获得股东资格的。

2. 股东是持有公司股权或股份的人

向公司出资的人并非都是公司的股东,有的出资人并不一定是公司的股东。例如,公司债券的持有人或购买人也是为公司出资的人,但这种出资人并不能成为公司的股东。只有其出资构成公司自有资本的人,才可能成为公司的股东。当然,依据我国《公司法》的有关规定,有限责任公司的股东应记载于公司的股东名册,股份有限公司记名股票的股东也须在公司股东名册上记载股东的姓名或名称。但股份持有人的姓名或名称是否记载于公司的股东名册,不是决定其是否为股东的先决条件。

3. 股东是对公司享有公司成员权利并承担公司成员义务的人

出资不同于捐资,向公司出资的人当然也与公司发生一定的权利义务关系,即对公司享有权利承担义务。同为出资人,但股东享有的权利和承担的义务不同于公司债券持有人。股东享有的是公司成员的权利,而承担的也是作为公司成员应承担的义务,如履行出资义务、遵守公司章程的义务,以出资额或所持有股份数额对公司债务承担责任,其与公司的关系是基于投资与被投资关系而形成的成员和团体之间的关系。而公司债券的持有人与公司是债权人与债务人的关系,不能享有公司成员的权利,也不承担公司成员的义务。

（二）股东的法律地位

股东的法律地位，是指股东在其与公司间的关系及其相互关系中的地位。尽管从不同的角度可以对股东作出不同的分类，但各类股东的法律地位一律平等。股东的法律地位既表现在股东与公司的法律关系中，又表现在股东相互之间的法律关系中。基于此，其地位主要表现在以下两个方面：

1. 股东享有股东权

股东享有股东权是股东与公司之间法律关系的最为集中的体现。股东权既是股东法律地位的具体化，又是股东权利义务的抽象概括。各国公司法对股东的权利义务都有具体的规定。当然在不同类型的公司中，股东权的内容不尽一致，股东权与所有权联系的程度也不一样。

2. 股东地位平等

股东之间法律地位平等，这是在股东与股东之间的法律关系中所体现出来的法律地位。从股东之间的相互关系上来说，股东之间具有平等的法律地位。根据股东平等原则，股东在基于股东资格而发生的法律关系中，原则上应坚持按其持有股份的性质或数额享有平等的待遇，即同股同权，不能有差别待遇。当然，股东平等并非绝对平等，即并不意味着所有股东都享有完全同样的权利。恰恰相反，股权不仅有普通股和优先股之分，股东所拥有的出资额或持股额也有多寡之别，股东在公司之间实际上的权利有很大的差异，因此，为维护股东之间的利益平衡，尤其是小股东的利益，各国公司法还有不少特殊的规则，对大股东的权利施加必要的限制，对此我们在公司治理结构部分再做具体的分析。

（三）股东的构成

股东的构成，即股东群体的构成类别。公司的股东群体是由不同类别的股东所组成的。从不同的角度，按不同的标准可以将股东分为不同的类别。

1. 按股东的出资动机或目的，可以将公司股东分为三类，即投资股东、经营股东和投机股东

投资股东指取得公司股权或股份的目的，在于投入资本赚取股息及红利；经营股东指投资的目的是为了取得公司的经营权，当然其最终目的还是为了营利，这类股东更关心的控制权，往往也是公司的控股股东；投机股东一般是指短线投资，其目的是为了赚取股票购进与售出的差价，以伺机获取暴利，其关注的是公司股票的涨落行情，对公司的实际经营权及经营状况并不太关心。

2. 按照股东加入公司的时间和原因不同，公司股东可由三部分组成：原始股东、继受股东和新股东

原始股东，是指符合公司法规定的条件，参与公司最初的设立活动，在公司章程上签名盖章且实际认购出资的发起人，或者认购公司首次发行股份的其他人；继受股东是指公司成立后依法继受取得出资或股份的人，一般是在公司成立后因依法转让、继承、赠与或法院强制执行等原因取得股东地位的人；新股东是指公司成立后因公司增资而加入的股东。

3. 按照股东的身份不同，可以划分为自然人股东与法人股东、发起人股东与非发起人股东，以及外资股股东和非外资股股东、控股股东和少数股东

自然人股东是指股东为自然人，法人股东则是指股东为法人组织；发起人股东是指由发起人身份转化而来的股东，非发起人股东则指由普通的认购人转化而成的股东；外资股股东，是指股东为境外的机构或个人，非外资股股东则指持有公司出资或股份的境内的机构或个人。控股股东是指拥有公司一定比例以上的股份或出资而对公司的经营事务有控制权的股东，而少数股东则是指在公司中不拥有足以影响或控制公司事务的出资或股份，对公司缺乏影响力的股东。不同类型的股东在公司中的地位及对公司的影响程度会有一定差异，因此，这也会导致立法机关或监管部门根据国家经济政策，对公司的特殊情况采取不同的监管或保护措施。譬如，出于国家经济安全的考虑，会对特殊行业外资股股东的持股比例或某些权利作出限制；为加重公司的设立责任，会对发起人股东作出特殊的义务要求；为保护少数股东的利益和债权人的利益，会对公司的控股股东课以特殊的义务。

　　此外，股东还存在单纯型股东与多元化股东、短线股东与长线股东、营利型股东与公益型股东等分类。① 单纯型股东是公司的"单纯的资本所有者"或者"剩余索取者"，是指那种将其全部投资额用于购买某一公司的普通股股份，以获得稳定而持久的红利分配为目标，拥有完整的股权权能的投资者。在现代资本市场上，分散投资、规避风险的理念深入人心，单纯型股东已不多见，大多数投资者通过持有同一公司或者不同公司的不同证券品种或者证券衍生品从而成为多元化投资者，其与单纯型股东分野的实质在于股东之间的利益追求从同质走向异质。短线股东是指那种以高频率买卖股票，致力于从市场股价的短期变动中获取收益的投资者。长线股东则是指那种买入并较长期持有股票，注重所持有股票的长期增长能力，通常不考虑其短期市场价格走势的投资者。营利型股东是指以单纯的投资收益为目的而持有公司股票的投资者。公益型股东则是指在投资收益目的之外还同时承载着其他的体现一定公益性的价值目标的投资者，如美国资本市场中备受关注的公共养老基金和工会养老基金。由于投资者目的与认知的差异化，股东之间的利益冲突不可避免，建构在股东同质化假说基础上的公司权力配置模式必然与现实相脱节。股东异质化对于灵活的股权设置和高效的决策机制有着强烈的现实需求，但在我国的现实语境下，一股一权与股东异质化的结合导致了股东偏好满足成本过高、治理低效、股东与公司利益偏离等问题。目前，如何回应股东异质化的挑战，已经成为学界研究的热点问题。有理由相信，因对股东"异质化"的关注而引发的对股份公司本质特征的重新认知，将进一步推动股权关系从一元化向着多元化发展，推动股东平等原则从抽象意义上的形式平等向着具体意义上的实质平等演进，推动公司的经济民主理念从资本民主向着股东民主甚至更广泛意义上的利益相关者民主迈进。②

二、股东资格的认定

（一）股东资格认定概说

　　这里说的股东资格，不是指哪些人可以投资设立公司而成为公司的股东，而是指股东

　　① 详见汪青松著：《股份公司股东异质化法律问题研究》，光明日报出版社 2011 年版，第 128～139 页。
　　② 汪青松、赵万一：《股份公司内部权力配置的结构性变革——以股东"同质化"假定到"异质化"现实的演进为视角》，载《现代法学》2011 年第 3 期。

的身份或地位，它是投资人取得和行使股东权利，承担股东义务的基础。股东资格的认定是人民法院对于投资人的股东身份予以确认的过程，是解决股权纠纷、股权转让纠纷以及股东瑕疵出资责任等案件的前提条件。由于长期以来我国的公司法律制度不够完善，公司法理论上对其研究又不够深入，对如何认定股东资格至今仍存有不少异议，加之我国公司的设立和运作又极不规范，所以审判实践难度相当大。

目前各国公司法及相关理论关于公司股东资格的确定有两种标准，即实质要件说与形式要件说。实质要件说，即以股东是否履行出资或取得公司股份作为认定股东资格的标准。具体又可以分为两种观点：(1)以是否履行出资义务作为确定股东资格的标准。依此标准，只有实际履行出资义务才能作为确定股东资格的标准。(2)以是否获得公司股份作为确定股东资格的标准。形式要件说，是指以股东是否记载于出资证明书、股东名册、公司章程及工商登记等形式要件作为确定股东资格的标准。按照此标准只有在上述形式要件上有记载的才是公司股东。① 在投资者行为比较规范的情况下，形式要件和实质要件应该是一致的，故二者并无本质上的差异。譬如，从规范意义上讲，股东资格的取得须依据一系列程序：② 一是在公司章程上记载股东投资的比例；二是向公司认缴资本并按约定实际出资，由公司签发出资证明书；三是在股东名册及公司登记材料中将股东身份予以记载。即股东资格的取得应该是既应有作为股东的真实意思表示，如在公司章程上签名盖章、认缴公司资本、参加创立大会或股东会议，也要在外观上具有股东的名义，如在公司章程、股东名册、公司登记中记载为股东。如果股东的真实意思表示和股东的名义外观相符就不会产生纠纷。然而，在我国的公司实践中，投资者的行为非常规范，即有的没有作为股东的真实意思表示，仅在外观上具有股东的名义；有的有作为股东的真实意思表示，但是在外观上却看不出是股东；有的没有履行股东义务却享有股东权利，有的履行了股东义务却享有不了股东权利。具体表现又可谓五花八门。譬如：有的在章程上签字，却从未出资，但事实上已经行使着股东的权利，而有的虽在章程上签字或者在股东名册和公司登记中记载为股东，但根本没有行使过股东权利也根本没有承担过任何股东义务；有的是与他人协商假借他人名义投资，有的则是没有征求他人意见假冒他人投资；还有的虽然实际出资了，但却由于自己或他人的原因没有在公司登记或股东名册中载明为股东；还有的是公司章程、股东名册和公司登记资料不一致，如公司章程上记载为股东，但在公司登记材料中却没有被记载为股东……诸如此类，不一而足。那么，如何认定确实成为十分棘手的实践难题，只有严格遵守公司法的有关规定的前提下，结合公司法的相关理论加以判定。

(二)股东资格认定的一般原则和基本思路

在公司运作比较规范的国家和地区，公司法对股东资格的认定鲜有明确和具体的规定。我国公司法对股东资格的认定也同样欠缺，这就不得不借助具体的理论加以分析。在分析具体的认定标准之前，需要对认定思路有一个总体的把握。可喜的是，这几年学界和实务界在该问题的研究上已经取得了不少突破性的进展，研究正在不断得以深化。目前学

---

① 赵旭东主编：《新公司法讲义》，人民法院出版社2005年版，第148~149页。

② 这里主要是从股东资格的原始取得来加以说明。

界认为，在股东资格的确认上应遵循以下原则：①

1. 利益平衡原则

股东资格的认定涉及股东、公司和债权人等多方主体的利益，其中，债权人和公司之间的关系属于交易制度的范畴，股东和公司之间的关系属于公司制度的范畴。认定股东资格既要充分维护交易制度，又要充分维护公司制度，从而使两种制度的功能都能得以实现。

2. 公司维持原则

公司法具有团体法的属性，保持围绕公司发生的法律关系稳定，维护交易安全和良好的社会秩序是公司法的基本宗旨。由于公司涉及的利益主体众多，法律关系复杂，因此，在股东资格认定时，应当尽可能地维持公司内部各种法律关系的稳定，对于瑕疵行为能够补正的应允许当事人补正，不宜轻易认定公司设立行为无效，也不宜轻易否定股东资格。

3. 优先保护善意第三人利益原则

保护善意第三人利益是维护市场交易秩序的客观需要。在股东资格认定涉及第三人、公司以及股东之间的利益冲突时，应当优先考虑第三人的利益，即先解决股东与第三人之间的关系，在处理公司内部股东与股东之间以及股东与公司之间的关系。

4. 体现商法的公示主义和外观主义原则

相对人与公司交易，通常是通过公司的外观特征来了解和判断公司的资信状况，相对人不承担与外观特征不符的交易成本与风险。因此，认定股东资格既要考虑到当事人的真实意思表示，更要考虑到公司对外的形式性和外观性。也就是说，在股东资格认定时，当事人之间所涉及的关系不同，在认定标准上应该有所差异，不能机械地遵循所谓的实质要件或形式要件。

5. 禁止规避法律原则

因规避法律而引发的股东资格纠纷在实践中时常发生，如果对这些刻意规避法律的行为听之任之，则会严重危及公司法的权威和市场交易的安全，法律的规范功能和指引功能将会荡然无存。因此，在认定股东资格时，应对这些规避法律的行为加以规范和制裁，将扭曲的法律关系调整到规范状态，使当事人的不法意图不能得逞。比如出于逃避立法中关于控股比例的限制，或者规避立法关于投资资格限制、投资领域限制等目的而采用隐名投资的行为就不能予以支持和认可。

当然上述原则应该是互为补充，而不是相互孤立的，应该结合具体的案情来加以综合评判。

基于以上原则，认定股东资格应遵循的基本思路就应该是结合具体的法律关系加以评判。有学者将认定股东资格的证据划分为源泉证据、效力证据和对抗证据，主张在股东与股东、股东与公司之间的股权确认纠纷中应尽量尊重源泉证据的效力，而在涉及善意第三人的外部关系中则应尽量尊重对抗证据的效力。② 申言之，就是要区分争议的法律关系是

---

① 范健、王建文著：《公司法》，法律出版社 2006 年版，第 286~287 页。杨栋：《有限责任公司股东资格认定法律问题研究》，四川大学法律硕士学位论文，第 11~13 页。

② 刘俊海著：《现代公司法》，法律出版社 2015 年版，第 353 页。

属于个人法调整还是属于团体法调整。属于个人法上的法律关系应当优先适用个人法规则，属于团体法上的法律关系则应优先适用团体法规则。因为个人法注重行为人的真实意思表示，而团体法则强调行为的外观特征。如名义股东、实际股东、隐名股东之间发生的股权确认争议属于个人法的调整范围，应当依据当事人之间的约定探究其真实意思表示，对股东资格据实作出认定。而股东与公司之间、股东与公司以外的第三人（包括股权受让人、公司债权人、股权质权人等）之间就股东资格发生的争议则属于团体法的调整范围，无须探究公司股东行为的真实意思，可直接按公司公示的内容加以认定。

（三）股东资格认定标准的具体运用

目前就股东资格纠纷而言，主要集中于三类法律关系：一是投资者之间的股权确认纠纷，主要发生于假名投资之情形，在名义股东、实际股东、隐名股东之间围绕股权问题发生的纠纷；二是在股东与公司之间发生的纠纷；三是股东与公司以外的第三人之间发生的纠纷。其处理标准应该各有不同，下面略加分析。

1. 出资人之间发生的股权争议

出资人之间发生的股权纠纷，既包括股东与股东之间的纠纷，也包括在假名出资的情况下，实际出资人与名义出资人（也称名义股东或挂名股东）之间的纠纷。后者在实践中尤为常见。

对于投资者之间发生的纠纷，我们前面已经述及，一般属于个人法的范畴，总的原则是应该根据当事人之间的约定考究其真实的意思表示据实加以判定，即尊重意思表示，尊重投资事实。譬如，如果出资人与他人约定以出资人为股东，并由出资人享有股东权利、承担投资风险，那么相对方与实际出资人之间仅仅是一般的投资代理关系，如果相对方违背约定，擅自将自己登记为所投资公司的股东（成为名义上的股东），则应该责令其予以改正。反之，如果出资人与他人之间约定一方出资，另一方以股东名义参加公司，则应尊重双方的真实意思表示，出资人主张股东权利的应不予支持，出资人仅对名义出资人（即以股东名义参与公司者）享有债权。如果双方约定不明，应根据双方的事实行为加以判定，如果双方没有约定以谁为股东，但实际出资人以股东身份参与公司管理或向公司主张过权利，则应认定实际出资人为股东；反之，若实际出资人从未以股东身份参与过公司管理或向公司主张过股东权利，则应认定名义出资人（名义股东）为公司股东，实际出资人可以对名义出资人主张债权。如果某人假冒他人名义出资，而被冒名者完全不知情，则假冒他人出资者与被出资人之间形成侵权关系，按侵权法的有关规则处理。

针对实践中层出不穷的股东资格认定纠纷，《公司法司法解释三》确立了股东资格认定的基本规则。该解释第23条规定："当事人之间对股权归属发生争议，一方请求人民法院确认其享有股权的，应当证明以下事实之一：（一）已经依法向公司出资或者认缴出资，且不违反法律法规强制性规定；（二）已经受让或者以其他形式继受公司股权，且不违反法律法规强制性规定。"据此，"依法出资或认缴出资或者依法继受股权"成为提起股东资格确认之诉的基本证据（源泉证据），"不违反法律法规强制性规定"则是最低限度的合法性要求。由于股东地位的取得主要包括原始取得与继受取得，股东资格认定的源泉证据可以从两个方面进行类型化分析。其中，股东原始取得股权的源泉证据既包括创始股东在设立公司时认缴或实缴出资的证据，也包括创始股东之外的新股东在增资扩股时认缴或实缴出资的证据，具体包括出资证明书以及能够证明股东出资的公司章程、公司设立协议、股东协议、增资扩股协议等。股东继受取得股权的源泉证据包括股权转让合同、赠与合同、遗嘱、遗赠扶养协议、离婚的判决书或调解书、夫妻财产分割协议、共有财产分割协议、国有股权划拨决定等。为方便原始股东和继受股东固定证据，《公司法》第 31 条和第 73 条分别作出了相关规定。其中，《公司法》第 31 条规定："有限责任公司成立后，应当向股东签发出资证明书。出资证明书应当载明下列事项：（一）公司名称；（二）公司成立日期；（三）公司注册资本；（四）股东的姓名或者名称、缴纳的出资额和出资日期；（五）出资证明书的编号和核发日期。出资证明书由公司盖章。"第 73 条规定："依照本法第 72 条、第 73 条转让股权后，公司应当注销原股东的出资证明书，向新股东签发出资证明书，并相应修改公司章程和股东名册中有关股东及其出资额的记载。对公司章程的该项修改不需再由股东会表决。"

实践中，出资人之间发生的股权争议，相当一部分涉及隐名股东问题。隐名股东是指实际出资人或者认购股份的人以他人名义履行出资义务或者认购股份。这种现象出现的原因包括：国有、集体企业改制过程中，为实现职工持股，需要规避《公司法》关于有限责任公司股东人数的限制性规定；为了获得工商登记的便利或者相关优惠政策；股东出于保护个人隐私、商业秘密等考虑，甚至出于掩盖非法行为的目的而有意为之等。[1] 为了厘清备受争议的隐名出资纠纷，《公司法司法解释三》专门对实际出资与名义持有的适用范围、协议效力、权益争议、股东责任等问题进行了规定。其中，在实际出资人与名义股东不一致时的内部关系处理方面，《公司法司法解释三》采取了实质要件说，其第 25 条规定："有限责任公司的实际出资人与名义出资人订立合同，约定由实际出资人出资并享有投资权益，以名义出资人为名义股东，实际出资人与名义股东对该合同效力发生争议的，如无合同法第 52 条规定的情形，人民法院应当认定该合同有效。前款规定的实际出资人与名义股东因投资权益的归属发生争议，实际出资人以其实际履行了出资义务为由向名义股东主张权利的，人民法院应予支持。名义股东以公司股东名册记载、公司登记机关登记为由否认实际出资人权利的，人民法院不予支持。"

2. 股东或出资人与公司之间的争议

股东或出资人与公司之间的纠纷主要集中于出资瑕疵或未出资股东与公司之间就瑕疵出资或未出资股东是否应享有股东资格发生纠纷，有时也反映在假名出资的情况下实际出资人和名义出资人与公司之间的关系。

对于公司与股东之间的关系，原则上按团体法的原则来处理，既要看实质要件，同时更应注重行为外观。公司章程、出资证明书、公司股东名册甚至公司的登记材料都可以物化为股东身份的证据，如果这些证据之间相互冲突或不一致，究竟哪个具有更优先的效力？我们认为，股东名册在处理公司与出资人关系上具有最为直接的证明力。股东名册是公司根据公司法的规定备置的记载股东个人信息和出资额等事宜的法定簿册，由于有限责任公司和股份有限公司人数众多，不可能完全由公司章程记载股东情况及股份或股权转让

---

① 刘敏主编：《股权案件裁判要点与观点》，法律出版社 2016 年版，第 42 页。

情况，因此各国或地区公司法普遍规定有限责任公司和股份有限公司必须备置股东名册。[①] 股东名册具有确定股东身份的效力、免责效力和对抗的效力。[②] 在韩国和我国台湾、香港地区，股东名册被视为证明股东资格的表面证据，是股东行使股东权的依据，股东可以股东名册的登记对抗公司。[③] 我国《公司法》第 32 条第 2 款也规定："记载于股东名册的股东，可以依股东名册主张行使股东权利。"由此可以断定，我国公司法是以股东名册的记载作为股东行使权利的依据，在股东名册上记载的人可以被认为具有股东资格。不过，需要说明的是，将股东记入公司股东名册既是股东的权利，也是公司的义务。未被记载于股东名册的股东，并非必然没有股东资格，因为公司拒不作股东登记或登记有误，属于义务履行不当，不能产生剥夺股东资格的效力。因而对于《公司法》第 32 条的理解不能过于绝对化。也就是说，如果股东虽然未被记载于股东名册，但有其他证据证明其是公司股东的，我们就应该遵循以事实为依据，而不能教条地坚持外观主义，此时，出资证明书、公司章程等均可以构成基础性证据。至于出资瑕疵或未出资的股东，其股东资格并不必然丧失。如果公司没有履行除权程序，剥夺其股东资格，其股东身份并不丧失，其负有弥补瑕疵和补缴出资等义务，只不过其股东权利应该受到限制。这是公司维持原则的一个体现。

3. 出资人与第三人之间就股东资格发生的争议

股东与公司之外的第三人之间就股东资格问题发生争议的情形也不在少数，主要是在股东瑕疵出资或不履行清算义务等情形下，公司债权人要求股东承担责任；以及股权出让、出质等情形下，因为股权出让人或出质人是否是股份或股权的合法持有人而引发的争议。对此，《公司法司法解释三》第 26 条规定："名义股东将登记于其名下的股权转让、质押或者以其他方式处分，实际出资人以其对于股权享有实际权利为由，请求认定处分股权行为无效的，人民法院可以参照物权法第 106 条的规定处理。名义股东处分股权造成实际出资人损失，实际出资人请求名义股东承担赔偿责任的，人民法院应予支持。"对于股东与公司之外的第三人就股东资格发生的争议，原则上应采取团体法上的外观主义，适当向第三人倾斜。因为相对人在此主要是依据公司的外观特征来判定公司股权的拥有人，并与之进行交易，相对人自不应承担与外观特征不符的交易成本与风险，这是商事登记公信力的要求和体现。对此，《公司法司法解释三》第 27 条第 1 款规定："公司债权人以登记于公司登记机关的股东未履行出资义务为由，请求其对公司债务不能清偿的部分在未出资本息范围内承担补充赔偿责任，股东以其仅为名义股东而非实际出资人为由进行抗辩的，人民法院不予支持。"所谓登记的公信力，是指登记的内容与实际权力不一致时，法律也视登记内容为真实，并赋予其与真实权力状况同样的效力。其目的是为了解决物权变动及相关交易中所存在的权源瑕疵问题，保护善意第三人的利益，维护交易安全。与公司和股东之间的关系不同，在股东与第三人的关系上，在股东名册、公司章程、工商登记材料等所有的形式要件中，工商登记是最具外观形态，也最具有公信力的一种证明形式，从而应

---

① 毛亚敏著：《比较公司法研究》，中国法制出版社 2001 年版，第 124 页。

② 王保树：《有限责任公司的两种不同登记》，载《中国工商管理研究》2005 年第 8 期。

③ 孙晓洁著：《公司法基本原理》，中国检察出版社 2006 年版，第 217 页。

该优先适用。公司的债权人或股东股权的受让人或质押权人仅凭登记材料即可要求在登记材料中记载为股东者承担作为股东应承担的义务，即便其并非公司的实际股东。当然，外观主义和公示主义保护的善意第三人的利益，如果第三人对究竟谁是公司的股东是明知或应知的情况下，就不应完全囿于公示主义和外观主义的限制，应该据实认定股东资格。

三、股东的权利和义务

（一）股东的权利

股东的权利，也称股东权或股权，是指股东作为公司的投资人在法律上对公司享有的权利。各国或各地区的公司法一般不明确地列举股东的权利，股东的权利通常散见于《公司法》的有关条款中。除法定权利外，公司法还允许公司章程加以补充，虽然股东权利的具体内容因公司的种类和股权的性质不同而不尽一致，但各国公司法一般都赋予股东最为核心的权利，如表决权、知情权以及参与诉讼的权利等。我国《公司法》也没有集中详细地列举股东应享有的权利，但在《公司法》第 4 条中对股东权的主要内容作出了概括性的规定，即股东依法享有资产受益、参与重大决策和选择管理者等权利，其他关于股东权的规定也散见于公司法的相关条文中。总的来看，《公司法》对股东权特别是中小股东权利作出了比较完善的规定。就各国公司立法所共同确认的股东的一般权利而言，股东主要享有以下权利：

1. 出席股东会及会上表决权

股东会是公司的最高权力机关，也是股东对公司事务进行参与的重要渠道，因此，出席股东会并依照法律或公司章程行使表决权是每一个股东最基本的权利。如果股东不能亲自参加股东会并行使表决权，可以委托他人代为参加并代为行使表决权。

2. 股利分配请求权

股东投资的主要目的是为了获取盈利，即通过公司盈余分配获得股利。因此，各国公司法都赋予了股东依法请求公司分配股利的权利。我国《公司法》第 166 条对股利分配的原则、程序等作了具体规定，第 74 条对股东股利分配权的相应保障措施进行了规定，赋予了股东股份收买请求权，即在公司连续 5 年不向股东分配利润，而公司该 5 年来连续盈利，并且在符合法律规定的利润分配条件的情况下，股东会作出不分配股利的决议时，对股东会该项决议投反对票的股东可以请求公司以合理的价格收购其股权而退出公司。但这些规定远远不能解决实践中的问题，特别是难以规制上市公司长期不分红的行为，以至于证监会不得不通过出台强制分红政策来维护投资者利益。股利分配失衡问题归根究底在于公司内部缺乏适当的权利制衡机制，存在内部人特别是控制股东侵害小股东合法利益的问题，这是公司治理机制不完善、不健全的结果。应当通过契约设计和制度创新来增强公司股东对现金分红决策的参与度，对大股东权利的行使形成有效的制衡，同时强化特定情形下控制股东的诚信义务，发展股东强制股利分配之诉，对上市公司控制股东滥用控制权侵害小股东利益的行为进行责任追究。[1] 针对实践中股利分配请求权的行使困境，《公司法

---

① 朱芸阳、王保树：《上市公司现金分红制度的自治与强制——以股利代理成本理论为逻辑基础》，载《现代法学》2013 年第 2 期。

司法解释四》积极探索完善对股东利润分配权的司法救济，规定公司股东滥用权利，导致公司不分配利润给其他股东造成损失的，司法可以适当干预，以实现对公司自治失灵的矫正。

3. 选举权与被选举权

选举权与被选举权是股东通过股东会议参与公司经营管理的一项重要权利。在经营权与所有权分离的情况下，股东通过选举或更换董事和监事来达到控制公司的目的，因此选举董事会和监事会成员是股东最为关键的一项权利。股东有权通过股东会会议选举公司的董事和监事，同时只要符合公司规定的任职资格，也可以依法律或章程规定的议事规则被选举为公司的董事和监事。

4. 知情权

股东知情权，是指股东享有的知道和了解公司经营状况的重要信息的权利。股东参与公司重大事项的决策，其前提是要了解公司的经营状况和相关信息。因此，各国公司立法都赋予了股东知情权。股东知情权的基本内容包括知悉真实信息的权利、知悉完整信息的权利、知悉准确信息的权利和及时知悉信息的权利。其中最为关键的制度就是赋予股东查阅公司有关文件的权利。我国《公司法》第 33 条及第 97 条赋予了股东依法查阅公司相关文件的权利。依据相关规定，有限责任公司股东和股份有限公司股东均有权查阅公司章程、股东(大)会会议记录、董事会会议决议、监事会会议决议、财务会计报告。另外有限责任公司股东还享有复制公司章程、要求查阅公司会计账簿的权利，股份有限公司的股东还享有查阅股东名册、公司债券存根的权利。为了避免股东滥用查阅权而影响公司的正常经营活动或损害公司的利益，各国立法均要求股东知情权的行使必须基于正当目的并不得违背诚实信用原则。为此，我国《公司法》第 33 条第 2 款也规定："股东要求查阅公司会计账簿的，应当向公司提出书面请求，说明目的。公司有合理根据认为股东查阅会计账簿有不正当目的，可能损害公司合法利益的，可以拒绝提供查阅，并应当自股东提出书面请求之日起十五日内书面答复股东并说明理由。公司拒绝提供查阅的，股东可以请求人民法院要求公司提供查阅。"此外，我国证券法对上市公司有关信息披露等的规定也是满足股东知情权的主要制度保障。针对《公司法》第 33 条与第 97 条在实践中存在的争议问题，《公司法司法解释四》作出了如下规定：一是结合诉的利益原则，在第 7 条明确了股东就《公司法》第 33 条、第 97 条规定享有的诉权，并规定了有限责任公司原股东享有的有限诉权。二是结合司法实践经验，对股东查阅公司会计账簿可能有的不正当目的作了列举，明确划定了公司拒绝权的行使边界。"不正当目的"的情形包括：(1)股东自营或者为他人经营与公司主营业务有实质性竞争关系业务的，但公司章程另有规定或者全体股东另有约定的除外；(2)股东为了向他人通报有关信息查阅公司会计账簿，可能损害公司合法利益的；(3)股东在向公司提出查阅请求之日前的三年内，曾通过查阅公司会计账簿，向他人通报有关信息损害公司合法利益的；(4)股东有不正当目的的其他情形。三是明确规定公司不得以公司章程、股东间协议等方式，实质性剥夺股东的法定知情权。公司以此为由拒绝股东行使法定知情权的，人民法院不予支持。四是为保障股东知情权的行使，对股东聘请中介机构执业人员辅助查阅作出了规定。五是就股东可以请求未依法履行职责的公司董事、高级管理人员赔偿损失作了规定，以防止从根本上损害股东知情权。

5. 质询权和建议权

股东质询权，是指当股东对公司的某些行为存有疑问，或者认为公司经营不善时，可以口头或书面形式向负有责任的机构或人员提出自己的疑问，并要求其予以解答的权利。许多国家的公司法都规定股东在股东大会上有权就会议议程中的任何事项提出质询，董事会或董事、监事有义务回答这些质询。如果无正当理由予以拒绝，股东可以申请裁定。但质询毕竟是十分严肃的事，所以不少国家和地区的立法也对质询权作出了必要的限制，如限制质询之权利主体、义务主体、质询场所，明确可以拒绝回答的理由等。如《日本商法典》第237条之3第(1)规定，股东请求说明的事项与本次股东大会召开的目的无关，或者予以说明会损害股东的共同利益，或者经过调查才能说明(但在股东大会召开相当日期之前已经书面通知要求说明的事项除外)，以及有其他正当理由时，董事可以拒绝说明。《德国股份公司法》第131条也列举了对股东质询权加以限制的6项正当理由。我国《公司法》第150条规定："股东会或者股东大会要求董事、监事、高级管理人员列席会议的，董事、监事、高级管理人员应当列席并接受股东的质询。"从该条规定来看，我国《公司法》虽未对具体质询作出限制，但就权利主体和义务主体、质询的场所还是作了限定。首先，权利主体虽然是股东，但实际上只有在股东(大)会有关人员列席时，其权利才有可能实现，因而从这个意义上讲，不妨可以认定为股东会才是真正意义上的权利主体；其次，义务主体为公司的董事、监事、高级管理人员，其范围还是比较广的；再者，质询的场所只能为股东大会或股东会。建议权，是指股东享有的对公司经营决策提出合理建议的权利。我国《公司法》第97条原则规定了股东的建议权，但对于股东向何人提出建议、建议如何处理都缺乏具体的规定。由于过于空洞，易流于形式，有待于公司章程予以细化、落实。

6. 优先受让和新股认购权

股份有限公司作为资合性公司，股份转让一般没有限制，考虑到有限责任公司的人合性，一般规定公司股东在转让股权时，公司其他股东享有优先受让的权利。我国公司法也有类似规定，但同时赋予了公司自治的空间，即如果公司章程另有规定的，则从其规定。新股认购权，是指公司股东对于公司新增资本有优先认购的权利。鉴于无限公司、两合公司和有限责任公司的人合性，各国公司法普遍赋予其原股东优先认购新股的权利；但对于股份有限公司，各国的态度则差异比较大。概而言之，有三种不同的做法：有将其视为章定权利者，是否授予股东该项权利由公司章程决定，如美国；有将其视为法定权利但允许股东会决议排除者，如德国；也有将其视为法定的不可排除的绝对权利者，如法国。我国《公司法》第34条规定，公司新增资本时，股东有权优先按照实缴的出资比例认缴出资。但是，全体股东约定不按照出资比例优先认缴出资的除外。据此，有限责任公司新增资本时，原股东有优先认购权，但此项权利可以由全体股东约定排除。《公司法》第133条规定，公司发行新股，向原有股东发行新股的种类及数额，由股东大会作出决议。据此，对于股份有限公司，股东亦享有优先认购权，但这种优先权行使的前提是，公司向原股东以其持股比例配送或配售新股，且认购的种类和数额按股东大会的决议执行。

7. 公司剩余财产分配请求权

公司剩余财产分配请求权，是指公司依法终止后，股东依法取得公司剩余财产的权利。公司财产来源于股东出资及其运营，股东是公司财产的终极意义上的所有者，因此，公司解散时，股东对于公司清理债权债务后所剩余的财产有进行分配的权利。依我国《公司法》第186条第2款规定，公司财产在分别支付清算费用、职工的工资、社会保险费用和法定补偿金，缴纳所欠税款，清偿公司债务后的剩余财产，有限责任公司按照股东的出资比例分配，股份有限公司按照股东持有的股份比例分配。

8. 股东会提案权

股东会提案权，是指股东向股东(大)会提出议题或议案的权利。虽然股东在股东(大)会享有对公司重大事务的表决权，但股东会一般由董事会召集，股东会召集的事由以及决议事项通常由董事会决定，股东只能通过董事会所控制的股东会对董事会提案的内容表示赞成或反对，地位十分被动。为了保障股东，尤其是少数股东的利益，不少国家的公司法都规定了股东提案权。我国《公司法》第102条确立股东提案权。根据该条款的规定，单独或者合计持有公司3%以上股份的股份有限公司股东，可以在股东大会召开10日前提出临时提案并书面提交董事会；董事会应当在收到提案后2日内通知其他股东，并将该临时提案提交股东大会审议。临时提案的内容应当属于股东大会职权范围，并有明确议题和具体决议事项。该规定有利于提高股东对股东大会的参与积极性，有利于保护少数股东的利益，有利于实现公司治理中的制约平衡。

9. 临时股东(大)会会议召集建议权

各国公司法规定，达到法定比例的有表决权的股东可以提议召开临时股东(大)会会议。我国公司法也赋予了股东该项权利。依据《公司法》第39条和第100条的规定，有限责任公司中代表1/10以上表决权的股东，股份有限公司中，单独或者合计持有公司10%以上股份的股东有权请求召开临时股东(大)会。

10. 股东(大)会会议召集和主持权

股东(大)会会议召集和主持权，是指由相关主体具体负责股东(大)会会议的召集和主持工作的一项程序性权利，它包括决定股东(大)会会议召开的时间、地点、向股东的通知和相关公告、负责有关议案的提交、主持会议的进行等一系列工作。召集权和主持权作为一项程序性权利，对于股东(大)会会议的召开和进行具有十分重要的意义。一般股东会会议的召集和主持权由董事会召集，董事长主持；在董事会未履行规定的召集或主持职责时，监事会也可以召集和主持。但当董事会和监事会不履行规定的召集或主持职责时，赋予一定比例表决权以上的股东以召集和主持股东会会议的权利就很有必要。我国《公司法》第40条规定，有限责任公司董事会或者执行董事不能履行或者不履行召集股东会会议职责的，由监事会或者不设监事会的公司的监事召集和主持；监事会或者监事不召集和主持的，代表1/10以上表决权的股东可以自行召集和主持。该法第101条规定，股份有限公司董事会不能履行或者不履行召集股东大会会议职责的，监事会应当及时召集和主持；监事会不召集和主持的，连续90日以上单独或者合计持有公司10%以上股份的股东可以自行召集和主持。

11. 股东诉权

所谓诉权，是指当事人向法院起诉和应诉，请求法院行使审判权以保护其权益的权利。为切实保障股东实体性权利和利益的实现，必须赋予股东相应的救济性权利，即诉权。根据各国公司法的规定，股东行使诉权包括两种形式：股东直接诉讼和股东派生诉讼。股东直接诉讼是股东基于自己利益受损的事实，以自己的名义对公司或其他权利侵害人（包括公司的董事、监事、高级管理人员、控股股东等）提起的诉讼。这类诉讼包括股东会决议无效之诉、股东会决议撤销之诉、损害赔偿之诉、其他股东出资违约之诉等；股东派生诉讼（Shareholder's Derivative Suit），是指当公司的合法权益受到不法侵害而公司怠于起诉时，符合法定条件的股东有权为了公司的利益以自己的名义直接向人民法院提起的诉讼，而所获赔偿归于公司的诉讼制度。我国《公司法》第151条和第152条分别就公司权益受损和股东权益受损的诉讼问题进行了规定，确立了股东派生诉讼制度。

（二）股东的义务

股东的义务，是指股东基于其股东资格而对公司所承担的作为或不作为的义务。权利和义务总是相对的，股东享有权利，也就要承担义务。作为公司股东其承担的主要义务包括遵守公司章程、按约定向公司缴付出资、在公司存续期间不得抽回出资等义务。同时，现代公司法逐渐认识到，控股股东事实上在公司中拥有不同于一般股东的地位，所以，控股股东除应承担股东的基本义务外，还往往需要负有特殊的义务，对此，我们在后续的章节中再作具体介绍。

第二节　股权与公司法人财产权

公司财产权制度是公司法中一项基本制度。公司作为一种现代型企业，就在于其在股东与公司之间确立了一种科学而合理的产权制度。把握公司财产权制度的关键在于理解股东股权与公司法人财产权之间的关系。本节着重就此作一分析。

一、股权的概念和性质

股权，亦即股东权，可作广义和狭义的理解。狭义的股权，是指股东因向公司出资而享有的权利。而广义的股权，则是指股东权利义务的总称。本节所称的股权仅为狭义的股权。

（一）关于股权性质的主要学说

关于股权法律属性的探讨主要是在大陆法系国家展开的，英美法系的学者很少对此花费笔墨。而在我国关于股权性质的讨论更是空前激烈，并形成了截然不同的理论观点。尽管这场争论"本身就是在大陆法学思维观念和范围内，和两个中心论（所有权中心和股权中心论）的前提下展开的"，"由于争论各方均缺乏财产权利结构历史演变（它最终突破了两个中心论）和财产两重化的观念，又在思维方式上跳不出原来的框架"①，致使这场争论有其自身的局限性，但与其他国家的学者研讨股权性质的背景和目的不同，我国学者对这一问题研讨的实质，在于试图用股权性质来说明国家（股东）与企业（公司）的财产关系，这是理论争议上的价值取向，对于明晰产权关系具有积极的意义。

---

① 参见康德馆、林庆苗著：《国有企业改革的经济学与法学分析》，中国政法大学出版社1998年版，第91~95页。

在我国法学界关于股权性质研讨的过程中，形成的较有影响和代表性的观点主要有：

1. 所有权说

该学说认为，股权具有所有权的性质，即股权是股东对公司财产所享有的所有权。股东认缴出资、持有股份并未丧失所有权，而是为了更好地行使所有权、实现所有权。在股权与公司法人财产权之间的关系上，该学说认为，在公司中并存着两个所有权，即股东享有所有权，公司法人也享有所有权，并称之为"所有权的二重结构"。公司法人所有权并不是对股东所有权的否定，只是使股东所有权表现为收益权及处分权。所有权的二重结构并不破坏"一物一权"规则，也并不意味着国家所有权的丧失。①

2. 债权说

持此观点的学者主张股权实质上是债权。他们认为，从公司取得法人资格时起，公司实质上就是财产所有权的主体。此时，股东对公司唯一权利仅仅是收益，即领取股息和红利。这是股东所有权向债权的转化，这一转化的完成使股份公司作为所有权的唯一主体，完全按自己的意志占有、使用、收益和处分公司的财产，而不必受股东的左右和控制。特别是在 20 世纪的后期，随着所有权与公司经营管理权的分离，股东的所有权逐渐被削弱，主要表现在股东的处分权基本上丧失殆尽。股票已纯粹变成了反映债的关系，成为债的凭证。②

3. 社员权说

自德国学者瑞纳德于 1875 年首创这一学说以来，该学说不仅成为德国、日本学界的通说，而且我国也有不少学者坚持这一主张。该学说认为，股东是公司这一社团的社员，股权是股东基于这种社员资格而享有的一种社员权。这种社员权属于单一权利，并非集合权利。也有学者认为，股权是股东基于其股东地位而获得的权利义务的集合体，是股东权利义务的抽象概括，并非单一的权利。这种观点有学者将其称为"集合体说"。③

4. 独立民事权利说

持此观点的学者在对股权的传统学说及本质特征进行深入分析的基础上，对股权进行了重新界定，认为股权不同于社员权，是一种自成一体的独立权利类型，股权是作为股东转让出资财产所有权的对价的民事权利。作为独立民事权利的股权具有目的权利和手段权利有机结合、团体权利和个体权利辩证统一的特征，兼有请求权和支配权的属性，具有资本性和流转性。他们认为，股权与公司财产所有权是相伴而生的孪生兄弟。只有股权独立化才可能产生公司所有权，而公司所有权的产生必然要求股权同时独立化。股权与公司所有权的分化又是现代市场经济的伴生物，是商品经济长期孕育和发展的必然结果，也是现代企业制度的重要标志。④

（二）股权性质的认定

我们认为，对于股权性质的认定，难以从原有法律规定的传统权利中寻得答案。笔者

---

① 王利明：《论股份制企业所有权的二重结构》，载《中国法学》1989 年第 1 期。

② 郭锋：《股份制企业所有权问题的探讨》，载《中国法学》1988 年第 3 期。

③ 雷兴虎主编：《公司法新论》，中国法制出版社 2001 年版，第 82 页。

④ 江平、孔祥俊：《论股权》，载《中国法学》1994 年第 1 期。

主张并赞同股权是一种独立的民事权利的观点．

1. 所有权说难以成立

我们之所以认为所有权说难以成立，其主要的理论依据和法律依据在于：第一，我国公司法明确规定，公司享有由股东投资形成的全部法人财产权，而财产权是一个含义广泛的概念，它既包括以所有权为核心的物权，也包括以商标权、专利权等为内容的无形财产。从这个意义上来理解财产权的概念，我们便不难发现，我国公司法实际上已经承认了公司的法人所有权。在业已承认公司法人所有权的前提下，就不会产生在同一物上存在双重所有权的问题。因此，股权所有权说与"一物不得二主"的物权法规则相矛盾。第二，股东与公司分别为两个独立的民事主体，公司资产既非某一股东个人财产，亦非全体股东的共有财产，而是公司自身的财产。如果我们认为股权属于所有权，那么公司的财产无疑成为所有股东的共有财产，从而公司的法人财产权与合伙企业的法人财产权将无差异，这显然与公司法人财产的实质不相符。第三，从股权产生与形成过程来看，它是以股东让渡其出资财产的所有权为对价或条件的股东通过让渡其出资财产的所有权来换取以对公司事物的参与权、利润分配请求权等为具体内容的股东权，股权的产生和形成表现了股东出资由实物形态向价值形态的转变。第四，从股权的内容来看，股东向公司出资之后，即已放弃了对其出资财产的直接占有、支配和处分，他只能通过法定的程序和方式行使其权利，权利的核心由对物的直接占有，而转向对物的使用、利用所得的财产收益。股权脱离具体财产形态而抽象存在，是其极为明显的特征，因而从股权的具体权能上看，它与所有权也有着质的差异。更为重要的是，将股权简单地定位为所有权，不利于国有企业的改革和现代企业制度的建立。实行公司制度，就是要树立起权利转换的观念，把传统的所有权行使方式适时地转变为股权的行使方式。这是规范国家投资经营行为和健全法人人格的关键所在。

2. 债权说的不足与局限

债权说虽然清晰地看到了公司所有与控制分离的这一趋势，及股东与公司之间关系的这种微妙的变化。但债权说始终无法解决作为以请求权为核心的权利人参与公司决策和享有剩余财产分派的理论依据问题，也与公司控制权争夺等公司实践不符。所以，从其产生之日起，就受到不少学者的质疑，从者不多。

3. 社员权说的弊端

虽然为不少大陆法系国家的理论通说，但因社员权说只反映和体现出股东的身份，至于权利属性并未作出具体的界定，对于解决中国的实际并无太大帮助。此外，也有学者认为，股权的性质属于社员权的学说，深受公益社团和合作社的社员权理论影响。虽然按这种理论界定公益社团和合作社的社员权无疑恰如其分，但用于界定股权却失之偏颇。因为在公益社团中，社员资格的取得不以出资为条件，并且社员权的享有完全基于社员身份，社员权必然成为身份权。在合作社中，尽管缴纳社股为取得社员资格的条件，但合作社的互助合作性决定了社员权的享有与出资额无关，社员权基于社员资格而取得。但公司股东股权的取得并非基于其股东身份，而是以股东转让其出资财产所有权为对价。所以对此种学说，我国学者并不满意。再者，随着一人公司的大量出现，公司社团性特征的弱化甚至消失，"股权社员权说"的理论基础也将发生动摇。

鉴于以上分析，笔者认为，只有立足于现代企业制度关于股东财产与财产相互分离、股东与公司人格彼此独立、股东与公司之间产权分化的实际情况和发展需要来探讨股权的属性才有现实意义。从股权的产生、股权的内容，我们都不难发现，股权既不是所有权，也不是债权，而是公司法赋予股东的一种独立的民事权利。作为一种新型权利，它具有以下基本属性：

第一，股权属于私权。依据权利内容和性质，有公权和私权之分，其划分标准大致有权利主体说、权利渊源说、财产价值说和生活利益说四种学说。无论依据何种标准，股权的私权属性都是无可争议的。明确股权为私权，在现实生活中具有不可估量的意义。

第二，股权本质上是财产权。股权从内容上看，包括自益权和共益权，前者如股利分配请求权、剩余财产分派请求权等，具有财产权的属性，而后者如表决权、建议权、质询权等，则不具有明显的财产权属性。所以，不少学者，将表决权等视之为非财产权利，从而认为股权的内容具有综合性，并非单一性的民事权利。① 上述观点不无道理，但股权的本质仍是财产权。首先，股权是由所有权这种财产权转化而来，这种转化只是权利形式的变化，权利的性质不会发生根本的变化。作为股权主体的股东，也就是出资财产的原所有人，其根本目的是从公司分取红利。其投资、设立公司、参与公司事物等一系列活动都是围绕这一目的来进行的。其次，股权的权能都体现了它所包含的经济利益。股东的股利分配请求权自不待言，即便是表决权等共益权也体现了财产价值，只不过其表现没有自益权那么直接，而是通过对公司经营活动的控制和影响，间接体现出财产价值。因而股权的本质当属财产权。

第三，股权是资本权。股权是因投资行为而形成的权利，具有资本权的属性，只有把财产变为资本才能产生股权。股权作为资本权体现在三个方面：一是股权具有风险性。凡投资就有风险，因而股权必然不同于所有权。所有权的利益价值体现在一现存的物上，只要物不灭失，所有权的价值就具有保障，是一种比较确定的权益；而作为一种资本权，股权的价值总是和公司的经营活动相联系，时常处于波动之中。当所有人将财产作为投资投入公司之后，失去的是作为常数的所有权，得到的却是作为变数的股权。也许正是因为这一缘故，才激励股东更积极地行使自己的权利，以最大限度地提高其投资的回报。二是股权具有流动性。以归属为中心的所有权具有固定性，而因价值形态体现出来的股权则具有流动性和转让性。这是股权的生命力和价值所在。三是股权的人格化。股权的主体是公司特定的成员，是股东，它必须归结为具体的人，才能行使具体的权利。自然人为主体的股权如此，以法人和国家为主体的股权更应该如此。

（三）股权的特征

在我们对股权的性质有了初步认识之后，我们便不难把握股权的外在特征。概括起来，股权具有如下基本特征：

1. 主体上的限定性

股权的主体只能是公司的股东。非股东依法不能享有股权。股东身份、股东资格就是

---

① 雷兴虎主编：《公司法新论》，中国法制出版社 2001 年版，第 84 页。

股权的同义语，二者同时产生，相伴相随。

2. 权利客体的抽象性

股权不同于其他民事权利的一个重要特征就在于其权利客体的特殊性。股权的客体不同于传统民事权利客体中的物和行为等，股权所体现的是一种以传统的物权和债权的民事关系为基础发展而来的新的民事社会关系，股权的客体也在原物、行为等范畴的基础上得到发展。这种特殊性表现在股权的客体并非具体的物，也不能表现为具体的物，否则就意味着股东可以直接对公司财产行使权利，极易侵犯公司法人对公司的财产权利。尽管具体的物不宜作为股权的客体，但股权所包含的利益却可以包含在抽象的物之中。本来作为具体的人的股东对投入公司之中的具体的物享有直接支配性的所有权，但当这些具体的人集合在一起、同时又被法律虚拟为抽象的人——公司法人时，这些投入公司中的具体的物也集合在一起，转化为抽象资本，也相应地被法律拟制为相应金额的抽象的股份。这样原来具体的人——股东，放弃了原有的对具体的物——出资财产的所有权，转而只对已经抽象化的物——公司的股份资本享有支配权。由于股权客体的抽象性，股权显然已不能再如所有权那样对客体进行具体、直接的支配。股权的实现手段发生了变化，它往往必须依靠虚拟的人——公司作为中介来实现。只有在行使股份处分权时可以不必完全依靠公司这种中介。

3. 权利内容的丰富性

股权的内容非常丰富，它包括股利分配、剩余财产分派、出席股东大会、投票表决、转让股份以及对侵犯股东权益的行为提起诉讼等众多权利。如在传统公司法中，依据不同的标准，股权就有共益权和自益权、单独股东权和少数股东权、固有权和非固有权之分。共益权和自益权主要是依据股东行使股权的目的作为划分的标准的。凡股东以自己的利益为目的而行使的权利为自益权，而以自己的利益兼以公司的利益为目的而行使的权利则为共益权；依据股权的性质不同，可将股权分为固有权和非固有权。固有权又称不可剥夺权，是公司法赋予股东的、不得依章程或股东会决议予以剥夺或限制的权利。共益权多属固有权，而自益权则多属非固有权；此外，按股权的行使方式不同，可将股权分为单独股东权和少数股东权。单独股东权是指可以由股东一人单独行使的权利，少数股东权则指持有已发行股份一定比例以上的股东才能行使的权利。尽管股权的内容和行使方式具有多样化的特点，但股权并非是众多独立权利的集合或总和，其在本质上仍不失为一种单一的民事权利。股权的各种权能之间尽管类型各异，但它们之间存在着必然的逻辑联系，其相互协调、相互配合、共同发挥作用，是一个不可分割的统一体。股权体现出目的性权能与手段性权能、请求性权能与支配性权能，以及团体性权能与个体性权能的有机融合和统一。认为股权是一种集合性的权利的观点只看到了问题的表象，而没有把握股权的本质。

4. 股权凭证的证券化

在我国有限责任公司的股东的股权是通过公司签发出资证明书来实现的，而股份公司股东的股权则是通过公司签发的股票来体现的。无论是出资证明书还是股票，都是一种资本证券，股权与证券密不可分，融为一体，呈现出证券化特点。

(四)股权的分类

依据不同的标准，股权可以作出不同的划分。掌握股权分类有助于我们进一步了解股权的性质及其有效行使。为此，我们有必要在前文分析的基础上，将股权的分类作进一步的介绍。

各国公司法理论通常将股权作出如下划分：

1. 自益权与共益权

以其行使的目的不同，股东权可分为自益权和共益权。一般认为，自益权是股东仅为自己的利益而行使的权利，包括股利分配请求权、剩余财产分派请求权、股份转让权、新股认购优先权、股票交付请求权等；共益权是股东为自身利益的同时兼为公司的利益而行使的权利，如表决权、股东大会召集请求权、提案权、质询权、会计账簿查阅权、董事违法行为制止请求权等。就自益权与共益权的内容而论，前者主要是财产权，后者则主要是公司事务的参与权，二者相辅相成共同构成了股东所享有的完整股权。但正如前面所分析的，二者之间具有天然的联系，共益权的行使通常是行使自益权的手段，二者具有目的与手段的关联。

2. 固有权与非固有权

以其重要程度为标准，股东权可分为固有权和非固有权。所谓固有权，又称法定股东权或不可剥夺股东权，是指公司法赋予股东享有的，未经股东同意，不得以章程或股东会决议予以剥夺或限制的权利；而非固有权又称非法定股东权，是指非由公司法直接赋予，可由公司章程或股东会决议予以剥夺或限制的权利。自益权多属于非固有权，而共益权则多属于固有权。区分固有权和非固有权的意义主要在于让公司发起人或股东明确哪些权利是可以依章程或股东会决议予以限制，哪些权利是不得予以限制，从而增强其权利意识。凡对固有权加以限制的行为均为违法行为，股东可依法主张权利，并采取相应的补救措施。

3. 单独股东权和少数股东权

以行使方法为标准，股东权可分为单独股东权和少数股东权。单独股东权是指不问股东出资多少，每个股东均可单独行使的权利。如股东在股东会上的表决权、股份转让权、股份回购请求权等。所谓少数股东权是指持有公司股份总数一定比例的股东才能行使的权利。如股份公司临时股东大会的召集权等。行使少数股东权的股东既可以是持股相互结合始达一定比例的数个股东，也可以是持股比例达到比例要求的单一股东。

自益权均为单独股东权，而共益权中既有单独股东权，也有少数股东权。申言之，少数股东权只能是共益权。设置共益权的目的是为了协调公司团体利益与股东个体利益的关系，防止个别股东为了追求个体利益而滥用其权利，危及公司正常运营。也是对个别股东权的一种限制，体现了股权个体性权能与团体性权能的统一。

此外，还有一般股东权与特别股东权、法定股东权与章定股东权之分。一般股东权与特别股东权是以权利主体为标准进行划分的。普通股东享有的股权为一般股东权或称普通股东权；而特别股东，如公司发起人或特别种类股份（优先股、劣后股）的股东，所享有的股权为特别股东权。法定股东权和章定股东权是依据股东权产生的依据不同而进行的分类。基于法律直接规定的股东权，简称法定股东权；而来自章程规定的股东权为章定股东权。

二、公司法人财产权的概念和性质

我国《公司法》第 3 条第 1 款规定："公司是企业法人，有独立的法人财产，享有法人财产权。公司以其全部财产对公司的债务承担责任。"该条款是对公司法人财产权的确认。但公司法人财产权究竟属于何种性质之权利，理论界一直存在不同的认识。总体而言，理论界主要有以下三种观点：

1. 经营权说

持这种观点的学者认为，公司法人财产权到底是法人所有权还是其他权利，从我国《公司法》有关条款的字面含义上难以断定，但从该条款的规定和我国已有的企业立法的思路来看，将公司法人财产权认定为法人经营权更为务实些，加上原《公司法》第 4 条第 3 款中关于"公司中的国有资产属于国家"的规定，就更加难以认定公司法人对股东投资形成的公司财产拥有所有权了。

2. 结合权说

持这种观点的学者认为，法人财产权是经营权与法人制度的结合。经营权由所有权派生又独立于所有权的一种财产权。这种财产权一旦与法人制度相结合，即构成法人财产权。他们认为企业经营权是相对于国家所有权而言的，重点规定的是企业与国家之间的权利义务关系；法人财产权是相对于企业的其他民事权利而言的，重点规定的是企业作为独立的法人与企业财产之间的关系。公司法规定的公司法人财产权既与《全民所有制工业企业法》规定的经营权相连接，又进一步充实了经营权的内容。[①]

3. 所有权说

持这种观点的学者认为，公司法人财产权即为所有权。他们认为，以法人所有权和股权这一权利结构处理企业与出资人的关系是现代各国民商法的通例，要使企业成为真正的商品经营者就必须使其拥有独立的所有权。所以，无论其用何种称谓，都不能抹杀其所有权的实质。还有学者从立法的沿革进行考察，认为企业法人财产权是一种有所有权之实，而假经营权之名的折中性权利，是企业经营权与法人所有权的妥协产物，现行立法的提法具有明显的过渡性。公司法人所有权是公司法人财产权的最终归宿。[②]

4. 综合权利说

持这种观点的学者认为，公司法人财产权并不是某种单一的民事权利，而是所有权、债权、知识产权等诸种民事权利的综合或总称。[③]

笔者认为，公司法人财产权的本质应为法人所有权。第一，法人所有权和股权这种权利配置模式是现代企业的典型形态，也为各国理论界的共识。第二，承认法人所有权并不会削弱或者否定出资者的利益，相反会使出资人的有限责任和法人的独立人格立于坚实的财产基础之上，有利于强化出资者的利益。因为公司法人所有权本身是个人所有权发展到

[①] 高尚全著：《中国经济制度的创新——从计划经济走向市场经济》，人民出版社 1993 年版，第 6~7 页。

[②] 孔祥俊著：《公司法要论》，人民法院出版社 1997 年版，第 228~251 页。

[③] 雷兴虎主编：《公司法新论》，中国法制出版社 2001 年版，第 86 页。

一定阶段的产物，即当个人所有权在市场经济发达的情况下有风险和经营规模等局限性的时候，公司所有权方作为强化个人财产权的一种工具而发展起来，它并非终极意义上的所有权，它是克服个人所有权局限性的产物和工具，但又源于个人所有权；它对个人所有权的确具有排斥性，但这种排斥并非对个人所有权的剥夺和否定，反而是个人所有权的延长和扩张，是为更好地实现个人所有权而有效地配置社会资源的实施形式。公司的资产增值并不当然地来自于享有所有权本身，而是来自于股东对公司资产增值和经济效益的关切。正是由于受获取公司盈余的刺激，股东才会对公司营运极度关心，才会积极选任优秀的经营管理者和罢免不称职的经营管理者，确保公司高效运转。所以，包括所有权制度在内的整个公司制度都不过是适于股东资产增值冲动并最终更好地实现股东个人所有权的工具。因而承认公司的法人所有权不仅不会削弱和否定个人所有权，而且最终只会强化出资人的财产权利。第三，虽然将公司的法人财产权视为综合性权利的观点不能为错，因为他们承认法人财产权包含有法人所有权，但笔者认为，这种界定貌似科学、全面，却回避了问题的关键和实质所在。现行立法和理论研究需要解决的并非一个宽泛的财产权概念，而是需要对公司法人财产权的本质作出一个准确的界定，只有这样，才能解决公司财产的权属问题。毫无疑问，公司作为独立的人格化的法律主体，既可以享有所有权，又可以享有债权、知识产权甚至人身权，但公司法所需规定的并非公司的所有民事权利。公司有无处分和支配其财产的权利，才是公司法应该关心或回答的问题。承认法人所有权，就意味着对其他权利的认可。所有权既是债权的前提，又是债权的结果，公司发生债权是为了更好地取得或者利用所有权，享有所有权就当然能够享有债权。既然公司法人可以成为所有权的主体，那么当然也可以作为他物权、知识产权乃至人身权的权利主体。所以，以一种宽泛的法人财产权涵盖所有财产权，既无必要，也无益处。因此，我们认为公司法人财产权应是以支配权为核心的权利，其本质当为物权，而不应该为以请求权为其主要内容的债权或其他权利。第四，承认法人所有权，有利于实现法律关系的明晰化。因为所有权是交易的前提，也是交易的后果。肯定法人所有权，既可以解除在企业处分财产行为上的种种不透明和不必要的约束，也可以消除经营权让渡上的种种模糊性。同时也可以使公司财产权的性质名实相符，名至实归，使法律概念和制度科学化。

三、股权与公司法人所有权的关系

(一) 股权与公司法人所有权是现代公司产权制度的实质内容

产权清晰是现代企业产权制度的一项基本要求。对于公司这种现代企业制度来讲，产权清晰的基本特征就是股东作为出资者按投入公司的资本额享有股权，包括资产受益、重大决策和选择管理者等权利，公司作为企业法人对由股东投资形成的财产，依法享有法人财产权(即法人所有权)，并依法独立享有民事权利、承担民事责任。因此，股权与公司法人所有权构成了现代公司产权制度的核心内容，奠定了公司与股东各自人格独立的产权基础。

(二) 股权与公司法人所有权是相伴而生的一对法定权利

股权是出资者因直接投资公司而形成的权利，是出资者实施出资行为的法定后果。它不是基于股东身份而产生，而是基于直接投资创设公司的法律行为而产生。出资者直接投资创设公司，公司一旦获准成立，出资者的出资额就转化为公司所有，出资者的身份也就转化为股东，股权就是出资者直接投资创办公司而获得的法定权利。公司随着股东个人所有权的转化而取得了对公司股东出资所形成的公司财产的占有、使用、收益和处分的权利，因此公司的法人所有权和股东的股权都是基于股东的出资行为和公司依法成立的事实而同时产生的。它们相附相随，相伴而生。离开了股权，也就无所谓的法人所有权；撇开法人所有权，谈论股权也同样毫无意义。

(三) 股权与法人所有权既彼此独立又相互制衡

作为我国市场经济微观基础和基本载体的公司，不仅造就了股东财产与公司财产的分离，股东人格与公司人格的分离，而且确立了股权与公司法人所有权之间彼此独立和相互制衡的新型关系。一方面，股权与公司法人所有权是两个不同的主体依法享有的各自独立的民事权利，股东不能因为拥有股权而直接干涉公司对法人财产权的行使，公司也不能因拥有法人所有权而妨碍股东权的行使；另一方面，二者之间又是相互制衡、相辅相成、不可割裂的。作为公司的股东，为实现自己的利益，正是通过股权的有效行使，来影响公司的决策，实现对公司资产的间接支配或控制；而公司作为独立的市场主体，又可基于市场的基本规则，要求股东权利必须依据正当的目的和合法的方式来行使，禁止权利滥用。一句话，公司可以拒绝股东对公司经营管理活动的直接干预和对公司的不正当要求。所以说，股权与公司法人所有权之间是既彼此独立又相互制衡的新型关系。

总之，股权与公司法人所有权这种相互独立、相互依存又彼此制衡的特殊关系，构成了现代公司制度的产权基础和基本内容。

第七章　公司资本与出资制度

第一节　公司资本制度

公司资本制度作为公司法的支撑性制度之一，与公司治理制度共同架构了公司法制度群的主干，共同服务于公司法目标能否得以效率化实现的目的。狭义上的公司资本制度是指公司资本形成、维持和增减等方面的制度安排，广义上的公司资本制度则是围绕股东的股权投资而形成的关于公司资本运营的一系列规则和制度链的配套体系。无论是公司资本制度抑或公司治理制度，均致力于"融合法律、规范及公司运作，协助公司获得资金及人力资源，以增加股东财富，从而发挥公司组织的兴利与防弊的双重功能"。① 一国公司资本制度的优劣，可以推动商业，也可以阻碍商业；可以鼓励企业竞争，也可以抑制企业竞争；可以促进增加就业，也可以减少就业；可以营造一个富有吸引力的投资环境，也可以打造一个充满风险而令人却步的投资环境。② 这一认识，在全球竞争的时代，更为各国立法者所充分认识。在当今社会，人们普遍认识到，公司资本制度的设计不仅直接冲击着身涉其中的成千上万的公司参与者(股东、债权人)的利益，关乎交易秩序和交易安全，而且直接决定着公司设立成本的高低和公司运营灵活与否，直接影响着商业群体创造财富的动因和投资信心，直接衡量着一国是否为最佳的投资与创业之地。于是，公司资本制度安排究竟要达到怎样的立法预期目标？何种制度或者法律规则的安排，方能既满足公司融资的需求动机，又能平衡公司参与人之间的潜在利益冲突，成为各国学者苦苦追问的问题，也成为各国公司资本制度不断调整的动因。我国原来的公司资本制度过于注重资本的担保功能，而对于其应发挥的促进和调节社会投资的功能注重不够，严重制约了公司的发展。2013 年底，我国对公司资本制度作出了大胆的改革，以便利公司的设立和资本的筹措。

一、公司资本的内涵

(一)公司资本的一般含义

"资本"这一概念，在不同的学科有着不同的内涵。就经济学意义而言，资本通常是

---

① 王文宇：《台湾公司治理回顾与前瞻》，载滨田道代、吴志攀主编：《公司治理与资本市场监督——比较与借鉴》，北京大学出版社 2003 年版，第 16~17 页。

② 参见傅穹：《重思公司资本制度原理——以公司资本形成与维持为中心》，中国政法大学博士学位论文，2003 年 5 月，第 1~2 页。

指能够带来剩余价值的价值，也可以说是指与物质再生产密切联系的一种能够带来增值的生产要素，其体现的是资本的经济价值或财产价值，至于其来源及权利归属则非其所问。公司法意义上的资本则主要是指由公司章程确定并载明的、全体股东的出资所构成的财产总额。它不包括公司的借贷资本，也不包括公积金和尚未分配的公司利润，仅相当于经济学上的业主资本或资本金，即"股本"。这种理解上的差异是由法学和经济学各自不同的学科属性决定的。由于法学具有与经济学截然不同的目标和功能，所以，公司法着重强调的是公司资本的担保功能，而经济学则注重的是公司资本的经济价值功能。故公司法学意义上的资本必然强调其来源的正当性、权利归属的明确性和确定标准的客观性。① 由于公司的借贷资本虽也可供公司长期占有、支配和使用，并能实现增值，但就法律意义而言，它仍须公司按期归还，就其实质而言属于公司负债，而与公司的偿债能力等无涉，故在公司法上不将其作为资本看待。公积金主要是为了弥补亏损，不得用于清偿债务或挪作他用，所以也不能属于严格意义上的公司资本，充其量具有"准资本"的属性，或成为"储备资本"。未分配利润具有不确定性，也不宜作为公司资本看待。

要想正确把握公司资本的内涵，还须注意公司资本与公司资金的关系。公司资金是指可供公司支配的以货币形式表现出来的公司财产的价值，它主要包括公司股东对公司的永久性投入、公司发行的债券、向银行的贷款等。公司资金并非严格的法律术语，而是属于经济学词汇。所以，其与我们所讲的资本无论在内涵还是外延上都有较大的不同。我国长期以来对"资本"一词讳之莫深，立法上总试图用"资金"代替"资本"，结果造成了不少概念上的误区和认识上的混乱。这一状况在 20 世纪 90 年代才得以改变，还公司资本以本来面目。

结合以上分析，我们认为，公司资本具有以下几个特征：(1)公司资本由公司章程确定并载明。资本是公司章程必须予以记载的事项，资本不确定的公司章程会导致公司不能成立，公司成立后，如果公司资本增加或者减少，也需要对章程予以变更。(2)公司资本来源于股东出资，是公司自有的独立财产，从而有别于经济学上的借贷资本。(3)公司资本是一个抽象的财产金额，而不是具体的财产形态。虽然构成资本的财产总是以货币、实物、工业产权等各种具体形式存在，且这些财产形式之间亦经常发生转换，但资本本身却总是表现为一定的财产金额，而不受具体财产形式的影响。因此同样的资本会由完全不同的具体财产构成，而相同的财产构成则会代表完全不同的资本。(4)公司资本是一个相对不变的财产数额。公司资本已经确定，即不能随意改变。公司成立后，其经营状况不时发生变化，可能盈余，也可能亏损；其资本可能增值，也可能贬值，从而导致其实际的财产数额发生变化，但这些财产数额的改变并不自然改变其资本额。要改变公司的资本，必须以法定程序进行，所以其是一个相对静止的数额。

公司资本是股东对公司永久性投资而形成的公司资产，是公司赖以生存的"血液"、

---

① 冯果著：《现代公司资本制度比较研究》，武汉大学出版社 2000 年版，第 8～12 页。

公司运营的基础，也是公司对外承担责任的物质担保，因而也是公司衡量信用的主要尺度。① 因此，公司的资本对于公司企业法人资格的取得、生产经营管理活动的顺利进行、债权人利益的保障及交易安全的维护有着十分重要的意义。为了发挥公司资本的上述功能，确保公司的快速、健康、稳定发展，保护正常的社会交易秩序，各国公司法都十分重视对资本制度的建设。公司资本制度成为公司法中的一项核心制度。

(二)公司资本的具体形态

在具体的公司立法中，公司资本又绝非一个空洞的概念，而是有着丰富多彩的具体内容。不同类型的公司，其资本的地位、作用和构成都不尽相同。由于各国所实行的资本制度不同，资本的具体含义和表现形态也不相同。下面拟对各国公司法中最常见的几种公司资本形态略作论述，以加深对公司资本概念的理解。

1. 注册资本

注册资本(registered capital)，又称额面资本或核定资本，是指公司成立时由公司章程明确记载的，经过公司登记机关登记注册的，公司有权筹集的全部资本。注册资本是否实缴资本，各国规定有所不同。在我国公司法语境下，注册资本的特征主要体现在三个方面：第一，注册资本来源于股东或者发起人的股权资金，构成了公司的初始资本；第二，注册资本是股东或发起人认缴或认购的股本总额；第三，注册资本必须记载于公司章程之中，连同公司章程一并登记注册。②

2. 授权资本

授权资本(authorized capital)，是指公司根据章程授权可以筹集的全部资本。授权资本须记载于公司章程，但在公司成立时不需要认足或募足，可以在公司成立后根据业务需要分次发行。在授权资本的数额之内发行新股，无须股东会批准。授权资本的概念用于英美授权资本制之下，在法定资本制下，不允许有授权资本。

3. 发行资本

发行资本(issued capital)，是指公司实际已向股东发行的股本总额，即股东同意以现金或实物等方式认购下来的股本总额。发行资本可能等于注册资本，也可能小于注册资本。在授权资本制下，一般不要求注册资本都得到发行，故其发行资本通常会小于注册资本。

---

① 在现代社会中，公司的信用基础究竟是资产还是资本，理论界存在不同的认识。学界曾掀起对公司资本信用进行反思的浪潮，不少学者提出了"由资本信用向资产信用转变"的主张，认为公司法应该摒弃资本信用的理论。(参见赵旭东等著：《公司资本制度改革研究》，法律出版社2004年版，第37~43页)。笔者认为，反思是有必要，但切忌矫枉过正，由对于资本信用的迷信转向对资本担保功能的彻底否定。事实上公司资本和资产之间的关系并非绝对割裂的，二者是相互关联的，资本确定与资本维持的目的就是通过资本的确定和防止公司资本的侵蚀，而维护公司相应资产的完整；而公司资本的维持也正是通过对公司资产完整性的维持，而尽可能地实现公司账面资本与实际资产的一致。将二者割裂，甚至完全对立起来的观点是片面的，彻底否定公司资本担保功能的主张也是有害的。实际上，如果说资本不可信赖，那么公司资产更是难以监控。在绝大多数国家，公司资本仍是公司赖以存在的物质基础，是公司得以正常运营的物质保障，也是反映公司资信能力的重要标志。

② 施天涛著：《公司法论》(第三版)，法律出版社2014年版，第167页。

4. 实缴资本

实缴资本，又称实收资本或已收资本，是指公司发行股份，并由股东实际缴纳的出资总额。它是公司实际拥有的资本。由于股东认缴出资后，可能一次缴足，也可能分批、分次缴纳，所以实缴资本既可能等于认缴资本或发行资本，也可能小于发行资本或认缴资本。

5. 催缴资本

催缴资本，是指发行资本中应当缴纳而尚未缴清，须由公司催缴的部分。这是授权资本制下与实缴资本相对应的一种公司资本的特殊形态。

在我国，原公司法实行的是严格的法定资本制，无论是有限公司还是股份有限公司，资本均须注册方为有效，并且在公司成立时足额缴纳，因此公司资本就是注册资本，注册资本也就是发行资本、实缴资本，四者为同一概念。2013 年底，对《公司法》的资本制度进行了大幅度修订，内容主要有两点：其一，公司注册资本由分期缴纳改为认缴制，取消了公司全体股东的首次出资额不得低于注册资本 20% 的规定，并取消了关于公司股东（发起人）应自公司成立之日起 2 年内缴足出资、投资公司在 5 年内缴足出资的规定，取消了一人有限责任公司股东应一次足额缴纳出资的规定；其二，除法律、行政法规以及国务院决定对特定行业注册资本最低限额另有规定的外，原则上取消了法定注册资本最低限额。公司资本制度的大幅修改受到了高度关注，但也引发了诸多争议。需要澄清的是，废除法定最低注册资本制度，并不等于废除公司注册资本制度。注册资本实缴制改为认缴制，不等于股东认缴注册资本后，可以永远不实缴资本。相反，股东在公司成立之后必须按照公司章程记载的资本缴纳的时间、金额与方式等承诺，及时足额缴纳出资。倘若股东未按公司章程中的承诺履行出资义务，就要对公司、其他原始股东以及公司的债权人承担民事责任。①

二、公司资本三原则的内涵及其演变

公司资本三原则，专指传统公司法所确认的资本确定、资本维持和资本不变三项最重要的资本立法原则。所谓资本确定原则是指公司设立时应在公司章程中载明公司的资本总额，并由发起人认足或募足，否则公司不能成立，其目的在于强调公司资本保守鉴价，杜绝资本虚增灌水，确保股东出资的到位；资本维持原则是指公司在存续过程中，应当保持与其资本额相当的财产，其主旨在于以具体的财产充实抽象资本，防止公司资本遭到公司或管理者的无谓侵蚀；资本不变原则是指公司资本总额已经确定，非依法定程序，不得任意变更。资本三原则理论肇始于德国，并为大陆法系国家所奉行，成为大陆法系国家公司立法的一项核心原则，也为我国学者奉为公司资本制度设计的圭臬，认为公司资本确定、资本维持和资本不变这三项基本原则相互关联、相互依存，共同组成公司资本的法律保障和约束机制，并贯穿于公司法律制度的始终，是"由公司法所确立的在公司设立、营运以及管理的整个过程中为确保公司资本的真实、安全而必须遵循的基本法律准则"。②

---

① 刘俊海著：《现代公司法》，法律出版社 2015 年版，第 189 页。

② 范健、蒋大兴著：《公司法论》（上），南京大学出版社 1997 年版，第 335 页。

"资本三原则理论"的形成和发展有其深刻的历史背景和理论基础，它是有限责任制度和法益平衡等法律理论的产物，是公司债权人的利益乃至整个社会蒙受了多次严重损失，有了惨痛教训之后，得以产生并逐步发展起来的，是稳健经营和社会本位等经济理论和价值观念的体现。尽管资本三原则理论具有多方面的制度功能，但其核心功能则是保障债权人债权的实现，在股东与公司债权人之间建立最基本的利益平衡机制。该理论的逻辑起点和假设前提是，公司欲成立并运营必须具备一定的资金和其他物质条件，股东投入公司的财产将永续地存入公司构成公司的资本，它是公司债权人的信赖利益之所在，是公司债权人实现债权的最终屏障或担保，同时也是公司运营的物质基础和信用基础。所以，公司首先当有一个确定的资本数额，以作为公司运营之基础，并应极力维持该资本水平。唯有如此，方能体现法律应有的公正。

我国公司法曾是最为严格地遵循资本三原则的立法之一。首先，为了体现资本确定原则，我国原《公司法》严格规定：(1)公司的注册资本必须在章程中予以明确记载，为章程之必要记载事项；(2)设立公司必须符合法定最低资本限额；(3)公司的注册资本在公司成立时必须由发起人认足、募足和缴清，不允许公司和股东分期发行股份和分期缴纳出资；(4)出资人履行出资义务后，必须经验资机构验资并出具验资证明；(5)禁止公司折价发行股份；(6)股东出资必须符合法律规定的形式，对非货币形式出资必须承担出资差额的填补责任；(7)对"虚报注册资本"、"虚假出资"、"抽逃出资"等违法行为予以严惩。其次，为了贯彻公司资本维持原则，我国公司法严禁股东抽回出资，限制公司转投资和发行公司债券的规模，原则上禁止公司收购自身股份和将自身股份收质；规定公司在分配当年利润时应当提取法定公积金，在公司弥补亏损之前，不得向股东分配利润。而对公司资本的减少更是作出了严格的限定，如须有资本过剩和严重亏损的事实，公司减资时必须编制资产负债表和财产清单，减资后的公司注册资本不得少于法定的最低资本限额，必须践行严格的减资程序等。

值得注意的是，在物质资本是最重要的生产要素的传统产业经济时期，资本三原则的上述假定是客观存在，其逻辑基础也是相对稳固的。资本三原则理论自其诞生以来，尽管有时也会出现"只是一种法技术的虚拟"或"法律期待的存在"之尴尬，但总体而言，它在保障公司财务的健全和稳固，保护债权人利益方面发挥了不可低估的作用。不过，随着时代的变迁，资本三原则的逻辑基础已发生了不小的变化。严守资本三原则理论已难以适应当今"知识社会"的需要，难以与产业形态的锐变同步发展，所以，随着资本理性投资功能的增强和担保功能的削弱，资本三原则的原有功能和地位正在发生着悄然的变化。严格的、传统意义上的资本三原则在绝大多数市场经济国家已不复存在。人们大多赋予其新的内涵，以使其与现代经济发展相适应。这一显著变化主要表现在以下几个方面：(1)建立在严格的资本确定原则基础上的资本确定制(资本法定制)已被绝大多数的市场经济国家废弃，代之以授权资本制；(2)公司资本最低限额的规定出现了更为灵活的态势，公司设立的门槛大为降低，有的国家甚至取消了公司资本最低限额的规定，以适应新形势的需要；(3)股东出资的形式更加多样化，在部分国家原先被禁止的出资形式逐渐得到了立法的认可；(4)根据资本维持原则，为防止资本遭侵蚀而设计的"禁止公司股份回购和无盈余不得分配利润"等两个核心制度，也随着建设股利及员工认购公司股份和公司抵御"恶意收购"的需要，而出现了松动，资本维持原则也由以前的绝对性原则演变成为一个相对性原则；(5)公司法对债权人的保障措施日益多样化，由过去对抽象资本的依赖和对形式公正的追求转向对出资人行为后果的约束和实质公正的追求。这具体体现在以下几个方面：首先，各国债权法关于债权效力的规定有了新的发展，债权效力范围逐渐扩张，创设了不法侵害债权理论，认为债权具有不可侵犯性，并通过赋予债权人以代位权和撤销权使债的保全制度臻于完善；其次，从更为积极、主动的角度为债权人设置保障措施，建立起债券持有人会议制度、债务和解制度、公司重整制度，并不断强化公司董事对善意第三人的义务和责任；最后，各国公司实践通过建立公司人格否认制度，实现了股东责任向严格责任的转变，当公司存在向股东不当输送利益、损及公司人格健全时，公司的人格可能被予以否认，判令股东对公司债务承担无限责任，从而实现了公司责任体系中所保护的利益主体由出资人向债权人的"复归"。公司资本制度的设计重心开始由抽象的资本水准的维持，转移到对不具正当商业理由的利益输送行为的禁止，法律对债权人的保护从形式和程序上的保护转向对债权人实质结果的维护。

公司资本三原则理论的上述变化是时代发展的必然结果，也是效率与安全这一对立统一的公司法价值理念协调与磨合的产物。[①] 公司资本三原则理论的演变对中国公司立法的发展也产生了深刻的影响。《公司法》根据现实生活的客观需求，在坚持资本三原则理论的前提下，对其作出了灵活调整。主要表现在：

首先，在资本确定方面，根据《公司法》第 26 条和第 80 条的规定，法律、行政法规以及国务院决定对公司注册资本实缴、注册资本最低限额另有规定的，从其规定。目前，依然需要遵循资本确定原则的公司或行业包括：(1)《公司法》规定的采取募集方式设立的股份有限公司；(2)现行法律、行政法规规定的银行业金融机构和非银行金融机构；(3) 2013 年 10 月 25 日国务院第 28 次常务会议决定的劳务派遣企业、典当行、保险资产管理公司、小额贷款公司。

其次，在资本维持方面，《公司法》设计了一系列法律规则，主要体现在：(1)严格规制非货币出资行为(第 27 条第 1 款)；(2)禁止抽逃出资(第 35、91 条)；(3)追究瑕疵出资股东的民事责任(第 28 条第 2 款)；(4)禁止公司折价发行股份(第 127 条)；(5)原则上禁止公司回购自己股份(第 142 条)；(6)严格限制分红条件(第 166 条)。由于资本维持原则是公司资本三原则的核心，是维持公司资本信用的关键，因此公司法对资本维持进行了多重制度设计，这对于维护交易安全和保护债权人利益具有重要意义。

再者，在资本不变方面，《公司法》要求公司增减注册资本必须经过股东会决议，对于减少资本的，还特别规定了债权人保护程序。

三、公司资本制度的基本模式

由于法律制度和文化传统的差异，长期以来，英美法系国家和大陆法系国家形成了几种截然不同的公司资本制度。

---

① 冯果：《论公司资本三原则的时代局限》，载《中国法学》2001 年第 3 期。

（一）法定资本制

所谓法定资本制（statutory capital system），又称资本确定制，是指公司在设立时，必须在章程中对公司的资本总额作出明确规定，并须由股东全部认足，否则公司不能成立。由于法定资本制中的公司资本，是公司章程载明且已全部发行的资本，所以，公司成立后，要增加资本时，必须经过股东大会作出决议，变革公司章程中的资本数额，并办理相应的变更手续。

须说明的是，法定资本制的主要特点是公司资本或股份的一次发行、一次性认足，但不一定一次缴足股款。因此，即使在采用法定资本制下的国家，其资本制度的严格程度还是有一定的差异，有时采用严格的法定资本制，即不仅要求资本一次发行、一次性认足，还要求股东一次性缴足，不允许分期缴纳股款；有的虽然要求公司资本或股份一次发行、一次性认足，但不要股款一次性缴足，允许股东分期缴纳股款。我国修改后的公司资本制度仍然属于法定资本制的范畴，只不过是比较宽松的法定资本制，或者说是修正后的折中的法定资本制。

法定资本制不仅要求公司的资本总额必须明确记载于公司章程，使之成为一个具体、确定的数额，而且要求章程所确定的资本总额在公司成立时必须分解落实到人，即由全体股东认足，因而具有保证公司资本真实、可靠，防止公司设立中欺诈和投机行为，以及有效地保障债权人和交易安全等优点。故至今仍为一些大陆法系国家所采用。如丹麦、比利时、瑞士、卢森堡等国都要求公司股份在公司成立时必须得到全部认购，不允许存在已授权但尚未发行的股份。

但法定资本制也存在明显的弊端：诸如可能影响公司设立的效率、可能会导致公司资本的闲置和浪费，公司增资程序复杂繁琐并会增加成本等。因此，不少原采用法定资本制的国家已经废弃了法定资本制而改采折中资本制。

（二）授权资本制

所谓授权资本制（authorized capital system），是指在公司设立时，公司资本总额虽亦应记载于公司章程，但并不要求发起人全部发行，只须认足并缴付资本总额中的一部分，公司即可成立；未发行及认足部分，授权董事会根据需要，在公司成立后随时募集之公司资本制度。在授权资本制下，因未认定的部分系在章程中记载的资本总额之内，故再行募集时，无须变更公司章程，也无须履行复杂的增资手续。授权资本制既便于公司设立，又赋予了公司更大的经营灵活性，不管公司确定的资本额有多大，公司均可迅速成立，其后又可根据需要随时增加资本，而免除了修改公司章程等增加资本的烦琐程序，故能较好地适应市场经济对公司决策迅速高效的客观要求。因此，这种资本制度的最大特点是，以"追求效率与回应实践"为导向，以"放松管制且相信市场"为理念，以"赋权型规则为主导"。但由于在授权资本制下，公司的实收资本可能微乎其微，加之资本内容复杂，显然它更可能被欺诈行为所利用，削弱对公司债权人利益的保护，因而我国不少学者认为其不足也是显而易见的。

尽管授权资本制存在着明显的缺陷，但至今仍在英美法系国家得到普遍奉行。究其原因，与其独特的司法制度和文化传统不无关系。

首先，在公司资本制度形成时期，指导大陆法系国家公司立法的主导哲学思潮是社会本位主义，法定资本制重在公司债权人利益及社会交易安全的保护，而英美法系国家，自由主义思潮一直占据优势地位，在立法上则表现为个人主义的立法观念，授权资本制侧重于为投资者和公司提供便利条件，从而满足了该主导地位立法思潮的要求；其次，从司法制度来看，与推崇制定法的大陆法系国家不同，在英美法系国家，判例法占有重要地位，法官的司法判决可以创制法律，因成文法不发达所产生的漏洞，基本是以判例法来予以弥补的。英美法系国家司法判例所确认的"揭开法人面纱"原则和"深石原则"等，无一不是对授权资本制的补充和完善。因此，采用授权资本制可能引发的若干弊端，在英美法系国家由于其独特的司法制度而被逐一消除，至少不会演化成社会"公害"。正是因其独特的司法制度，加之对个人自由的极度推崇和对效率的追求，使得授权资本制在英美法系国家找到了自己的生根土壤。授权资本制正是以个人为本位的立法原则的体现。方便、灵活、注重效率是授权资本制的巨大优势，这也是近几十年来，大陆法系国家纷纷借鉴这一制度的主要原因。

（三）折中资本制

法定资本制为大陆法系国家所长期奉行的一种较为典型的资本制度，因其强调资本的确定、维持和不变，加之在公司设立时，就要求全部注册资本落实到人，而具有保证公司资本的真实、可靠，防止公司设立中的欺诈和投机行为的优点，对于有效地保护债权和交易安全无疑具有积极作用。但是法定资本制也因其过于严格和缺乏灵活性而在一定程度上制约着公司的发展。首先，公司在成立之后的若干年内，需要多少资金，其中有多少可以来自借款，有多少需要从公众募集，取决于公司的发展速度、经济形势、市场需求等事先难以充分预见的因素，而要求公司在成立时就须将公司若干年内的资本数额记载于章程且须全部被发行和认购，这无疑加重了公司设立的难度，也可能使公司在设立时就积压了大量的闲置资金。再者，公司能否募足首期发行的股份，与证券市场行情、政府对证券发行的控制等复杂多变的因素紧密相关。在法定资本制下，一个首期发行 5 亿元股份的公司，可能因 1 万元股份无人认购而无法成立，如此巨大的代价，仅仅是为了保护尚不存在的债权人，其合理性也是值得怀疑的。另外，在法定资本制下，每次增减公司资本均须召开股东会修改公司章程，这不仅增加了集资成本，也使董事、经理难以利用商业机会及时作出有利于公司的决策，与商品经济对企业决策高效、快捷的要求格格不入。因此，随着法定资本制的推行，其诸多弊端便日益暴露出来，其中缺乏效率和活力不足成为其致命的弱点。于是，人们开始把目光投向风靡英美国家的授权资本制。德国于 1937 年制定的《股份和股份两合公司法》率先对资本确定原则进行修正，允许公司分期发行股份。1950 年日本修改商法典，也放弃了长期采用的法定资本制。随后，瑞典、荷兰等国也相继对公司法进行修改，改用授权资本制。

然而由于法律文化和司法制度的巨大差异，大陆法系国家在公司资本制度进行修正时，并非对英美法系国家授权资本制予以简单的复制，而是视其国情作出了不同的技术处理，走的实际上是一种折中的道路，其现行的公司资本制度在法理上被统称为折中的授权资本制，简称折中资本制。

折中资本制，是介于法定资本制与授权资本制之间的一种公司资本制度，是近年来各种公司资本制度的有机结合。尽管折中资本制在不同国家的公司法中，其表现形式及具体内容略有差异，但概而言之，在对公司资本制度的立法技术处理上，大致有以下几种做法：(1)对公司资本的含义加以特别的限定。如日本1950年修改商法后，虽采用授权资本制，但对授权股份数不称之为资本，而另行规定："公司的资本，本法另有规定的场合除外，为已发行的发行价额的总额。"①日本商法的这一规定，实质上是将公司资本限定为发行资本，而非注册资本。在这一点上，与法定资本制无异，可避免因实行纯粹的授权资本制易使相对人对公司资本产生误解的弊端。(2)规定首期发行数额在注册资本中应占比例，以弥补在纯粹授权资本制下，公司实际发行及实际收到的资本数微乎其微之缺陷。如日本商法规定："设立公司实际发行的股份总数不得低于公司发行股份总数的四分之一。"荷兰公司法要求至少有20%的授权资本须由发起人认购；剩余部分可以在以后发行。(3)限定授权发行期限。即在公司设立时，虽不必将公司资本全部认足，可以授权董事会在公司成立后随时发行招募，但此种发行权须在一定期限内行使。如德国股份公司法第202条规定，"章程可以授权董事会最长为5年的全权，在公司进行登记之后通过发行以投资为条件的新股票，把基本资本增加到被批准的资本"。(4)在设立或成立后两个阶段分别用法定资本制和授权资本制，这是目前多数大陆法系国家所采用的一种做法，这样，既可以保证公司资本在公司成立时即得以确认，又可增加公司增资的灵活性。如丹麦公司法要求，在公司成立时，全部资本必须得到认购和发行(第9条)；但"在增加资本时，公司章程中可以授权董事会在其认为适当的时候通过发行新股增加资本"(第37条)。在德国"股份有限公司成立时，所有的股份资本必须得到发行和认购"。但依据德国股份法第202条及其后条文的规定，董事可以被授权通过发行新股而增加资本。不过，已经授权但尚未发行的资本不得超过已发行资本的1/2，授权的期限不得超过5年。《法国商事公司法》第75条要求公司成立时资本必须全部被认购，但其第180条又规定股东大会可授权董事会或监事会以一次或若干次完成增资所必要的权力。其他国家如卢森堡等也有类似规定。②

事实上，折中资本制是介于法定资本制和授权资本制之间的一种公司资本制度，它吸收了两大资本制度的优点，既顺应了由与小农经济相适应的安定观念向与生产经济相适应的效率观念、信息观念的转变，又克服了单纯的授权资本制使相对人面临过大风险的弊端，因而具有较强的生命力，代表着现代公司资本制度的发展趋势。我国公司法原来实行的是最为严格的法定资本制(实缴资本制)，不仅公司章程中确定的注册资本额在公司成立时须由全体股东认足，而且还须由股东实际缴纳，但经过2005年和2013年的两次修订，现行的我国公司资本制度虽然仍披着法定资本制的外衣，但已经接近于授权资本制。当然，认缴制下的"授权"不同于传统授权资本制下的"授权"，不是授权董事会自行发行股份，而是授权董事会自行根据公司经营需要自行决定何时要求股东实缴其所认缴的股款。因此，认缴制虽可勉强归入授权资本制，但其实属于不严格意义上的授权资本制，将其视为一种新型的公司资本制度类型也未尝不可。③ 整体而言，我国现行《公司法》确立的认缴资本制体现了资本决策自由的原则，一方面能有效避免严格的法定资本制所带来的

---

①　《日本商法》第284条之2。

②　德国、法国的这种资本制度，我国学者又称之为许可资本制或认许资本制。

③　范健、王建文著：《公司法》(第四版)，法律出版社2015年版，第244页。

繁琐的资本增加程序，另一方面给创业者提供了公平的机会，使他们具备了依靠公司经营增值补充注册资本的可能，因而具备明显优势。

四、公司最低资本额

公司的最低资本额是指法律所规定的设立公司所必须具备的最低资本数额。公司最低资本额制度是公司资本确定原则和法定资本制的进一步要求。最低资本额制度的法律意义与公司资本本身的法律意义是一致的，但最低资本额是在资本"质"的基础上强调"量"的要求。其不仅要求公司必须拥有资本，而且资本必须达到一定数额。有限责任制度和公司人格独立是公司最低资本数额制度的主要立法根据。有限责任制度将股东的责任限制在其出资额范围内，但却对公司交易相对人的利益置于一定的风险之下，为平衡股东和公司债权人之间的利益，法律就需要对公司资本额作出最低数额的要求，以对市场经济活动的准入设定必要的门槛，对债权人的利益提供最低限度的担保。然而，最低资本数额限制的宽严，直接关系到公司设立门槛的高低，特别是 20 世纪 60 年代至 21 世纪期间，面对日益激烈的国际竞争，不同国家和地区均掀起了一场旨在进一步"除去管制化、行政监督效率化、资本流动化、组织架构弹性化"的公司改革运动，公司资本制度的调整和改革成为其重点内容。实践证明，一个更为灵活、管制更为宽松的公司法制度将更具吸引力，从而吸引更为广泛的投资，即管制越严，公司准入的门槛越高，越难以吸收域外的资本进入，反而导致本国游资的外逃；反之，管制适度宽松，公司设立成为一项投资者易于行使的权利，且立法提供了合理的保障机制，则越能够成为投资者的乐园，相应提升本国的竞争力。基于我国原《公司法》关于最低注册资本额的要求过高导致限制了资本进入，造成资本的闲置和浪费，并由此诱发一系列违法行为的现实，理论界和实践界要求彻底取消最低资本数额或降低最低资本数额的呼声很高。为此，2013 年的《公司法》彻底废除了注册资本的最低资本限额要求，这种颠覆式改革的依据主要体现在三个方面：其一，鼓励投资兴业，开拓各种投资资源，促进市场经济的发展；其二，最低注册资本额成为公司设立中各种违规违法行为的诱因，造成经济生活的混乱，引发市场诚信危机和道德风险；其三，弱化资本信用，强化资产信用。[①] 当然，废弃注册资本最低限额，是否会引发"侏儒公司"等问题，尚有待观察。正如有学者所指出的："实施颠覆性的改革措施，忽视了其他大陆法系国家和地区公司资本制度变革的背景及底线。英美授权资本制下维护交易安全的配套制度非常完备和精细，我国则缺乏那种系统性的法律配置和软文化，依托法定资本制保护债权人利益是我国长期的最适合制度选项。"[②]所幸的是，公司法具有强烈的变动性特征，本次改革并非终点，而是提供了一种"试错"机制，未来可以根据实践经验与教训，建立妥当的配套制度。诚如有学者所言，2013 年的认缴制改革受制于时间仓促和认识局限等原因，并没有完成由实缴制向认缴制转变的重要任务，有必要将这场未尽的改革进行到底，围绕出资债权这一核心，以维护公司对出资债权的自主处分权免遭股东不法侵害为主

---

① 赵旭东主编：《公司法学》(第四版)，高等教育出版社 2015 年版，第 172 页。
② 甘培忠：《论公司资本制度颠覆性改革的环境与逻辑缺陷及制度补救》，载《科技与法律》2014 年第 3 期。

线，对出资债权的主体、到期、处分及计量规则作出全面革新。①

五、公司资本的变更

资本变更，是指公司资本数额的变化，表现为资本的增加和减少。公司法虽然确立了资本确定、资本维持和资本不变三原则，但在公司的存续过程中，其资本数额并非绝对不允许变更。随着公司经营活动的开展、业务范围的扩大和市场状况的变化，在客观上要求公司资本相应地增加或减少。实际上，在公司成立后，其实有资产和净资产即处于经常的变动中，为使公司资本反映公司净资产的情况，也客观上要求对公司资本作相应的调整。为此，各国公司法对公司资本都作出了相应的规定。

（一）增加资本

增加资本，简称增资，是指公司基于某种情况和生产经营的需要，依法定的条件和程序增加其资本总额之行为。公司增资通常基于以下目的：（1）筹集资金扩大经营规模；（2）保持现有运营资金，减少股东收益分配；（3）调整股权结构和持股比例；（4）增强公司实力，提高公司信用；（5）抵御恶意收购。由于公司增加资本只会提高公司的资信水平和偿债能力，不会对债权人和社会交易安全造成不良影响，所以各国公司法对此一般不作过多限制，只是要求公司增资应保证增资程序上的正当性，不得以增资无端损害少数股东的利益。

1. 增加资本的途径和方式

公司增资的途径主要有两个：一是吸收外来新资本，包括增加新股东和老股东追加投资；二是分配性增资，即将公积金扩充为资本或将未分配利润转为股本。增资方式具体又可以细分为以下几种类型：（1）内部增资和外部增资。前者是由现有的股东认购增加的公司资本；后者是指由股东之外的投资者认购新增的资本。二者可以同时采用。（2）同比增资和不同比增资。此类增资方式仅适用于内部增资。同比增资，是内部增资时各股东按原出资比例或持股比例同步增加出资，增资后各股东的股权比例或持股比例不发生改变；不同比增资，是内部增资时各股东不按原出资比例或持股比例同步增加出资，增资后原股东的股权比例或持股比例会发生相应变化。（3）追加性增资和分配性增资。追加性增资，是通过现有股东和其他投资者对公司新的投入而增加公司资本，其结果既增加公司资本，又增加公司的资产和运营资金；分配性增资，是内部增资的一种方式，是在股东不作新的投入的情况下，通过将未分配利润用于股东出资缴纳或者将公积金转为公司资本等方式增加公司资本，其结果只改变公司资产的性质和结构，而不改变其总的价值总额，只改变公司的资本，而不增加公司的资产总量。（4）增加股份数额与增加股份金额。这是股份有限公司的增资方式。增加股份数额，是指公司在原股份数额之外发行新的股份，这种增资方式既适用于内部增资，也适用于外部增资；增加股份金额，即在不改变原定股份总额的情况下增加每股股份的金额或面额。此种增资仅适用于内部增资。公司也可以同时采用两种增资方式，既增加股份的数额，又增加每股的金额。（5）配股增资与送股增资。二者都属于分配性增资，是上市公司广泛采用的增资方式。配股增资，又称增资配股，是指上市公司

---

① 丁勇：《认缴制后公司法资本规则的革新》，载《法学研究》2018 年第 2 期。

根据现有股东持股的数量按照一定的比例向其发售股份。配股对象仅限于公司现有股东，配股的条件通常要优于公司对外发行的条件。送股增资，又称送红或送红股，是指上市公司根据现有股东持股的数量按照一定的比例向其无偿分配股份，其实质是向股东进行收益的分配，只是分配的不是货币而是股份，所以只能严格限于公司现有股东。此外还有公司债转换为股份和债转股。前者是指将公司发行的可转化公司债依照法定的条件转换为公司的股份。债转股增资是我国商业银行改革和资产重组过程中所实行的特殊增资方式，即将银行对债务人公司所享有的债权按约定的方式折抵为对该公司一定金额的股权，银行由此从债权人变为该公司的股东，从而导致公司资本的增加。该种增资方式目前尚未有明确的立法，是根据我国的有关政策而推行的，具有政策性增资的特点，学界对此存有不同的认识。

2. 增资的条件

各国公司法对增资的条件限制较少，特别是对有限责任公司增资的条件通常不作强制性要求，而由公司自行决定，但考虑到股份有限公司，特别是上市公司公众性的特点，法律对其还是作出了必要的限制。依据《证券法》第 13 条规定，股份有限公司公开发行新股，应当符合以下条件：(1)具备健全且运行良好的组织机构；(2)具有持续盈利能力，财务状况良好；(3)最近三年财务会计文件无虚假记载，无其他重大违法行为；(4)经国务院批准的国务院证券监督管理机构规定的其他条件；上市公司非公开发行新股，应当符合经国务院批准的国务院证券监督管理机构规定的条件，并报国务院证券监督管理机构核准。

3. 增加资本的程序

尽管公司增资对债权人不会产生不利影响，因而无须践行债权人保护程序，但公司增本的增加往往会影响股东的现有持股比例和改变公司的股权结构，所以对股东的现有利益会带来一定的影响，如果处理不当甚至会引发公司内部的对抗和冲突。由于公司增资关乎股东切身利益，故不少国家要求公司增资必须经股东会(股东大会)议决，同时还赋予了公司股东优先认购新增股本或股份的权利，以保证股东的利益不至于因公司增资而造成不应有的损失。不过在授权资本制下，法律规定在公司章程所确定的授权资本额度内增资不需要股东会议决，直接授权董事会根据需要来决定。根据我国《公司法》的有关规定，有限责任公司增资，应由董事会制订增资方案，然后提交股东会决议，必须经代表 2/3 以上表决权的股东通过；国有独资公司由国有资产监督管理机构决定；股份有限公司增资，也应由董事会制订增资方案，然后提交股东大会决议，并经出席会议的股东所持表决权的 2/3 以上表决权通过。不论有限责任公司还是股份有限公司，注册资本增加后，均要相应修改公司章程记载的资本数额，以及变化了的股东出资数额等事项，并到公司登记机关办理变更登记，不登记不发生对抗效力。

(二)减少资本

减少资本，简称减资，是指公司在存续过程中，因资本过剩或亏损严重或基于某种特殊需要，依照法定条件和程序减少公司资本总额之行为。公司资本在很大程度上代表着公司的资信及偿债能力，因此基于资本确定、资本维持、资本不变原则，为维护交易安全，保护股东和债权人的利益，法律对减资作出了严格控制。但在出现了特定情况时，若一味坚持资本不变，不允许减少资本，就可能会造成公司资本在公司中的停滞，不利于充分发挥社会财富的经济效益，资本也会失去其作为公司运营的物质基础和表示公司信用状况的应有作用。所以，各国公司法并非绝对禁止公司减少注册资本，而是通过程序严加控制，以防止公司不当减资给股东和债权人的利益带来损失。

实践中，根据公司减资的不同要求，减资的方式也不同。概括起来有以下几种：（1）同比减资和不同比减资。同比减资，是指各股东按原出资比例或持股比例同比例减少出资，减资后各股东的股权比例或持股比例保持不变；不同比减资，是指各股东不按原出资比例或持股比例同比例减少出资，减资后各股东的股权比例或持股比例将发生变化。（2）减少股份数额和减少股份金额。这是股份有限公司所独有的减资方式。减少股份数额，即每股的股份金额保持不变，通过减少股份数额以减少公司的资本总额之减资方式。其具体方法又包括消除股份和合并股份两种。消除股份，是指取消一部分或特定的股份，依是否征得股东同意，又分为强制消除和任意消除；合并股份，是指两个或两个以上的股份合为一股。减少股份金额，即不改变股份总数只减少每股的金额以实现减资之方式。（3）实质性减资和形式性减资。前者指既减少公司资本又减少公司资产之减资形式，后者则仅改变资产的性质和结构而未改变公司资产总额。在现实生活中，通过向股东返还出资或免除部分股东应有的出资义务等减资手段均构成公司实际资产的减少，为实质性减资；而在公司亏损或派生分立时，通过直接消除股权或直接减少每股金额的方式减少公司资本，并不实际向股东返还出资或实质性减免股东的出资义务，因而不构成公司实际资产状况的改变，仅属于形式性减资。

相对于增资而言，公司资本的减少，不仅会直接影响股东的利益，也可能在实际上减少公司的资产，降低公司的承担财产责任的能力，直接影响到公司债权人的利益。特别是在我国，2013 年公司资本制度改革之后，公司认缴出资大量未到期现象非常普遍，公司实收资本与股东承诺出资总额相差甚远，加上大股东意志与公司意志混同的高发现象，使得"减资"很容易沦为公司逃避债务、侵害债权人的工具。各国公司法对公司减资的程序严加控制，要求公司减资必须践行股东会决议和债权人保护程序。我国公司法也不例外。依据我国《公司法》的有关规定，公司减少注册资本必须履行以下程序：

第一，股东会决议程序。公司减资必须编制资产负债表及财产清单，由董事会制订具体的减资方案，并召集股东会或股东大会进行审议和表决。有限责任公司减少资本的决议必须经代表 2/3 以上表决权的股东通过；国有独资公司由国有资产监督管理机构决定；股份有限公司减少资本的决议，必须经出席会议的股东所持表决权的 2/3 以上通过。

第二，通知、公告债权人及债权人异议程序。公司应当自作出减少注册资本决议之日起 10 日内通知债权人，并于 30 日内在报纸上公告。债权人自接到通知书之日起 30 日内，未接到通知书的自公告之日起 45 日内，有权要求公司清偿债务或者提供相应的担保。如果对于债权人在法定期限内提出的要求，公司不予满足，则不得进行减资。

第三，办理变更登记并公告。公司减少注册资本的，应当自作出减少注册资本决议或者决定之日起 45 日内申请变更登记，并应当提交公司在报纸上登载记载公司资本公告的有关证明和公司债务清偿或债务担保情况的说明。公司减资应自登记之日起生效。

<h2 style="text-align:center">第二节　股东出资制度</h2>

一、出资制度概述

股东出资是指股东(包括发起人或认股人)在公司设立或增加资本时，为取得公司的股份或股权，根据协议的约定及法律或章程的规定向公司交付财产或其他给付义务之法律行为。对出资的各种法律规定和要求构成了系统的股东出资制度。股东出资是股东的基本义务，是公司资本制度的构成基础，有限责任就是以股东的出资额为限承担责任，出资也是股东取得股权的对价。因此，出资是股东承担有限责任的边界和享有股权的根据。

股东出资制度是公司资本制度的构建基础，与公司资本制度密不可分。公司法关于股东出资方式、出资构成、出资义务违反的责任，就是为了进一步保证公司资本的确定和充实。同时，由于公司必须有不低于法定数额的公司资本，公司方能有效成立，而资本是由股东出资构成的，因此，公司设立的一个主要环节就是股东认缴出资，而围绕其构建的一系列规则，包括出资方式、出资构成、出资限额、出资验证、审查核准等规则本身也构成了公司设立的基本规则。狭义的出资制度也主要是指作为公司设立制度中的一个方面的出资规则。但是，股东出资并不局限于公司设立阶段，只要公司存续就有可能因增资而需要股东向公司履行财产交付以换取股份或股权。因而，股东出资制度是与公司资本制度和公司设立制度高度关联，但又相对独立的一项公司制度。它不仅包括股东与公司的关系，有时还涉及股东资格的变动。

正是由于股东出资制度与公司资本制度的高度关联，为了确保公司资本的真实和公司的信用，各国公司对股东出资的形式、出资的构成、出资的程序和条件等都作了明确的规定。我国也不例外。

二、出资方法

股份有限责任公司的资本须划分成均等的份额，因此其出资方法比较简单，即采取单一的出资均等主义，由于有限责任公司的资本无须等额化和股份化，所以其出资方法一般具有多样性，为此，大陆法系的公司法对有限责任公司的出资方法的立法就有以下三种不同的制度：

1. 出资均等主义

出资均等主义，亦称复数主义，即规定有限责任公司股东的每份出资额是均等的，股东可以认购一份，也可以认购数份。日本有限责任公司法和法国公司法即采用这种制度。如日本有限公司法规定，每股出资应当一律均等，并不得少于 1000 日元。尽管这种复数主义的出资，在形式上与股份有限公司的股份相同，但在实质上仍有明显区别。在日本，股份有限公司的股份被称之为"株式"，其证明书是可以流通的股票。而有限责任公司股东的出资，则被称为"持份"，其证明书则是不能流通的股单。

2. 出资不均等主义

出资不均等主义，也称单一出资制，是指股东只能认购一份出资，各股东所认购的出资额可以不同。我国台湾地区即采用这一原则。在我国的实践中，有限责任公司股东的出资，基本上也是采用单一出资制。

3. 基本出资制

基本出资制是出资均等主义和出资不均等主义的结合，即每一股东只能认购一份出资，每一份出资额可以不同，但必须是基本出资额的整倍数。例如，德国有限责任公司法规定，设立公司时，每一股东或出资人的出资额不得少于 500 马克，每一股东或出资人只能认购一股，每股的出资额可以不同，但均需为 100 马克的整倍数。该规定既有利于消除出资均等主义在出资方式上与股份有限公司的混同，又有利于消除出资不均等主义在股东表决权计算上的不便，故为不少学者所推崇，认为可以作为我国在确立有限责任公司股东出资方法的一种选择和借鉴。

我国公司法对有限责任公司股东出资的方法没有作出明确规定，可理解为不排除其中任何方法的适用。笔者认为，从方便投资者的角度出发，不做硬性规定，本身就不失为一种明智的选择。

三、出资形式

从各国的企业法理论和实践来看，不同类型的企业，其投资者的出资形式有一定的差异。从大的方面，出资可分为财产出资和非财产出资两种形式。其中，财产出资是指投资者以特定形式的、具有确定的经济价值的财产或财产权利出资；后者是以财产之外的其他形式出资，如劳务和信用。对于非法人形态的个人独资企业和合伙企业，其投资者的出资形式一般比较宽泛，既可以财产出资，也可以财产之外的劳务和信用出资。而对于公司企业，由于股东责任形式的特殊性，各国公司法对股东的出资形式通常都有限制，不允许以非财产形式的劳务和信用出资，只允许股东以特定形式的财产出资，以维护公司债权人的利益和正常的交易秩序。就财产出资而言，又可分为以现金形式的出资和以现金之外的其他形式的财产出资，前者称现金出资，后者称现物出资。现金出资为各国立法所允许，但对于现物出资，则由于在价值评估、所有权转移及危险负担等方面具有一定的特殊性，故对何种形式的非现金财产或权利方可进行出资，或者作为合格出资的现物应该具备什么样的条件，不同的国家的理论和实践均有一定的差异，并建立了不同的法律规制体系。

(一) 现物出资标的物的资格

对现物出资，人们通常理解为现金以外的财产出资。然而财产毕竟是一个相当宽泛的概念，其表现形式多种多样，而现代公司又是建立在有限责任的基础之上的，因此为公司债权人和其他股东利益计，有必要对公司现物出资标的物的范围进行界定，即并非任何类型的财产都可以被股东用来作为出资。标的物的资格指的就是能够成为现物出资标的物的财产应该具备的基本条件，即现物出资标的物的适格性问题。它是正确理解和确定现物出资标的物范围的理论基础。因而，虽然该问题在我国尚未引起理论界的重视，但在国外学术界却一直是一个备受理论界关注的话题。

国外理论界对现物出资标的物的资格问题曾经过长期的争论，尽管在某些方面仍存分歧，但在主要方面已达成共识，并形成了若干评判标准，概而言之，包括以下几点：

1. 确定性

所谓确定性，就是指出资标的物必须特定化，即以什么作为出资标的物必须客观明确，不得随意变动。这与现金出资不同，也是由现物出资注重标的物的个性的特点所决定的。各国立法在设定确定性这一条时，一般都要求将出资标的物的种类、数量等内容在定款(章程)中予以记载，通常不允许以其他种类的价值物来替代。

2. 价值物的现存性

这是从现物出资制度的目的着眼而提出的一个标准。一般认为，现物出资的标的物应该是事实上已存在的价值物，对于那些应当是将来才生产出来的物品，它本身不应具有适格性，而且，该标的物必须为出资者所有或享有支配权。即股东应以自己所有或可支配的现实存在的价值物出资。

3. 价值评估的可能性

无论以何种形式的现物出资，都必须进行评估并折合为现金。既然现物出资以比价换算给予股东，就要有对该标的物进行客观评价的方法，对于无法进行明确评估的财产不能作为现物出资。这也是人们反对有限责任股东以信用和劳务出资的原因之一。

4. 具有公司目的框架内的收益能力，即有益性或称必要性

也就是说作为现物出资的标的物应为公司事业所需要的，有实益的价值物，而对公司营业无关紧要之物一般不宜用作出资物。我国《公司法》虽未强调其实用性，但在其他法规中却有类似规定。如《中外合资经营企业法实施细则》第27条规定，作为外国合营者出资的实物必须为合营企业所必不可少、且不能生产，或虽能生产、但价格过高或在技术性能和供应时间上不能保证之物。

5. 可独立转让性

这是出资人履行出资义务的必要条件，即出资人对该出资标的物享有独立支配的权利，对于禁止转让、限制转让之物或无法脱离出资人实施转让之物不得作为出资标的物。以共有财产出资，应在其他共有人同意的情况下，才能视为有效出资。劳务因具有强烈的人身依附性而不具有适格性。

(二)出资标的物的范围

关于现物出资的范围，有不同的立法例。一种是概括式，一种是列举式。多数西方国家采取概括式，对于现物出资的种类并不作出明确的列举，在实践中基本上凭学说和判例来作出判断。从大多数国家的实践来看，其范围相当广泛，既包括动产、不动产等有形财产，还包括专利权、著作权、专有技术、动产和不动产的收益权、矿业权、没有转让限制的股权、对公司的现实债权等无形财产出资。可以说，凡具备上述几个要件的财产(含财产权利)，无论其具体表现形态如何，均可用作现物出资的标的物。我国原《公司法》采取的是列举式。原《公司法》第24条第1款规定："股东可以用货币出资，也可以用实物、工业产权、非专利技术、土地使用权作价出资。"相对于概括式立法例，这一规定模式的不足显而易见。首先，列举式立法例虽然有一目了然的优点，但它却难以穷尽所有的出资形式，比如说现实生活中存在的如火如荼的以债出资形式就很难包容在现行立法中；其次，哪些出资形式为人们所接受取决于人们的认识水平并受制于特定的社会经济环境，所以无论在理论上还是在实践中，出资形式多样化成为一种世界性的潮流，即使采取列举式

的个别国家和地区也不得不迫于现实的压力，不断地对立法作出调整。因此，现行《公司法》改变了原来简单列举做法，采用概括列举的方法。修改后的《公司法》第 27 条和第 82 条规定，有限责任公司的股东和股份有限公司的发起人可以用货币出资，也可以用实物、知识产权、土地使用权等可以用货币估价并可以依法转让的非货币财产作价出资；但是，法律、行政法规规定不得作为出资的财产除外。采取概括式列举的方法扩大了我国公司股东出资形式的范围，凸显了我国立法对出资形式的宽容，也充分体现了我国对公司资本制度认识的深化。

（三）股东出资的典型形态

在例示主义立法模式下，法律规定的法定形式无疑成为典型的股东出资形式。[1] 依据我国公司法的规定，其典型形式包括货币出资、实物出资、知识产权出资、土地使用权出资。

1. 货币出资

货币出资，即以现金形式出资。货币出资是最简单、当事人之间最少发生争议和纠纷的出资形式，也是公司实务中最为公司所需、最受公司和股东欢迎的出资形式，然而对许多当事人来讲，又是最困难的出资形式。关于贷款获得的现金可否用作出资，我国《公司法》并没有明确规定。不过，从法律性质上来讲，借贷到的钱款可以归借款人合法使用，应属于其自有资金的范畴，理应允许其出资。《公司注册资本登记管理规定》第 8 条规定："股东或者发起人应当以自己的名义出资。"依此，只要投资人系以自己的名义出资，其出资的资金来源可以在所不问。当然，如果以公司名义借贷到资金，属于公司的负债，是不得用作股东的出资的。至于以违法犯罪所得出资的法律性质及效力，《公司法司法解释三》第 7 条作了明确规定："以贪污、受贿、侵占、挪用等违法犯罪所得的货币出资后取得股权的，对违法犯罪行为予以追究、处罚时，应当采取拍卖或者变卖的方式处置其股权。"即出资行为本身有效，但出资人因此取得的股权属于犯罪所得，应予以追缴。

2. 实物出资

实物出资，即以法律上规定的有形财产或有体物出资。有体物是指具有实体存在的，并可以凭人们感官而感知的物。有体物，是一个理论上的概念，具体范围还有争论，但作为出资的有体物必须是具有财产价值、可以评估并可以依法转让之物，即可以依法转让的有形财产，通常包括房屋、车辆、设备、原材料、成品或半成品等。实物出资是实践中非常普遍的出资形式。在许多情况下，这些实物出资既为公司所需又可免去公司成立后自行购买的烦累，如果作价合理还可降低公司购买的成本。因此，各国公司法都允许公司股东以实物出资。但实物出资在处置权、作价等方面容易产生纠纷，所以对于实物出资也都有相应的法律规制。首先，股东对于用以出资的实物必须拥有合法的所有权和处分权，必须属于非限制流通之物。至于以设定担保的财产出资，应当符合现行的担保法律制度的相关规定，如在我国如果抵押人处分抵押物须以通知为法定条件，否则抵押物处分无效。其次，以实物出资必须经法定的验资机构对其进行评估验资，不得高估。最后，实物出资必须依法办理过户手续。

---

[1]　范健、王建文著：《公司法》（第四版），法律出版社 2015 年版，第 248 页。

3. 知识产权出资

关于知识产权的范围，按照《建立世界知识产权组织公约》的界定，包括著作权、表演权、专利权、发现权、商业标记权及关于制止不正当竞争的权利。而《与贸易有关的知识产权协议》则采取了更为宽泛的界定，包括版权与邻接权、商标权、地理标志权、工业品外观设计权、专利权、集成电路布局设计权和未公开的信息专有权。我国《民法总则》第123条第2款规定："知识产权是权利人依法就下列客体享有的专有的权利：（一）作品；（二）发明、实用新型、外观设计；（三）商标；（四）地理标志；（五）商业秘密；（六）集成电路布图设计；（七）植物新品种；（八）法律规定的其他客体。"以上是关于知识产权的广义界定，而狭义上来讲，知识产权是指专利权、商标权、著作权和非专利技术。

知识产权属于无形财产，无论是专利权、商标权、著作权还是非专利技术，其本身都具有财产价值。对于许多公司，尤其是智力密集型的高科技公司，知识产权出资具有超过货币、实物等有形财产出资的价值，成为公司赖以经营的重要手段和条件。特别是在人类社会由传统的产业经济向知识经济时代迈进的今天，知识产权在企业中的功能和作用更是无法估量。为此，我国《公司法》不仅增加了无形财产出资的范围，将原来的"工业产权和非专利技术"出资扩大至所有的知识产权，而且还取消了原来关于"以工业产权、非专利技术作价出资的金额不得超过公司注册资本20%"的限制，这将有利于高新技术企业的发展。

4. 土地使用权出资

土地使用权是指非土地的所有人依法对土地加以利用和取得收益的权利。作为一项重要的生产资料，土地在生产经营中是不可或缺的资产，不仅具有可评估性和确定性，且其通常具有超乎一般动产更高价值和其他财产形态难以比拟的保值增值性，所以理所当然地可以成为出资的重要形式。在我国，由于土地所有权归属于国家或集体，公民、法人只能通过出让或转让方式取得土地使用权，因此自然人、法人不可能直接以土地作为出资，但可以土地使用权作价出资。当然，目前我国对于土地使用权的出资有一定的限制：首先，用于出资的土地使用权只能是国有土地使用权出资，而不能是集体土地使用权出资。如果欲以集体所有的土地对外投资，必须首先通过国家征用的途径变为国有土地，再从国家手里通过出让的方式获得国有土地的使用权，然后才能进行有效投资。其次，用于出资的土地必须是出让土地的使用权，而不能是划拨土地的使用权。再者，用于出资的土地使用权应该是未设立权利负担的土地使用权。否则其出资就会存在瑕疵。

（四）股东的其他出资形式及其探讨

前述出资形式是我国《公司法》明确规定的、可以用作出资的财产或财产权利，属于法定或典型的出资形式。当然，实际上股东用作出资者并非仅限于此。在国外，尤其是英美法系国家，股东的出资形式非常丰富，依据《美国示范商事公司法》第6.21条（b）之规定，一切有形无形财产均可成为出资标的。尽管大陆法法系国家仍然采取严格的出资形式法定主义，但多样化、物体化的出资形式也越来越多。我国《公司法》第27条规定所用的"股东可以用……等可以用货币估价并可以依法转让的非货币财产作价出资；但是，法律、行政法规规定不得作为出资的财产除外"之表述，实际上也拓展了股东的出资形式，即意味着只要非法律、行政法规禁止用以出资者，只要可以用货币估价并可以依法转让并具有财产价值或财产利益，均可成为有效的出资形式。值得注意的是，我国《公司注册资本登记管理规定》第 5 条第 2 款明确禁止以"劳务、信用、自然人姓名、商誉、特许经营权或者设定担保的财产等作价出资"。这些规定是否得当，理论界存在不同的认识。那么根据我国现有的规定，除上述禁止出资者之外，其他凡是可以用货币估价并可依法转让的财产及财产权利，自然可以用以出资。这些均为非典型的出资形式。具体包括股权出资、债权出资、有价证券出资等。下面分述之。

1. 股权出资

股权出资，实际上就是出资者将其持有的另一公司的股权转让给公司，以此作为对价而获取公司的股权或股份的出资形式。股权作为投资者权益，为投资者拥有并且预计可以为企业带来经济利益，具有可评估性和独立转让性，因而具备出资的基本条件，所以没有理由禁止股权出资。从实务角度看，股权出资在我国并不鲜见。但股权出资与其他出资形式相比，具有自身的特殊性，主要表现在：其一，股权存在着价值不稳定的特点，准确评估具有一定的难度；其二，股权出资其本质是股权的转让，如果是封闭性公司的股权，股权转让会受到公司法和公司章程的制约，其流动性存在一定的限制；其三，在很多情况下，会出现同一资产产生两个或两个以上股权的情况，容易引发纠纷，且可以起到虚增资本的作用。因此，股权出资也需要有相应的规制。国家工商行政管理总局 2009 年发布的《股权出资登记管理办法》第 3 条规定："用作出资的股权应当权属清楚、权能完整、依法可以转让。具有下列情形的股权不得用作出资：（一）股权公司的注册资本尚未缴足；（二）已被设立质权；（三）已被依法冻结；（四）股权公司章程约定不得转让；（五）法律、行政法规或者国务院决定规定，股权公司股东转让股权应当报经批准而未经批准；（六）法律、行政法规或者国务院决定规定不得转让的其他情形。"2014 年修订的《公司注册资本登记管理规定》第 6 条作出了类似的规定。《公司法司法解释三》第 11 条规定："出资人以其他公司股权出资，符合下列条件的，人民法院应当认定出资人已履行出资义务：（一）出资的股权由出资人合法持有并依法可以转让；（二）出资的股权无权利瑕疵或者权利负担；（三）出资人已履行关于股权转让的法定手续；（四）出资的股权已依法进行了价值评估。"

综合上述规定，可以看出，股权出资应符合出资标的物的适格性要求，方能成为有效的出资。具体而言，股权出资必须满足以下条件：第一，用以出资的股权应不存在权利瑕疵，即不应是存在纠纷或潜在纠纷的股权，如果存在权利瑕疵，当事人（出资人）应负有设法予以消除之义务，即当事人负有瑕疵担保的义务。[1] 第二，股东用以出资的股权应满足可转让性的要求。用以出资之物必须是具有可流转性的财产或财产利益。同样是股权，不同类型公司的股权的流转性存在很大的差异，股份有限公司的股份原则上可以自由转让，其可转让性一般不存在问题，但发起人、公司高层管理人员等特殊股东所持有的股份在特定的时期，其转让是受到一定程度限制的，因此对于禁止或者限制流通的股份在禁限期内不得用作出资；有限责任公司的股权流动性差，其转让有严格的限制，应该遵循公司章程和法律的规定。对其新投资的公司而言，以股权出资必须征得其他股东的同意；对于

---

① 详见冯果著：《现代公司资本制度比较研究》，武汉大学出版社 2000 年版，第 66~67 页。

用作出资的股权的所属公司来讲，则必须以其他股东放弃优先购买权为前提，即必须得到股权所属公司的同意。第三，用以出资的股权必须严格评估，准确作价。当然，不同类型的公司其股权的作价难易程度也有所不同。一般来讲，股份有限公司特别是上市公司的股权价值在市场上容易体现，因此在股权进入公司时其价值比较容易确定，而有限责任公司的股权价值则相对难以确定些。但无论是以何种类型的公司的股权进行出资，都需要进行征得公司其他股东或发起人的同意，并严格评估。至于股权出资不同于一般出资的另一个不同点往往还体现在，其所投资的公司不仅仅享有对用以出资的股权未来预期收益这一简单的财产利益，而且有时更大的意义在于取得对出资股东股权所属企业的控制权，以实现企业控制权的转移，达到企业重组的目的。

2. 债权出资

债权出资，是指投资人以其对公司或第三人的债权向公司出资，抵缴股款。用作出资的债权包括用对第三人的债权出资和用对公司的债权出资。用对第三人的债权向公司出资，其本质属于债权让与，即股东以其对第三人享有的债权投入公司，并由公司取代股东作为债权人对第三人享有债权。

对于以第三人享有的债权出资，只要通知债务人即可，因此不存在不具有转让性的问题，但以第三人的债权出资在实现上具有不确定性，能否实现完全受制于第三人的信用，而非出资人所能控制，因而债权价值可能受各种因素影响而处于一定的风险之中，故不少国家对以第三人的债权出资持一种非常谨慎的态度，我国原《公司法》规定的法定出资形式中，债权出资也被排除在外。就修改后的公司法来看，债权出资并未被公司法所禁止，因此，可以认为，只要是依法可以转让的债权，在充分考虑债权风险和合理定价的基础上，可以作为股东的出资形式。对此，《公司注册资本登记管理规定》第 7 条规定："债权人可以将其依法享有的对在中国境内设立的公司的债权，转为公司股权。转为公司股权的债权应当符合下列情形之一：（一）债权人已经履行债权所对应的合同义务，且不违反法律、行政法规、国务院决定或者公司章程的禁止性规定；（二）经人民法院生效裁判或者仲裁机构裁决确认；（三）公司破产重整或者和解期间，列入经人民法院批准的重整计划或者裁定认可的和解协议。"但同时也应该充分认识到在我国商业信用低下的现阶段，债权出资也确实会造成公司资产的不稳定，从而有违公司资本安全的宗旨。为此，也有学者提出可根据债权的性质再做具体区分，可进一步分为一般性债权和证券型债权，后者实际上属于有价证券出资的范畴，其具有相对较高的确定性和稳定性，且有价证券出资已经被不少国家所承认，所以应为允许，而一般性债权出资还是应该给予一定的限制。

至于股东以其对公司的债权作为出资，也是我们常说的"以债抵股"、"以债作股"或"债转股"，其实质是以对公司的债权折算为公司的股份。鉴于出资人和公司的关系，出于保证公司出资真实的考虑，大陆法系国家对以债抵股都曾持一种禁止的态度，因为以债权抵销应付的股款不但容易产生假债权的问题，而且逃避出资财产的严格审核，易滋生流弊。如日本商法第 200 条第 2 项规定："股东关于股款之缴纳，不得以抵销对抗公司"；德国股份法第 66 条第 1 项也要求，认股人不得主张以其对于公司之债权与其应缴付公司之股款相抵销。而在英美法系国家则多被允许。但由于以债抵股可以抵销公司的负债，从而使公司的净资产增多，也便于公司融资，因而大陆法系国家主张解除"以债抵股"禁令的呼声越来越高，政策取向上也明显出现了从宽之趋势。譬如在日本，虽然在公司正常经营时期，不允许股东以对公司的债权抵销其对公司应缴付的股款，但根据《日本公司更生法》第222条的规定，公司进入重整更生时，重整股东或债权人，可以根据重整计划，无须另外缴付出资而取得新股。我国台湾地区"公司法"第156条第5款也确认了"对公司所有之货币债权"可以成为出资形式。我国在商业银行改革和国企改造过程中推行的"债转股"就是典型的以债作股。《公司法》的修订为其推行进一步扫除了立法上的障碍。但以债作股确实容易导致虚拟债权以逃避出资人的出资义务。因此，笔者认为，对于股东以通过对公司债权抵销其本应缴付出资义务之行为还是要予以限制，以债作股不能适用于原有股权的取得，只能适用于取得新的股权之场合，或者至少对以债作股应提交股东会由无利害关系的股东就其债权的真实性及作价的合理性进行表决，以防止虚拟出资或虚增出资。当然很多问题还需理论界进行进一步的探讨。

3. 有价证券出资

有价证券的表现形态很多，如票据、债券、股票等。关于票据能否作为出资的手段，争议颇多。在德国，由于它是一种纯粹的支付规则的缘故，而被学说和判例所否定，瑞士学说也持有同样的结论。在美国，各州规定不统一，可分为明文规定予以排除和没有明文规定予以排除两种情形。判例也多有分歧。否定者所持的主要理由是，期票(promissory notes)是一种尚不存在的权利，其权利的实现并无足够的保证，当然设定保证的期票因其权利实现有一定的保证而不为禁止。美国原商事公司示范法曾不允许以期票进行出资，而修订后的示范法废止了上述规则，从而使期票出资成为可能，但为了防止票据到期未被支付，该法第6节21条(e)项允许公司先委托第三方保存所发行的票据，待票据被支付后股票才交付给出资人，或者限制股票转让，直到所要求的利益收到为止。在日本也存在肯定说和否定说两种截然不同的观点。肯定派的看法着眼于票据本身的财产价值，否定派则把着眼点放在不确定性上。不过目前学者多持一种折中的观点，也称附条件的肯定说。他们认为只有出资人以外的人是票据上的债务者时，其票据方可按具有适格性理解。此时实际上等同于以债权出资，再说票据上的第三人的债务承受行为从性质上看，已经包含有第三人同意的内容，因此应符合出资的要件。我国台湾学者也认为，应视具体情况而定："若发行者为支票，因支票为支付手段，应视为现金出资，而非现物出资之范畴，若发行者为汇票(以公司为收款人)，因为另有承兑人存在，故应属于一种债权，应视为现物出资。若发行者为本票，因发票人自己为主债务人，别无主债务人之存在，解释上不得视为现物出资，但若将受自他人之本票，而以背书转让与公司时，自亦应属于现物出资也。"[1]上述观点与日本学者如出一辙。从我国的公司实践看，支票经常使用，但它事实上属于现金支付的一种手段。汇票具有债权凭证和无条件支付命令的性质，作为收款人的公司可以享有票据上的一切请求权，应以准允。至于本票，由于主债务人为出资人本人，且目前对商业本票尚未作出规定，因此在没有设定任何财产担保的情况下，能否及时予以兑现，无任何保证，故以谨慎为宜。至于债券和股票出资，一般都以允许，但要考虑其风险性。

4. 其他有争议的出资形式

---

① 郑玉波著：《公司法》，台湾三民书局1981年版，第93页。

在大多数国家，地役权、采矿权甚至承包租赁权等用益权都可以出资。我国目前《公司注册资本登记管理规定》第 5 条第 3 款明确禁止以"劳务、信用、自然人姓名、商誉、特许经营权或者设定担保的财产等"作价出资。对此，学界多有争论。其中争议最大的当属商誉、劳务、信用以及采矿权等特许权等应否成为股东的出资形式。

（1）商誉出资。商誉，即商业信誉与声誉，是特定主体商业文化的一种特殊价值形态。商誉作为一种无形财产具有特殊的财产价值，已经为学界广为接受，也有人将其视为知识产权的一种形态。正是基于其财产属性的考虑，不少学者主张商誉应该成为股东出资的合法形态。笔者认为，应否成为股东合法的出资形式，不单单看其是否具有财产价值，还应该看其是否具有其他作为现物出资标的物的适格性条件，即是否具有可独立转让性及可评估性等。商誉价值具有一定的可变性，评估有一定的困难，但并非不可评估，而且针对其可变性的特点，完全可以采取其他规则加以规制，如有学者所提出的，"为强化商誉出资者的责任，应禁止商誉出资者股份的流通，设置对商誉出资者的赔偿责任，并在公司设立时将商誉出资予以特征公示"等。① 因此，可评估性当不是造成其成为有效出资形式之障碍。但商誉与其所隶属的企业不可分离，是广大消费者对企业的良好评价，与所隶属企业的服务或产品质量相联结，因此，在国外也通常要求其与营业或特定服务一同转让，禁止单独转让②。基于此，笔者认为，如果商誉与营业一同转让，当可作为出资的一种形式。如企业整体财产出售时，商誉就包含于企业资产构成中，此时企业财产就包括货币、实物、知识产权、股权、债权、商誉等各种类型的财产。当然，当企业以整体资产出售时，应依据其不同情况适用相应的不同评估作价办法和规程。但是，若股东不转移任何营业，因其不具有相应的可独立转让性，而不宜轻易认可其出资形式的合法性。

（2）劳务出资。劳务出资是指以股东精神上或身体上的特定劳动或服务出资。劳务出资包括简单的体力劳动，也包括复杂的、高级的技术或管理性的工作；包括对公司已经完成的劳务和对公司将来的劳务。对于向公司已经完成的劳务，在英美法国家早已为立法所允许，在大陆法国家，学者普遍认为，以对公司已经完成的劳务出资，实际上是以股东对公司支付劳务报酬的求偿权出资，其性质是债权出资，而非真实意义上的劳务，若债权出资被认可，其并无不被认可的道理。③ 现在关于劳务出资合法性的争论主要是关于将来劳务能否成为有效出资的问题。由于劳务出资具有强烈的人身属性，缺乏独立转让性，不具有一般等价物的商品性和现实财产的价值性（即价值物的现实确定性），加上评估上的不确定性，为保护公司财产的稳定及债权人的利益，传统公司法理论不承认其具有出资标的物适格性。绝大多数的国家禁止公司的有限责任股东以劳务（将来的劳务）出资。在美国 20 世纪 70 年代以前也将"将来的劳务"排除在股东的有效出资形式之外。修订后的美国商事公司示范法虽然废除该项限制，但对出资条件和获得股权采取了严格的限制，如在劳务

① 范健、王建文著：《公司法》（第四版），法律出版社 2015 年版，第 254 页。
② 大陆法系国家，商誉一般只作为一种经济概念看待，很少在立法或法学上使用。与之相关的有商号等的规定，而在法国、瑞士等均要求商号、商标及有关客户只有随同营业自身一起转让时，才被认可（冯果著：《现代公司资本制度比较研究》，武汉大学出版社 2000 年版，第 52 页）。
③ ［日］志村治美：《实物出资研究》，载王保树主编：《商事法论集》，法律出版社 1997 年版。

提供完毕之前，公司可以将股票暂存他处，或限制该股票的转让，直至劳务提供完毕。由于我国实行的是与英美法系国家完全不同的资本制度，笔者认为，在我国劳务出资应被禁止。关于与之相关的人力资本出资问题，基于同样道理也不宜作为出资形式，但不妨碍人力资本理论在公司法其他领域中的运用，如人力资本参与公司利润的分红，参与公司治理等。[1]

（3）信用出资。信用出资是指股东将其商业信用作为向公司的出资以换取公司的股份或股权。作为一种商业评价和信誉，其实质属于商誉的范畴，缺乏可独立转让性，不宜作为有效的出资形式。其具体理由详见关于"商誉出资"部分，兹不赘述。

（4）政府特许权出资。政府特许权（government concession），属于用益物权。除土地使用权外，还包括采矿权，森林、草原、滩涂等的承包经营权、公用设施经营权等。作为政府特许，其取得和转让受到有关法律的限制。但其又具有特定的财产价值和财产利益，能否成为有效出资主要取决于法律规定。对于法律允许转让的特许权，只要履行法律规定的批准手续，并可用于商业性经营，其出资的适格性就不存在问题，但法律禁止转让或用作商业目的的，如林地的承包经营权，就不能用作出资。

总体来讲，股东的出资形式是一个十分复杂的理论和现实问题。我国公司法的规定，在对股东出资形式作出灵活规定的同时，也因欠缺更为明晰的规定，加之公司实践的多样性，使很多出资形式还游离于灰色地带，有待于理论界的深入研究和公司法具体实施细则的进一步完善。

四、股东出资义务之履行及违约责任

为保证公司股东出资的真实，公司法对股东出资义务的履行有严格的规制。根据我国公司法的相关规定，对股东出资义务的要求包括非货币出资的评估作价要求、按期足额缴纳出资的要求、缴纳出资方式的要求以及违反出资义务的规定等。

第一，公司法要求对股东或发起人用作出资的非货币财产评估作价，任何财产不得高估或低估作价。法律、行政法规对评估作价有规定的，从其规定。

第二，股东必须按照法律或章程的规定按期足额缴纳出资，否则要承担相应的法律责任。

第三，在缴纳方式上有具体要求。相对而言，货币出资较为简单，有限责任公司和发起设立的股份有限公司，按照其公司章程确定的缴纳次数，将货币出资足额存入设立中公司在银行开设的账户，募集设立的股份有限公司则按照募集办法的要求方式缴纳，股款收集完毕后，由代收股款的银行出具证明。非货币财产出资，即现物出资，应当依法办理财产权转移手续。即对非货币财产出资，不仅需要实物或无形财产的实际交付，更需要办理相应的权属变更，即包括事实上的交付（完整的财产或权利的移交）和法律上的交付（权属的变更）两种情况。例如，以知识产权出资的，不仅需要将必要的图纸、软件、文档等移交于公司（事实上的交付），还需要办理权利转移的登记、核准或公告手续（法律上的交付）。

---

[1]　冯果：《也论人力资本出资》，载《法商研究》1999年第1期。

第四，验资要求。公司股款缴足后，必须经依法设立的验资机构验资并出具证明。验资内容应该包括：股东出资是否到位，出资是否符合法律、行政法规和公司章程的规定，是否存在弄虚作假行为，非货币出资的评估作价是否公平、合理，货币出资是否已足额存入公司临时账户等。验资结束，验资机构应当出具验资证明，验资证明必须真实，否则要承担相应的法律责任。

第五，违反出资义务应承担相应的法律责任，包括民事责任、行政责任和刑事责任。其中民事责任包括违反出资义务的违约责任，发起人股东还应承担资本充实责任。

在现实生活中，股东出资违约的形态多种多样。按行为方式的不同，股东违反出资义务可表现为出资义务不履行和不适当履行两种情形。出资义务不履行是指股东完全不履行出资义务，具体又可表现为拒绝出资、出资不能、虚假出资和抽逃出资等。拒绝出资是指股东在制定章程或填写认购书（即认购出资）后，拒绝按规定缴纳出资；出资不能是指因客观条件的制约使股东无法缴纳出资；虚假出资是指股东表面上出资而实际未出资，即股东未缴纳出资而取得公司股权；抽逃出资是指股东在公司成立后将其出资暗中取回，即在公司成立时股东业已出资，但待公司成立后又秘密抽回其出资，并继续保有股东身份和其原有的出资比例。不适当履行是指股东未能完全按公司章程或法律的规定履行其出资义务。具体包括迟延出资、不完全出资、瑕疵给付及出资不实等情形。迟延出资，是指股东未能按照章程约定的时间缴纳出资；不完全出资，是指股东不按照章程规定的数额足额缴纳出资；瑕疵给付，是指股东给付的出资标的物存在着品格或权利上的瑕疵；出资不实是指股东出资现物的实际价值显著低于公司章程所确定的价值。出资不实违反股东足额缴纳出资的义务，是不完全出资的一种特殊形式。

应该注意的是，股东出资义务违反之行为既可以发生在公司成立之前也可能发生在公司成立之后。首先，股东认购公司出资的行为可能在公司设立阶段。公司为了取得成立公司所需资金，而由股东认购公司的资本。① 其次，在公司成立后，也可能基于公司扩大生产经营规模等需要而追加公司的投入，增加公司资本，修改公司章程，从而由原有股东或股东以外的第三人认购增加的公司资本。在后种情形下，股东出资违约行为就只可能发生在公司业已存在的场合。即便是认购尚未成立的公司的出资，其出资义务的违反仍有可能发生在公司成立之后。因以建筑物、土地使用权、工业产权、非专利技术等现物出资的须依法办理财产过户登记手续，但上述财产的受让人只能是成立后的公司，故有关过户手续的办理通常只能发生在公司注册登记之后。公司成立前的出资义务的不履行有可能导致公司不能成立，而公司成立后的出资义务的不履行有可能导致公司变革注册资本或使公司无法达到增资的目的，严重者可能导致公司被撤销或解散。

有责任，就需要相应的责任追究和权利救济机制。在国外，股东违反出资义务，立法赋予守约者极为广泛的救济手段和措施，主要包括：（1）启用失权程序，使怠于履行出资义务的股东丧失其股东资格和权利。如《德国有限责任公司法》第21条规定："在拖延支

---

① 由于此时公司尚未成立，股东身份尚无从谈起，故严格地讲，此时认购出资的人尚不能称之为股东，称为认股人或发起人更为准确。但由于人们已习惯性地接受了股东这个笼统的称法，故本节对此也不再作严格的区分。

付的情形下，可以对拖延支付的股东颁发一项警戒性催告，催促其在一个待定的宽限期限内履行支付，否则即将其连同应当支付的股份一并除名。"此种失权系当然失权，已失权之股东嗣后纵令欲缴款亦不能恢复其地位。失权程序相当于立法赋予守约方单方面的认股契约解除权，既有利于督促股东及时履行出资义务，又避免因个别股东拖缴认股款而妨碍公司资本的筹集或使公司设立归于失败。(2)行使追缴出资权。如果说失权程序行使权相当于契约解除权，那么追缴出资权则等同于合同继续履行的请求权。即公司或守约的股东可以不行使失权程序，而要求有履行可能的股东继续履行其出资义务。经公司或其他股东(在公司不能成立或被撤销、解散的情况下)追缴，股东仍不履行缴纳义务的，可以请求法院强制契约之履行，即强制股东缴纳出资。此种救济手段在公司股东为现物出资的场合尤为常见。(3)损害赔偿。既然股东出资义务是一种契约义务，那么股东违反出资义务给公司或其他出资人造成损失，自然应当承担赔偿责任。一般来说，在公司成立的情况下，违反出资义务的股东主要是向公司承担责任；在因股东违反出资义务而导致公司不能成立或被撤销、解散的情况下，违约股东则向其他已足额缴纳股款的股东承担损害赔偿责任。违约损害赔偿应坚持完全赔偿之原则，即对守约方的全部损失予以赔偿。大多数国家或地区的公司法都规定，其他救济手段的行使并不阻碍公司或其他股东损害赔偿请求权的行使。在股份有限公司中，除上述救济手段外，还包括利息罚则和定金罚则等措施的运用。①

我国《公司法》第28条第2款规定："股东不按照前款规定缴纳出资的，除应当向公司足额缴纳外，还应当向已按期足额缴纳出资的股东承担违约责任。"第83条第2款也有类似的规定。此即为股东出资违约责任的规定。尽管修改后的《公司法》较之于原《公司法》，增加了"除应当向公司足额缴纳外"这一表述，弥补了原《公司法》规定的权利主体过于单一，仅守约股东方能寻求救济的缺陷，但其不足仍十分明显：(1)适用场合有限。诸如前述，股东违反出资义务的行为不仅仅发生在公司成立之前，而且大量地表现为公司成立之后。而我国《公司法》的上述规定在体例安排上仅适用于公司设立阶段，而无法适用于公司成立后因增资而导致的出资认购及违约行为，应该将其作扩张解释，一体适用于公司成立后。(2)对违约责任相对人的理解还是过于单一。条文中的相关表述，这里的违约责任依据是发起人协议，因此违约只能是违反发起人协议，而不可能是其他。学界不少学者也持此观点。② 在公司设立阶段其具有一定的合理性，但事实上持有该观点的学者忽略了在公司设立认购阶段认股协议的存在，更没有注意到公司增资认购时公司股份发行与认购协议的性质，这些协议的主体就是发行公司与认股人，因股东违约而受损者绝非守约的股东，当然还包括业已存在的公司，且在增资认购的情形下，契约的相对方为公司更符合实际。这样能够提起违约之诉的主体就不应仅仅局限于已足额缴纳股款的股东。公司不仅能够要求股东继续向公司缴纳出资，也应该同样可以要求违约股东承担其他违约责任。从国外的立法实践来看，赋予公司以追索权或求偿权，更为便捷、高效。(3)救济手段模糊。从国外的立法实践看，其救济手段可谓相当明晰，但我国现行立法却惜墨如金，简单

---

① 参见冯果著：《现代公司资本比较研究》，武汉大学出版社2000年版，第91~92页。

② 孙晓洁著：《公司法基本原理》，中国监察出版社2006年版，第121页。

以一个"违约责任"统而概之。如此固然达到了立法简洁的目的，但却会严重影响到立法的实施。

针对《公司法》关于出资责任规定的简单化倾向，《公司法司法解释三》从多个方面进行了补足。例如，违反出资义务的股东对债权人的补充赔偿责任方面，《公司法司法解释三》第13条第2款规定："公司债权人请求未履行或者未全面履行出资义务的股东在未出资本息范围内对公司债务不能清偿的部分承担补充赔偿责任的，人民法院应予支持；未履行或者未全面履行出资义务的股东已经承担上述责任，其他债权人提出相同请求的，人民法院不予支持。"《公司法司法解释三》第14条第2款规定："公司债权人请求抽逃出资的股东在抽逃出资本息范围内对公司债务不能清偿的部分承担补充赔偿责任、协助抽逃出资的其他股东、董事、高级管理人员或者实际控制人对此承担连带责任的，人民法院应予支持；抽逃出资的股东已经承担上述责任，其他债权人提出相同请求的，人民法院不予支持。"这两个条款明确赋予了公司债权人补充赔偿请求权，对于其权益维护意义重大。需要注意的是，未出资股东对债权人的赔偿责任是补充责任的一种类型，该责任具有法定性、补充性、有限性、内部责任连带性等特征。"未出资或未全面履行出资义务"应理解为不仅仅包括到期的履行违约行为，也包括尚未到期的未出资行为。"不能清偿"需要通过股东的先诉抗辩权来确定，只有通过仲裁或者审判，并经过强制执行仍然不能清偿时股东才承担责任。"股东未届到期出资"应解释为"债权人不受履行期间的约束"，股东不能主张扣除相关利息。这些解释有利于债权人利益获得充分保护，较好地平衡了未出资股东与债权人之间的利益关系。[1] 再如，为了督促股东履行出资义务，《公司法司法解释三》借鉴《德国有限责任公司法》，引入了股东除名制度。[2] 该解释第18条规定："有限责任公司的股东未履行出资义务或者抽逃全部出资，经公司催告缴纳或者返还，其在合理期间内仍未缴纳或者返还出资，公司以股东会决议解除该股东的股东资格，该股东请求确认该解除行为无效的，人民法院不予支持。在前款规定的情形下，人民法院在判决时应当释明，公司应当及时办理法定减资程序或者由其他股东或者第三人缴纳相应的出资。在办理法定减资程序或者其他股东或者第三人缴纳相应的出资之前，公司债权人依照本规定第13条或者第14条请求相关当事人承担相应责任的，人民法院应予支持。"股东除名制度是一种较为严厉的惩罚措施，其法律适用必须严格遵循以下条件：首先，股东除名措施适用于股东根本未出资或者出资后全部又抽回的情形，不能做扩大解释；其次，适用股东除名制度必须履行催告程序，给予股东补正出资瑕疵的机会；最后，股东除名措施必须由股东会以股东会决议的方式作出。

此外，《公司法司法解释三》还从多个方面对出资责任进行了补充完善，亮点颇多。在抽逃出资方面，《公司法司法解释三》第12条规定："公司成立后，公司、股东或者公司债权人以相关股东的行为符合下列情形之一且损害公司权益为由，请求认定该股东抽逃出资的，人民法院应予支持：(一)制作虚假财务会计报表虚增利润进行分配；(二)通过

---

① 梁上上：《未出资股东对公司债权人的补充赔偿责任》，载《中外法学》2015年第3期。

② 有学者认为，《公司法司法解释三》第18条应属失权规则而非除名规则。详见凤建军：《公司股东的"除名"与"失权"：从概念到规范》，载《法律科学》2013年第2期。

虚构债权债务关系将其出资转出；（三）利用关联交易将出资转出；（四）其他未经法定程序将出资抽回的行为。"在土地使用权出资方面，《公司法司法解释三》第 8 条规定："出资人以划拨土地使用权出资，或者以设定权利负担的土地使用权出资，公司、其他股东或者公司债权人主张认定出资人未履行出资义务的，人民法院应当责令当事人在指定的合理期间内办理土地变更手续或者解除权利负担；逾期未办理或者未解除的，人民法院应当认定出资人未依法全面履行出资义务。"在出资的权属变更方面，《公司法司法解释三》第 10 条规定："出资人以房屋、土地使用权或者需要办理权属登记的知识产权等财产出资，已经交付公司使用但未办理权属变更手续，公司、其他股东或者公司债权人主张认定出资人未履行出资义务的，人民法院应当责令当事人在指定的合理期间内办理权属变更手续；在前述期间内办理了权属变更手续的，人民法院应当认定其已经履行了出资义务；出资人主张自其实际交付财产给公司使用时享有相应股东权利的，人民法院应予支持。出资人以前款规定的财产出资，已经办理权属变更手续但未交付给公司使用，公司或者其他股东主张其向公司交付、并在实际交付之前不享有相应股东权利的，人民法院应予支持。"在相关人员的责任承担方面，《公司法司法解释三》第 14 条规定："股东抽逃出资，公司或者其他股东请求其向公司返还出资本息、协助抽逃出资的其他股东、董事、高级管理人员或者实际控制人对此承担连带责任的，人民法院应予支持。"在代垫资金第三人的责任方面，《公司法司法解释三》第 15 条规定："第三人代垫资金协助发起人设立公司，双方明确约定在公司验资后或者在公司成立后将该发起人的出资抽回以偿还该第三人，发起人依照前述约定抽回出资偿还第三人后又不能补足出资，相关权利人请求第三人连带承担发起人因抽回出资而产生的相应责任的，人民法院应予支持。"当然，《公司法司法解释三》关于出资责任的规定并非完美无缺，既未能就出资缴付安排给予引导，更未增加配套的催缴出资与违约责任规则，甚至将资本公示与行政管制相混淆，因此仍需要进一步完善。比如，有必要进一步明确股东有效出资的认定标准，建立健全公司成立后股东缴纳及催缴出资制度体系，完善对不履行或不完全履行出资义务股东的惩罚约束机制等。①

五、财产承受和事后设立

现物出资毕竟不同于现金出资，为保证公司资本的真实，防止资本注水，欺骗债权人，各国公司法对现物出资都建立了一套严格的规制措施。② 这样，有的股东本可以现物出资，但为了逃避法律的规制，便采用变通的办法，先用现金出资，逃避资产评估和法律的其他限制，然后再由公司反购股东的财产。为了弥补法律漏洞，日本、德国等国家先后修改立法，将关于股东现物出资的规定扩大适用于财产承受和事后设立两种情形。

财产承受主要指公司在成立之际有偿接受他人财产的情形。在德国又称实物接受。日本商法第 168 条第 1 款要求"公司成立后约定接受他人转让的财产，其价格及转让人的姓名作为公司章程的相对必要的记载事项，应在公司章程中予以记载，否则不发生效力，从而将财产承受纳入现物出资的规制范围之中。《德国股份公司法》也要求如果公司接受现

---

① 参见郭富青：《资本认缴登记制下出资缴纳约束机制研究》，载《法律科学》2017 年第 6 期。
② 详见冯果著：《现代公司资本制度比较研究》，武汉大学出版社 2000 年版，第 39~46 页。

有的或要生产的设备或其他财物，那么章程必须对接受的实物、公司购得实物的人员，因接受实物而提供的赔偿金等作出规定；否则，实物接受的合同和法律行为无效。同时还规定，在存在实物接受的情况下，应设立监事和审计员，对实物接受情况进行审查；设立报告书要说明实物接受所依据的主要情况，如果实物接受的价值明显低于为此而保证支付的价值，法院可以拒绝登记；发起人通过实物接受故意或由于严重过失而使公司受到损失的，发起人应作为总债务人负责向公司赔偿损失。也就是说，关于现物出资的所有规则毫无例外地适用于财产承受。

事后设立，德国称之为追加实物设立，指在公司成立后的一定时间内，公司从股东及其有关联的他人手中取得营业所需财产的情形。依日本商法规定，公司成立后的两年内，对其成立前已经存在的财产，为营业需要继续使用，以相当于资本 1/20 以上的对等价额，签订取得财产的契约时，应有股东大会 2/3 以上多数表决权作出，并须向法院请求选任检查人，依职权对前项契约进行调查。德国对此作出类似规定，要求自公司在商业登记簿中登记注册后最初两年内订立的合同（根据这些合同，公司应获得现有的或将要生产的设备，或者价值超过基本资本 1/10 的赔偿金的其他财物），只有经过股东大会同意并且在商业登记簿注册后才有效。在股东大会作出决议前，监事会应审查合同，并作一书面报告（追加实物设立报告），此外，还应由一名或几名公司设立审计员进行审查。股东大会同意后，董事会要将合同在商业登记簿中注册登记。如果由于设立审计员声明或者追加实物设立报告明显不正确或不完整，或不符合法律规定，法院可以拒绝登记，因故意或重大过失给公司造成损失，公司董事会和监事会成员对公司负赔偿责任。为了与欧共体第 2 号指令相协调，英国公司法案专门增加了事后设立的有关规定。爱尔兰公司法 1983 年也强调了这项规则，但要求更为严格。除了交易须经股东会批准外，还要求必须有独立的评估员对交易进行检查，并制作书面报告，呈递所有的股东。

我国对现物出资（非货币财产出资）的规定本来就过于原则和简单，而对于常用来逃避现物出资限制的财产承受和事后设立两种情形又没有相应的立法防范措施，从而引发了不少问题。① 因此，增加有关财产承受和事后设立的条款，强化对财产承受和事后设立行为的监督，对于规范股东的出资行为，保证公司资本的充实，维护少数股东和公司债权人的利益，都具有十分重要的意义。

六、股东出资的构成

股东的出资构成公司的资本，而各类出资在公司资本中的构成比例，则称为出资构成。如前所述，有限责任公司的股东通常可以不同类型的财产出资。但由于在公司成立之初，并不能立即创造出利润，而在生产经营过程中，则需要支付职工工资，购置有关设备，采购原材料、燃料和能源等物资，这就需要一定的货币。如果公司的资本中没有足够的货币投资，公司的生产经营活动就无法正常进行。为了保证公司资本中有足够的现金，用于满足生产经营的需要，不少国家的公司法，特别是大陆法系国家的公司法大多对现金应占公司资本的比例作了相应规定。例如，奥地利《私人有限公司法》要求股份资本的一

---

① 详见冯果著：《现代公司资本制度比较研究》，武汉大学出版社 2000 年版，第 62~63 页。

半须以现金支付，瑞士、卢森堡的规定须为 20%以上。

我国在 1992 年发布的《有限责任公司规范意见》曾要求全体股东用货币出资的部分不得少于公司法定注册资本最低限额的 50%，但遭到理论界和实务界不少人的反对。反对者认为，对现金出资应占公司资本的最低比例加以限定虽有其必要，但如何确定这一比例，则值得推敲，并非现金出资的比例越高就越好；相反，如果对现金的出资比例要求过高，在一定程度上势必会增加公司设立的难度，造成公司资金的积压或沉淀，因此原则上应以是否达到启动经营为准。同时，规定过高的货币出资比例，不利于国有企业的公司化改造。因为我国的国有企业普遍存在流动资金不足的问题，在其资本结构中，货币资本所占比例偏低，要求全体股东的货币出资达到公司全部注册资本的 50%，必将使许多国有企业因不合要求而难以改造为公司。为了避免对现金出资比例限定的非科学性和随意性，随后出台的《公司法》就没有采取不少国家所采取的下限控制法，而是采取上限控制法，即规定公司资本中某类出资不得超过一定的比例。原《公司法》第 24 条第 2 款规定，以工业产权、非专利技术出资的金额不得超过有限责任公司注册资本的 20%，国家对采用高新技术成果有特别规定的除外。1997 年 7 月国家科委、国家工商局联合发布的《关于以高新技术成果入股若干问题的规定》第 3 条规定："以高新技术成果出资入股，作价金额可以超过公司注册资本的 20%，但不得超过 35%。"

当时我国公司法关于技术出资比例的限制，主要出于以下两个方面的考虑：其一是限定技术出资的比例，客观上保证了有形资产特别是货币在公司注册资本中所占的比例，有利于企业的稳定、经营和发展；其二是以技术为主要内容的无形财产的价值难以确定，它本身的价值（即凝结在该技术中的社会劳动量）与它所带来的经济价值之间并不一定成正比关系。一项新技术的运用应该能够带来巨大的经济效益，但由于技术风险的存在，它也可能带来巨大的经济损失，所以如果这类无形财产的比例过高，也就增加了公司注册资本的不稳定性和不确定性，从而也就难以发挥公司注册资本标示公司信用基础的作用，一旦出现巨大的经营风险，债权人的利益就难以保证。可是，随着公司实践的推行，关于技术出资比例的规定严重制约科技成果的转化和高新科技企业的发展，与"知识经济"时代的客观要求不符，因此废除该项限制的呼声很高，2005 年修订《公司法》时，便摒弃了对技术出资比例加以限制的做法。

七、出资转让

股东出资的转让，在有限责任公司称为股权转让，股份有限公司称为股份转让，是指公司股东依照法律或公司章程的规定，将其出资份额转让给他人之行为。按照公司法人人格独立原则及公司财产权制度，公司成立后的股东对其出资财产尽管不享有直接的占有和支配权，但对其出资所表现出的财产利益却享有独立的支配和处置权利。既然公司在存续期间，投资者不能以退股的方式要求公司返还财产，也不能直接支配由自己的投资所构成的公司财产，那么股东对自己持有的股权或股份的处分，包括转让就是投资者有效收回其投资的有力手段。但基于公司性质的不同，股东出资转让的限制，宽严也有别。股份有限公司的股份原则上可以自由转让，但转让方式等也有一些特殊规定。有限责任公司虽在性质上属于资合公司，但股东间仍具有很强的人身信任关系，即具有人合公司的很多因素，因此有限责任公司的股权转让会受到较为严格的限制。我国《公司法》第三章专门规定了有限责任公司股权转让的有关问题。

（一）股权转让的形式

根据《公司法》的有关规定，根据转让原因的不同，股权转让可以分为自愿转让、强制转让、回购转让、继承转让等几种情形。自愿转让，是由股东自主决定转让其出资或股权之情形，这是最为常见、也是一般意义上的出资转让；强制转让，是人民法院依照法律规定的强制执行程序执行作为被执行人股东的股权而导致的股权转让；股权的回购转让，是指在公司出现法定情形时，公司应异议股东的请求，按照合理的价格收购其股权而导致的股权转让，其实质为股东退股，是一种极为特别的出资转让方式；继承转让，即自然人股东死亡后，其合法继承人通过继承其股权而取得股东资格，股权继承的实质法律后果是死亡股东股权的转让。① 但不论何种原因导致的股权转让，都存在内部转让和外部转让的问题。股权仅在公司股东之间转移的为内部转让；股权向公司之外的人转让即为外部转让。前者不会导致新成员的加入，对原公司股东之间的合作关系不会产生太大冲击，而后者则会有的成员加入，不仅会改变原来的股本结构，而且会改变其成员结构，对公司股东之间的合作关系会带来较大的影响。

（二）股权转让的限制

鉴于有限责任公司所具有的人合性和封闭性的特点，大陆法系国家公司立法均规定公司股东向股东以外的他人转让出资时，须经公司同意或承认，即所谓"同意条款"，以防止不受欢迎的股东进入公司，影响公司的稳定。如《日本有限责任公司法》第19条规定，股东得将其所持持份全部或一部分转让给其他股东，但股东将其持份转让给非股东时，则须经股东大会同意。法国商事公司法也规定，只有在征得持有至少四分之三公司股份的多数股东同意后，公司股份才可以转让给与公司无关的第三人。据此类条款，公司所反对的出资转让均不能实现。此虽足以保障公司的稳定，但对股东的权利保障则显有不公，如公司或其他股东滥用该条款，则股东的出资转让权将无从实现。为弥补其不足，各国公司法遂附之以"先买请求权条款"，要求公司应在规定的时间内对不同意转让的出资另行指定受让人（包括公司的其他全体股东）②或由公司予以购买。"先买权条款"，使股东在公司反对其转让出资时，得要求公司向另外的对象转让，并在时间上不受太久迟延（如日本要求公司在两周内指定受让人，法国立法规定公司应在3个月内对是否允许转让作出决定）。同意条款与先买权条款相配合，既可防止不受欢迎的人进入公司，确保公司的人合因素，又能保证股东出资转让权的实现，从而构成了大陆法系国家有限责任公司股东出资转让制度的基本内容。英美法系国家未采用大陆法系国家所适用的有限责任公司和股份有限公司等概念，而是将公司分为封闭式公司和开放式公司。对于封闭式公司，考虑其封闭与人合的需要，允许公司章程、组织细则、股东间协议或股东与公司间的协议对股东股权转让或转让的登记作出限制。其限制内容更为丰富，除公司规定股东向外转让股权应经公司同意的同意条款和公司有优先购买权的先买权条款外，还包括规定在特定条件（如股东死亡或职工股东丧失股东身份）下，由公司强

---

① 孙晓洁著：《公司法基本原理》，中国检察出版社2006年版，第289页。

② 如《日本有限责任公司法》第19条、《法国商事公司法》第45条。

行收回的强行买卖条款等，但有关限制必须符合适当的手续要求。

对于股权自愿转让，我国《公司法》在结合国际惯例和充分考虑我国公司实践的基础上，对内部转让遵循的是自由转让的原则，不加任何限制。① 但对于外部转让则作出相应限制：(1)向股东之外的人转让出资，则应当经其他股东过半数同意，为此，欲转让股权的股东应就其股权转让事项书面通知其他股东征求同意。这里的"通知"，是指将受让人的有关情况、拟转让股权的数量、价格及履行方式等股权转让合同的主要内容全部告知公司其他股东。如果有限责任公司股东转让股权之前未依公司法或者公司章程规定书面通知其他股东，或者书面通知内容不符合本规定或与实际转让条件不符的，公司其他股东起诉主张依照评估确定的价格或者受让方实际购买的同等条件购买股权，且其主张符合公司法和公司章程特殊约定的，人民法院应予以支持。(2)其他股东应在规定的时间内答复，不答复者视为同意转让。依据《公司法》第 71 条的规定，答复期为自接到书面通知之日起满30 日。(3)其他股东半数以上不同意转让的，不同意的股东应当购买该转让的股权；不购买的，视为同意转让。(4)经公司股东同意转让的出资，其他股东在同等条件下，有优先购买的权利。对于有两个以上股东主张行使优先购买权时如何处理，《公司法》也作出了规定，由主张行使优先购买权的股东协商确定各自的购买比例；协商不成的，按照转让时各自的出资比例行使优先购买权。可见，我国《公司法》也赋予了公司同意条款和公司股东先买权条款，上述规定对于推动公司股东之间的合作，起到了一定的积极作用。但这种"同意规则+优先购买规则"的双重限制模式也存在明显弊端，规则之间存在重复、矛盾甚至漏洞，不但增加了交易成本，还有违背商业逻辑之嫌。当然，考虑到股权转让本是股东与公司之间的纯粹私领域内的事务，股东的优先认购权股东是否行使以及按何种方式行使，应该允许公司股东根据自身的需要作出更为科学或合理的安排。② 所以，《公司法》将上述规定由原来的强制性规范改为任意性规范，允许公司章程作出例外规定。如果公司章程有不同规定，则优先适用公司章程。③ 有学者认为，《公司法》第 71 条关于股权转让程序的规定，并非是为了限制股东与其他人签订股权转让合同，而是通过该限制以维系有限责任公司的人合性。④ 但是，有限责任公司的人合性不能做绝对化理解，公司章程对股

---

① 我国《公司法》第 71 条第 1 款明确规定："有限责任公司的股东之间可以相互转让其全部或者部分股权。"

② 在法定优先购买权之外，如果有限责任公司的股东希望在法定的"人合"含义以外对于股东之间的人际关系有着超乎于法律保护范围之外的范畴，则股东可以通过特别约定的方式将"人合"的形式与范围予以相应扩大，此时穿透于法定优先购买权而适用于股东实际控制人之变动的优先购买权就成为股东与股东之间的特别约定，由此成就了股东与股东之间在法定优先购买权之外的穿透效力。当股东之间存在这种对于股权优先购买权穿透适用的明确安排时，不能断然否定当事人之间规则的效力。参见郑或：《股东优先购买权"穿透效力"的适用与限制》，载《中国法学》2015 年第 5 期。

③ 我国现行《公司法》在有限责任公司股东表决权、股权转让、股权继承、股份有限公司利润分配等方面规定了公司章程"另有规定的，从其规定"，从而排除公司法条款的适用，把公司自治或者说股东意思自治的领域扩展到了股东固有权部分，在很大程度上冲击了传统公司法中如股权平等、由资本决定表决权等刚性原则。

④ 徐强胜：《股权转让限制规定的效力——公司法第 71 条的功能分析》，载《环球法律评论》2015 年第 1 期。

权转让的限制不能违背《公司法》关于股东间自由转让出资的基本原则。如果公司章程禁止股权转让或者通过其他限制措施导致股权无法转让，会侵犯股东的基本权利，可能构成无效条款。笔者认为，公司章程及立法中普遍存在的股权处分抑制条款，是股东意志自我约束和来自公司团体意志乃至社会公共意志限制的反映，体现了股东与公司之间复杂的意志关系。组织交易的特殊性决定了简单地套用合同理论处理与商事组织有关的商事纠纷具有局限性。公司法上自治界分的实质是维护组织体信赖关系的和谐、追求组织治理稳定与实现法益平衡。无论是立法还是司法均应在强调股东自治优先的同时保证法律的底线，妥当地处理好处分股东与其他股东、公司、债权人的利益冲突和平衡。①

关于股东优先购买权的行使通知、行使方式、行使期限、损害救济等，《公司法》没有具体规定。为此，《公司法司法解释四》进行了补充完善。一是细化了行使股东优先购买权的程序规则。比如规定转让股东应当以书面或者其他能够确认收悉的合理方式，将转让股权的同等条件通知其他股东；股东优先购买权的行使期限，应当按照章程规定期限、转让股东通知期限和30日最低期限的先后顺序确定；判断"同等条件"应当考虑的主要因素，包括转让股权的数量、价格、支付方式及期限等。二是明确了股东优先购买权的行使边界和损害救济制度。股东优先购买权制度的立法宗旨，在于维护公司股东的人合性利益，而非保障其他股东取得转让股权。据此，《公司法司法解释四》第20条规定，有限责任公司的转让股东在其他股东主张优先购买后又不同意转让的，对其他股东优先购买的主张，人民法院不予支持，亦即其他股东不具有强制缔约的权利。同时，为了防止转让股东恶意利用该规则，损害股东优先购买权，《公司法司法解释四》第21条明确规定，转让股东未就股权转让事项征求其他股东意见，或者以欺诈、恶意串通等手段，损害其他股东优先购买权的，其他股东有权要求以实际转让的同等条件优先购买该股权。但为了维护交易秩序和公司稳定经营，《公司法司法解释四》对股东优先购买权被侵害后，股东行使相关权利的期限做了适当限制。三是解决了关于损害股东优先购买权的股权转让合同效力的实践争议，即对此类合同的效力不应仅仅因为损害股东优先购买权认定合同无效或可撤销，而应当严格依照合同法规定进行认定。正是基于此类合同原则上有效，人民法院才支持其他股东行使优先购买权的，股东以外的受让人可以请求转让股东依法承担相应的合同责任。

股权强制转让，是人民法院根据债权人的申请，依据有效的法律文书，对被执行人在公司中的股权所采取的一种强制转让措施。通过对被执行股东股权的强制性处分，达到清偿其债务，保护债权人利益的目的。由于股权的强制执行，通常会涉及外部转让的问题，对于是否应该遵循公司法关于股权转让的限制性规定，如何保护被执行股东所在公司及其他股东的利益，在实践中存在不同认识，做法也很不统一。为此《公司法》专门对此作出明确规定。该法第72条规定："人民法院依照法律规定的强制执行程序转让股东的股权时，应当通知公司及全体股东，其他股东在同等条件下有优先购买权。其他股东自人民法院通知之日起满20日不行使优先购买权的，视为放弃优先购买权。"此规定包含了三个基

---

① 冯果、段丙华：《公司法中的契约自由——以股权处分抑制条款为视角》，载《中国社会科学》2017年第3期。

本内涵：（1）强制转让股东股权应有执行的法律依据，即已经生效且具有给付能力的法律文书；（2）强制执行股东的股权应该优先考虑同一公司其他股东的意愿，保障其他股东的优先购买权；（3）适当保护第三人的利益，限制了其他股东优先购买权的行使期限，即自人民法院通知之日起满 20 日不行使优先购买权的，视为放弃优先购买权。

回购股份转让，其实质法律效果等同于公司股东的退股，因此其适用条件应该相当严格。我国《公司法》关于股份回购转让的限制性规定包括以下含义：（1）只有符合《公司法》第 74、142 条规定情形下的异议股东才可以行使出资或股份收购请求权；① （2）股东与公司要在规定的时间内达成股权收购协议，即自股东会决议通过之日起 60 日；（3）公司不同意收购股权的，股东可以在规定时间内寻求司法救济。依规定，自股东会决议通过之日起 60 日内，股东与公司不能达成股权收购协议的，股东可以自股东会决议通过之日起 90 日内向人民法院起诉。需说明的是，股东行使了股份回购请求权，并不必然导致股权被回购的结果。尽管在公司不同意收购的情形下，股东可以寻求司法救济，但法院也可能作出不予收购的裁决。

我国原《公司法》对于基于继承事实的发生而引起的股权变动未加规定。但随着我国民营经济的发展，因继承而发生的股权纠纷也日益增多，司法实践中做法极不统一，急需要立法予以明确，为此，我国《公司法》第 75 条明确规定："自然人股东死亡后，其合法继承人可以继承股东资格；但是，公司章程另有规定的除外。"即原则上自然人股东死亡后，其合法继承人可以继承股东资格，从而确认了股权继承的合法性，但也赋予公司章程排除股权继承之权利。

（三）股权转让变更登记

股权转让变更登记是股权变动的生效要件，也是股权转让的公示方式。只有履行了变更登记手续，才发生股权转让的法律效果。其登记包括公司股东名册、公司章程的变更登记和工商变更登记。前者属于内部登记，后者属于外部登记。

---

① 第 74 条规定的情形有：（1）公司连续五年不向股东分配利润，而公司该五年连续盈利，并且符合本法规定的分配利润条件的；（2）公司合并、分立、转让主要财产的；（3）公司章程规定的营业期限届满或者章程规定的其他解散事由出现，股东会会议通过决议修改章程使公司存续的。第 142 条规定的情形是股东因对股东大会作出的公司合并、分立决议持异议，要求公司收购其股份的。

第八章 股份与公司债

第一节 股　份

一、股份的概念和特征

何谓公司股份，学者之间并无完全一致的看法。在我国台湾地区，学者在三种意义上使用公司股份这一词语：其一，公司股份指公司资本的成分；其二，公司股份指股东的权利和义务；其三，公司股份是指表彰股票之价值。① 我国大陆学者更多的是从股份与公司之间的关系这一角度来理解公司股份，即股份是股份有限公司资本构成的最小单位。② 也有学者认为，股份实际上是公司股东对公司所享有权利、所承担的义务和责任，既在股份有限公司中使用，也在有限责任公司中使用。③ 笔者认为，股份有着丰富的内涵，对股份的理解应当从股份有限公司的制度框架中去把握：其最基本的含义是指股份有限公司股东所持有的、公司资本的基本单位。除此之外，还有其他内涵，如从股东与公司之间的关系角度去理解，股份则是股东权存在的基础和股东权的计量单位；从股份与股票的关系看，股份则是股票的价值内涵，股票是股份的存在形式。综上所述，笔者认为准确地说，股份是指，以股票这种有价证券形式表现的、股份有限公司的最基本的资本构成单位，也是股东权的最小计量单位。其具有以下基本特征：

1. 不可分性

股份有限公司的资本以股份为其最基本的计算单位，每股代表的金额乘以股份总数，即为公司的资本总额，而每一股代表的数额一旦确定，就不可再分，而股东行使股东权利也必须以此作为唯一的依据，每一股只能拥有一个表决权。虽然，股份的不可分性并不排除某一股为数人共有，但股份为数人共有时，股东一般应由共有人推定一人行使。因此，共有人对股份利益的分享，并不是对股份本身的分割，也不影响股份不可分性的本质。

2. 金额的均等性

股份有限公司的资本须作出的等额划分，每一份额即为公司的股份，均等性为其根本

---

① 参见张国键著：《商事法概要》，台湾三民书局 2000 年版，第 88 页；梁宇贤著：《公司法论》，台湾三民书局 1983 年版，第 274~275 页。

② 参见石少侠主编：《公司法教程》，中国政法大学出版社 2002 年修订版，第 86 页。

③ 参见张民安、刘兴桂主编：《商事法学》，中山大学出版社 2002 年版，第 123 页。

特点。我国《公司法》第 126 条明确规定，股份有限公司的每一股的金额相等。但每一股代表的金额相等，并不意味着所有股东获得同种股份的对价在任何情况下都相等，也不意味着每一股所代表的股东权利完全一样。

3. 权利上的平等性

股份直接标示着股东权利的范围和内容。尽管不同种类的股份之间，其权利可能会有一定的差异，但同股同权却是各国公司法的共同要求。同一种类的股份所彰显的权利应该相同，不能有所差异。因而，股份具有权利上的平等性。

4. 证券性

股份有限公司的股份表现为股票，是股票的实质内容，而股票则是股份的证券形式。这与有限责任公司股东的持股形式不同，后者是以出资证明书或股权证的形式存在，不具有证券性。

5. 自由转让性

股份自由转让是各国公司法所确立的一项基本原则，是公司资合性和出资不能抽回原则之间的法律平衡，也是股份有限公司有别于有限责任公司的一个重要之处。

二、股份的种类

按照不同的标准，股份可以划分成不同的种类，各国立法的规定也不尽相同，通常可以作出如下划分：

(一)普通股和优先股

根据股东享有的权利和承担的风险大小不同，股份可以被分为普通股和优先股。

1. 普通股

普通股是指股东权利平等而无差别待遇的股份。普通股股东毫无例外地享有对公司事务的表决权，因此享有普通股的数量标志着对公司控制和支配的实力，它是公司最为基本的股份，也是公司中风险最大的股份。① 普通股具有三个基本特点：其一，股息不固定，视公司有无利润及利润多寡而定，且须在支付了公司债息和优先股股息后方能分得；其二，在公司清算时，劣后于公司债权人和优先股股东分配剩余财产；其三，普通股股东一般都享有表决权，即享有公司重大事务决策的权利。在公司分配利润时，与优先股不同，普通股的股息上不封顶，故普通股股东通常是公司利润的最大受益者，但由于普通股股东在领取股息红利及公司解散分配剩余财产时，又劣后于优先股股东，所以在公司经营亏损时，他们又是最主要的受害者和风险承担者。由于普通股股东与公司有着更为息息相关的联系，所以，参与公司重大事务决策的权利对于普通股股东具有更为重要的意义。

2. 优先股

优先股是指对公司享有比普通股优先内容或优先权利的股份。优先股属于特别股的一种。与普通股相对应的特别股包括优先股和劣后股。它们都是以普通股为基准，凡比普通股具有优先内容或优先权利的股份，为优先股，而权利不及普通股，在公司盈余、剩余财产分配顺序上劣后于普通股的股份，即为劣后股。由于在现实生活中劣后股已十分罕见，

---

① 雷兴虎主编：《公司法新论》，中国法制出版社 2001 年版，第 250 页。

故人们习惯性地也将优先股笼统地称为特别股。但严格来说，特别股决不仅限于优先股。例如在国外的公司实践中为了解决国有企业经营问题，专门创制的具有特别否决权的"金边股"（Golden Share）①即属于特别股的新形式。

优先股一般包括三项内容：一是公司股息、红利分配优先；二是剩余财产分派优先；三是表决权优先或受限制或无表决权。如果表决权优先的话，则股息红利及剩余财产分配就不能优先；反之，如果股息红利及剩余财产分派优先，那么，股东的表决权就不能优先，相反必须受到限制，甚至必须放弃其表决权，以作为其权利的一种平衡。在实践中，公司的优先股主要表现为，不享有公司表决权，而优先领取公司股息或分配公司剩余财产，其领取的股息率通常是事先确定的。

根据优先股所享有的具体内容不同，优先股还可以作出进一步的区分：

（1）累积优先股和非累积优先股。所谓累积优先股，是指公司当年盈余不足以分配该股的股息，不足部分由以后年度的利润予以补足的优先股。在未补足所欠累积优先股股息前，公司不得对普通股股息予以分配。非累积优先股是指股利的分配只以当年公司的盈余为限，如未达到优先股应分的股利时，其不足部分，其后年度不再弥补。

（2）参加的优先股和非参加的优先股。参加的优先股是指在按原定比例分配股利后，还可以同普通股股东一起参加剩余盈余或剩余财产的分配的优先股，具体又可以分为参与股息分配优先股和参与剩余财产分派优先股；非参加的优先股是指股东只能按原先约定的比例分配公司利润，此后即使公司仍有盈余，也不得再参加分配的优先股。

我国《公司法》虽然无优先股的规定，但第131条规定："国务院可以对公司发行本法规定以外的其他种类的股份，另行作出规定。"可见我国《公司法》并无禁止发行优先股等其他种类股份的意图。国务院原证券委、国家经济体制改革委员会根据《公司法》配套法规《国务院关于股份有限公司境外募集股份及上市的特别规定》第13条制定的《到境外上市公司章程必备条款》第11条规定，公司在任何时候均可设置普通股；公司根据需要，经国务院授权的公司审批部门批准，可以设置其他种类的股份。2013年11月30日《国务院关于开展优先股试点的指导意见》和2014年3月21日证监会的《优先股试点管理办法》出台意味着优先股正式登上了我国资本市场和公司融资的舞台。但应当看到，《优先股试点管理办法》在规模、比例、时期和目的方面对优先股发行作出了限制，尽管这些限制具有比较法基础且立法目的良善，但由于这种限制要么过于武断、要么无法达到目的、要么本无必要，其不仅与私法自治精神有违，缺少法理上的正当性，而且过度限制了公司融资的自主性甚至间接毁灭融资困境中的公司。② 作为一种类别股，优先股在公司资本结构优化和公司治理安排方面具有重要价值。不同于债券，优先股构成公司资产负债表上的所有者权益，公司发行优先股不会给公司带来破产风险；并且优先股融资的同时不稀释现有股

---

① 金边股是政府控制企业的一种方法。它于1982年由英国政府最先采用，主要针对已经民营化的新公司实行。在这些公司中，政府只保留一股，价值仅一英镑，但这一"特别股"赋予了政府拥有对企业某些重大决策拥有特别否决权（详见顾宝炎主编：《国外国有企业的管理和改革》，中国人事出版社1999年版，第217～225页）。

② 张志坡：《论优先股的发行》，载《法律科学》2015年第2期。

东的控制权比例，公司日后资本充足且盈利能力良好时可以赎回优先股，从而普通股可以分配更多的剩余价值，因此优先股对公司融资和治理具有相当大灵活性的优势。[1] 鉴于优先股的巨大功用，法律不应对其管制过多和过严，尤其是《公司法》应当对包括优先股在内的类别股预留充分的制度空间。

(二) 记名股和无记名股

根据股票上面是否记载股东的姓名，股份可分为记名股和无记名股。

1. 记名股

记名股是股东姓名记载于股票上面的股份。记名股的股东与公司一般有着较为紧密的联系，股份权利只能由股东本人享有，经委托可以由他人代为行使。在假借他人名义投资的情形下，公司也只须对股份上所记载的股东负责，而无论其是名义股东还是真实的出资人。股份发生转让必须以背书或法律规定的其他形式进行，并要向公司办理股东名册的过户登记，即将股份的受让人的姓名或名称记载于公司股东名册中，同时注销原股东的姓名或名称。否则转让不产生对抗公司的效力。

2. 无记名股

无记名股是指股票上不记载股东姓名或名称的股份。无记名股与股票不可分离，股东权利的行使须以占有和提示股票为要件，其转让也极为简单，将股票交付与受让人即发生效力。

根据我国《公司法》第 129 条的规定，公司向发起人、法人发行的股份，应当为记名股，对社会公众发行的股份，可以为记名股也可以为无记名股。

(三) 额面股和无额面股

依据股份是否用金额表示，将股份划分为额面股和无额面股。额面股是在股票上标明一定金额的股份；无额面股，又称比例股或部分股，即股票不用一定的金额来表示，只表示其占公司资本总额一定比例的股份。对于额面股和无额面股，各国立法的态度差异很大。德国、法国等大陆法系国家坚持股票应记载股票金额，而英美国家则较为灵活。由于股票的发行价格与其面值可以不一致，所以在实践中，票面价格的意义已经并不大，反而还易产生误导，所以，美国修订后的示范公司法及加拿大商事公司法干脆取消了额面股。[2] 根据我国《公司法》第 128 条的规定，股票应当载明股票种类、票面金额及代表的股份数，故由此可以推导出在我国不允许无额面股的发行。

(四) 表决权股和无表决权股

根据股东是否享有表决权，股份可以分为表决权股和无表决权股。持有该种股份的股东享有表决权的股份称为表决权股，而不享有表决权的股份，为无表决权股。而在实际生活中，根据表决权受限制的程度不同，表决权股又可以分为普通表决权股和限制表决权股。持有普通表决权股的股东，一股拥有一票表决权，为最普通的股份；持有限制表决权股份的股东，其享有的表决权少于其持有的股份数。如有的国家的法律规定，股东持有公

---

[1] 刘胜军：《类别表决权：类别股股东保护与公司行为自由的平衡》，载《法学评论》2015 年第 1 期。

[2] 参见冯果著：《现代公司资本制度比较研究》，武汉大学出版社 2000 年版，第 33 页。

司股份超过公司注册资本一定比例以上时，公司章程应当限制其表决权，以限制大股东对公司的控制和操纵，保护中小投资者的利益。无表决权股是指依法和依照公司章程不享有表决权的股份。依法不享有表决权的股份，在国外主要是指公司基于特殊原因或需要，而持有的本公司的股份，依据章程不享有表决权的股份，主要是指优先股。

（五）国家股、法人股、公众股和外资股

在我国，按照投资主体的不同，股份有限公司的股份又被分为国家股、法人股、公众股和外资股。

国家股，是指国家投资的机构或部门以国有资产向股份有限公司投资形成的股份，包括公司现有国有资产折算成的股份，其持股主体是国家授权的机构和部门，其资产来源主要有三个方面：一是，现有国有企业整体改组为股份有限公司时所拥有的净资产；二是，现阶段有权代表国家投资的政府部门向新建的股份有限公司的投资；三是，经授权代表国家投资的投资公司、资产经营公司、经济实体性总公司等机构向新组建的股份有限公司进行的投资。① 国家股与国有股是两个不同的概念。国家股仅指由国务院授权的机构或部门，或根据国务院决定由地方政府授权的部门或机构持有的股份，而广义上的国有股还包括国有法人股，即由普通的具有国有性质的法人单位（包括企业法人和事业法人）拥有或持有的股份。②

法人股，是指企业法人或其他具有法人资格的事业单位、社会团体以其所有或依法可支配的财产向股份有限公司投资而形成的股份。包括国有和非国有的法人股两类。

公众股，也称个人股，是指社会个人或者股份有限公司内部职工以个人合法财产向公司投资而形成的股份。公众股又有两种基本形式：社会公众股和内部职工股。前者是指股份有限公司采取公开募集时由社会公众（非内部职工）认购或持有的股份。后者是指股份公司在本公司向社会发行股份时，由本公司的职工按照发行价格所认购的股份。按照《股份发行与交易管理暂行条例》的规定，公司职工股的股份数额不得超过公司拟向社会公开发行股本总额的10%。值得注意的是，这里所说的公司职工股与公司内部职工股是两个完全不同的概念。在我国进行股份制试点初期，出现了一批不向社会公开发行股票，只对公司和内部职工定向募集股份的股份有限公司，这些公司被称为定向募集公司，在定向募集过程中形成的内部职工持有的股份，被称为内部职工股。由于它违背了公开、公平等股份发行的基本原则，后有关部门就停止了职工内部股的审批和发行。

外资股是指由境外的投资机构和个人以人民币标明股票面值，以外币认购和进行交易的股份。包括境内上市外资股和境外上市外资股。前者是指向境外投资者发行并在我国境内上市交易的股份，如 B 股；后者是指向境外投资者募集并向境外上市的股份，如 H 股等。

三、股票

股票是指股份有限公司签发的证明股东按其所持有股份享有权利和承担义务的书面凭

---

① 雷兴虎主编：《公司法新论》，中国法制出版社 2001 年版，第 255 页。

② 程合红、刘智慧、王洪亮著：《国有股权研究》，中国政法大学出版社 2000 年版，第 51~53 页。

证，是表彰股份之有价证券。股票是股份的表现形式，与有限责任公司股东所持有的股单或出资证明书不同，它有自身的特点。其主要特征如下：

1. 股票是一种有价证券

"有价证券"一词为德国学者所首创，被德国旧商法典采纳，现为大多数大陆法系国家所采用。一般认为，有价证券是指代表某种财产性权利的凭证，该证券与其代表的权利密切结合，行使权利以所持有相应的证券为必要。① 股票作为一种有价证券，一方面，它代表着一定的财产价值，是一种特定的价值符号；另一方面，股票又是一种提示证券，其权利的行使以提示股票为前提。不过须注意的是，因股票种类不同，其提示的效果也不尽相同，其中无记名股票是一种典型的提示证券，而记名股票则是一种不典型的提示证券。

2. 股票是一种证权证券

设权证券是指创设一定权利的证券，而证权证券则是指证明一定权利的证券。股票是证明股东与公司关系的一种凭证，仅具有权利证明的效力，而不具有创设权利的效力。

3. 股票是一种要式证券

股票须按法定方式制作，必须记载法定事项。我国公司法规定，股票应当记载下列事项：公司名称；公司成立的日期；股票的种类、票面金额及代表的股份数；股票的编号。此外，股票采用纸面形式或者国家规定的其他形式。股票须由公司董事长签名，公司盖章后生效。

4. 股票是一种流通证券

股票是一种可以自由流通的证券，其流通方式包括在证券交易场所挂牌交易和柜台交易两种方式。其中无记名股票的转让须办理背书和过户手续始发生转让效力，而无记名股票交付股票即发生转让效力。

5. 股票是一种风险证券

股票是一种投资性证券，投资本身即蕴含有一定的风险，而股票与债券等其他证券相比，其风险性更高。这种风险首先来自于公司的经营风险；其次，来自于二级市场的交易风险。虽然，股票投资面临较高的风险，但因其同时具有收益高额化的可能，对广大投资者充满了有巨大的吸引力，所以，股票投资成为不少投资者乐于选择的一种投资形式。

四、股份的发行

(一)股份发行的概念和种类

股份发行是指股份公司为筹集公司资本而分配或者出售公司股份的行为。由于股份有限公司股份采取股票形式，因此，股份发行在形式上即为股票发行。从法律规范的角看，各国一般都同时用《公司法》和《证券法》规范股份的发行。

依据不同的分类方法，对股份发行可做如下分类：

第一，设立发行和新股发行。公司发行按其发行主体及发行阶段的不同，可以分为设立发行和新股发行。尚未成立的公司，为筹集成立公司所需资本而对外发行股份的行为，

---

① 如《瑞士民法典》第 5 编第 956 条把有价证券规定为："有价证券是一切与权利结合在一起的文书，离开文书既不能主张权利，也不能将之转移于他人。"

称之为设立发行。新股发行则是指，已经成立的公司基于筹集资金、扩大经营规模等目的，再次发行股份的行为。

第二，直接发行和间接发行。依据股份发行是否通过中介机构进行，在理论界将股份发行分为直接发行和间接发行。

直接发行，是指公司不通过证券承销机构而直接向投资者发行股份的发行方式。直接发行可以降低发行费用，但通常发行时间较长，发行风险较大。实践中较少采用，主要用于私募发行。间接发行，则是指公司不直接发行股份而是通过证券承销机构向投资者发行股份的股份发行方式。

间接发行是公募发行中比较普遍的发行方式。间接发行可以充分利用证券承销机构在发行渠道、资金支持和发行业务方面的优势，确保股份发行的及时和成功，但也会因此增加股份发行的成本。依据我国《公司法》的规定，股份有限公司公开募集股份必须采取间接发行方式。

第三，公开发行和非公开发行。这是按股份发行是否面向社会、面向特定投资者而进行的区分，亦称公募发行和私募发行。

公开发行，是指面向社会不特定的任何人发行的股份。依据我国《证券法》第10条的规定，有下列情形之一的为公募发行：(1)向不特定对象发行证券；(2)向累计超过200人的特定对象发行证券；(3)法律、行政法规规定的其他发行行为。公开发行不受发行对象和人数的限制，因而在资本募集规模上具有巨大的优势，同时也具有募集速度快、便于操纵控制等优点，因而成为最具代表性和普遍性的一种股份发行方式。但是，由于公开发行涉及众多投资者和社会公众的利益，各国立法均为其设置了较为严格的条件和复杂的程序。

不公开发行，也称为私募发行，是指向特定的投资者、采取特定的方式发行股份的行为。不公开发行的对象是特定的，包括个人投资者和机构投资者。个人投资者通常是公司的原有股东、公司的管理人员及普通雇员。机构投资者一般是具有投资知识和经验、了解发行公司有关信息的金融机构或与公司来往密切的其他公司。根据我国《证券法》第10条的规定，非公开发行证券的发行对象的人数累计不得超过200人，并不得采用广告、公开劝诱和变相公开方式，如公告、广播、电视、网络、电话等形式的宣传。由于不公开发行的对象特定，因而具有操作便捷、发行成本低廉、条件灵活、易于掌控等优点，但也存在投资者数量有限、股份流通性差等缺点。在实践中广为存在的公司内部职工股的发行、对现有股东的股份配送、对法人单位的股份配售以及公司资产重组中的股份置换等都具有不公开发行的性质和特点。为防止有关公司借非公开发行之名而行公开发行之实，借以逃避国家的监控，各国立法对非公开发行在发行对象、发行人数、发行方式及股份发行后持股人的转售等都作出了严格的规制，我国《公司法》和《证券法》也认可了非公开发行这种方式，但尚缺乏具体而明确的非公开发行制度。

第四，增资发行和非增资发行。增资发行是指公司基于增加公司资本、扩大经营规模而进行的股份发行。增资发行的基本特点是要使公司的资本超过原注册资本。否则，不属于增资发行。非增资发行，则是指在授权资本制下，公司董事会依据公司章程的授权在注册资本范围内再次发行股份之行为。由于其未改变公司的注册资本，故不属于增资发行。

当然，与公司已发行的股份额相比，其实质仍属于增资。

第五，通常发行和特别发行。通常发行即以增资为目的进行的新股发行，特别发行则不以增资为目的，而是为了分配盈余、将公积金转为资本或将可转换公司债券转换为公司资本所进行的新股发行。特别发行虽不以增加公司资本为目的，但其结果却是公司资本的必然增加。实践中，以向股东送股、配股的方式分配公司盈余已经成为上市公司广为采用的方法。

此外，除上述分类外，在学理和实践中，还有其他各种分类。如按发行地域范围不同，分为国内发行和国外发行；按发行价格可以区分为溢价发行、折价发行和平价发行；按是否借助交易系统，分为网上发行和网下发行；按发行条件确定方式不同，分为议价发行和招标发行；按股份是否采取实物券形式，分为纸化发行和无纸化发行等。①

（二）股份发行的原则

各国公司法普遍确立了股份发行所应坚持的基本原则，这些原则中最为核心的是"公开、公平和公正"的"三公"原则。《公司法》第126条规定："股份的发行，实行公平、公正的原则，同种类的每一股份应当具有同等权利。同次发行的同种类股票，每股的发行条件和价格应当相同；任何单位或者个人所认购的股份，每股应当支付相同价额。"尽管新的《公司法》没有将公开原则明确地加以规定，但其仍然应成为股份公开发行所必须坚持的基本原则。

公开原则要求公司向社会发行股份时，必须依照法定要求将与其发行股份相关的一切重要信息和情况公之于众，即应当就股份发行的有关信息依法作出真实、准确、全面、及时的披露，不得隐瞒或欺骗。公开原则的目的在于防止欺诈行为，最大限度地保护投资者的利益，使投资者在准确获悉公司及其股份真实信息的情况下作出投资决策和判断。我国《公司法》第85、134条以及《证券法》第20条、第31条等都是公开原则的具体体现。依据我国现行立法规定，公司须依法公开的内容包括两个方面的基本信息：一类是关于公司及其发行股份的基本概况，包括发起人的情况、股份发行的可行性、募集资金的用途、公司经营业绩、未来效益预期等；另一类是关于股份发行操作安排方面的情况，包括发行数量、方式、对象、条件、程序以及承销机构情况等。

股份发行的公平原则是民商法中平等、自愿、诚实信用、等价有偿等一般原则在股份发行中的具体要求，也是投资者权益保护和股东法律地位平等在股份发行中的具体体现。公平原则要求股份发行中有关当事人权利义务应该相互一致、公平、合理。其不仅要求所有的投资者均有权获得平等的投资机会，而且股东取得股份的条件和支付的对价应该公允和合理，同时对所有的投资者应一视同仁，不得歧视。申言之，其至少应当包含三个方面的含义：（1）投资机会均等；（2）同次发行的同类股份，发行条件和价格应当相同；（3）公司发行的同类股份应当具有相同的权利或利益，做到同股同权、同股同利，不能有所歧

---

①　我国早已在证券市场实行了证券无纸化，但基于无纸化的证券持有、交易、抵押活动产生的法律关系，始终处于无法可依、有法难依的状态，其产生的法律后果已经严重阻碍了资本市场的稳定和健康发展，导致证券市场中的许多问题都缺乏必要的法律规制。因此，推进我国证券无纸化立法已经迫在眉睫。

视。公平与公开之间，是目的与手段的关系。公平是目标和结果，公开是手段方法。

可正、公平、正义在英文中可以用同一个词（Justice）表达。可见，公正原则与公平原则联系十分紧密，不宜区分。有学者认为股份发行中的公正原则就是股份发行过程应当对所有股东或投资者实行平等对待，不能有所歧视。也有学者认为，公正原则是要求在对股份发行活动的监管过程中，要正确地适用法律，公正地对待所有的当事人，公正地处理股份发行争议或纠纷。笔者认为，上述见解均有失全面。一般而言，公平原则是适用于当事人之间交易关系并确定其实体权利义务的法律原则，其核心是交易条件和权利义务是否公平合理，但公平与平等联系在一起，既包括交易双方当事人地位的平等，也包括所有参与者地位与待遇的平等，因此，发行人公平地对待所有投资者既是公平的基本内涵，也是公正的应有之义。从《公司法》第126条的表述看，"同股同价、同股同权、同股同利"可以说也是股份发行公平原则和公正原则的共同体现。但公正原则绝不能仅仅局限于此，公正原则同样适用于股份发行争议及纠纷的处置，甚至可以说其主要是执法和司法机关监督当事人行为和处理权益争议时适用的法律原则，重在强调法律适用及其处理程序上的公允与正当。如此而言，公正同样是手段和方法，而当事人之间的实体公平则是追求的目标和结果。

(三) 股份发行的监管体制

基于不同的制度理念和国情，世界各国对公司股份发行所采取的监管体制有着较大的区别。

以崇尚经济自由和私权自治的美国为代表的部分发达市场经济国家，对股份公开发行采取的是注册制。注册制遵循的是"公开原则"，要求股票发行者提供关于股份发行有关的一切信息，并对信息的真实性、可靠性负责，证券监管机关仅仅对证券监管者提供的材料进行审查，无须对发行证券本身的价值作出判断。在美国，注册制有三个核心要素，即多元化的审核主体和分离的审核程序、嵌入实质审核的信息披露监管以及与注册制相配套的其他制度系统。[1] 不少人对美国的IPO注册制存在误解，认为其不存在实质审核。其实，在美国联邦制的宪政结构中，本土公司在美国境内IPO，一般必须在联邦与州（发行或销售涉及的州）两个层面同时注册（联邦或州豁免注册的情形除外），这就是所谓的双重注册制（Dual Registration）：联邦注册制以信息披露为主，联邦证券监管权限受到严格限定，而各州的证券发行监管100多年来普遍实行实质审核，控制证券的投资风险，这才是完整的美国本土公司IPO监管制度。[2] 注册制虽然充分尊重投资者的选择权，但它难以摆脱自身制度的局限，证券市场的证券良莠不齐，证券欺诈时有发生，投资者的利益难以给予周延的保护。所以，一般来说，注册制只适合市场结构完善、投资者素质高、法制完备、市场监控措施齐备的理性市场。

另外一种监管体制是核准制。核准制是指证券发行人在公开发行证券之前，不仅要公开有关证券发行的真实情况，而且必须合乎《公司法》和《证券法》中规定的发行证券所必

---

① 李燕、杨淦：《美国法上的IPO"注册制"：起源、构造与论争——兼论我国注册制改革的移植与创生》，载《比较法研究》2014年第6期。

② 沈朝晖：《流行的误解："注册制"与"核准制"辨析》，载《证券市场导报》2011年9月号。

需的实质要件，证券主管机关有权否决不符合实质要件的证券发行申请。核准制遵循的是实质管理原则，它是在信息公开的基础上，考察发行者的营业性质、管理人员的资格、资本结构、是否有合理的成功机会等，并由此作出是否发行实质要价的价值判断，并把不符合实质要求的劣质证券排除在市场之外。核准制以维护公共利益和社会经济安全为本位，强调实质管理，较大程度上体现了国家干预的经济政策，体现了制度的硬约束和刚性，对于证券市场历史不长、投资者素质不高、法制不完备的国家，比较适宜。但其存在的不足也同样明显：其一，注重国家干预，排除了投资者的合理选择权，不注重行为个体的自由权；其二，核准制在使投资者获得投资安全的同时，也使投资者产生了依赖心理，并误认为监管当局对公开资料的安全性、真实性、准确性以及证券的品质已经作出了判断，无须投资者自我判断。如此，一方面不利于培养投资者理性的投资心理和投资技巧；另一方面，当发行人以欺骗手段获得核准，或审核机关的价值判断有误时，则会使投资者处于不设防的状态，投资者利益便会受到损害。更为严重的是，当公众投资者的依赖心理与审核机关的失误连在一起时，往往会使投资者将投资风险直接归于政府，甚至会诱发非经济性行为的发生。

我国《证券法》第 10 条第 1 款规定："公开发行证券，必须符合法律、行政法规规定的条件，并依法报经国务院证券监督管理机构或者国务院授权的部门核准；未经依法核准，任何单位和个人不得公开发行证券。"据此，我国对股票的公开发行实行的是核准制。很长一段时间以来，我国证券发行核准制暴露出来的弊端愈发明显，注册制已经成为证券发行体制市场化改革的必然趋势。在此背景下，党的第十八届三中全会通过的《关于全面深化改革若干重大问题的决定》明确提出了"推进股票发行注册制改革"的要求。2014 年 5 月 9 日国务院发布的《关于进一步促进资本市场健康发展的若干意见》再次提出"积极稳妥推进股票发行注册制改革"。近年来，股票发行注册制改革成为炙手可热的前沿话题，研究文献层出不穷，不乏真知灼见。如曹凤岐教授认为，我国股票发行审核制度应选择一条渐进性变迁路径，由核准制逐步过渡到注册制，由此需要进行的制度性改革举措包括：转变证监会职能；推动交易所改制；强化信息披露质量，建立追责机制；强化公司治理和内控制度建设；进一步完善发行审核的法律法规；在场外交易市场直接实行注册制。[①] 李曙光教授认为，从核准制到注册制改革的过程乃从行政力量到市场力量回归的过程，在这一过程中，现有的发审委可改为股票发行聆讯委员会，独立于证监会和交易所，成为注册制的重要制度机制，在实际操作层面，聆讯机制前期可以作为替代性的审核机制，随后市场成熟则转变为建议机制，最后转变为市场的参考机制。[②] 不难发现，股票发行注册制改革涉及证券法制的根本性调整，牵一发而动全身，需要精心谋划，有序推进。需要澄清的是，注册制与实质审核并不存在根本性冲突，在中国实行注册制改革不意味着消灭了证监会全部的实质审核权，它只是意味着股票发行的实质审核权部分转向了地方政府、交易所、证券中介及服务组织，证监会仍会部分行使 IPO 的商业判断权。正因如此，有学者认为，注册制并不意味着"权力型"证监会的完全隐退，相反在某种意义上意味着我们需

---

① 曹凤岐：《推进我国股票发行注册制改革》，载《南开学报（哲学社会科学版）》2014 年第 2 期。

② 李曙光：《新股发行注册制改革的若干重大问题探讨》，载《政法论坛》2015 年第 3 期。

要一个更强大的证监会。[1]

（四）股份发行的条件

1. 设立发行的条件

《证券法》第 12 条规定，设立股份有限公司申请公开发行股票，应当符合《公司法》规定的条件和经国务院批准的国务院证券监督管理机构规定的其他条件。我国《公司法》对设立发行的条件没做集中规定。只是要求股份的设立发行应当首先符合股份有限公司的设立条件，发起人认购的股份不得少于公司股份总数的 35%，发行价格的确定应遵守《公司法》的规定，不得折价发行，应同股同价。2016 年的《首次公开发行股票并上市管理办法》第 26 条规定："发行人应当符合下列条件：（一）最近 3 个会计年度净利润均为正数且累计超过人民币 3000 万元，净利润以扣除非经常性损益前后较低者为计算依据；（二）最近 3 个会计年度经营活动产生的现金流量净额累计超过人民币 5000 万元；或者最近 3 个会计年度营业收入累计超过人民币 3 亿元；（三）发行前股本总额不少于人民币 3000 万元；（四）最近一期末无形资产（扣除土地使用权、水面养殖权和采矿权等后）占净资产的比例不高于 20%；（五）最近一期末不存在未弥补亏损。"

2. 增资发行的条件

《证券法》第 13 条规定新股发行的条件为：（1）具备健全且运行良好的组织机构；（2）具有持续盈利能力，财务状况良好；（3）最近 3 年财务会计文件无虚假记载，无其他重大违法行为；（4）经国务院批准的国务院证券监督管理机构规定的其他条件。

（五）新股发行的程序

股份发行包括设立发行和新股发行。设立发行的程序我们在前面"公司的设立"一章中已有论及，下面着重就新股发行的程序加以介绍。

根据新股发行是否对原股东以外的非特定人发行，其发行有公开发行和非公开发行之分。前者由原有股东将发行的新股全部认购或新增股份仅对公司经营情况比较了解的特定法人或机构发行，后者依公开招募程序向社会公众发行。与募集设立和发起设立一样，二者在审批的程序上有所区别。根据我国法律、行政法规的有关规定，新股发行的基本程序如下：

（1）股东大会决议。发行新股不仅会使公司资本增加，而且会影响到公司的股权结构及原有股东在公司中的地位和利益，在公司股份由原有股东认购时，还会增大原有股东的投资责任和风险，所以，新股发行与否及如何发行应由股东大会作出决议。我国《公司法》第 133 条规定："公司发行新股，股东大会应当对下列事项作出决议：（一）新股种类及数额；（二）新股发行价格；（三）新股发行的起止日期；（四）向原有股东发行新股的种类及数额。"

（2）制作招股说明书、财务会计报告及明细表、认股书。

（3）与证券经营机构和银行签订承销协议与代收股款协议（同设立发行）。

（4）报主管部门审批。在签订承销协议与代收股款协议后，根据《证券法》的相关规

① 蒋大兴：《隐退中的"权力型"证监会——注册制改革与证券监管权之重整》，载《法学评论》2014 年第 2 期。

定，股东大会作出发行新股的决议后，申请公开发行新股，董事会须向国务院证券监督管理机构提出发行申请。① 《证券法》第 14 条规定："公司公开发行新股，应当向国务院证券监督管理机构报送募股申请和下列文件：(一)公司营业执照；(二)公司章程；(三)股东大会决议；(四)招股说明书；(五)财务会计报告；(六)代收股款银行的名称及地址；(七)承销机构名称及有关的协议。依照本法规定聘请保荐人的，还应当报送保荐人出具的发行保荐书。"

(5)公告公开发行募集文件。根据《公司法》第 135 条的规定，公司经国务院证券监督管理机构核准公开发行新股时，必须公告新股招股说明书和财务会计报告，并制作认股书。《证券法》第 25 条也对此作出了明确规定。

(6)填写认股书、缴纳股款。

(7)申请变更登记及公告。公司新股发行完毕后，会导致公司注册资本等发生变化，因此《公司法》第 136 条规定，公司发行新股募足股款后，必须向公司登记机关办理变更登记，并公告。

(六)公司法关于股份发行的其他规制

1. 发行价格

我国《公司法》规定，公司股份可以按票面金额发行，也可以超过票面金额发行，但不得低于票面金额发行。②

2. 股份种类

《公司法》第 129 条规定，公司向发起人、法人发行的股票，应当为记名股票，并应记载该发起人、法人的名称或者姓名，不得另立户名或者以代表人姓名记名。对社会公众发行的股票，可以为记名股票，也可以为不记名股票。依据《公司法》第 130 条的规定，公司发行记名股票的，应当备置股东名册，记载下列事项：(1)股东的姓名或者名称及住所；(2)各股东所持股份数；(3)各股东所持股票的编码；(4)各股东取得其股份的日期。发行无记名股票的，公司应当记载其股票数量、编号及发行日期。

3. 股票交付的时间

依照《公司法》第 132 条的规定，股份有限公司登记成立后，即向股东正式交付股票。公司登记成立前，不得向股东交付股票。

五、股份的转让

(一)股份转让的一般原则

股份转让是指股份有限公司的股东，依照法定的程序把自己所持有的公司股份让与他人，由受让人取得股份成为公司股东的行为。股份自由转让是各国公司法的普遍原则。我国《公司法》第 137 条规定："股东持有的股份可以依法转让。"所以在公司成立后，每个股东只要符合法律规定都可以转让自己持有的股份，公司不得以公司章程、股东大会决议限

---

① 我国原《公司法》曾要求非公开发行新股的，董事会须向国务院授权的部门或者省级人民政府申请批准。修改后的《公司法》取消了该项要求。

② 参见《公司法》第 127 条。

第八章　股份与公司债

制或禁止公司股份的转让。这与封闭兼具人合性的有限责任公司的股权转让完全不同。

（二）股份转让的法定限制

股份转让自由为原则，是各国立法的通例。但是为了保护公司、股东及债权人的整体利益，许多国家的公司法对股份转让的方式和某些特殊性质的股份（如公司内部职工股）的转让作了必要的限制。我国公司法对股份转让也作了相应的限制：

1. 对股份转让场所的限制

我国原《公司法》第144条规定，股东转让股份必须在依法设立的证券交易场所进行，不允许进行场外交易。其立法用意在于将股票交易吸引到依法设立的证券交易所，培育发达而规范的证券市场，但其合理性却实在令人怀疑。因为法律对交易地点作出了强制性规定，不仅极大地限制了股东股份转让权的实现，而且在实践中也很难操作，尤其是既不需要背书，也无须过户的无记名股票的转让，在瞬间即可完成，至于交易是否在场内进行实难查证。在我国目前证券交易市场集中在为数有限的几个中心城市的情况下，让所有的股票交易者全汇集于此，也有诸多不便。反观其他国家，凡有证券交易的地方，通常都允许场外交易存在。所以，主张放开禁令的呼声一直不绝于耳。为此《公司法》和《证券法》作出了相应修改。修改后的《公司法》138条规定："股东转让其股份，应当在依法设立的证券交易场所进行或者按照国务院规定的其他方式进行。"《证券法》第39条规定："依法公开发行的股票、公司债券及其他证券，应当在依法设立的证券交易所上市交易或者在国务院批准的其他证券交易场所转让。"上述规定为场外交易的合法存在在立法上留下了一定的空间，同时也使非上市公司的股份转让更具现实性。

2. 对发起人持有的本公司股份转让的限制

由于股份有限公司的发起人对公司的成立及成立初期的财产稳定和组织管理具有重要的影响，所以，为了保护其他股东和公众的利益，防止发起人利用设立公司进行投机和诈骗活动，保证公司成立后一段时间能够顺利经营，一般要对发起人所持有股份的转让予以一定的限制。我国《公司法》第141条规定："发起人持有的本公司的股份，自公司成立之日起1年内不得转让。"

3. 董事、监事、高级管理人员所持股份转让的限制

董事、监事、高级管理人员对公司负有信义义务，且掌握公司的经营信息，因此，要求其向公司申报其所持有的本公司股份，并限制其在任职期间转让实属必要。其一可以防止担任这些高级职务的公司人员利用内幕信息从事股票交易，非法牟利；其二也有助于将公司经营状况同这些人的利益联系起来，以促使其兢兢业业地工作。为此我国原《公司法》严格禁止公司的董事、监事和经理在公司任职期间转让其所持有的所任职公司的股份。但是，从公司法的运作实践看，完全禁止高级管理人员在任职期间其所持有的公司股份的做法并不理想，相反如果允许公司的高级管理人员在任职期间就可以转让其中部分股份，会更加激励其努力经营公司，提高公司的经营绩效，所以，修改后的《公司法》放宽了这种限制。现行《公司法》第141条规定，公司董事、监事、高级管理人员应当向公司申报所持有的本公司的股份及其变动情况，在任职期间每年转让的股份不得超过其所持有本公司股份总数的25%；所持本公司股份自公司股票上市交易之日起1年内不得转让。上述人员离职后半年内，不得转让其所持有的本公司股份。公司章程可以对公司董事、监

190

事、高级管理人员转让其所持有的本公司股份作出其他限制性规定。

4. 上市公司股东转让股份的限制

为了防止内幕交易、市场操纵等不公正交易行为的发生，达到稳定证券市场、规范上市公司行为的目的，《公司法》第141条规定，公司公开发行股份前已发行的股份，自公司股票在证券交易所上市交易之日起1年内不得转让。

5. 在法定的"股东名册闭锁期内"股份转让的限制

为了保证股东大会的顺利举行或者防止别有用心者通过股份转让干扰公司利润的正常分配，绝大多数国家均规定在公司股东大会召开前或公司决定分配股利的基准日前的一段时间不办理股东名册变更登记，此为股东名册的闭锁期。我国《公司法》第139条第2款也规定，股东大会召开前20内或者公司决定分配股利的基准日前5日内，不得进行前款规定的股东名册的变更登记。由于股东名册是股东向公司主张权利的依据，如果不能变更股东名册，股份受让人就不能向公司主张任何权利，转让后股东权仍由出让股东行使。因此，所谓在这一法定期限内不得进行股东名册的变更登记，也就意味着不承认股份转让的效力，对股份转让也构成了一定程度的限制。当然，这里并非禁止股份的转让，受让人的权利依然受到合同法的保护。一旦股东大会召开完毕或者股利分配结束，公司就有义务依据股份转让事实办理股东名册变更登记。考虑到上市公司的特殊性，该条同时规定："法律对上市公司股东名册变更登记另有规定的，从其规定。"

此外，为了保证公司资本的充实，我国公司法对公司收购自身股份作出了限制。①

(三) 股份转让的方式

1. 记名股票的转让

由于记名股不仅要在股票上面记载股东姓名或名称，而且还要将股东的姓名或名称登记在公司的股东名册上，因而只有登录在股东名册上者才能被视为公司股东，否则，即便是真实的出资人也不能享有股东权利，所以，记名股票的转让须依法办理背书和过户手续，即需要将受让人的姓名或名称记载于公司股票上，并变更股东名册。对记名股份而言，股份的取得属于登记要件主义，没有登记者不被视为公司的股东。只有受让人根据其与转让人的股份转让协议接受公司股份的让渡，并在股东名册上办理了过户登记之后，才最终取得公司股份，才能行使股东权利，而不能以股票事实上已经转移为由对抗公司和第三人。因此，也有人将背书和过户看作记名股份异动的公示。

需说明的是，股份取得与股份转让合同是两个不同的概念。股份转让合同是出让人与受让人就股份转让有关事宜所达成的协议，而股份取得则是股份转让合同履行完毕后的一种必然结果。股份取得须以过户登记为要件，并不意味着它也是合同生效的法定要件。一旦股东与受让人就股份转让事宜达成协议，股份转让协议就成立并产生相应的法律效力，转让方和受让方就须接受协议的拘束。背书和过户实际上仅属于股份转让合同的履行问题。如果一方拒绝办理背书和过户手续，当视为对合同义务的违反，对方有权要求其承担违约责任。

2. 无记名股票的转让

---

①　详见第七章第一节。

无记名股票属于最为典型的有价证券。权利的行使与对股票的占有无法分离，故无记名股票的合法持有人即为公司的股东，因此，无记名股票的转让无须背书和过户，只要交付即发生效力。我国《公司法》第140条规定："无记名股票的转让，由股东将该股票交付给受让人后即发生转让的效力。"在现代证券市场上，这种转让一般通过证券商在证券交易所发出指令，由电脑系统撮合成交，无须出让人与受让人见面，转让效率比记名股票显然要高很多。

第二节　公司债

一、公司债的概念和特点

公司债是公司依法定条件和程序，通过发行有价证券的方式，向社会公众募集资金所产生的债务。其反映和体现的是一种以公司为债务人，以债券持有人为债权人的特定的金钱债权债务关系。

发行公司债是公司募集资金的一种特殊方式。公司在成立以后，由于设备更新、扩大生产规模及补充流动资金等原因，往往需要在原始资本外筹集其他资金。公司筹集资金的方式无外乎两种：一是通过发行股份或由股东追加投资，增加公司资本；二是举债。而举债的具体方式又可分为两种，一种是向银行等金融机构、某些特定的组织或个人借贷；另一种就是通过发行有价证券，向不特定的社会公众借贷。前者为一般金钱借贷之债，后一种为公司债。在某些情况下，公司不宜或不愿发行股份，而通过一般金钱借贷又无法募集到足够的资金，而公司债由于募集对象的广泛性，条件又较一般借贷优越，具有安全性和流通性，更符合一般投资者的要求，因而就成为迅速地、大规模地募集资金的有效手段。

与一般的借贷之债不同，公司债具有以下三个明显的特征：（1）公司债是公司向不特定的社会公众公开募集的，因而其募集对象具有广泛性和不特定性，而公司的一般借贷之债则是向特定的组织、机构或个人借贷而形成的，其借贷或资金筹措的对象具有特定性。（2）公司债的表现形式不同于一般的借贷之债。公司债是通过发行有价证券的方式产生的，此种有价证券为公司债券，它是公司债的表现形式。作为有价证券，其具有流通性的特点，可以自由流通和转让，而一般的借贷之债可能也有证明债权关系的契据存在，但这种契据只是一种权利证书，不能自由流通。（3）公司债的发行和募集有严格条件限制和程序要求。由于公司债是公司通过发行有价证券的方式向社会公开、大规模募集公司资金的一种筹资方式，其发行对象的广泛且不确定，公司能否及时偿还债务，关系的不仅仅是单个的债券持有人的利益，还会影响金融秩序的稳定，严重的甚至会引发剧烈的社会动荡，故各国公司立法对公司债的发行和募集都有严格的条件限制，只有信用良好的公司方能对外发行公司债，在西方国家发行公司债成为股份有限公司的特权，而不具有开放性的有限责任公司则被禁止发行公司债。同时为了保证公司债发行的真实，防止资金募集过程中的欺诈，各国公司立法对公司债券的发行规定严格的程序，要求履行必要的审批手续，并全面、真实、准确、及时地披露相关信息。而一般的借贷之债则无须严格的审批和政府监管，通常由借款人和出借人协商确定即可。

公司债也不同于公司的股份。虽然公司债与股份均属于公司融资的方式，同时也都属于社会投资人的投资对象，二者在经济功能上具有共同之处，但在法律性质上，却有着明显的区别：

首先，权利的性质不同。公司债就其属性而言属于一种金钱之债，公司债的权利人享有的是以请求权为内涵的债权，不能参与公司的经营和管理；而公司股份的持有人所拥有的权利（即股权）则是基于股东的认购公司股份和出资行为而产生的一种财产权利，属于资本权的范畴，具有物权的基本属性，股东可以参与公司的经营管理事务。可以说，公司债具有债权和证券的双重属性，其债权属性决定了公司债券持有人具有还本付息的请求权，但持有人之还本付息请求权的实现与否取决于发行公司责任资产的大小，即发行公司信用基础之上；其证券属性源自其投资性，但区别于股票，其仅限于未届清偿期内，基于公司债券价格波动而形成的流通性。①

其次，代表的财产性质不同。公司债所体现的债权是公司定期支付债券的固定利息，并在债券到期日归还本金；而股份则是股东投入公司的财产构成部分。在公司存续期间，股东一般不得撤回出资，公司只有在有盈余的情况下才能进行股利分配；也只有在公司解散且有剩余财产的情况下，公司才能从剩余财产中归还股东全部或部分股金，因此，可以说，通过发行公司债所形成的公司财产是临时性的公司财产，而通过发行股份所形成的公司财产则是永久性公司资产。

最后，利益和风险不同。公司债的利息固定，且无论公司是否有盈余，只要公司债的期限届满，公司均负有返还本金的义务，即便在公司债券本金尚未归还时公司发生解散或者破产，公司债券本金也优先于股票本金分配。因此，债券投资的风险较小；反之，股票投资的风险则较大。股东只有在公司有盈余的情况下，才能领取股息和红利，在公司清算时，只有在公司支付清算费用、职工工资和清偿债务之后有剩余财产的情况下，股东才能参与剩余财产的分配。也正因为其风险较大，股份的红息率可能高于或大大高于债券利率。另外，股票可能随公司资本的增加而增值，而债券则不具有这一性质。

二、公司债券及其种类

公司债券，是指公司依照法定程序发行、约定在一定期限还本付息的有价证券，是公司债的表现形式。根据《公司法》的规定和我国公司债券发行的实践，公司债券可以分为普通债券和特别债券两大类。

（一）普通债券

普通债券是指内容上具有债券一般属性的公司债券。公司通常发行的债券，多为普通债券。普通债券从形式又可以分为记名债券和无记名债券。在公司债券上面记载债券持有人姓名或名称的公司债券为记名公司债，在公司债券上不记载债券持有人姓名或名称的公司债券，为无记名公司债券。我国《公司法》第156条规定，"公司债券，可以为记名债券，也可以为无记名债券。"记名债券须在公司债券存根簿上载明持券人的姓名或名称、持券人取得债券的日期及债券的编号、债券总额、债券的票面金额、债券的利率、债券还

① 冯果著：《债券市场风险防范的法治逻辑》，法律出版社2016年版，第186页。

本付息的期限和方式、债券的发行日期等事项。无记名公司债券不需要在公司债券上面记载债券持有人姓名，只须在债券存根簿上载明债券总额、利率、偿还期限和方式、发行日期及债券的编号等事项。记名债券的转让一般需要实行背书转让，无记名债券交付转让，即发生转让效力。

（二）特别债券

特别债券是指在债券的权利义务的内容上除具有普通债券的属性外，还具有某些特殊属性的债券。常见特别债券形式有以下几种：

1. 可转换公司债券

可转换公司债券是指在一定条件下可以转换为公司股票的债券。可转换公司债券的持有人享有在一定条件下将其持有的公司债券转化为公司股票的选择权，而公司则义务换发公司股票。这种债券兼有股票和债券的双重属性。在转换为股票前具有债券属性，其债券持有人处于公司债权人地位，不享有股东权利，但持有人依法享有在法律规定的期间将其转换为股票的权利，因此它又是内含有公司股票期权的债券形式；一旦转换，它就具备了股票的属性，持有人也就成为公司的股东。由于可转换公司债券的可转换性，公司债券的发行人应为公众持股的股份公司。根据我国《公司法》第 161 条第 1 款的规定，上市公司经股东大会决议可以发行可转换公司债券，并在公司债券募集办法中规定具体转换办法。发行可转换为股票的公司债券，应当在债券上标明可转换公司债券字样，并在公司债券存根簿上载明可转换公司债券的数额。1997 年国务院通过的《可转换公司债券管理暂行办法》及 2001 年 4 月 28 日中国证监会颁布的《上市公司发行可转换公司债券实施办法》对可转换公司债券的发行主体、发行程序、上市条件、转化价格，以及债券发行人的股东及债券持有人的利益保护等问题做了较为详尽的规定。

2. 担保公司债券

担保公司债券是指公司发行的对债权人提供了还本付息担保的债券。与无担保公司债券相比，担保公司债券持有人实现其债权有较大的保障。我国《公司法》目前没有关于发行担保公司债券的规定。

3. 参与公司债券

参与公司债券是指当公司盈余较多，股票股利的分配比例超过公司债券利率时，债权人还可以分到公司对债券增加的一定比例的利息的债券。这种债券同样兼有股票和债券的特点，其债券利息已经十分接近股票分红的性质。这是国外比较常见的一种公司债券，我国公司法目前也无此类规定。

此外，以债券的形态为标准，公司债券还有登记债和实物债之分。登记债为不发行实物形态的债券，仅通过登记机关对公司债的债权人进行登记而发行的公司债；实物债则是发行实物形态债券的公司债。实物债以实物券面形式记录债权，它是历史最长的一种公司债券。在现代社会，由于公司债的消化大多依赖于金融机构，另外登记债具有发行成本低、发行效率高、交易手续简便等优点，所以在发达国家，以登记债方式发行的公司债极为多见。我国《公司法》第 155 条规定："公司以实物券方式发行公司债券的，必须在债券上载明公司名称、债券票面金额、利率、偿还期限等事项，并由法定代表人签名，公司盖章。"从而为登记债的合法存在提供了制度空间。

三、公司债券的发行

公司债券的发行是指公司依据法定条件和程序向社会公众销售公司债券的行为，是公司债产生的前提程序。2005 年《公司法》与《证券法》联动修改之后，公司发行公司债券主要交由《证券法》进行调整。2015 年 1 月 15 日，证监会颁布了《公司债券发行与交易管理办法》取代了施行 7 年多的《公司债券发行试点办法》，在发行主体范围、债券发行种类、债券发行方式、债券交易场所、债券发行审核及债券市场监管、持有人权益保护等方面作出了诸多规定。

（一）发行主体

公司债作为公司筹措经营资金的一个便利途径，为公司经常采用，但并非任何形态的公司均有发行公司债券的资格。从保障社会经济秩序和社会公共利益出发，只有具备相当规模和较为坚实的经营基础的公司，才可以发行公司债券。股份有限公司为公众性公司，具有信息公开、组织机构健全、财务制度及运营管理制度较为完善、资本规模相对雄厚等特点，所以不少西方国家，将发行公司债券视为股份有限公司的特权，禁止或限制其他类型的公司发行公司债券。我国原《公司法》对公司债券的发行主体也作出了限制，规定允许发行公司债券的公司仅限于股份有限公司、国有独资公司和两个以上的国有企业或其他两个以上的国有投资主体投资设立的有限责任公司。[①] 也就是说，我国原《公司法》对有限责任公司发行公司债券的资格同样作出了限制，即有条件地允许有限责任公司发行公司债券，但与国外立法不同的是，我国的有限责任公司能否发行公司债券取决于其股东单位的所有制性质。这种按企业所有制性质加以区别对待的做法，其公允性和合理性在理论界和实务界都存有很大的争议。《公司债券发行与交易管理办法》将发行范围扩大至所有公司制法人，无论股份有限公司还是有限责任公司，无论有限责任公司的投资主体是谁，只要符合公司债券的条件要求，履行相关的程序后，都可以发行公司债券。

（二）公司债券发行审核体制

目前世界各国对公司债券的发行都采取相应的审核制度。一般包括注册制和核准制两种类型。注册制也称完全公开主义，发行人只须满足完全公开程序，无须申请主管部门核准即可发行公司债券，多为市场发达国家所采用；核准制，也称实质管理主义，发行人发行公司债券除需要满足信息公开条件外，还必须符合法律规定的实质条件并经主管部门实质审查予以核准。我国 2005 年《证券法》通过之前采取的是与上述两种体制都不同的另外一种体制，即审批制。审批制，也称严格实质管理主义，就是在实质管理的内容中加入了计划管理的因素，不仅要满足信息公开的要求，还得通过严格的实质审查，除此之外，政府每年制定债券发行额度，然后按一定的原则将此额度分配给各部门、各地区，发行人发行公司债券必须要首先取得所在部门或所在地区的发行额度，并且不能超过所允许的额度。从而采取的是"由政府部门确定发债规模、选择发债公司、控制公司发债额度"的计划管理原则。审批制产生于改革初期，与市场经济的理念格格不入，也产生了严重的问题，因此新的证券法将公司债券发行审核制度进行了改革，由审批制改为核准制，强调市

---

① 原《公司法》第 159 条。

场主体的公平参与，这应该是一个巨大的进步。对此，《公司债券发行与交易管理办法》第 21 条规定："中国证监会受理申请文件后，依法审核公开发行公司债券的申请，自受理发行申请文件之日起 3 个月内，作出是否核准的决定，并出具相关文件。发行申请核准后，公司债券发行结束前，发行人发生重大事项，导致可能不再符合发行条件的，应当暂缓或者暂停发行，并及时报告中国证监会。影响发行条件的，应当重新履行核准程序。承销机构应当勤勉履行核查义务，发现发行人存在前款规定情形的，应当立即停止承销，并督促发行人及时履行报告义务。"此外，《公司债券发行与交易管理办法》还确立了储架发行制度，即"一次核准，分期发行"。①

（三）公司债的发行条件

为保障社会经济秩序和社会公共利益，各国立法对公司债券的发行条件都作了详尽的规定，这些规定包括发行人的信用条件、经营绩效、发行规模以及筹集资金用途等。根据相关规定，可将公司债券的发行条件归纳为一般性条件、再次发行条件和发行可转换公司债券条件三类。

1. 公司债券发行的一般条件

我国《证券法》第 16 条对公司债券发行的一般条件作出了明确规定。该条规定既包含了发行公司债券的积极条件，即发行公司债券必须具备的条件，若不具备则不得发行；同时也包含了发行公司债券的消极条件，即发行公司债券不应存在的事项，若存在该事项则同样不得发行公司债券。公司债券发行的积极条件包括：（1）净资产额条件。股份有限公司的净资产不低于人民币 3000 万元，有限责任公司的净资产不低于人民币 6000 万元。（2）营利水平条件。最近 3 年平均可分配利润足以支付公司债券一年的利息。（3）资金投向限制条件，即筹集的资金投向符合国家产业政策。而消极条件则包括：（1）累计债券余额限制。即累计债券余额不超过公司净资产的 40%；②（2）公司债券的利率限制。即债券的利率不超过国务院限定的利率水平；（3）公司债的用途限制，公开发行公司债券筹集的资金，必须用于核准的用途，不得用于弥补亏损和非生产性支出；（4）公司债的再发行限制等。检视上述条件，不难发现公司债券发行门槛依然存在过高与过严问题，限制了发行人的负债自主权，也在某种程度上剥夺了中小企业通过发行债券进行融资的权利。

2. 公司债券的再次发行条件

公司为了筹措资金，往往需要多次发行公司债券。为了防止公司随意发行公司债券，

---

① 目前，我国已经在多个部门规章中确立了储架发行制度，体现出支离破碎的特点，有必要对既存证券储架发行条款从宏观到微观、从结构到内容、静态到动态进行系统性评估，实现公司资本制从"法定"向"授权"的转换、证券发行"核准制"与"注册制"的耦合，以及证券储架发行制"分立式"立法模式向"一体化"的转变来确立证券储架发行制重塑的基本进路。参见刘志伟：《证券储架发行机制的立法评估与制度重塑——基于对现行六部部门规章之储架发行条款的分析》，载《法学评论》2015 年第 6 期。

② 有学者认为，公司债券发行限额的设定，不能揭示公司真实的信用状况，容易落空债券投资者保护并诱发道德风险。建议《证券法》废除由政府预判公司信用和兜底风险的发债限额规定，赋予公司自主发债权并落实债券投资者的"买者自负"责任，建立市场主导、政府辅助的公司信用约束机制，真正实现公司债券的市场化改革目标。参见洪艳蓉：《公司的信用与评价——以公司债券发行限额的存废为例》，载《中外法学》2015 年第 1 期。

确保公司债债权人的利益，我国《证券法》对公司债的再次发行也作出了限制性规定。《证券法》第18条规定，有下列情形之一的，不得再次公开发行公司债券：(1)前一次公开发行的公司债券尚未募足；(2)对已公开发行的公司债券或者其他债务有违约或者延迟支付本息的事实，仍处于继续状态；(3)违反本法规定，改变公开发行公司债券所募资金的用途。

3. 发行可转换公司债券的条件

《证券法》第16条第2款规定："上市公司发行可转换为股票的公司债券，除应当符合第1款规定的条件外，还应当符合本法关于公开发行股票的条件，并报国务院证券监督管理机构核准。"

(四)公司债券的发行程序

1. 公司作出决议

发行公司债券必须首先由公司的有权机关作出决议。公司发行公司债券的决定权的归属，各国规定不同，有的国家将公司发行公司债券的决定权赋予股东会，有的国家将发行公司债券的决定权赋予董事会。我国规定决定公司债发行的权力归股东(大)会，由出席股东会的股东所持表决权的半数以上通过；国有独资公司发行公司债券，应由国有资产管理机构作出决定。

2. 报请审批

《公司法》第154条规定，公司作出发行公司债券的决议或决定后，需要报经国务院授权部门核准。《证券法》第17条规定，申请公开发行公司债券，应当向国务院授权的部门或者国务院证券监督管理机构报送下列文件：(1)公司营业执照；(2)公司章程；(3)公司债券募集办法；(4)资产评估报告和验资报告；(5)国务院授权的部门或者国务院证券监督管理机构规定的其他文件。依照本法规定聘请保荐人的，还应当报送保荐人出具的发行保荐书。根据《证券法》第23条和第24条的规定，国务院证券管理监督机构或者国务院授权的部门应当自受理证券发行申请文件之日起3个月内，依照法定条件和法定程序作出予以核准或不予以核准的决定，发行人根据要求补充、修改发行申请文件的时间不计算在内；不予以核准的，应该说明理由。国务院证券管理监督机构或者国务院授权的部门对于已经作出的核准证券发行的决定，发现不符合法定条件和法定程序，尚未发行债券的，应当予以撤销，停止发行；已经发行尚未上市的，撤销发行核准决定，发行人应当按照发行价格并加算银行同期存款利息返还证券持有人；保荐人应当与发行人承担连带责任，但能够证明自己没有过错的除外；发行人的控股股东、实际控制人有过错的，应当与发行人承担连带责任。

3. 公开募集文件

发行公司债券的申请经国务院授权的部门核准后，应当公告公司债券募集办法。公司债券募集办法中应当载明下列主要事项：(1)公司名称；(2)债券募集资金的用途；(3)债券总额和债券的票面金额；(4)债券利率的确定方式；(5)还本付息的期限和方式；(6)债券担保情况；(7)债券的发行价格、发行的起止日期；(8)公司净资产额；(9)已发行的尚未到期的公司债券总额；(10)公司债券的承销机构。

4. 募集债款

公司募集公司债的方式有直接募集和间接募集。直接募集为发行人直接向社会公众募集；间接募集为发行人通过承销商向社会募集。从我国《证券法》的规定和公司债券募集的实际运作来看，公司债券的募集不能采取直接募集的方式。① 依照《企业债券发行与转让管理办法》的有关规定，发行债券，主承销商应与发行人签订承销协议；承销人代理企业发行债券，可以采取代销、余额包销或全额包销方式。以代销方式发行公司债券的，承销人不承担发行风险，在发行期内将所收债券款按约定日期划付给发行人，在发行期结束后承销人将未售出债券全部退还给发行人。以余额包销方式发行公司债券的，承销人承担债券发行的部分风险，在规定的发售期结束后，承销人将未售出的债券全部买入。以全额报销方式发行公司债券的，承销人承担债券发行的全部风险，无论债券销售情况如何，承销人都应在债券公开发行后的约定时间将债券全部买入，并同时将债券款全额划付发行人。承销人承销拟公开发行的债券票面总额超过 5000 万元的，应当组织承销团，承销团由两个以上的承销机构组成。公司债券募集公告后，承销商即以预定的募集期间，开始向社会公众进行公司债的募集。在实际募集时通常采取现场购买的方式，即认购、交款和债券交付同时进行。在公司债券上，必须载明公司名称、债券票面金额、利率、偿还期限等事项，并由董事长签名、公司盖章。在该公司债券为可转换公司债券时，应当在债券上特别标明为"可转换公司债券"字样。

按规定，公司债券募集完毕后，公司应当制作公司债券存根簿，置备于公司。发行记名公司债券时，应当在公司债券存根簿上载明下列事项：(1)债券持有人的姓名或者名称及住所；(2)债券持有人取得债券的日期及债券的编号；(3)债券总额、债券的票面金额、利率、还本付息的期限和方式；(4)债券的发行日期。发行无记名公司债券的，应当在公司债券存根簿上载明债券总额、利率、偿还期限和方式、发行日期及债券的编号。

四、公司债的转让、上市、偿还与转换

(一)公司债的转让

公司债的转让，是指公司债券的持有人与受让人在平等自愿的前提下达成一致的意思表示，并由持有人按照法定的方式将其持有的公司债券转让给受让人的法律行为。公司债的转让包括有偿转让和无偿转让。公司债的转让制度对于现存的公司债券的持有人、潜在的投资者、发债公司都有积极的意义。它不仅为现有的债券持有人和潜在的投资者提供了一种退出和进入的机制，也为公司通过回购公司债券提前偿还公司债务等提供了一种参与机制。

1. 公司债转让的原则

我国《公司法》和《证券法》确立了公司债券转让的三项基本原则，即自由转让、依法转让和价格约定。

第一，自由转让原则。即公司债券的转让不附加任何的条件限制。公司债券作为一种有价证券，原则上可以自由转让。我国《公司法》第 159 条也明确规定："公司债券可以转

---

① 《证券法》第 28 条规定："发行人向不特定对象公开发行的证券，法律、行政法规规定应当由证券公司承销的，发行人应当同证券公司签订承销协议。"

让，转让价格由转让人与受让人约定。公司债券在证券交易所上市交易的，按照证券交易所的交易规则转让。"这意味着公司债券的转让，无论是记名债券还是无记名债券的转让，一般没有特定的场所限制，但公司债券在证券交易所上市交易的，则应该按照交易所的交易规则转让。

第二，依法转让原则。自由转让为公司债券转让的基本原则，但基于公司债券的公众性考虑，为维护一般社会经济秩序和金融秩序，《证券法》对公开发行的公司债券的转让作出了一定的限制，要求公开发行的公司债券的转让须以法律允许的方式、在法律所规定的场所、遵循法律规定的交易规则进行。《证券法》第 39 条明确规定："依法公开发行的股票、公司债券及其他证券，应当在依法设立的证券交易所上市交易或者在国务院批准的其他证券交易场所转让。"

第三，价格约定原则。即公司债的转让价格由出让人和受让人自行约定，而不受发行价格、票面金额或者来自其他方面的特别限制。公司债券的转让属于一种民事法律行为，交易价格的确定应遵循自由协商的原则，依据市场行情而确定。

2. 公司债券的转让方式

公司债券的转让方式，依其为记名公司债券和无记名公司债券而有所不同。

我国《公司法》规定，记名公司债券，由债券持有人以背书方式或者法律、行政法规规定的其他方式转让。所谓背书转让，就是指由转让人在公司债券上记载受让人的姓名或者名称，并经转让人签章后，交付受让人，从而完成公司债券的转让。记名债券转让后，由公司将受让人的姓名或者名称及住所记载于公司债券存根簿，此为过户。背书转让是记名有价证券转让采取的主要也是最为传统的转让方式，但随着资本市场的发展，登记债券大量涌现，因此背书转让并非唯一的法定方式。在实践中，还存在着在公司债券进行背书以外，通过制作其他的公司债转让文件的方式进行的公司债转让。

无记名公司债券的转让方式相对简单，由债券持有人将该债券交付给受让人后即发生转让的效力，即仅依单纯交付，即可完成转让。

(二)公司债券的上市

公司债券的上市，是指已经公开发行的公司债券根据《公司法》和《证券法》的有关规定在证券交易所挂牌交易。公司债券市场是资本市场的一个很重要的组成部分，发债公司通过其发行债券的上市交易，不仅可以进一步增强其债券的流通性，而且可以提高企业的知名度，为其融资提供更为有利的条件。但为保护广大投资者的利益，各国立法对上市条件、程序等都有严格的规定，上市交易必须遵循上市交易规则。根据证券法规定，公司债券在交易所的交易应当采取公开的集中竞价交易方式或者国务院证券监督管理机构批准的其他方式，遵循价格优先、时间优先的原则，这不同于场外交易。

1. 上市条件

《证券法》第 57 条规定，公司申请公司债券上市交易，应当符合下列条件：(1)公司债券的期限为 1 年以上；(2)公司债券实际发行额不少于人民币 5000 万元；(3)公司申请债券上市时仍符合法定的公司债券发行条件。

2. 上市审核

《证券法》第 48 条规定，申请证券上市交易，应当向证券交易所提出申请，由证券交易所依法审核同意，并由双方签订上市协议。申请公司债券上市交易，应当向证券交易所报送下列文件：（1）上市报告书；（2）申请公司债券上市的董事会决议；（3）公司章程；（4）公司营业执照；（5）公司债券募集办法；（6）公司债券的实际发行数额；（7）证券交易所上市规则规定的其他文件。申请可转换为股票的公司债券上市交易，还应当报送保荐人出具的上市保荐书。

公司债券上市交易申请经证券交易所审核同意后，签订上市协议的公司应当在规定的期限内公告公司债券上市文件及其他有关文件，并将其申请文件置备于指定场所供公众查阅。证券交易所在规定的时间内安排债券上市交易。

3. 公司债券上市交易的暂停和终止

根据《证券法》第 60 条和第 61 条的规定，公司债券上市交易后，公司有下列情形之一的，由证券交易所决定暂停其公司债券上市交易：（1）公司有重大违法行为；（2）公司情况发生重大变化不符合公司债券上市条件；（3）公司债券所募集资金不按照核准的用途使用；（4）未按照公司债券募集办法履行义务；（5）公司最近 2 年连续亏损。公司债券上市交易后，公司有下列情形之一的，由证券交易所决定终止其公司债券上市交易：（1）公司有重大违法行为或者未按照公司债券募集办法履行义务，经查实后果严重的；（2）公司情况发生重大变化不符合公司债券上市条件，或者公司债券所募集资金不按照核准的用途使用，或者公司最近二年连续亏损，在限期内未能予以消除的。《证券法》第 72 条要求，证券交易所决定暂停或者终止证券上市交易的，应当及时公告，并报国务院证券监督管理机构备案。

（三）公司债的偿还

公司债的偿还，就是指发行公司按照事先约定的时间和利率条件，将公司债券的本息交付给债券持有人的行为，是公司债消灭的最基本的形式。由于公司债券是公司依照法定的程序发行的、约定在一定的期限内还本付息的有价证券，因此在合同没有特别约定的情况下，公司不得违背债券持有人的意愿随时偿还，同样公司债券持有人也不得违反协议约定，要求公司随时偿还。所以在实践中一般是采取到期偿还的方式。但在实践中，基于当事人的同意或者协议特别约定，发债公司可以采取提前偿还方式以消除公司债。实践中常见的具体表现形式有发债公司从公开市场买回注销、发债公司行使赎回权以及发债公司举借新债还旧债等形式。其中发债公司行使赎回权必须在合同中有事先约定，否则不得行使。

（四）公司债的转换

公司债的转换是针对可转换公司债券而言的，是指在发行人所确定的转换期内，债券持有人按照约定的条件将所持有的可转换的公司债券换成发行公司股票的行为，是公司债消灭的一种方式。通过公司债的转换，投资者与发行公司之间的关系由原来的债权债务关系转换为股权投资关系。值得注意的是，债券的持有人享有是否选择转换的决定权。《公司法》第 162 条规定："发行可转换为股票的公司债券的，公司应当按照其转换办法向债券持有人换发股票，但债券持有人对转换股票或者不转换股票有选择权。"此条规定意味着可转换公司债的转换是以债券的持有人的自由判断为基础，债券持有人在发行时已确定的转换请求期内请求行使转换请求权时，发行公司负有将可转换公司债券换发为公司新股的义务。

整体观照《证券法》及《公司债券发行与交易管理办法》确立的债券规则，可以发现仍存在较大的制度改进空间。除了前文提及的发行门槛过高过严，现行的债券规则还存在的问题包括：公司债券公开发行采用核准制，增加公司融资成本和不确定性，也扭曲了市场中介的作用；公司债券缺乏契合债券属性的信息披露规则，不利于投资判断，也不利于违法、违规行为问责；公司债券缺乏投资者融资准入安排，市场发展侧重防范风险，投资者保护机制未能发挥作用；债券规则止步不前，固守计划经济下管制思维，遏制债券市场创新，也难以一统债券市场秩序。未来的改革方向包括：废除债券发行核准制，确立发行注册制，并基于商业信用实行负面清单管理；建立系统的公司债券私募制度，规定合格投资者制度并配套规定金融中介的适当性销售义务；区分股票与债券的信息披露差别，建立适用于债券的包括临时信息披露在内的完整信息披露制度；规范并统一金融中介为债券提供服务的标准，建立透明、高效、统一的债券市场基础设施规则；确立债券受托管理人和债券投资人大会制度并增强二者的联动作用，更好地为投资者提供保护；完善针对债券的违法、违规行为制裁，建立基于发行人信用的责任约束机制和惩罚机制。[1]

---

① 洪艳蓉：《证券法债券规则的批判与重构》，载《中国政法大学学报》2015 年第 3 期。

第九章　公司治理结构

第一节　公司治理结构概述

一、公司治理结构及其演进

(一) 公司治理结构的内涵

公司治理结构是个舶来词，其英文表述为"Corporate Governance"，也译作"公司治理"，此外也有著作表述为"公司管理"、"公司控制"、"法人治理结构"、"企业治理结构"和"公司法人治理结构"等，不一而足。公司治理是一个内涵丰富、外延宽广的概念，是法学、经济学、管理学、政治学、社会学乃至宗教学的共同话题，可以从多个维度进行解释。① 即使置于法学语境下，公司法、合同法、金融法等部门法视域下的公司治理，其意蕴亦迥然有别。如传统公司法理论认为，公司治理是关于委托人与代理人或者受托人之间的权力分配与安排的基本模式，公司治理的基本要素包括如何配置和行使公司控制权、如何监督和评价董事会与经理层、如何设计和实施激励机制。② 公司法理论中的公司治理包括内部治理与外部治理两个方面，其中，内部治理的规则体系主要来源于公司法中的基础性权利义务框架配置，具体包括股东会的决策机制、董事会的执行机制、监事会的监督机制、经理人的激励约束机制等，外部治理的规则体系主要来源于政府以及交易所颁布的规范性准则，具体包括政府监管机制、并购机制、接管机制等。公司法的合同理论则认为，公司的本质是一组"契约的联结"，无论是公司的章程，还是股东的投票机理与董事的权责机理，均可以从"合同"中获得自足性解释，公司治理就是一个在公司众多参与者之间的相互关联的契约网络。③ 将公司治理视为一种"合同束"，其思想渊源肇始于经济学中的企业理论，但经过法律语言的创造性转换，该理论已经成为开启公司法困惑之门的重要分析工具，直接触及了公司治理与公司法存在的意义。如罗尔斯的"新契约论"和哈贝马斯的"协商理论"都强调基于不同利益团体的协商形成共识能够实现社会合作，而在

---

① 传统公司治理的研究主要是从法律、管制等正式制度入手，近年来有学者尝试从宗教、文化、关系等非正式制度来比较和解释公司治理的差异。代表性成果如陈冬华、胡晓莉、梁上坤、新夫：《宗教传统与公司治理》，载《经济研究》2013 年第 9 期。

② 施天涛著：《公司法论》，法律出版社 2006 年版，第 280 页。

③ Michael C. Jensen and William H. Meckling, *Theory of the Firm*: *Management Behavior*, *Agency Costs and Ownership Structure*, Journal of Financial Economics 3 (1976), pp. 310-311.

无法改变科学技术和资源禀赋的"技术解"（technical resolution）约束条件下，"契约解"（contractual resolution）成为解决集体行动困境的一种努力。① 金融法语境下的公司治理则可以从资本结构、金融契约、法律金融学等方面进行解释。② 对于一个公司而言，信贷融通与证券融通的比例关系直接决定了该公司的资本结构状况，进而决定了该公司的治理模式。对于一个国家而言，信贷融通与证券融通的比例关系则决定了该国的金融体系类型，或者属于以资本市场为基础、由市场竞争决定的价格来分配资源的金融体系，或者属于以信贷为基础、关键价格受到政府管制的金融体系，或者属于以信贷为基础、由金融机构主导的金融体系。③ 不同的金融体系对应着不同的公司治理模式，这说明资本结构是研析公司治理问题的一个重要视窗。无论是信贷融通还是证券融通，本质上都是以信用为基础的融资契约。作为现代金融运作的基础形式，信用反映着以还本付息为条件而形成财物或货币转让的经济利益关系，其背后蕴含的法律意义在于因货币资金的运用而形成法律上权利义务关系的确认及维护，即法律对于信用关系的确认、规范和保护。④ 信用交易的特质决定了以信用为基础的融资契约是一种"对未来交换的安排"，这与麦克尼尔所提倡的关系契约理论中的契约概念不谋而合。⑤ 具体到一家公司，能够用于未来交换的契约包括但不限于股权融资契约、债务融资契约、结构性衍生工具融资契约等，这些金融契约关于权利、义务、风险、责任的配置直接影响着公司治理的运作。由此，金融契约亦成为解读公司治理问题的试金石。当然，资本结构与金融契约对公司治理的解释都是"定点观察"，难免存在"一叶障目，不见泰山"的局限，作为金融法和金融学融合产物的法律金融学的兴起则有效实现了由点及面、从定性到定量的逻辑转换，为公司治理的金融解释找到了一条自洽性进路。

（二）公司治理结构的演进——由"股东大会中心主义"到"董事会中心主义"

公司的权力不能由公司本身来行使，而必须由公司的某些自然人来行使。这些自然人包括公司的股东、董事和经理等。这些人在行使公司的权力时就面临着公司权力如何分配的问题，即究竟哪些权力由公司股东所享有，哪些权力由公司董事和经理等高级官员所行使。关于这些问题，各国公司法大多作了明确的规定，这就是公司法学家所说的公司治理结构。传统公司法奉行"股东本位"的指导思想，从保护股东利益的思想出发，认为公司股东大会是公司的权力机关和意思机关，享有公司事务的决定权、公司事项的决议权、公司管理人员的选任和解任权，而公司的董事会则是一种被动的业务执行和管理机关，负有不折不扣地执行股东会决议的义务，它除了享有公司事务的管理权和公司业务的执行权外，更多的是对公司承担各种各样的义务和责任。这种以股东会为中心的治理模式被称为"股东会中心主义"。如日本 1899 年制定的日本新商法不仅赋予股东大会以任免董事、监

---

① 赵忠龙：《论公司治理的概念与实现》，载《法学家》2013 年第 3 期。

② 李安安、冯果：《公司治理的金融解释——以金融法和金融学的科际整合为视角》，载《法制与社会发展》2015 年第 4 期。

③ ［美］约翰·齐斯曼著：《政府、市场与增长——金融体系与产业变迁的政治》，刘娟凤、刘骥译，吉林出版集团有限责任公司 2009 年版，第 53 页。

④ 强力、王志诚著：《中国金融法》，中国政法大学出版社 2010 年版，第 3 页。

⑤ ［美］麦克尼尔著：《新社会契约论》，雷喜宁等译，中国政法大学出版社 1994 年版，第 4 页。

事，审议批准公司决策、公司利润分配等对公司的经营进行支配和监督的权利，而且还赋予它对法定权限之外的任何事项都有决定权。这意味着股东大会能够直接干预董事会的经营行为，成为万能机构。

传统的公司治理结构是与当时的社会经济发展水平相适应的，是社会与经济发展水平在公司法上的反映。但进入 20 世纪中叶以后，社会经济情况发生了重大变化，证券市场的发展、竞争的加剧，以及科技进步等使得公司经营活动日趋专业化、复杂化，股东对公司的影响力和控制力日益减小，董事会在公司中的地位不断得到提升。为了适应日益激烈的国际与国内竞争，两大法系国家的公司法纷纷改变以股东会为中心的治理结构，强化董事会的权力和地位，确立起以董事会为核心的治理结构，从而实现了由"股东会中心主义"向"董事会中心主义"的转变。1937 年《德国股份公司法》率先进行公司权力配置的变革，明确规定，股东大会的权力限于法律、章程规定的范围，大大削减了股东大会的权限，同时加强了董事会的权力，规定董事会在执行公司业务方面享有法定的职权，董事会行使法定职权不受股东大会的干涉，从而保证了董事会经营的独立性，使得公司的权力重心实际移至董事会。1965 年的《德国股份公司法》进一步明确了该精神。此后，其他大陆法系国家的公司法纷纷仿效德国的做法，确立董事会中心主义。如《法国商事公司法》第89 条规定："股份有限公司由董事会进行管理。"第 98 条更进一步明确规定："董事会拥有在任何情况下以公司名义进行活动的最广泛的权力；董事会在公司宗旨的范围内行使这些权力，法律明确赋予股东会议的权力除外。"英美法系国家也出现了削弱股东大会权限、扩大董事会权限的趋势，如《英国示范公司章程》第 70 条规定："在遵守公司法、公司章程、章程细则以及股东会特别决议的指示的前提下，董事会可以行使公司的所有权力，公司的业务应由董事会管理。公司章程或细则的变更均不得使董事会先前已作出的行为无效。"《美国示范商事公司法》第 8.01 条(b)规定："所有公司权力应由董事会行使或在它的许可下行使，公司的业务和事务应当在它的指导下经营管理，但上述一切应受公司章程中写明的限制的约束。"

正如有的学者所分析的，各国公司法扩大董事会权限的目的在于，在股东大会不能承担公司经营管理重任的情形下，为保证公司能够正常经营，将公司的经营管理交由董事会负责，以维护公司和股东的利益。董事会权限的扩张也确实提高了公司经营管理的效率，但随之而来的问题是，对董事会经营行为的监督机制不能适应董事会权力扩大的状况，而且董事所负的义务与责任与其所享有的权力极不相称，在实践中出现了董事滥用权力，侵害股东利益的现象，为此各国立法纷纷强化董事义务与责任，并进一步完善内部监控机制，以弥补董事会中心主义所产生的弊端。因此，从公司治理结构的发展过程可见，无论是"股东大会中心主义"还是"董事会中心主义"，都不是立法者主观的创制，而是不同时期的社会经济生活需要在公司立法上的必然反映，具体说来是由公司在不同阶段的发展状况所决定的。① 公司作为合资性的组织，股东利益始终是公司存在和发展的核心内容，无论公司的治理结构发生怎样的变化，维护股东利益始终是公司治理结构的基本原则，在这个意义来说，公司治理结构的演变，最根本的还是由各阶段股东利益不同实现方式所决

---

① 周友苏著：《公司法通论》，四川人民出版社 2002 年版，第 488~489 页。

定的。

不过，当代公司治理结构出现了另一个值得关注的现象。随着公司社会化进程的加快，公司社会责任及利益相关者理论日益受到人们的青睐，经济民主思潮勃兴，公司价值观念也发生了重大的变革，从而引发了公司治理规则的调整。特别是随着投资者革命浪潮的来临以及股东积极主义的蓬勃发展，"经理人资本主义"转向"投资人资本主义"，"股东大会中心主义"出现了回归趋势，这极有可能引发公司治理结构的深刻变革。① 此外，公司经营在实现股东利益最大化的同时，也要兼顾非股东利益的观点得到了不少国家的认同。国外公司法的最新发展趋势表明，公司治理既要建立在公司机关的分权与制衡上，也要建立在利益相关者的分权与制衡上，现代公司立法积极倡导公司建立多边治理结构体系，要求或建议将职工、债权人等这些利益相关者也引入公司治理结构之中，参与公司经营决策。各国公司法理论的最新发展也极大地激发了中国学者的兴趣。

二、公司治理结构的主要模式

由于政治、经济和文化的差异，英美法系和大陆法系形成了各自不同的公司治理模式。

(一)英美法系的公司治理模式

与大陆法系国家不同，基于企业决策效率的考虑，英美等国在公司机关的设计上并没有采取大陆法系国家所普遍采用的分权制衡理论，其公司治理结构由股东会、董事会和以首席执行官(CEO)为代表的经理组成。在股东会下只设董事会，不设监事会，董事会既是执行机构，又是监督机构。董事会聘任经理，由经理负责公司业务执行，经理对董事会负责，并接受董事会的监督。由于没有独立的监督机构，故该种模式被称为"单一委员会制"，简称"一元制"。

英美法系公司治理模式的形成，除基于其效率至上理念之外，还与英美等国企业融资的特点、股权结构集中度和证券市场的高度发达等密切相关。与德日等国不同，英美公司融资以直接融资为主，证券市场高度发达，股权结构高度分散化，因此，在英美诸国，"金融市场理论"和"有效市场理论"对公司治理结构的设计产生了深远影响。该理论认为，股东拥有公司，公司应该按股东的利益进行管理。公司的价值可以在金融市场得以表现，因为证券市场上股票价格的涨落，是公司经营状况的晴雨表。股东在证券市场上"用脚投票"可以对业绩不良的公司经营者产生持续的替代威胁。事实上，外部资本市场一度成为影响公司经营管理的一种十分重要的力量，这种借助外部市场力量来对公司经营行为实施影响和控制的治理模式，又被称为"股权加市场控制主导型"的外部治理模式。

但毕竟由于公司内部缺乏独立的监督机构，董事会兼具经营与监督的双重职能，该两种职能在行使时又不可避免地会发生冲突，从而使得公司法人治理中的监督职能很难奏效。这种制度设计的缺陷在 20 世纪 60~70 年代充分暴露了出来，缘此，美国公司法率先创立了独立董事制度，由在公司中不再担任其他职务的独立董事对公司经营进行监督，并

---

① 冯果、李安安：《投资者革命、股东积极主义与公司法的结构性变革》，载《法律科学》2012 年第 2 期。

且特别强调独立董事的独立性是履行其监督职责的保证。独立董事制度的设立可以说是单层治理模式下对公司管理层监督机制的改良和修正。

（二）大陆法系的公司治理模式

大陆法系国家深受法国资产阶级思想家"分权制衡"思想的影响，并将政治学说中"三权分立"理论引入公司治理中，在公司组织机构的设计上强调决策权、执行权和监督权的分离，即在股东会下，分设独立的执行机关和监督机关，分别由董事会和监事会享有和行使，因此，该种治理模式又被称为"双重委员会制"或"二元制"。

在大陆法系国家内部，公司治理结构还有一定的差异，具体又可划分为两种治理模式。其一是以德国为代表的欧洲大陆国家所较多采用的德国模式，其二是以日本为代表的东亚国家所采用的日本模式。

在德国的公司法人治理结构中，股东大会是公司的最高权力机构，但其职权仅限于选举监事会成员及决议公司基本事项等事务。董事会是公司的业务执行机构，享有与公司经营相关的独立权限。监事会是公司的监督机构，对董事会的经营行为进行监督。德国公司治理结构的最大特点，就是监事会的职权很大，其与董事会之间并不处于完全平等的地位，二者是监督与被监督、制约与被制约，甚至可以说是领导与被领导的关系。监事会不仅拥有法律赋予的监督权，而且还具有选举和罢免董事会的权力。除此之外，为了保证监事会监督权的有效行使，德国公司立法还赋予监事会一定的经营决策上的介入权。如《德国股份公司法》第 90 条规定，董事会必须定期和及时地向监事会提供全面可信的、有关公司经营及业务状况的报告，而且监事会还可以随时要求董事会报告有关公司的各种业务情况，同关联企业有关的法律和业务上的关系以及有可能对公司状况具有重大影响的企业的业务进展情况。该法第 111 条第 4 款甚至允许公司章程和监事会作出规定，要求某种业务只能在取得监事会的同意下方可实施。当然，为了防止监事会的过度干预，《德国股份公司法》也明确规定监事会不能承担公司的执行业务，对于监事会不同意的业务，董事会可以提请股东大会以特别决议的方式作出决定。因此，德国公司法人治理模式从总体上说仍然是坚持着董事会中心主义，董事会享有经营管理公司的职权，但由于受到监事会较强的制约与监督，因而其法律地位的相对独立性受到一定的削弱，不似美国公司董事会那样强大。须说明的是，尽管德国监事会有部分经营事务的决策权，但这种决策权仍然是十分有限的，它隶属于其监督职权，且受股东大会的制约，所以德国公司法仍然坚持监事会不能承担公司的业务执行职能，即其监督机关的性质并不因其其他权能的享有而得以改变。在德国公司治理结构中，监事会居于董事会之上，所以又称"双层委员会制"。由于德国公司治理结构中，监事会所具有的特殊地位和拥有的较为广泛的职权，其监督董事会的行为效果较为明显，所以该种治理模式在欧洲大陆得到了广泛推广，成为一种颇具代表性的治理模式。

日本公司治理结构由股东大会、董事会和监事会组成。股东大会为公司的权力机构，董事会为执行机构，监事会为公司的监督机构。董事会和监事会均由股东会选举产生。与德国公司治理模式不同，其董事会与监事会处于平行地位。与德国公司的治理结构相比，其监事会的地位不高，职权有限，独立性较差，因此，改革监事会成为日本公司法多年来修改的重点内容之一。

尽管英美法系和大陆法系国家公司治理机构存在一定的差异，但在经济全球化及全球资本市场一体化的影响下，现代公司，尤其是上市公司的治理原则表现出越来越强的趋同化的态势。其主要表现在：(1)更加关注股东权益，特别是中小股东权益的保护，同时也重视对职工、债权人等利益相关者利益的保护。各国公司的治理原则不仅在健全股东大会机制、鼓励股东参与公司治理、强化控制股东的诚信义务等保护中小股东利益方面趋于一致，而且公司债权人、职工等主体的利益也日益受到重视。(2)注重保持董事会的独立性，同时强化董事的义务和责任。为适应激烈的经济竞争，各国公司法都试图通过立法明确规定董事会所享有的职权，以确定董事会独立的法律地位，提高公司的运营效率，但各国在赋予董事会广泛的权限的同时，也都不断地强化董事的义务和责任，以防止董事个人利益与公司利益的冲突。(3)监督机制也体现出一定的趋同性。无论是大陆法系国家还是英美法系的国家，在公司立法的改革过程中，都十分强调建立对公司经营者进行监督与制约的监督机制。美国模式下的独立董事制度以及德、日模式下的独立监事制度都反映出独立于经营者的监督力量的重要性。德国模式下的双层委员会制与美国的一元制下董事会对经理层的监督模式也具有一定的相似性。

(三)我国公司治理结构的基本框架

根据我国《公司法》的有关规定，我国采取的是大陆法系国家所推行的二元制的公司治理模式，其中股东会是公司的最高权力机关，董事会是公司的经营决策及业务执行机关，监事会则为公司的业务监督机关。①

1. 股东会为公司最高权力机关

我国公司法规定股东会为全体股东组成的公司最高权力机关。与英美等国的公司相比，我国公司法下的股东会拥有比较广泛的职权，除有权决定公司的合并、分立，解散和清算，公司章程的修改及董事、监事的选举等重要事项外，还对公司的经营方针和投资计划、公司年度财务预算、决算方案，资本增减及债券发行等公司经营事务享有决策权。在"股东大会中心主义"的思维惯性之下，中国公司的权力分配体现出股东本位和直接民主的倾向。

2. 董事会是公司的经营决策和业务执行机关

董事会成员由股东会选举产生，对股东会负责。我国《公司法》对有限责任公司董事会和股份有限公司董事会职权的规定大同小异，主要包括：(1)负责召集股东会，并向股东会报告工作；(2)执行股东会决议；(3)决定公司的经营计划和投资方案；(4)制订公司的年度财务预算、决算方案；(5)制订公司的利润分配方案和弥补亏损方案；(6)制订公司增加或减少注册资本以及发行公司债券的方案；(7)拟订公司合并、分立、变更公司形式、解散的方案；(8)决定公司内部管理机构的设置；(9)聘任或者解聘公司的经理，

---

① 公司权力如何在股东会和董事会之间分配是公司法的核心问题之一，我国公司法学者多偏向于采取股东优位主义。但一个更有说服力的观点是，基于交易成本节省的原则，不同类型的公司权力应在充分考量具体情势的前提下，在股东会和董事会之间妥当分配，最终令股东会和董事会各自享有独立且对等的权力，并通过合作共同促进公司治理的提升。参见许可：《股东会与董事会分权制度研究》，载《中国法学》2017年第2期。

根据经理的提名，聘任或者解聘公司的副经理、财务负责人，决定其报酬事项；（10）制定公司的基本管理制度。从公司法的现行规定可以看出，执行股东会的决议为董事会的重要职权之一，因此，董事会是公司的业务执行机关。但公司董事会并非单纯的业务执行机关，它还享有公司经营事务的决策权。股东会只就公司经营中的特定事务作出决策，除此之外的公司经营事务的决策权均由董事会拥有和行使。对于董事会拥有的职权，非经法定程序，股东会不得限制和剥夺，董事会作为公司的法定组织机构具有相对独立的法律地位。股东会主要通过选举董事会成员和对重大问题决策的方式对公司经营进行控制。所以，我国公司治理结构从总体上看也采取了"董事会中心主义"的做法。但与其他国家的立法相比，存在董事会职权过小的特点。受制于股东本位的倾向，中国现行公司法中的董事会角色和定位，在法律规范的表述中呈现出定位不明，角色不清，并且其职能相比之下被股东会和经理侵蚀，其权力配置、角色定位，是对现有宪政制度的简单模仿，虽然符合一国公司治理受制于政治传统的原理，但缺乏依据商业现实的需要而不断进化的回应动力。① 有学者据此认为，当下中国的公司治理模式和对董事会制度意识的淡薄，毫无疑问受制于儒家法律传统中缺乏合议、共管、投票决策的知识，受制于现行体制下国有企业和家族企业构成主体的现实，受制于资本市场受到规制并被分割的规制模式，受制于在法学知识上倾向于股东会中心主义的思维习惯。但随着公司组织在今天的社会现实中的进化，重新认识董事会制度及其背后的深层逻辑，"认真对待"公司的政治属性，在董事会权威中心、合议和共管制度上继续不断学习，也许是我们的必然选择。②

3. 监事会为公司的法定监督机关，其成员由股东会选举产生，对股东会负责，专司经营监督职能

对董事、经理违反法律、公司章程，损害公司利益的行为，监事有权要求其予以纠正。与此同时，我国公司法还赋予监事有临时股东会召集权和查阅账册权以及代表公司对董事/高级管理人员提起诉讼等职权。

三、不同类型公司治理结构的主要特点

公司企业与合伙企业、独资企业等非公司制企业的根本区别之一，就是与其复合式的产权结构相适应，采取了分权制衡的管理模式。公司的组织机构事实上是由公司终极意义上的所有者（股东）、公司的经营决策者和监督者之间透过公司的权力机构（股东会）、经营决策与业务执行机构（董事会及经理）、监督机构（监事会）而形成各自独立、责任明确、相互制约的关系，并依法律、公司章程等规定予以制度化的统一机制。而与高度一体化的权力结构相适应，独资企业和合伙企业的组织机构设置则相当单一，企业主既是企业的决策者又是企业的执行者。值得注意的是，尽管分权制衡是公司组织机构设置的共同特点，但有限责任公司与公众持股的股份有限公司在公司的治理方面仍有不少差异。

---

① 邓峰：《中国法上董事会的角色、职能及思想渊源：实证法的考察》，载《中国法学》2013 年第 3 期。

② 邓峰：《董事会制度的起源、演进与中国的学习》，载《中国社会科学》2011 年第 1 期。

(一)股东对公司所拥有的控制和影响力不同

股东对公司事务的直接控制是有限责任公司不同于股份有限公司尤其是上市公司的一个很重要的特征,其原因是多方面的:

首先,有限责任公司和股份有限公司的股权结构不同。股份有限公司,尤其是公众持股的股份有限公司,由于股东人数众多,且股权高度分散,股东之间彼此难以协调形成公司统一意见,故股东大会虽然名义上仍是公司的最高决策机构和权力机关,但其对公司的影响力实际上十分有限,公司的命运被真正掌握在公司的董事会,甚至经理人员手中,公司所有与控制的分离程度高。而在有限责任公司中股东人数有限,股权比较集中,股东之间容易协调步伐,从而使股东能够保持对公司事务的有效控制。

其次,股东在有限公司和股份有限公司中的合理期待的实现方式不同。投资回报是股东投资的合理期待。在公众持股的股份有限公司中,股东固然可以通过领取股息和红利实现其合理期待,但更多的股东则是通过溢价出让股份或通过赚取股份买入与卖出的差价来实现自己的投资目的,因而众多股东关心的是股市行情的涨跌变化,对公司的实际经营业绩和控制者究竟为谁远不像有限责任公司股东那么关注。但是在封闭性的有限责任公司中,股权的非自由转让使股东的投资回报很难通过转让股权得以实现,这样使股东与公司形成了一种无法割断的牢固联系,公司股东投资利益的实现只能依赖公司经营绩效的提高,通过对公司实行高度控制则成为确保自己利益实现的基本手段。

再者,股东在有限责任公司和股份有限公司中的合理期待在事实上也往往有些许细微差异。有学者在对国外众多有限责任公司进行考察的基础上,认为有限责任公司往往为小型企业。由于资金、人才等方面的局限,公司的竞争能力和盈利水平都大受限制,很多公司在支付了公司董事、高级经营管理人员的工资或劳务报酬后利润所剩无几,因此公司股东以股利分配的方式取得投资回报几乎是不可能的。这样,在这类有限责任公司中,股东对公司的期待并非是通过投资而获得公司所分配的股息,而是通过投资获得公司董事或高级管理人员的职务,并通过该职务获取劳动报酬。Hoffman J 曾指出:"在两三个成员基于股利虽不能分配,但每一个股东靠作为公司董事为公司工作养家活口的一家小型私营公司的情形……公司股东所享有的期待利益包括他们合理期望继续作为董事为公司工作……"①所以,有限责任公司的股东更加期待以董事或高层管理人员的身份为公司工作,而在小规模的有限责任公司中,董事或经理职务往往就是由股东直接担任。也正是基于此,有人将该类公司称为具有合伙性质的有限责任公司。

(二)公司治理安排的自治程度不同

与股份有限公司相比,有限责任公司在治理结构的安排上一般具有较大的灵活性。不少西方国家对有限责任公司的组织机构和治理原则只作出原则性规定,允许公司依据自身情况作出不同安排。其原因有二:其一,有限责任公司在本质上具有人合公司的属性,股东合意与公司自治为各国立法所强调;其二,有限责任公司的规模和股东人数差异较大,而由公司根据自身实际,作出灵活安排,更有利于公司经营的开展。我国公司法在股东会

---

① Re A Company (No. 00477 of 1986)(1986) BCLC 376. 转引自:张民安、刘兴桂主编:《商事法学》,中山大学出版社 2002 年版,第 174 页。

和监事会的设置上，规定股东人数较少和公司规模较小的有限责任公司可以不实行委员会制，即可以不设董事会和监事会，而只设一名执行董事或一至两名监事，经理的职权也可由公司章程作出具体灵活的规定。在西方国家，有限责任公司股东为了协调相互之间的矛盾，确保公司的发展，往往签订股东表决权协议对大股东的表决权作出适当限制，或者在公司章程中规定超大股东规则，如要求出任公司董事的人选必须取得表决权股的80%同意等，以予以小股东一定的人事决定权。这些约定逐步得到了司法机关的认可和支持。因为，现代公司法认为，有限责任公司更加类似于合伙组织，因此，股东之间的规定具有优先于公司制定法的效力。美国修正《示范公司法》第7.27条规定，公司章程可以规定比本法所规定更高或更多的法定股票数或表决要求。① 而股份有限公司由于股东人数较多，股权结构复杂，机构投资者和自然人股东之间参与公司治理的能力相差悬殊，公司股东之间难以实现真正意义上的自治，为保护中小股东的利益，各国公司法多对开放式的股份有限公司的治理结构作出了强制性的安排，不允许公司章程加以改变。

(三)有限责任公司事务易陷入僵局

有限责任公司股权相对集中，股东人数较少，股权或出资不能自由转让，所以以与股份有限公司相较而言，其公司事务更容易陷于僵局，公司的恒久生命也会受到影响。由有限责任公司人合性质所决定，有限责任公司通常为一定范围内的亲属或朋友所建立，因此，即便在有限责任公司建立之初，股东彼此之间能够和平相处，能够通过协商一致的办法解决彼此之间存在的矛盾，但是，随着有限责任公司事业的发展，随着股东之间的友情和亲情的逐渐丧失，有限责任公司股东之间的矛盾和冲突便容易产生，这种矛盾和冲突可能会导致股东之间为争夺公司的控制权而进行残酷的斗争。公司的大股东或某些团体的股东会通过众多的手段来获得或维持公司的控制权，又由于股东出资转让方面的制约，存在矛盾甚或充满敌意的股东又无法在短期内脱离公司，股东之间的矛盾和冲突就很容易使公司经营陷入僵局。这种情况在公众持股的股份有限公司中发生的可能性较少。这是因为，一方面，在公众持股的公司中，股东彼此之间不存在亲情或友情，甚或根本不认识，在这种情况下，他们之间很少会产生直接的利益冲突；另一方面，即便某一股东对公司大股东的行为不满，他也完全可以通过转让股份的方式退出公司，从而使股东之间的对立和矛盾很快得以化解；除此之外，股份有限公司的股东很少直接担任公司的董事或经理，所有与控制的分离也有助于缓解公司股东之间的矛盾。这样，公众持股的股份有限公司的股东会或董事会很少会陷入僵局。② 由于有限责任公司的这一特点，各国理论和实践均特别注重有限责任公司僵局防范和打破僵局的探索。为避免公司经营陷入僵局，有限责任公司的股东通常需要事先对争议的解决作出明确的规定。同时，各国立法也规定，在必要时，应股东或利益相关人的请求，司法可以介入公司事务，以打破公司僵局。司法打破公司僵局的方法可分为强制公司解散和采取替代公司解散的其他方法两类。强制性司法解散，主要是指当

① 张民安、刘兴桂主编：《商事法学》，中山大学出版社2002年版，第175~177页。

② 须说明的是，我国目前股份公司陷入僵局者不在少数。这与我国目前公司中"一股独大"的现有股权结构有很大的关系。也可以说，这种状况与国际上的一般情况并不完全符合。本书认为，随着经济体制改革的深入，公众公司股权结构的完善，这一现象必然会有所改变。

210

股东之间的僵局或争议不能通过当事人之间的自愿方法加以解决或打破，法院可以基于当事人的请求，颁发命令强制有限责任公司解散并对公司予以清算。强制性司法解散，属于使公司人格消灭的一种解决办法。由于强制公司解散导致公司的解体，与公司企业维持的理论并不相符，不仅会带来巨大的资源浪费，而且对债权人、公司的大股东和小股东都会产生不利影响，所以司法强制解散并非最为理想的打破僵局的方法，只是不得已而采取的措施。从现代各国的立法和司法实践来看，司法机关更倾向运用的是替代公司强制性解散的方法。这些方法包括：指定公司事务接管人（receiver）、指定有限责任公司的法定监管人（custodians）、指定临时性董事、责令公司或其他股东以公平价格收购持异议的股东的股份或股权等。对此，在后面的有关章节中我们将作进一步的分析。

第二节　股　东　会

一、股东会的概念和特征

股东会有广义和狭义的之分。从广义上说，股东会泛指在各类公司中由全体股东组成的公司权力机构，它包括有限责任公司的股东会和股份有限公司的股东大会。从狭义上理解，股东会专指由全体股东组成的有限责任公司的权力机构。本节所称的股东会为广义上的股东会。此外，股东会还可以从实质意义和形式意义两个方面进行理解。从实质意义上讲，股东会是公司的组织机构，是公司的最高权力机关；从形式意义上讲，股东会是指依照公司立法或公司章程的规定定期或者临时举行的由全体股东或者部分股东参加的股东会会议，是股东集体决策的会议形式，它并不将全体股东出席会议作为开会的前提条件。

但无论何种类型的公司，股东会都具有以下三个特征：

1. 股东会由全体股东组成

股东会由全体股东组成，意指凡是具有股东资格者，不论其持股多少，也不论其持有何种类型的股份，均为公司股东会的成员。我国《公司法》第36条和第98条明确规定有限责任公司的股东会、股份有限公司的股东大会由全体股东组成，不允许将任何一个股东排除于股东会之外。因此，实践中有些股份有限公司采取股东代表大会制度，将股东代表大会作为公司权力机关的做法是不当的，也是不合法的。

2. 股东会是公司的意思形成机关和最高权力机关

股东会作为公司的组织机构之一，就其性质而言，属于公司的意思形成机构，就其地位而言，是公司的最高权力机关。股东会是专门供股东表达意愿和将单个股东的意愿汇集起来形成股东集体意愿，即公司团体意志的机构或场所。这就决定了股东会本身虽非公司对外代表机构或业务执行机构，但在公司内部却拥有最高的权力，是公司的最高权力机构，由其产生的董事会和监事会均应对股东会负责。而且从理论上讲，股东会应该能够决定公司一切重大事务。不过，随着公司经营事务的日益专门化，为保证经营管理层对公司事务的高效决策，公司董事会的职权逐渐加强并相对独立，股东会的职权则受到相应的限制，因此，当代公司法对股东会的职权都明文加以框定，股东会必须在法定的职权范围内行使职权。尽管当代公司治理结构呈现出"由股东会中心主义向董事会中心主义演变"的趋势，但董事会权力膨胀的事实始终无法改变股东会作为公司权力机关的法定地位。

3. 股东会是公司的法定必备但非常设机构

股东会作为公司的意思形成机关，形成并反映股东的集体意志，因此，现代公司法普遍要求公司设立股东会。我国《公司法》也明确规定股东会是有限责任公司和股份有限公司的必备机关。当然，针对特殊类型的公司，公司法有时也会灵活地作出特殊规定，如我国《公司法》允许外商投资的有限责任公司不设股东会，由董事会代行其职权；国有独资公司和一人有限责任公司不设股东会，由投资者行使股东会的相应职权。但国有独资公司和一人公司是极为特殊的情形，外商投资有限责任公司由董事会取代股东会的合理性一直遭到质疑。因而，从总体上，股东会为公司的必备机关，应无异议。股东会虽为必备机关，但却非常设机关，其仅以会议体的形式行使职权，在股东会闭会期间，股东只能通过有关参与权的行使，对公司的生产经营活动施加影响。

二、股东会的职权

如前所述，公司治理结构经历了一个由股东会中心主义向董事会中心主义的变迁。与此相适应，股东会的职权范围也经历了一个从宽泛到不断缩小的过程。但无论如何，公司法必然会为股东会保留涉及股东利益和公司生存与发展的决定权。而且在不同种类的公司中，股东会所实际行使的职权的条件也不尽相同，它与公司的规模大小、股权结构和股东的偏好都密切相关。一般说来，有限责任公司股东会行使的权力要远比股份有限公司大，股权集中的公司股东会行使的权力要比股权分散的公司大。因此，公司法也通常允许公司章程根据公司自身的情况对股东会的职权作出相应安排。

基于我国公司实践中股东利益屡遭侵害的现实，我国公司法赋予了股东会比较广泛的法定职权。依据《公司法》第37条和第99条的规定，有限责任公司和股份有限公司股东会的法定职权完全一致，具体包括以下内容：(1)决定公司的经营方针和投资计划；(2)选举和更换非由职工代表担任的董事、监事，决定有关董事、监事的报酬事项；(3)审议批准董事会的报告；(4)审议批准监事会或者监事的报告；(5)审议批准公司的年度财务预算方案、决算方案；(6)审议批准公司的利润分配方案和弥补亏损方案；(7)对公司增加或者减少注册资本作出决议；(8)对发行公司债券作出决议；(9)对公司合并、分立、解散、清算或者变更公司形式作出决议；(10)修改公司章程；(11)公司章程规定的其他职权。

三、股东会会议的种类

股东会作为公司的非常设机关，其议事是通过会议的形式进行的，即有关公司的重大事项由股东在有关股东会会议上商议，并在此基础上形成公司的决议，不允许股东在股东会之外擅自作出决定。这一原则被称为股东权利的集体行使原则。股东会会议通常可以分为首次会议、定期会议和临时会议。

首次会议，是指有限责任公司或股份有限公司成立后的第一次股东会。根据《公司法》的规定，有限责任公司的首次股东会会议由出资最多的股东召集和主持，并依公司法的规定行使职权。股份有限公司在公司成立之前召开的"创立大会"也具有首次股东会会议的性质，其由发起人召集和主持，由发起人和全体认购人参加。

定期会议，也称股东常会，是指按照公司章程的规定定期召开的由全体股东出席的例会，通常每年召开一次，目的是定期检查公司的经营决策和经营管理情况，集体决策重大问题，所以又称股东年会。此外，股东也可根据公司营业的特点在公司章程中规定每半年或每一个季度召开一次股东会，定期对公司进行检查。定期会议召开的时间各国规定并不相同。在我国，有限责任公司的定期会议应依公司章程规定的时间召开，一般每个会计年度结束之后即行召开；股份有限公司的股东大会应当每年召开一次年会，通常于每一会计年度终了后6个月内召开。

临时会议，是指公司根据需要在定期会议的间隔中临时召开的股东会议，一般为处置公司的突发重大变故。根据我国《公司法》第39条的规定，有限责任公司中代表1/10以上表决权的股东，1/3以上的董事，监事会或者不设监事会的公司的监事提议召开临时会议的，应当召开临时会议，从而明确了临时股东会召开的法定事由。该法第100条规定，股份有限公司有下列情形之一的，应当在2个月内召开临时股东大会：(1)董事人数不足本法规定人数或者公司章程所定人数的2/3时；(2)公司未弥补的亏损达实收股本总额1/3时；(3)单独或者合计持有公司10%以上股份的股东请求时；(4)董事会认为必要时；(5)监事会提议召开时；(6)公司章程规定的其他情形。

四、股东会会议的召集和主持

(一)召集人和主持人

为保证公司的正常经营，股东会的召集和举行不应具有太大的随意性，所以各国公司法规定股东会的召集人原则上是公司的董事会，并由董事长主持。但在特定的情况下，譬如公司董事会不能或不愿履行股东会的召集职责时，也赋予了其他主体，包括少数股东、监事会及重整人、清算人召集临时股东会的权利，以维护公司和股东的利益。我国原《公司法》将股东会的召集权赋予了公司董事会，规定由董事会召集、董事长主持，而监事会及少数股东只有股东会召集建议权，结果导致实践中董事会的专权，致使本应及时召开的股东会迟迟无法召开，严重损害了公司或股东的利益。为此，我国《公司法》在修改时，完善了股东会的召集制度。该法第40条规定："有限责任公司设立董事会的，股东会会议由董事会召集，董事长主持；董事长不能履行职务或者不履行职务的，由副董事长主持；副董事长不能履行职务或者不履行职务的，由半数以上董事共同推举一名董事主持。有限责任公司不设董事会的，股东会会议由执行董事召集和主持。董事会或者执行董事不能履行或者不履行召集股东会会议职责的，由监事会或者不设监事会的公司的监事召集和主持；监事会或者监事不召集和主持的，代表十分之一以上表决权的股东可以自行召集和主持。"第101条规定：股份有限公司"股东大会会议由董事会召集，董事长主持；董事长不能履行职务或者不履行职务的，由副董事长主持；副董事长不能履行职务或者不履行职务的，由半数以上董事共同推举一名董事主持。董事会不能履行或者不履行召集股东大会会议职责的，监事会应当及时召集和主持；监事会不召集和主持的，连续九十日以上单独或者合计持有公司百分之十以上股份的股东可以自行召集和主持。"

现行《公司法》弥补了原《公司法》对于股东会召集和主持人制度的漏洞，对于股东会的召集和主持作了层次递进的规定，即按照董事会——监事会——股东依次确定召集和主持人：股东会原则上由董事会或执行董事召集，由董事长主持，在董事长不能履行职务或者不履行职务的，由副董事长主持；副董事长不能履行职务或者不履行职务的，由半数以上董事共同推举一名董事主持。在董事会或者执行董事不能履行或者不履行召集股东会会议职责的，由监事会或者不设监事会的公司的监事召集和主持；在监事会或者监事不召集和主持的情况下，有限责任公司代表 1/10 以上表决权的股东、股份有限公司连续 90 日以上单独或者合计持有公司 10% 以上股份的股东可以自行召集和主持。《公司法》的这些规定可以有效避免以前出现的那种董事会不召集或董事长不主持股东会也不指定其他人员主持的尴尬局面，使通过股东会行使的股东权获得了法律保障。

(二) 召集程序

股东会必须按照法定的形式和程序召集始为有效。为了股东会能够及时召开，同时也为了便于股东事先了解有关决议的事项，更好地行使股东权利，参与公司决策，并防止董事会或控股股东在股东会上利用突击手段控制股东会，各国公司法对股东会的召集时间及召集方式和程序都作出了相应的规定，我国《公司法》也不例外。

1. 召集时间

关于召集时间，我国《公司法》规定，有限责任公司股东定期会议按照章程规定的时间召集，临时股东会应法定人员提议而召集，但没有规定具体时间；股份有限公司定期会议亦按照章程规定的时间召集，但临时会议应当在法律规定的情况发生后 2 个月召集。

2. 召集通知

关于召集通知的期限，我国《公司法》第 41 条规定，召开股东会会议，应当于会议召开 15 日前通知全体股东；但是，公司章程另有规定或者全体股东另有约定的除外。《公司法》第 37 条第 2 款还新增了如下规定，"对前款所列事项股东以书面形式一致表示同意的，可以不召开股东会会议，直接作出决定，并由全体股东在决定文件上签名、盖章"，从而将有限责任公司股东会的决议程序要件大大简化，股东会决策可以变得更为便捷。对于股份有限公司，该法第 102 条规定，召开股东大会会议，应当将会议召开的时间、地点和审议的事项于会议召开 20 日前通知各股东；临时股东大会应当于会议召开 15 日前通知各股东；发行无记名股票的，应当于会议召开 30 日前公告会议召开的时间、地点和审议事项。单独或者合计持有公司 3% 以上股份的股东，可以在股东大会召开 10 日前提出临时提案并书面提交董事会；董事会应当在收到提案后 2 日内通知其他股东，并将该临时提案提交股东大会审议。临时提案的内容应当属于股东大会职权范围，并有明确议题和具体决议事项。股东大会不得对前述通知中未列明的事项作出决议。

至于会议通知的形式，我国《公司法》没有明确规定，通常应以书面形式进行。

五、股东表决权的行使

(一) 表决权的意义和性质

股东表决权是指股东基于其股东地位而享有的、就股东会的议案作出一定意思表示的权利，它是股东最为基本和最为核心的权利，是股东参与公司事务的最为有效的手段。特别是在所有权与控制权两权分离过程中，表决权扮演着极为重要的角色，它是公司所有与公司经营的连接点，不但维系和控制着公司所有者与经营者的关系，还是不同股东之间争夺公司控制权的工具，是控制股东对中小股东进行控制的工具。① 股东可通过表决权的行使，将内心的需要和愿望转化为法律上的意思表示，而众多股东的意思表示依资本多数决原则又可上升为公司的意思表示即股东大会的决议，并对公司自身及其机关产生拘束力。就其性质而言，股东表决权属于固有权和共益权，同时也为单独股东权。

（二）表决权行使的一般原则和特别规定

股东表决权行使的一般原则可以概括为"一股一票"或"资本多数决"。这是公司资本民主的体现。我国《公司法》也规定，股份有限公司股东出席股东大会会议，所持每一股份有一表决权。有限责任公司股东会会议由股东按照出资比例行使表决权。但鉴于有限责任公司人合性的特点，公司法允许公司章程作出例外规定。② 在实践中，为了保持股东会会议的代表性，特别是为了维护小股东的利益，不少国家在坚持"一股一票"和"资本多数决"原则的基础上，通过立法或者允许公司章程对特殊类型的股份的表决权作出一定的限制，譬如：对于大股东超过一定比例以上的表决权在表决权量上予以限制、对超过一定比例以上的表决权代理予以限制、对相互投资持股公司行使表决权予以限制、表决权行使回避、类别表决等。

（三）表决权行使方式

股东表决权的行使以股东亲自行使为常态，以直接投票为形式。在股东亲自行使的情况下，须证明其股东身份。根据我国《公司法》的规定，无记名股票持有人出席股东大会会议的，应当于会议召开5日前至股东大会闭会时将股票交存于公司，以证明股东身份，并防止因会议期间发生股票转让导致股东不稳定，影响股东大会对所议事项作出决议。记名股票持有人出席股东大会时，股东名册上记载的股东方得行使表决权。如果股份发生转让，受让人姓名或名称未记载于股东名册者不得行使表决权。股东名册闭锁期间亦然。公司依法可以回购公司股份从而拥有自身股份，但其持有的本公司股份没有表决权。但由于受公众公司股东大众化的影响，不直接出席股东会的股东日益增多，加之网络和高科技的发展，股东表决权的行使方式也呈现出多样化的特点。概而言之，股东表决权的行使方式可以分为本人投票与委托投票、现场投票与通信投票、直接投票与累积投票等。

1. 本人投票制与委托投票制（表决权代理与表决权信托）

（1）本人投票制

本人投票制是指股东亲自行使其表决投票权。本人投票制又包括股东亲自出席股东会在会议现场进行投票，即参会投票，也包括现场之外的书面投票制。出席股东会并行使表决权是股东的固有权利，因此股东亲自出席股东会议并进行投票是股东直接行使其表决权的最为常见的方式。但在股东不能出席股东会而又不愿委托他人行使其表决权时，国外还普遍建立了表决权的书面行使制度，即书面投票制。所谓书面投票制，是指不出席股东会的股东在书面投票用纸上就股东会决议中的有关事项表明其赞成、否定或弃权的意思，并将该书面投票用纸在股东会之前提交公司以产生表决权行使效果的法律制度。书面行使制

---

① 梁上上：《股东表决权：公司所有与公司控制的连接点》，载《中国法学》2005年第3期。

② 参见《公司法》第42条。

度为股东表决权亲自行使的一种方式。它以股东会在确定的地点召开为前提，解决的仅是个别不能参会的股东的投票权问题。与后面说言的通信投票制不同。后者是所有股东均不出席股东会，而是全部利用现代通信工具投票。为了保证书面投票的公正性和判断的独立性，在建立了书面投票制的国家，均要求股东的书面投票用纸须在股东会召开之前提交公司方能产生表决权行使效果。我国《公司法》目前尚没有明确该项制度。但笔者认为，应该允许股东书面投票以保证股东权利的正常行使。

（2）委托投票制

委托投票制，是指股东不亲自行使其表决权，而是委托他人行使。根据公司实践，委托投票制又可以分为表决权代理和表决权信托两种制度。

表决权代理是指股东通过一定的方式将自己股份所具有的表决权授予他人，由他人以本人的名义行使表决权。在现代社会，囿于时间、精力及经验和知识等方面的限制，股东委托他人出席股东会并代为行使表决权已经成为股东行使股东权和参与公司决策的重要方式。我国《公司法》第106条规定，股东可以委托代理人出席股东大会会议，代理人应当向公司提交股东授权委托书，并在授权范围内行使表决权。此规定确立了我国股份有限公司股东表决权的代理机制。表决权的代理行使实际上是本人和代理人的关系，因而其应受一般代理法的调整，但由于代理表决制极易为个别经营者或股东所利用，成为其谋取私利、操纵股东会的工具，因而为保障公司股东会决议的客观公正，防止为部分别有用心者所利用，各国公司法和证券法都对代理人的资格、代理人的人数、授权书的有效期限、代理人所控制的表决权的比例等方面作出了严格的规定，并严格限制有偿收购代理权的行为。相反，我国《公司法》的规定则过于原则和抽象，需进一步制定相应的配套法规，健全我国的代理表决制度。

表决权信托（Voting Trust of Shareholder），是指为了统一行使股份上的表决权，持有公司股份的股东作为委托人和受益人，通过其与受托人之间签订的信托协议，在一定的期限内将自己的股份信托转移给受托人；该受托人为了委托人和受益人的利益，在信托期间持有委托人的股份，行使该股份上的表决权及其他股东权利，并向作为委托人的委托股东发行交付表决权信托证书的一种法律制度，是信托法原理在股东表决权领域的具体运用。表决权信托制度最早产生于美国，迄今已有100多年的历史。由于表决权信托无论在主观上还是在客观上都极大地扩充了股东行使权利的自由，特别是中小股东可以通过表决权信托将分散的表决权联合起来实现对公司的有效控制或扩大对公司事务的参与与决策，故而已成为中小股东实现对公司控制的工具；加之，因采取了信托的方式而具备了信托制度所拥有的诸如灵活性、富有弹性等特点，从而使得这一制度获得了可以充分发挥想象力的空间，得到了世界上不少国家立法和司法的认可。但股东表决权信托也可能导致对公司的不正当控制，所以对股东表决权信托的效力也存有不同的争论，为发挥表决权信托的积极作用，消除其消极作用，西方国家普遍建立起了相对完善的规则。我国目前关于股东表决权信托的立法几乎为空白，既没有肯定股东可以通过信托方式实现其表决权，也没有不允许股东表决权信托的禁止性规定，而实践中股东表决权信托却并不鲜见。① 基于此，学界普

---

① 2002年发生的"青啤股权变更案"就是典型的股东表决权信托事例。

遍认为，股东表决权信托并不应该因为缺乏制定法而无效。问题是，在确定制定法的情况下，被误用、滥用的股份信托，比起因承认表决权信托而产生的危害可能更大，美国早期发生的表决权信托滥用的历史已经充分证明了这一点，因此，应该制定股东表决权信托的专门规则，以规范股东表决权信托行为。将来在制定表决权信托规则时，应当将信托目的、信托的合法形式、信托期限、信托登记公示作为立法重点，充分发挥表决权信托的制度功能，防止权利滥用。

2. 现场投票制与通信投票制

现场投票制是指通过召开股东大会由参会股东在会议现场投票，是最为传统也是最为常见的股东表决权行使方式。通信投票制则是指不将股东召集在一起，而是利用现代通信工具如网络等进行表决和投票。随着高科技和互联网等现代通信工具的不断涌现，为降低投票成本，提高中小股东投票积极性，越来越多的国家和地区开始承认利用现代通信工具投票的有效性。我国《公司法》虽未就通信投票作出规定，但证监会、上交所等颁布的相关规范型文件对此均予以肯定。2004 年 12 月，证监会发布了《关于加强社会公众股股东权益保护的若干规定》，首次明确规定我国上市公司可以采用网络投票表决方式。此后，证监会又发布了《上市公司股东大会网络投票工作指引（试行）》，对上市公司如何实施网络投票表决方式进行了统一规定。在过去的十余年中，我国上市公司股东大会通信表决的实践取得了较大的发展，积累了丰富的经验。实践证明，通信表决的实行极大地提高了流通股股东的参会率，大量上市公司经受了股东大会通信表决的洗礼，且系统提供者的投票系统运行正常、功能齐全。① 当然，实践中的通信表决尚存在立法层级低、权威性不足、适用范围有限、运作方式单一等问题，在股东"出席"的认定、网络表决的行使期间、对临时动议、修正案或多重投票的处理等方面有待立法的完善。②

3. 直接投票制和累积投票制

直接投票制，是指在行使股东表决权时，针对股东会一项决议，股东只能将所持股份的表决票数一次性直接投在该项决议上。在直接投票制度下，公司的控制股东可以选任全部董事，并以此对公司施加控制，小股东则无法选任自己的代表人进入董事会。为保障小股东对公司事务也能够拥有一定的发言权，不少国家和地区的公司法在公司董事会成员的选任上实行累积投票制度。与直接投票制不同，在累积投票制下，每一个股东所持有的每一个股份并非仅拥有一个投票权，而是拥有与当选的董事或监事人数相等的投票权，股东既可以把所有的投票权集中选举一人，也可分散选举数人，最后按得票之多寡决定当选董事和监事。这两种投票制均以"同股同权"、"一股一权"为基础，但在表决票数的计算和具体投向上存在根本差异。直接投票制体现了传统的多数决和一股一票原则，贯彻了由大股东控制公司的权利义务对等的理念。在直接投票制下，股东会讨论并就具体方案进行表决时，除非根据规定大股东必须回避投票或者因法律或者公司章程对大股东的投票权有所限制，否则股东会决议的结果与大股东的意见必然一致。而累积投票制允许股东将其在选

① 王宗正著：《股东大会通讯表决制度研究》，中国社会科学出版社 2010 年版，第 48～51 页。

② 王宗正著：《信息化背景下的中国公司法变革》，中国社会科学出版社 2014 年版，第 219～225 页。

举每位董事或监事上的表决权累加并且股东的票数可以集中投向，即允许股东在选举董事或者监事时的总票数为其持有股份决定的表决票数乘以拟选举的董事或监事人数，股东可以选择将总票数集中投于一个董事或监事候选人名下，也可以选择分散投入数人名下。如此为那些仅持有少量股份的中小股东赢得公司董事或监事席位，从而在公司董事会或监事会中拥有代言人提供了可能。

累积表决制度最早起源于英国，在美国得到了很大发展。由于该项制度可以有效地保障中小股东将代表其利益和意志的代言人选入董事会和监事会，从而在一定程度上起到平衡大股东和小股东的利益的作用，故为不少国家或地区的公司法所认许。但由于累积投票制度计算相对比较复杂，也有可能因之导致公司管理机关内部的不和谐，降低公司的决策和运作效率，故不同国家和地区立法对其态度也不完全一样。有的国家和地区将累积表决制度作为一种强制性制度加以规定，实行强制性的累积投票制度(Mandatory Cumulative Voting)，但越来越多的国家和地区则由原来的强制性累积投票制度转而实行替代性的许可性累积投票制(Permissive Cumulative Voting)，即是否实行累积投票制，公司法并不作强行性规定而是赋予公司以选择权利。在实行许可累积投票制的国家和地区，具体又存在选出式和选入式两种立法例：其一，除非公司章程作出相反规定，否则就应实行累积投票制，此为选出式(Opt-out)；其二，除非公司章程规定了累积投票制，否则不实行，此为选入式(Opt-in)。我国公司立法原无累积投票制度的规定，2002年国家证监会、国家经济贸易委员会发布的《上市公司治理准则》中规定，控股股东控股比例在30%以上的上市公司，应当采取累积投票制，即对达到法定条件的上市公司推行强制性的累积投票制度。《公司法》第105条也采取了选入式的许可主义立法。该条规定："股东大会选举董事、监事，可以依照公司章程的规定或者股东大会的决议，实行累积投票制。本法所称累积投票制，是指股东大会选举董事或者监事时，每一股份拥有与应选董事或者监事人数相同的表决权，股东拥有的表决权可以集中使用。"就目前的规定来看，我国对存在控股股东的上市公司实行强制性累积投票制，对于一般上市公司和非上市公司则实行许可性累积投票制。实证数据显示，在我国资本市场实践中，目前的股权结构下累积投票制的实施有很强的现实意义，但累积投票制在上市公司中未能得以有效实施。影响累积投票制有效实施的因素既包括等额选举、股东大会会议出席率低以及表决权的不当行使等实践层面的问题，也包括提名资格限制、当选原则、选举方法以及独立董事、非独立董事和监事分别选举等制度层面的问题。①

六、股东会决议

(一)股东会决议的种类

股东会决议是股东会就提请股东会审议的事项依照法律或章程规定的程序进行表决所形成的决议，是股东会意思表示的法定形式。根据股东会决议事项重要性的不同，一般将股东会决议分为普通决议和特别决议。

---

① 钱玉林：《累积投票制的引入与实践——以上市公司为例的经验性观察》，载《法学研究》2013年第6期。

普通决议是指决定公司普通事项所采取的，以简单多数通过方为有效的决议。所谓"简单多数"，就是 1/2 以上表决权。一般理解为在有限责任公司意指代表 1/2 以上表决权的股东；在股份有限公司指出席会议股东持有的 1/2 以上的表决权。对于普通决议事项，法律一般不作强行性规定，将其留给或允许公司章程作出规定。在我国除法律明文规定应以特别决议决定的事项外，其他事项多属于普通决议事项。值得注意的是，对于普通决议事项，我国《公司法》还是将有限责任公司和股份有限公司作出了区别对待。《公司法》第 43 条第 1 款规定：有限责任公司"股东会的议事方式和表决程序，除本法有规定的外，由公司章程规定"；而 103 条第 2 款则规定，股份有限公司"股东大会作出决议，必须经出席会议的股东所持表决权过半数通过"。因此，哪些属于普通事项，以及如何确定"简单多数"，有限责任公司章程均可以作出具体规定。

特别决议，是指股东会决定公司的特别事项所采用的，以绝对多数通过方为有效的决议。对于何谓"绝对多数"，各国立法规定不一，有的指 2/3 以上表决权，有的则规定为 3/4 以上表决权。至于特别决议事项，各国立法则多以强制性规定加以框定。我国《公司法》也分别规定了有限责任公司和股份有限公司适用特别决议的事项和决议通过的表决权比例。依照《公司法》第 43 条的规定，有限责任公司适用特别决议的事项主要有：(1)修改公司章程；(2)增加或者减少注册资本的决议；(3)公司合并、分立、解散或者变更公司形式。上述决议事项必须经代表 2/3 以上表决权的股东通过。根据《公司法》第 103 条和第 121 条的规定，股份有限公司适用特别决议的事项包括：(1)修改公司章程；(2)增加或者减少注册资本的决议；(3)公司合并、分立、解散或者变更公司形式的决议；(4)上市公司在 1 年内购买、出售重大资产或者担保金额超过公司资产总额 30% 的。对上述事项作出决议必须经出席会议的股东所持表决权的 2/3 以上通过。

(二)股东会会议记录

为了明确股东会会议参加人的责任，《公司法》还规定了会议记录和签名制度。《公司法》第 41 条第 2 款规定，股东会应当对所议事项的决定作成会议记录，出席会议的股东应当在会议记录上签名；第 107 条要求，股东大会应当对所议事项的决定作成会议记录，主持人、出席会议的董事应当在会议记录上签名。会议记录应当与出席股东的签名册及代理出席的委托书一并保存。

(三)股东会决议瑕疵

股东会决议瑕疵是指股东会决议的内容或程序违反法律或行政法规之情形。股东会的决议是公司团体的意思表示，一经依法形成，即发生效力。然而由于各种原因的存在，股东会决议可能存在瑕疵：或者在内容上有悖于法律或者公司章程，或者在程序上违反法律或者公司章程，上述瑕疵的存在会导致决议产生相应的法律后果。西方国家公司法分别规定了股东会决议无效和可撤销制度。我国《公司法》第 22 条规定："公司股东会或者股东大会、董事会的决议内容违反法律、行政法规的无效。股东会或者股东大会、董事会的会议召集程序、表决方式违反法律、行政法规或者公司章程，或者决议内容违反公司章程的，股东可以自决议作出之日起六十日内，请求人民法院撤销。股东依照前款规定提起诉讼的，人民法院可以应公司的请求，要求股东提供相应担保。公司根据股东会或者股东大会、董事会决议已办理变更登记的，人民法院宣告该决议无效或者撤销该决议后，公司应当向公司登记机关申请撤销变更登记。"

与原《公司法》第111条相比，① 现行《公司法》第22条主要作出了如下调整：

1. 扩大了股东会决议瑕疵的适用范围

原《公司法》第111条主要针对股份有限公司股东大会决议瑕疵之情形而作出规定，对于有限责任公司是否适用则语焉不详。现行《公司法》将其调整于"总则"，并明确规定股东会决议瑕疵及其处理一体适用于有限责任公司和股份有限公司，因而更为合理。

2. 根据决议瑕疵的性质不同分别确定为无效与可撤销两种不同的法律效力

股东会决议瑕疵一般可分为实体性瑕疵和程序性瑕疵。实体性瑕疵是指决议内容违反法律、行政法规或公司章程；程序性瑕疵是指股东会决议在程序上，诸如股东会召集程序、表决方式上违反法律、行政法规或公司章程。此外，根据决议瑕疵的严重程度又可以分为实质性瑕疵和非实质性瑕疵。实质性瑕疵的后果是导致决议的无效；而非实质性瑕疵则通常是导致决议可撤销。但在境外究竟哪些属于实质性瑕疵，理解并不一样。如我国台湾地区"公司法"将实体性瑕疵均视为实质性瑕疵，无论其内容是违反法律、行政法规还是违反公司章程均归无效；而韩国则只将决议内容违反法律、行政法规的才视为实质性瑕疵，违反公司章程者系对公司内部自治规则的违反，未被纳入决议实质性瑕疵的范畴，并不导致决议的无效；《日本商法典》则规定决议内容违反公司章程可提起无效或可撤销之诉。修改后的《公司法》弥补了原《公司法》的不足，也针对股东会决议瑕疵的性质不同分别规定了决议无效和撤销两种不同的法律后果。同时，将决议内容瑕疵区分为违反法律、行政法规和违反公司章程两种情形，将违反公司章程的情形没有纳入到实质性瑕疵的范畴，与程序性瑕疵一并视为非实质性瑕疵，其决议被赋予可撤销的后果，即由股东自行作出是否提请法院撤销瑕疵决议的决定，而股东会决议内容违反法律、行政法规，瑕疵决议当然无效。

3. 《公司法》对股东会决议撤销请求权设置了一定的限制

为了尽早确定瑕疵决议的效力，保护基于此决议的合理信赖，稳定已有的法律关系，股东必须及时行使其权利，为此，我国《公司法》规定了股东请求法院撤销决议的时效，即自决议作出之日起60日内行使。同时明确规定"人民法院可以应公司的请求，要求股东提供相应担保"，而股东会决议内容违反法律、行政法规，瑕疵决议因其当然无效，而无上述限制，只要股东发现此瑕疵的存在，随时都有权向法院请求宣告其无效，也不需要提供担保。这与国际上的习惯做法是相一致的。

很显然，我国现行《公司法》对股东会决议瑕疵采取的是"二分法"，或者无效，或者可撤销。这种区分方法在法律适用上简单明了，但缺陷在于，决议的撤销或无效，都是以决议的成立为前提的，如果决议根本不存在，则无从讨论其是否有效或可撤销。例如，无召集权人召集的股东大会所作的决议，或者根本未召开股东大会作出决议的事实，或者伪造决议等，显然属于股东大会决议不成立的情形。如果将这些情形归于股东大会决议无效

---

① 1993年《公司法》第111条规定："股东大会、董事会的决议违反法律、行政法规，侵犯股东合法权益的，股东有权向人民法院提起要求停止该违法行为和侵害行为的诉讼。"

或可撤销的范围，就不可避免地产生矛盾的现象。① 为此，不少国家和地区在立法中确立了股东会决议不存在这种诉讼类型。在我国的司法实践中，《最高人民法院公报》2007 年第 9 期刊载的"张艳娟诉江苏万华工贸发展有限公司、万华、吴亮亮、毛建伟股东权纠纷案"，认定虚构的股东会决议不成立，从而确立了股东会决议不存在制度。《公司法司法解释四》也对此进行了回应，其第 5 条规定："股东会或者股东大会、董事会决议存在下列情形之一，当事人主张决议不成立的，人民法院应当予以支持：（一）公司未召开会议的，但依据公司法第三十七条第二款或者公司章程规定可以不召开股东会或者股东大会而直接作出决定，并由全体股东在决定文件上签名、盖章的除外；（二）会议未对决议事项进行表决的；（三）出席会议的人数或者股东所持表决权不符合公司法或者公司章程规定的；（四）会议的表决结果未达到公司法或者公司章程规定的通过比例的；（五）导致决议不成立的其他情形。"由此，我国正式引入了决议不成立之诉，与决议无效之诉和撤销决议之诉一起，共同构成了"三分法"的格局。此外，《公司法司法解释四》关于决议效力瑕疵诉讼制度的新规定还包括：（1）明确了决议效力案件的原告范围，规定确认决议无效或者不成立之诉的原告包括股东、董事、监事等，并规定决议撤销之诉的原告应当在起诉时具有股东资格。（2）明确了确认决议无效或者撤销决议的法律效力，基本确立了内外有别、保护善意相对人合法利益的原则，规定股东会或者股东大会、董事会决议被人民法院判决确认无效或者撤销的，公司依据该决议与善意相对人形成的民事法律关系不受影响。

第三节　股东利益平衡与中小股东权益保护

一、概述

利益冲突无所不在，公司也不例外。股东利益的冲突是公司中最为普遍也是最为引人注目的问题，而股东之间的利益冲突最为集中地体现在控股股东与少数股东的利益冲突上。作为公司制度基石和前提的资本多数决原则，对于保护股东的投资热情，维护和平衡股东以及股东与公司之间的关系，促进和提高公司的经营效率有十分重要的作用。但随着社会经济的不断发展和公司治理结构的不断演变，资本多数决原则的缺陷也日益暴露出来。因为任何公司的股权结构都不可能是均衡的，在股权分布不均衡的情况下，资本多数决原则就为大股东支配和控制公司甚至滥用其支配权、压榨小股东提供了可乘之机。在现实生活中，拥有公司多数股份的大股东往往凭借其手中的表决权优势，把自己的意思（包括合法和不合法的意思）上升为公司的意思，在缺乏有力制约的情况下，通常采用不公平的关联交易、大量占有公司的资金、利用公司作担保及操纵公司利润分配等多种手段，损害公司及其他股东，尤其是中小股东的利益，造成了公司与股东、大股东与小股东之间利益的失衡，破坏了公司内部的民主管理，落空了小股东合理的投资收益预期。作为现代公平正义现代法律理念体现的股东平等原则，要求大股东对公司事务的决定权和小股东对公司事务的干预权和监督权同时实行。

---

① 钱玉林著：《公司法实施问题研究》，法律出版社 2014 年版，第 117 页。

为矫正资本多数决原则天然缺陷所导致的公司大股东与中小股东之间利益的失衡，许多国家公司都规定了一系列旨在保护中小股东利益和限制大股东权利的制度。完善公司治理结构，强化对中小股东的保护，是当代公司立法的一个重大发展趋势，也是我国《公司法》的一大亮点。就世界各国公司立法来看，股东之间利益平衡机制最为核心有两个部分：其一是扩大股东尤其是中小股东参与公司事务的权利；其二是强化控股股东及公司实际控制人的行为和责任。我国公司法也不例外。

二、《公司法》所确立的中小股东利益保护机制

针对我国公司实践中，大股东和少数股东利益严重失衡的状况，我国在 2005 年修订《公司法》时，将强化股东尤其是中小股东利益保护作为修改的重要任务，并通过建立健全中小股东参与公司事务机制、保障股东知情权、完善退出公司机制和司法救济等措施，初步建立起了中小股东利益保护体系。这对于保护广大投资者的投资积极性，健全公司治理结构，实现公司民主无疑会起到积极的促进作用。

（一）保障中小股东参与公司事务的机制

参与公司事务的管理和决策是股东保护自身权益的重要途径。《公司法》在这方面作了大量的规定，为小股东从不同途径参与公司事务管理和决策提供了法律依据。具体讲，主要体现在以下几个方面：

1. 小股东召开股东大会的请求权、召集权与主持权

《公司法》特别规定了少数股东只要拥有达到一定比例即 10% 的股份或股权，就有权请求召开股东会，若董事会拒绝，有权自行召集，且董事长不主持时，还可以自己主持。这样，从请求召开的权利到自行召集的权利，直至股东会主持的权利都给了中小股东。这是《公司法》保护中小股东权益的一个重要举措，进一步增加和扩大了中小股东参与公司事务的机会与途径。

2. 小股东提案权

《公司法》第 102 条弥补了过去公司立法无股东提案权的缺陷，规定单独或者合计持有公司 3% 以上股份的股东，可以在股东大会召开 10 日前提出临时提案并书面提交董事会。赋予中小股东提案权，可以让他们有机会在股东会上发表意见，参与公司事务的决策，协调其与大股东及经营者之间的关系，并可在一定程度上避免大股东或经营者控制股东会，从而达到保护中小股东利益的目的。当然，现行《公司法》所确立的股东提案权制度还存在诸多缺陷，具体表现在：第一，适用范围狭窄。将股东提案权的适用范围仅限于股份有限公司，忽视了有限责任公司普遍存在的股东压制问题，限制了其功能发挥。第二，3% 的持股比例要求明显偏高，致使股东提案权异化为"大股东俱乐部"，不利于调动小股东积极性。第三，缺乏对股东持股时间的要求，容易诱发投机行为。第四，将股东临时提案范围限定于"股东大会职权范围"，不利于公司事务的决策。第五，对提案的字数与数量没有作出必要要求，易引发冗长提案，降低会议效率，浪费公司资源。第六，缺乏对股东提案排除理由的规定，容易引发荒谬提案的泛滥。第七，缺乏相应的救济措施，可能导致股东提案成为"空头支票"。① 在进一步完善我国《公司法》时，有必要补缺上述

---

① 肖和保：《股东提案权制度：美国法的经验与中国法的完善》，载《比较法研究》2009 年第 3 期。

漏洞。

3. 累积投票制度

《公司法》第105条允许公司章程采取累积投票制，从而为中小股东选出自己的代言人进入董事会提供了机会，无疑增加了中小股东参与公司事务决策和管理的能力。

4. 表决权回避制度

表决权回避制度，也称表决权排除制度，是指当某一股东与股东会讨论的决议事项有特别利害关系，可能有害公司利益时，该股东不得以其持有的股份或股权行使表决权，也不得代理其他股东行使表决权的制度。表决权回避制度原则上应该适用于所有股东，但在实践中往往是针对大股东，其在解决中小股东和大股东利益冲突方面发挥了突出作用，因而为各国公司立法所采用。但适用表决权回避制度的难点在于何谓重大利害关系，也就是说哪些事项应该适用回避制度？各国公司法对此的规定并不统一。我国《公司法》规定在涉及股权转让时，欲转让股权的股东不应参与表决外，还于第16条特别规定，公司为股东或实际控制人提供担保的，必须经过股东会或股东大会决议，前款规定的股东或实际控制人支配的股东，不得参加规定事项的表决。也就是说，明确将公司为股东或实际控制人提供担保的情形纳入表决权回避制度的适用范围，从而强化了保护中小股东的利益保护，也增强了中小股东对公司事务参与决策的能力。

5. 知情权制度

知情权是股东了解公司经营状况和财务状况的权利。广义的知情权不仅仅局限于单纯地了解公司有关信息的权利，还包括对不清楚或有疑问的信息提出质询的权利，即获得真实信息的权利，所以知情权既包括账簿及有关文件的查阅权、复制权，还包括质询权。为此，《公司法》第33、97、150条均作出了具体规定，这就为中小股东真实地了解公司有关信息，从而更加积极地参与公司事务决策和管理提供了制度保障。

6. 建议权与质询权制度

对公司事务提出建议，并就有关问题向特定人员提出质询是股东参与公司事务的重要方式，也是行使其监督权的客观要求。《公司法》第97条规定，股份有限公司的股东有权对公司的经营提出建议或者质询。第150条规定，股东会或者股东大会要求董事、监事、高级管理人员列席会议的，董事、监事、高级管理人员应当列席并接受股东的质询。这些规定为中小股东参与公司事务提供了法律依据。但是，这两个条款存在明显缺陷：首先，无程序可循。股东何时、向谁、在什么场所提出质疑，从条文上无法得到答案。其次，质询权的范围是否限于"公司的经营"，对"公司的经营"作何解释，语焉不详。再者，答询义务人为谁、如何答询，以及质询权的法律救济等，存在明显的缺漏。①

(二)保障中小股东的股权退出机制

参与公司事务决策是股东的一项基本权利，这是我们通常所说的"用手投票"；与之相应的，作为公司的股东还应当有"用脚投票"权利，即股权退出机制——当股东对公司事务不满时可以选择退出公司。在我国过去的公司立法中，缺乏股权退出的畅通机制。实践中表现出的问题是，公司易进不易出。一旦投资于公司，就很难再退出公司，因为唯一的退出办法是转让股权，如果转让不出去，就只好受困于公司。很多公司经营一段时间以

---

① 钱玉林著：《公司法实施问题研究》，法律出版社2014年版，第230页。

后，公司股东之间矛盾重重，对立尖锐，根本无法合作，但由于大股东把持着公司的经营管理权，中小股东难以参与公司管理，也很难知悉公司的真实经营情况，自己的利益也就不能得到有效维护，欲转让股权或股份，由于公司矛盾众多加之股权比例的尴尬，很可能没人敢接或没人愿要，为此就需要在股权或股份转让之外，给投资者提供其他合法的退出机制。修改后的《公司法》新增了异议股东股份买回请求权和公司司法解散请求权两项制度，以健全中小股东的股权退出机制。

1. 异议股东股份买回请求权

《公司法》第74条规定，有下列情形之一的，对股东会该项决议投反对票的股东可以请求公司按照合理的价格收购其股权：第一，公司连续5年不向股东分配利润，而公司该5年连续盈利，并且符合本法规定的分配利润条件的；第二，公司合并、分立、转让主要财产的；第三，公司章程规定的营业期限届满或者章程规定的其他解散事由出现，股东会会议通过决议修改章程使公司存续的。第142条规定，股份有限公司股东因对股东大会作出的公司合并、分立决议持异议，可以要求公司收购其股份。此即异议股东股份买回请求权。

异议股东股份买回请求权，是立法赋予反对公司特殊行为的股东的一项法定权利，也是维护公司决议有效性和保护中小股东利益的一项行之有效的利益平衡机制。该项制度起源于美国，最初仅适用于公司合并、分立时有持有异议股东的情形，后逐渐扩张至公司章程修改、营业转让、资产转让等事项，并为英国、德国、日本、意大利、澳大利亚、韩国等国立法所采用。该项制度为股东特别是中小股东在公司发生重大变动时，退出公司收回投资利益提供了最后一条途径。

2. 公司司法解散请求权

《公司法》第182条规定："公司经营管理发生严重困难，继续存续会使股东利益受到重大损失，通过其他途径不能解决的，持有公司全部股东表决权百分之十以上的股东，可以请求人民法院解散公司。"该条规定赋予了中小股东通过司法途径请求解散公司的权利。在公司股东矛盾尖锐的情况下，往往会导致公司经营陷入僵局，公司无法形成有效的决议，也就不可能决议解散公司。在这种情况下，大股东同样因把持着公司而利益不会受到损害，但中小股东则会陷入十分被动的境地，如果不及时解散公司，对公司现有资产进行及时盘点，公司资产很有可能被大股东全部转移，为此就有必要赋予中小股东通过司法途径请求解散公司的权利，以保障其合法权益不受侵害，这也是一种股权退出的投资收回机制。具体内容和适用条件我们将在后面有关公司解散的章节中再做具体分析。

(三) 中小股东权益保护的司法救济机制

"无救济即无权利"意味着仅有权利没有有效的救济手段，其权利很可能只是停留在纸上的权利。我国过去公司实践中存在的主要问题在于股东权利受到侵害或有受到侵害之虞时，缺乏足够有效的救济手段。为此《公司法》在原有的股东直接诉讼的基础上，增加了股东派生诉讼制度，并完善了股东会、董事会决议瑕疵制度。股东派生诉讼制度，就是指在公司利益受到损害而公司怠于行使其诉权维护其利益时，股东可以为了维护公司的利益而以自己的名义起诉。股东会、董事会决议瑕疵制度即当股东会或董事会的决议违反法律、行政法规活公司章程时，股东可以依法提起诉讼，请求宣告股东会或董事会决议无效或撤销股东会或董事会决议。若决议损害自己利益，股东还可以要求公司或有关责任人赔偿自己损失。因前面就有关内容对此已有论及，在此就不再做具体分析。

通过以上分析，我们不难看出，我国《公司法》通过强化中小股东参与公司事务、完善中小股东股权退出机制、健全股东权的司法救济等措施初步构建起了中小股东权益保护的基本体系，这是我国公司法为应对我国经济发展所带来的新情况新问题而作出的重大调整，其对改善公司治理结构，保护中小股东利益无疑会起到了巨大的促进作用。但由于多种原因，其中不少制度仍过于原则，还有待进一步细化。

三、控股股东和实际控制人的特殊义务

对一般股东而言，一旦将公司财产用于出资，其就不能再直接处分该财产，但对控制股东而言，其实质上不仅能够支配处分自身用于出资的财产，而且能够支配其他股东用于出资的财产。在资本多数决原则下，少数股东的表决权仅仅在理论上存在。控制股东往往利用自己在公司中的优势地位，欺诈、打压少数股东，因此，现代公司立法已经摒弃了股东仅对公司负有认购股份的出资义务，一旦成为股东后，就不再对公司不负其他义务的传统公司法理论，开始关注控股股东的特殊地位，强调控制股东的特殊义务。

20世纪初，美国的司法实践率先确立了控股股东对公司和其他股东的诚信义务。诚信义务产生的理论基础在于控股股东与公司和其他股东是一种事实上或法律上的信义关系。传统公司法理论认为股东有别于公司董事，他们作为公司的投资者仅负有作为股东的出资义务，没有必须为公司或其他股东利益行事的义务，因而其不应对公司和其他股东承担股东身份之外的特殊义务。然而，随着控股股东控制权的滥用，控股股东损害从属公司和少数股东权益事件的日益增多，传统公司法理论开始不断遭到人们的质疑，那种无视控制股东对公司经营事业的影响和控制股东利益与公司和其他股东利益的不尽协调甚或冲突之客观事实，单纯强调公司与股东人格的独立的有关学说和理论自然无法满足现实生活之需要。相反越来越多的学说和理论开始主张，基于控股股东在公司中的实际地位以及控股股东与公司和其他股东拥有事实上的信义关系，控股股东自然应该承担相应的信义义务。这些理论也推动了公司立法和司法实践。①

针对上市公司控股股东滥用权利的现象，中国证监会在其制定的一系列文件中开始加以规范。其中《上市公司治理结构准则》和《上市公司收购管理办法》明确规定了控股股东的义务。如《上市公司治理结构准则》第19条规定："控股股东对上市公司及其他股东负有诚信义务。控股股东对其所控股的上市公司应该严格依法行使出资人的权利，控股股东不得利用资产重组等方式损害上市公司和其他股东的合法权益。"诚信义务（Fiduciary Duty），又称信托义务或信义义务，它源于英美国家的信托法理论，后被广泛地适用于公司法、合伙法甚至银行法等领域。按照学者们的一般理解，诚信义务是受信人（Fiduciary）基于信义关系（Fiduciary Relation）而对受益人（Beneficary）产生的法律义务。一般认为，诚信义务包括注意义务和忠实义务两个方面。前者要求控股股东在经营公司时要与任何一个谨慎的人在同等情形下对其所经营的事项给予同样的注意；后者则要求受信人在处理相关事务时不得为个人利益而损害或牺牲委托人或受益人之利益，如禁止控股股东自我交易和

---

① 详见冯果、艾传涛：《控制股东诚信义务及民事责任制度研究》，载王保树主编：《商事法论集》第6卷，法律出版社2002年版。

权利滥用。

至于诚信义务究竟包括哪些内容，学界素有分歧，所以我国《公司法》并没有使用"诚信义务"这一术语。但《公司法》第 20 条规定，公司股东应当遵守法律、行政法规和公司章程，依法行使股东权利，不得滥用股东权利损害公司或者其他股东的利益；公司股东滥用股东权利给公司或者其他股东造成损失的，应当依法承担赔偿责任。该条规定尽管并非针对控股股东而制定，但为禁止包括控股股东在内的所有股东滥用其股东权利提供了基本的法律依据。有学者认为，该条规定的具体内容与美国法中控制股东信义义务的基本内容大略相同，因此无须在公司法中引入控制股东信义义务的规则，而应通过法解释的手段，为该条的规定搭建完整的理论支撑，从而盘活其法律适用。① 《公司法》第 21 条进一步明确定："公司的控股股东、实际控制人、董事、监事、高级管理人员不得利用其关联关系损害公司利益。违反前款规定，给公司造成损失的，应当承担赔偿责任。"该条规定被普遍看做是诚信义务理论在《公司法》中的具体体现。该条款包括以下几层内容：

1. 主体要件

《公司法》第 21 条所规定的义务主体不仅包括控股股东，还包括实际控制人以及公司的董事、监事、高级管理人员，义务主体颇为广泛。

何谓"控股股东"及如何界定控股股东，人们认识并不统一，历来存在实质标准和形式标准之争。早期公司法理论对控股股东主要是从资本控制的角度来加以理解，并依据资本多数决原理从单纯的数量标准入手，认为持股超过公司股本 50% 者方为对所持股的公司施加支配性影响，而成为公司的控制股东，故也称控股股东。但随着股权的日益分散化，控制公司的经营并不需要持有公司半数以上的股份，且控制力的形成也可以通过企业合同和连锁董事等方式而实现，单纯从资本控制和量的规定性上来界定控股股东已难以涵盖现实生活中所存在的各种控制形态。因而对控制股东的理解也随之发生变化，越来越多的学者主张采用实质标准，即以事实上拥有控制关系为基础，认定控股的持股比例不断降低。如美国证券法就改变了传统的形式意义的界定，而改采实质标准；即凡基于控股地位及其他方面的优势，而对公司的人事、业务及决策所施加的具有支配性的影响者均为公司的控股股东。美国法律协会起草的《公司治理原则：分析与建议》(*Principles of Corporation Governance：Analysis and Recommendations*)第 1. 10 条从形式和实质两个基准对控制股东作出界定：首先认定，通过自己或通过第三人持有公司具有表决权之已发行股份总数过半数者为控制股东；其次，纵不符合形式之标准，但实质上就公司事业经营或发生问题之特定交易有行使支配力之事实时，也应被认定为控制股东。因此股东自己或透过第三人，持有公司具有表决权之已发行股份总数 25% 以上者，推定该股东对公司之事业经营具有控制力。这里的控股股东就是指广义上的控股股东，包括具备控股股东的形式外观和不具备控股股东的外观但实际对公司拥有控制权的其他股东或非股东，我国学界多将其称为"控制股东"。

我国《公司法》对股东和非股东身份作出了严格区分。首先，依据第 216 条的规定，控股股东，是指其出资额占有限责任公司资本总额 50% 以上或者其持有的股份占股份有

---

① 参见朱大明：《美国公司法视角下控制股东信义义务的本义与移植的可行性》，载《比较法研究》2017 年第 5 期。

限公司股本总额50%以上的股东，以及出资额或者持有股份的比例虽然不足50%，但依其出资额或者持有的股份所享有的表决权已足以对股东会、股东大会的决议产生重大影响的股东。可见我国公司法也没有坚持形式标准而是采取了综合标准，即纵使出资额或者持有股份的比例不足50%，但依其出资额或者持有的股份所享有的表决权已足以对股东会、股东大会的决议产生重大影响的股东，也视为控股股东，不过其出资额或者持有的股份所享有的表决权是否已足以对股东会、股东大会的决议产生重大影响，需要结合相应的证据材料加以判定。我国《公司法》如此规定是符合国际立法的发展趋势的；其次，我国公司法还将不具有股东身份但能够实际支配公司的人列为与控股股东相并列的义务主体。《公司法》第216条第(3)项规定："实际控制人，是指虽不是公司的股东，但通过投资关系、协议或者其他安排，能够实际支配公司行为的人。"从而不仅将控股股东的控制者，也将通过其他途径和方式而在事实上控制公司者列入了规制的范围之内，使我国公司立法更具严谨性和周延性。

结合上面的分析，该条款所规定的义务主体包括三类：(1)控股股东，其出资额占有限责任公司资本总额50%以上或者其持有的股份占股份有限公司股本总额50%以上的股东，以及出资额或者持有股份的比例虽然不足50%，但依其出资额或者持有的股份所享有的表决权已足以对股东会、股东大会的决议产生重大影响的股东。(2)实际控制人，其虽不是公司的股东，但通过投资关系、协议或者其他安排，能够实际支配公司行为的人。(3)公司的董事、监事、高级管理人员。

2. 行为要件

该条款所禁止的行为限定于"利用其关联关系损害公司利益"。何谓关联关系，《公司法》第216条第(4)项作了进一步的界定，即"关联关系，是指公司控股股东、实际控制人、董事、监事、高级管理人员与其直接或者间接控制的企业之间的关系，以及可能导致公司利益转移的其他关系。但是，国家控股的企业之间不仅因为同受国家控股而具有关联关系"。利用关联关系所进行的交易，即为关联交易。由于上述主体在公司中所处的特殊地位，关联交易通常具有自我交易的性质，其公正性难以得到保证，也成为控股股东和公司实际控制人不正当转移公司财产和利润的常用手段，有鉴于此，各国公司立法大多对关联交易予以限制或禁止。不过，并非所有的关联交易均会导致公司利益受损，有时其甚至为公司所必需，也符合公司的整体利益，因此公司法所禁止的仅为不正当的关联交易，即有损公司或股东利益的关联交易。为保证关联交易的正当性，公司立法还从交易的程序和信息披露上提出了相应的要求。当然控股股东或实际控制人损害公司的行为是否仅限于此，值得进一步的研究。

3. 行为后果

根据《公司法》第21条的规定，实施上述行为给公司造成损失的，应当承担赔偿责任。其性质当属于侵权责任，因而应当具备侵权责任的基本构成要件，即行为的违法性、损害事实的客观存在、损害事实与行为之间具有因果关系。至于主观要件和归责原则，鉴于上述人员在公司中所处的优势地位，笔者认为采取过错推定原则比较恰当，即由行为主体证明其行为的正当性和其主观上的无过错性。

实际上，就国外的司法实践看，无论是行为后果还是救济手段都具有多样化的特点。

损失赔偿仅仅是其中最为常见的一种救济手段，除此之外，还有：（1）请求确认行为无效，即对于控制股东通过股东大会或董事会作出的不利于少数股东的决议或实施的行为，少数股东可以诉请法院确认决议或交易行为无效；（2）请求解散公司。根据英美判例，如果控制股东对少数股东实施排挤，致使少数股东合理期待落空，法庭会根据少数股东的申请，颁发公司解散令。瑞士《债务法》也有类似规定，法院可以应代表公司资本20%的股东的请求对公司清算，但这种清算需要以有"重大理由"为前提，为此，少数股东必须举证说明确实存在着多数股东滥用权利以及多数股东对他们的压制，否则，就不能对公司进行清算。①（3）请求公司回购其股份或换取控制股东的股票。根据《德国股份公司法》第305条的规定，在公司订立有控制合同或盈余转移合同时，股东可以继续保持其少数股东地位，接受一定的补偿给付，也可要求收买其股份退出公司，或者换取控制公司股票。显然，相较之下，我国公司法的规定还有过于简略之嫌。

4. 权利主体

谁能够主张权利，追究有关人员的责任？这是一个值得考量的问题。就本条规定看，"给公司造成损失的，应当承担赔偿责任"，毫无疑问，权利主体自然应该局限于公司，这也就意味着控股股东、实际控制人对公司的其他股东不负有义务。当然，如公司不行使权利时，其他股东可以提起股东代表诉讼。与国外的立法和司法实践相比，该条规定的局限性还是比较明显，即控股股东及实际控制人利用关联关系损害公司利益，同时也损害了其他股东利益，其他股东能否提起侵权之诉以对自己受损的权利予以救济？从该条款似乎难以得到肯定性的答案。这显然不利于对中小股东利益的保护，而按照侵权法的有关理论，当没有对此予以限制的理由。因此，笔者认为，可以将该条款作出相应的扩张解释，在有证据证明股东利益遭受损失时，利益受到损害的股东也可以直接提起诉讼，以约束控股股东和实际控制人及公司高管的行为。当然，在这种情况下，利益受损的股东也可以依据《公司法》第20条追究控股股东的责任。

第四节　董　事　会

一、董事会的概念和职权

(一)董事会的概念

董事会是依照法定程序产生的，由全体董事组成的行使经营决策和管理权的公司法定业务执行机关。董事会的这一概念，具有以下内涵：

第一，董事会是公司的业务执行机关。尽管股东是公司财产的终极所有人，股东会是公司的权力机关，但股东会的特点和弱点决定了股东会只能是公司的意思形成机关，股东会所作出的各项决议必须由董事会负责执行和实施。

第二，董事会是集体执行公司事务的机关。董事会是集体决策的合议机构，董事会成员行使权力一般采取集体行使的原则，通过召集和举行董事会会议的方式形成决议。

---

① 阎小龙：《公司治理中的利益冲突与平衡》，中南大学2003年博士学位论文，第73页。

第三，董事会是公司的业务决策和行政领导机关。董事会不仅仅是股东会之下的业务执行机关，它还有独立的决策权限和责任。特别是随着董事会权力的不断扩大和股东会职权的日渐削减，董事会已成为事实上的经营决策和领导机关。除法律和公司章程另有规定外，"公司的一切权力都应由董事会行使或由董事会授权行使，公司的一切活动和事务都应在董事会的指示下进行"（《美国示范商事公司法》第35条）。这样，一些原属于股东会决策的事项，决策权已转移于董事会；除法定的由股东会决议的事项外，董事会对公司的其他各项事务，均可作出决定。

第四，董事会是公司的法定的常设机关。在公司的各种机关中，董事会是一个必设机关。自公司成立时起，董事会作为公司一个机关就必不可少。虽然其作为会议体有开会、闭会、休会之分，其人员有选任和撤换之变动，但作为一个合法的机构始终存在，其成员的活动并不停止。

第五，董事会成员必须依法产生。传统公司法坚持董事会成员由公司股东会选举产生，但现代各国的公司立法及实践已完全突破了原有的理论模式，董事会成员除由股东会选任外，还有部分成员由公司的职工或债权人推举，甚至在必要时，法院也可能会应当事人的申请，指定董事会的临时成员。所以，我们现在不能简单地说："董事会是由股东会选举产生的公司的业务执行机关。"但无论公司董事如何产生，均必须依照法律的规定进行，且改变不了其应对股东会负责的法律地位。

（二）董事会的职权

作为公司的经营决策和业务执行机关，公司董事会享有广泛的职权。但各国公司法关于董事会职权的规定方式则有所不同。有的以列举的方式明确规定董事会的职权；有的则以排除法的方式，明确规定股东会的职权，除股东会的职权外，赋予董事会行使公司的一切日常管理、决策权；有的国家立法未对董事会职权作出明确规定，而将其赋予公司章程去规定。

目前，我国公司法采取列举的方式详细规定了公司董事会的职权。从《公司法》第46条、第108条第4款的规定来看，其主要包括以下职权：(1)负责召集股东会，并向股东会报告工作；(2)执行股东会决议；(3)决定公司的经营计划和投资方案；(4)制订公司的年度财务预算方案、决算方案；(5)制订公司的利润分配方案、弥补亏损方案；(6)制订增加或者减少注册资本的方案以及发行公司债券的方案；(7)制订公司合并、分立、解散的方案；(8)决定公司内部管理机构的设置；(9)决定聘任或者解聘公司经理及其报酬事项，并根据经理的提名决定聘任或者解聘公司副经理、财务负责人，决定其报酬事项；(10)制定公司的基本管理制度；(11)公司章程规定的其他职权。

我国《公司法》采取列举方式规定董事会的权限，其优点是一目了然，特别是在公司制尚未被人们真正了解的情况下，更是如此。但现代公司法一般注意避免采用列举方式规定董事会的权限，"一是法律难以通过列举而穷尽董事应有的权限；二是具体细节应该留给当事人在公司章程中予以规定，立法者没有必要去代替当事人设想可能面临的情况"。[①] 因此，学界普遍认为，随着公司运作的不断规范，在适当的时候，应考虑采用排

---

① 江平主编：《新编公司法教程》，法律出版社1994年版，第207页。

除法来规定董事会的权限，即除法律规定必须由股东会行使的职权外，其他权利都可交由董事会享有和行使。具体行使与否由公司章程自行规定，以增加公司经营的灵活性。而《公司法》在原来规定的职权的基础上新增"公司章程规定的其他职权"，也为公司董事会职权的灵活设置留下了一定的自治空间，这是一个值得肯定的进步。

二、董事会的组成

（一）董事会成员的人数、来源及产生方式

董事会为集体决策和合议机构，故各国公司法对董事会的人数均有规定。但世界各国公司立法对董事人数的规定不尽一致。董事人数的多寡一般取决于公司的业务管理、经营范围、规模以及公司类型的需要，过多过少都有弊端。董事会人数太少，容易形成独裁和专断，不利于民主决策和科学管理，对公司和股东都不利；董事会人数过多，则机构臃肿庞杂、职责不清、人浮于事，难以形成决议，削弱个人责任感。因此，各国公司法一般视公司类型的不同，对董事的人数作出较具弹性的规定。我国《公司法》第44条规定："有限责任公司设董事会，其成员为三人至十三人。"但规模较小或股东人数较少的有限责任公司也可以不设董事会，而只设1名执行董事。执行董事可以兼任公司经理。《公司法》第108条规定，股份有限公司董事会成员为5~19人。

董事会由符合条件的当选董事组成。根据《公司法》第44条、第67条、第108条、第122条的规定，公司董事会一般由股东会选举产生（国有独资公司的董事由国有资产监督管理机构委派），但国有独资公司以及两个以上的国有企业或者两个以上的其他国有投资主体投资设立的有限责任公司，其董事会成员中应当有公司职工代表；其他有限责任公司董事会成员中可以有公司职工代表。董事会中的职工代表由公司职工通过职工代表大会、职工大会或者其他形式民主选举产生。至于各部分董事在董事会中的比例，公司法未作具体规定。除此之外，股份有限公司的首届董事，在公司发起设立场合，由创立大会选任。在董事选任方法上各国公司法大多规定，董事选任得采用累积投票制。我国也作出了类似的规定。

根据《公司法》第44条、第109条的规定，董事会设董事长1人，可以设副董事长。有限责任公司的董事长、副董事长的产生办法由公司章程规定，但国有独资公司的董事长、副董事长由国有资产监督管理机构从董事会成员中指定；股份有限责任公司的董事长、副董事长由董事会以全体董事的过半数选举产生。

我国原《公司法》曾经规定，董事长为公司的法定代表人，对外代表公司，并主持董事会的日常工作，负责召集董事会和主持股东会。副董事长协助董事长工作，在因特殊原因，董事长不能履行职务时，可授权副董事长行使其职责。2005年在修改《公司法》时没有承继原来的规定。修改后的《公司法》虽然坚持了法定代表人制度，但废弃了董事长为公司唯一法定代表人的僵硬做法。该法第13条规定，公司法定代表人依照公司章程的规定，由董事长、执行董事或者经理担任，并依法登记，从而增加了该项制度的灵活性。此外，《公司法》仅明文规定董事长主要依法行使两项法定职权：即召集和主持董事会会议，检查董事会决议的实施情况，其他职权改由公司章程规定。

（二）董事的种类

董事为董事会的组成人员，是董事会职权的实际执行者。根据不同的标准，可以对董事作出不同的分类，常见的分类有：

1. 股东董事和职工董事

按照其所产生的渠道及所代表的利益不同，董事有股东董事和职工董事之分。由股东会选举产生的董事为股东董事，是最具一般意义的董事。股东董事可能具有股东身份也可能不具有股东身份。而职工董事则是指由职工代表大会、职工大会或者其他民主形式由职工选举产生的董事，职工董事是职工在公司董事会中的代表，应具有公司职工的身份。

2. 执行董事和非执行董事

以董事是否在任职的公司中担任董事以外的其他职务为标准，理论上可将董事分为执行董事和非执行董事。

执行董事（Executive Director），也称内部董事（Insider Director），是指在公司中除了董事职务之外还担任公司的经营管理等职务的董事。由于执行董事在公司中具体的经营管理等职务，执行董事融决策和执行双重身份于一体，对公司的信息掌握全面，既便于科学形成决策，也便于公司董事会决策的顺利执行，所以在实践中不少公司董事成员同时兼任公司的经理等职务。但由于执行董事的双重身份，使他们和公司的经营管理之间具有直接的利害关系，其行为不可避免地缺乏独立性和客观性。为在公司董事会与管理层之间形成有效的监督与制约机制，通常董事会中还需要有一定比例的非执行董事。非执行董事（Non-executive Director），是指公司中除了董事职务之外不再同时担任公司其他职务的董事。他们通过参加董事会会议、审议董事会议案行使自己的权利，没有管理公司的执行职能。非执行董事通常是兼职董事，在公司之外另有自己的事务，所以又称外部董事（Outsider Director）。

3. 独立董事和非独立董事

这是依据董事与公司利益的关联程度不同而作出的划分。

独立董事（Independent Director）意指那些独立于公司管理层、与公司没有任何可能严重影响其作出独立判断之交易或关系等情形存在的董事。反之，即为非独立董事（Non-independent Director）。独立性是独立董事的根本特征。为确保独立，独立董事不能担任公司执行职务以独立于管理层，因此，在许多场合，独立董事又被称为非执行董事（Non-executive Director）和外部董事（Outsider Director）。但实际上二者之间仍有一定的差别。正如有学者所分析的，"非执行"主要是指不从事公司日常经营管理；"外部"则强调与公司关系的疏密程度。但"非执行"和"外部"只是保证"独立"的形式，并不必然代表着"独立"。单就外部董事而言，就存在着有关联关系的外部董事和无关联关系的外部董事。前者尽管在公司中不担任执行职务，但与公司有实质性利害关系，如是公司的大股东或者是公司高管的亲朋好友、公司供应商的总裁等。在此情况下，尽管其是非执行董事，但不能称为独立董事，而只有无关联关系的外部董事才有可能成为真正意义上的独立董事。也就是说，独立董事的"独立"，除了有形式要件的含义，即就职务而言除担任公司的董事外，不得担任其他有利益冲突关系的职务，还包含有实质要件的含义，即能够在不受其他董事的控制或影响的情况下对公司决策和有关事务作出独立判断并发表独立的意见。因此，

"独立"较非执行及外部，不仅含义更为宽泛，标准也更为严格。①

此外，在允许法人董事存在的国家和地区，董事依据身份的不同，还可以划分为自然人董事和法人董事。近年来，国外还出现了"代表董事"（Constituency Director）的概念，即由特定的选民（股东）选举产生并对选举其的股东承担责任的不同类别的董事。代表董事的出现将对传统的董事义务理论提出严峻挑战，不同类别的董事之间因其所代表的"选民"利益诉求的不一致而导致行为选择的差异性在所难免，传统的信义义务规则需要根据董事角色的这种嬗变而作出必要的调整和改造。②

（三）上市公司独立董事制度

独立董事制度起源于美国1940年《投资公司法》，其目的是为了解决由于缺乏独立的监督机构而造成的管理层擅权、治理结构扭曲等问题，后为绝大多数的英美法系国家所采用。纽约证券交易所等主要证券交易中心也将设立独立董事作为公司上市的基本条件，要求独立董事所发表的意见须在董事会决议中列明；公司关联交易必须经独立董事签字后方能生效等。这些要求对于独立董事制度在全球的推广起到了积极的推动作用。目前，日本、法国等不少大陆法系国家的公司立法和实践也引入了独立董事制度，OECD等国际组织也颁布了涉及独立董事制度的公司治理结构改革的报告、原则、准则，独立董事所发挥的特殊作用已经为越来越多的国家所认识。

我国公司法原无独立董事制度，但上市公司长期存在着严重的内部人控制问题，极大地降低了公司治理绩效，严重制约了资本市场的发展。为解决公司治理中存在的问题，证监会开始考虑移植独立董事制度。1997年证监会发布的《上市公司章程指引》允许上市公司根据需要设立独立董事制度，但因其非强制性，实践中很少采用。国家经贸委与中国证监会1999年联合发布的《关于进一步促进境外上市公司规范运作和深化改革的意见》率先在海外上市公司中强制推行独立董事制度；在此基础上，中国证监会又于2001年8月发布了《关于在上市公司建立独立董事的指导意见》（以下简称《意见》），开始在上市公司全面推行独立董事制度。按照其规定，独立董事应为上市公司必设，并在2003年6月30日前，上市公司董事会成员中应当至少包括1/3的独立董事，而且至少应包括1名具有高级职称或注册会计师资格的会计专业人士。如果上市公司董事会下设薪酬、审计、提名等委员会的，独立董事应当在委员会成员中占有1/2以上的比例。

《意见》还对董事与公司存在的使其不能担任独立董事的"重要关系"进行了详细界定，具体包括：（1）在上市公司或者其附属企业任职的人员及其直系亲属、兄弟姐妹、岳父母、儿媳女婿、兄弟姐妹的配偶、配偶的兄弟姐妹；（2）直接或间接持有上市公司已发行股份5%以上的股东单位或者在上市公司前五名股东单位任职的人员及其直系亲属；（3）最近一年曾经具有前三项所列举情形的人员；（4）为上市公司或者其附属企业提供财务、法律、咨询等服务的人员或在相关机构中任职的人员；（5）公司章程规定的其他人员；（6）中国证监会认定的其他人员。

---

① 周友苏著：《公司法通论》，四川人民出版社2003年版，第541页。

② 林少伟：《董事异质化对传统董事义务规则的冲击及其法律应对——以代表董事为研究视角》，载《中外法学》2015年第3期。

为了使独立董事更好地发挥作用，《意见》赋予了独立董事特别的职权，包括：（1）对重大关联交易的事前认可权。上市公司拟与关联人达成的总额高于300万元或高于上市公司最近经审计净资产值的5%的关联交易，应由独立董事认可后，提交董事会讨论；独立董事作出判断前，可以聘请中介机构出具独立财务顾问报告，作为其判断依据。（2）提议权。独立董事对以下事项享有提议权：①向董事会提议聘用或聘请会计师事务所；②向董事会提请召开临时股东大会；③提议召开董事会。（3）独立决定权。独立董事可以独立决定聘请外部审计机构。（4）征集投票权。独立董事可以在股东大会召开前公开向股东征集投票权。（5）独立发表意见权。独立董事在一些重大事项上还应当向董事会或股东大会发表独立意见，这些事项包括：①提名任免董事，聘任或解聘高级管理人员；②公司董事、高级管理人员的薪酬；③上市公司的股东、实际控制人及其关联企业对上市公司现有或新发生的总额高于300万元或高于上市公司最近经审计净资产值的5%的借贷或其他资金往来，以及公司是否采取有效措施回收欠款；④独立董事认为可能损害中小股东权益的事项；⑤公司章程规定的其他事项。《意见》还对独立董事的产生方式、任期、报酬、工作条件等作了相应规定，这一切对推动独立董事制度起到了积极作用。

2002年1月中国证监会与国家经贸委联合发布了《上市公司治理准则》，专节规定了独立董事制度。《上市公司治理准则》第49条规定，上市公司应按照有关规定建立独立董事制度，独立董事应独立于所受聘的公司及其主要股东，独立董事不得在上市公司担任除独立董事外的其他任何职务。第50条规定，独立董事对公司及全体股东负有诚信与勤勉义务。独立董事应按照相关法律、法规、公司章程的要求，认真履行职责，维护公司整体利益，尤其要关注中小股东的合法权益不受损害。独立董事应独立履行职责，不受公司主要股东、实际控制人，以及其他与上市公司存在利害关系的单位或个人的影响。第52条规定，上市公司设立审计委员会、提名委员会、薪酬与考核委员会等专业委员会的，上述专业委员会中独立董事应占多数并担任召集人，审计委员会中至少应有1名独立董事是会计专业人士。至此，独立董事制度在上市公司中得以全面推行。

由于独立董事制度和监事会制度是英美法系和大陆法系两种不同的公司治理模式下所产生的制度，二者在各自的体制范围内各有其优缺点，在我国已经采取了监事会模式的情况下，独立董事的定位及其与监事会之间的关系问题就成为困扰大家的一个难题。独立董事制度是否需要在公司法中加以规定，是仅仅作为一种特殊制度有条件地存在于上市公司还是在所有的公司类型中都予以推广，一时成为大家争执不下的问题。学界比较普遍的看法是，鉴于中国的法律文化传统，我们没有必要用独立董事制度取代监事会制度，但鉴于上市公司的特殊情况及独立董事在上市公司实践中的作用，在上市公司中可以全面推行独立董事制度，至于有限责任公司和非上市公司的股份有限公司则没必要强制推行，由公司自由决定是否设立，否则确实会导致叠床架屋，造成资源浪费，导致公司治理的低效。该意见在《公司法》修订时最终被接纳。修订后的《公司法》第122条规定："上市公司设立独立董事，具体办法由国务院规定。"该规定为我国继续探索上市公司独立董事制度，尤其是与监事会的关系留下了制度空间。①

---

① 《公司法》修改过程中关于独立董事条款的争论情况，可参见范健、王建文著：《公司法》，法律出版社2006年版，第338～339页。

当然，独立董事制度移植于英美国家，因此如何使其与我国已有的公司治理模式相适应，如何使其真正发挥作用，还有许多问题值得更深一步的探讨。笔者认为，独立董事制度的建立对制衡公司高级管理层的权力会产生一定的积极效果，但在公司股权结构不做根本性调整的情况下，对独立董事制度的期望值不能过高，单纯依靠一个独立董事制度来彻底解决上市公司所有权与经营权分离所产生的"代理问题"及中小股东权益保护问题是不现实的。上市公司治理的改善不仅依赖于监督机制的建立，激励与约束机制的完善也十分重要，而上市公司股权结构的优化则更具有现实意义。上市公司独立董事制度本身也需要在任免机制、工作条件等方面予以进一步的改进和完善，唯如此，独立董事制度才不至于形同虚设。

（四）董事的任期与免职

董事经过法定程序产生后，即开始行使职权，关于董事的任期，各国规定不一，短者1~2年，长者5~6年。我国《公司法》第45条规定，董事任期由公司章程规定，但每届任期不得超过3年。董事任期届满，连选可以连任。董事任期届满未及时改选，或者董事在任期内辞职导致董事会成员低于法定人数的，在改选出的董事就任前，原董事仍应当依照法律、行政法规和公司章程的规定，履行董事职务。

关于董事的免职，我国原《公司法》规定，董事在任职届满前，股东会不得无故解除其职务，这一规定存在很多问题：首先，原《公司法》规定的"无故"比较笼统模糊，在实践中难以把握，对董事的故意或过失难以形成统一标准，不利于法律的执行；其次，选举和更换董事本是股东会的法定职权，对于其认为不合格继续担任董事职务者，有权力予以撤换，而不必究其原因，股东会可无因解除董事职务是国际惯例；再者，无因解除董事职务，对董事也不见得就不合理。因为被解除职务的董事，若在执行职务中没有过错，可以根据聘任合同的规定，要求公司承担违约责任，以弥补其被解除职务所造成的损失。最后，尽管《公司法》的该项规定的目的是想保证公司经营权的独立，但通过强行法的形式加以规定，无疑不当干预了公司自治，有违公司自治的理念。因而，修改后的《公司法》删除了这一规定，这体现了公司立法理念的进步。

三、董事会会议

（一）董事会议的种类

董事会也为会议体机构，主要通过参加董事会会议并参与表决的方式行使权利。与股东会的分类相一致，董事会会议也可分为普通会议和特别会议。根据《公司法》第48条的规定，这两类董事会会议的议事方式和表决程序，除法律有规定的外，均应由公司章程规定。

普通会议是公司章程规定的固定时间定期召开的董事会，也称董事会例会。普通会议召开的频率由公司章程规定，可以一年一次也可以半年一次，甚至更多。随着董事会地位的提升，董事会例会的间隔时间呈现出不断缩短的趋势。我国《公司法》未对有限责任公司董事会会议召开的次数予以规定，但要求股份有限公司董事会会议每年必须召开两次。

特别会议，也即临时会议，是不定期的，于必要时召开的董事会会议。我国《公司法》第110条规定，股份有限公司代表1/10以上表决权的股东、1/3以上董事或者监事会，可以提议召开董事会临时会议。董事长应当自接到提议后10日内，召集和主持董事会会议。修改后的《公司法》虽然删除了原《公司法》关于"有限责任公司1/3以上董事可以提议召开会议"的规定，但依照《公司法》规定的精神，无论有限责任公司还是股份有限公司，召开临时董事会会议的事项均可以在公司章程中进行规定，实际上公司在此问题上拥有很大的自治空间。

（二）会议的召集和主持

董事会会议由董事长召集和主持，如果董事长不能履行职务或者不履行职务的，由副董事长召集和主持；副董事长不能履行职务或者不履行职务的，由半数以上的董事共同推举一名董事召集和主持。

对于董事会召集的期限和程序，在实践中，公司一般的做法是，于会议召开的一定时间之前向全体董事发出书面通知，以保证董事能准时到会，但董事会毕竟不同于股东会，作为决策机构，面对瞬息万变的经济情况往往需要及时作出决策，所以不宜通过立法作出硬性规定。也正因为此，现行《公司法》删除了原《公司法》中关于有限责任公司召开董事会应当于会议召开10日前通知全体董事的规定，以与国际惯例接轨，但仍保留了对股份有限公司董事会召集期限的规定。《公司法》第110条规定，每次普通会议应当于会议召开10日前通知全体董事和监事。临时会议的召开，董事长应当自接到提议后10日内，召集和主持董事会会议。董事会召开临时会议，可以另定召集董事会的通知方式和通知时限。

（三）董事会会议的法定人数

为体现民主决策，董事会会议形成有效决议，必须达到法律规定的出席董事会会议的法定人数。我国《公司法》没有规定有限责任公司董事会会议的法定人数，即授权公司章程规定，但明确规定，股份有限公司董事会会议应有过半数的董事出席方可举行。董事会会议，原则上应由董事本人出席，这是由董事的身份决定的，也是其勤勉义务决定的，即不得无故缺席；董事因故不能出席，可以书面委托其他董事代为出席，委托书中应载明授权范围。

（四）董事会会议决议

一般说来，董事会的决议也可分为普通决议和特别决议两种。无论是普通决议还是特别决议，要取得法律效力，首先要内容合法，即符合法律和公司章程的规定，此外，形式上也要合法。值得注意的是，上述两种决议均与股东会的决议不同，它以董事的"人数"为计算出席及决议的标准，而不是以董事持有的股份或出资额为计算出席及决议的依据。对于一般事项的决议，只须符合法定出席董事的简单多数同意，即可通过；对于特别事项的特别决议，往往要求有2/3董事出席并经出席董事过半数同意方能形成。至于哪些事项属于特别决议事项，一般由公司章程确定。

董事会通过决议实行的是一人一票制，即每一名董事对所需决议的事项有一票表决权。为了确保董事会决议的公正，各国公司法或公司章程一般都规定，凡涉及董事自身利益的事项，该董事不得参加表决，也不得代理他人进行表决，此为表决权回避。我国《公司法》也规定了上市公司关联交易的表决权回避制度。该法第124条规定，上市公司董事与董事会会议决议事项所涉及的企业有关联关系的，不得对该项决议行使表决权，也不得代理其他董事行使表决权。该董事会会议由过半数的无关联关系董事出席即可举行，董事会会议所作决议须经无关联关系董事过半数通过。出席董事会的无关联关系董事人数不足

3 人的，应将该事项提交上市公司股东大会审议。

　　董事会应当对会议所议事项的决定做成会议记录，出席会议的董事应当在会议记录上签名。董事会决议存在瑕疵的，可以导致决议无效或被撤销，其处理规则等同于股东会决议瑕疵。此外，《公司法》第 112 条明确规定，董事应当对董事会的决议承担责任。董事会的决议违反法律、行政法规或者公司章程、股东大会决议，致使公司遭受严重损失的，参与决议的董事对公司负赔偿责任。但经证明在表决时曾表明异议并记载于会议记录的，该董事可以免除责任。

第五节　监　事　会

一、监事会的概念和职权

(一) 监事会的概念

　　各国公司法对监事会这一机构的称谓不同。有的称监事会，有的称监察委员会，也有的称会计监察人或监察人。尽管称谓不同，但其实质并无差别。监事会就其性质而言，是对公司董事和经理的经营管理活动进行监督的常设监督机构。

　　监事会与公司其他机构相比，在各国公司法中差别最大，变化也最大，且因公司类型而异。在不少国家和地区，有限责任公司的监事会为公司任意机关，公司可设监察人也可不设。公司立法对资本数额较小或职工人数较少的小型公司监事会的设置与否原则上不加以干预，对资本达到一定数额、职工人数达到一定规模的，则规定必须设置监事会。在股份有限公司中，公司立法对监事会的设置与否差异也非常大，主要有英美模式、德国模式、日本模式和法国模式等。在实行单层委员会制的英美等国，在股东会下只设董事会而不设监事会，其监督职能由董事会兼任，如美国董事会中的外部董事，尤其是独立董事承担了监督职能，特别是上市公司下设的内部审计委员会，其成员全部由独立董事组成，是专职的监督机构。实行双层委员会制的德国等国，在股东会下设管理委员会(董事会)和监督委员会(监事会)，由监督委员会对管理委员会的活动进行监督，但其不仅享有监督权还享有对管理层的人事任免权和一定范围的决策权，所以有人认为德国模式下的监事会与英美国家下的董事会非常类似。在日韩等国，董事会和监事会并列设置，监事会专司监督职能，二者地位平等，均为法定机构，对股东会负责。法国则对监事会的设置采取灵活态度，设置与否由公司章程确定。我国的公司监事会制度基本上沿用了大陆法系国家的模式，监事会是股份有限公司的法定必设机构，是公司监督机关，有限责任公司则视其经营规模和股东人数多寡决定是设立监事会还是不设监事会只设一至两名监事。在职能上我国的监事会更接近于日本。

　　就我国公司法的规定来看，监事会具有以下几个特点：

　　1. 监事会是由依法产生的监事组成的监督机构

　　监事会成员一般由股东会选举产生，但有的国家的公司法规定，监事会也有其他的产生途径。我国《公司法》吸收了德国等国家所推行的职工参与制，规定监事会由股东代表和适当比例的职工代表组成，监事会中职工代表由公司职工民主选举产生。就监事会的性质而言，是对公司事务进行监督的机关，其职能包括对公司董事、经理的经营行为进行监督和对公司财务进行监督。

2. 监事会是公司的常设机构

监事会是公司的常设机构，在公司成立时就存在，并伴随公司的整个生命过程，也不因监事会成员的变动而存废。在监事会闭会期间，监事个人可以独立行使职权。

3. 监事个人与监事会并列行使监督职权

监督机构不同于决策机构。作为集体决策机构的董事会，强调决策的程序和民主，因此其采取的是一种集体议事、少数服从多数的决策原则，需要形成统一意志。而作为监督机构的监事会，其职责是尽量发现、制止和纠正公司中的违法和不当行为，维护公司和股东的利益。为了充分掌握公司信息，更好地发挥其监督职能，公司法通常赋予监事个人独立、平等的监督检查权。我国公司法所规定的监督检查主体同样是监事会以及监事。

(二) 监事会的职权

对监事会的职权，各国的规定也不相同。有的权限广泛，有的则职权有限；有的规定详细而明确，有的规定则粗疏而模糊。西方国家的实践已充分表明：制度健全、权限广泛者，能收到实效；权限较小且规定不严者，则难有监督之实。强化监事会的地位，扩大监事会的权限，为我国公司法修改、完善的重点。修改后的《公司法》扩大了原《公司法》监事会的职权，除保留原《公司法》中的检查财务、对董事、经理执行公司职务时违反法律、法规或者公司章程的行为进行监督、当董事、经理的行为损害公司利益时要求其予以纠正、提议召开临时股东会以及列席董事会会议等职权外，新增或强化了以下内容：股东会的召集和主持权、代表公司提起诉讼权、股东会提案权、对董事会决议事项提出质询或者建议权、公司经营情况异常时的业务调查权及聘请会计师事务所等协助其工作的权利。这些新规定赋予监事和监事会更大的权力，有助于改变现实生活中监事会职能虚化而导致的监事会虚设问题。[①]

根据《公司法》的规定，监事会可以行使以下职权：

1. 财务监督权

财务监督权是各国监事会普遍拥有的权力，也是监事会最为基本的权利。我国《公司法》第53条规定监事会"有权检查公司财务"，说明立法赋予了监事会财务监督权。但此规定仍过于笼统，具体如何行使财务监督权、行使范围如何，依然缺乏明确的规定，故仍有可能对监事会履行财务监督职能造成一定的困难。

2. 业务监督权

业务监督权主要是对公司的业务执行情况进行监督的权利，是监事会最为核心的权

---

① 实践中，我国公司的监事会普遍存在的问题在于：地位低下、资源匮乏；职工监事制度徒具其形；监事缺乏适当的考核与激励机制；与独立董事关系不清，叠床架屋；受制于高管或控股股东。在《公司法》将迎来下一轮修订之际，监事会的存废改进理应引起同仁们的重视，而更关键的前提是去除以往的遗失和迷失，为中国式监事会探寻一个相对清晰、符合国情的定位。参见郭秀：《中国式监事会：安于何处，去向何方？——国际比较视野下的再审思》，载《比较法研究》2016年第2期。

利。我国《公司法》规定监事会有权"对董事、高级管理人员执行公司职务的行为进行监督"，该规定赋予了监事会业务监督权，并将业务监督的监督对象扩大到公司的所有高级管理人员。与此同时，《公司法》还进一步规定了业务监督权的行使方式和途径，即"对违反法律、行政法规、公司章程或者股东会决议的董事、高级管理人员提出罢免的建议"，"当董事、高级管理人员的行为损害公司的利益时，要求董事、高级管理人员予以纠正"，以及"当公司的董事、高级管理人员执行职务时违反法律、行政法规、公司章程的规定，给公司造成损失时，向人民法院提起诉讼"等。监督对象的扩大和一系列监督途径和方式的规定是对修改前《公司法》的巨大完善。修改前《公司法》第 54 条仅规定：监事会有权"对董事、经理执行公司职务时违反法律、行政法规或者公司章程的行为进行监督"，虽然也规定了"当董事、高级管理人员的行为损害公司的利益时，要求董事、经理予以纠正"，但监督对象仅限于董事、经理，且缺乏起诉权等这样一些强有力的方式，以至于监事会的业务监督权行使力度不够。

3. 临时股东会会议召集权

根据《公司法》第 53 条的规定，监事会有权"提议召开临时股东会会议，在董事会不履行本法规定的召集和主持股东会会议职责时召集和主持股东会会议"。由此可见，《公司法》不仅赋予了监事会临时股东会会议的提议召集权，也规定了特定情况下的直接召集和主持权，以弥补提议召集权因管理层阻挠而无法实现的问题，从而有利于监事会通过召集临时股东会对董事及高级管理人员形成制约。

4. 提案权

监事会的提案权是指监事会成员参加股东会会议并在会议上提出提案的权利。《公司法》第 53 条规定监事会有权"向股东会会议提出提案"，这是我国公司立法的一大进步。提案权的行使有利于监事会职能的发挥。

5. 列席董事会会议及陈述意见权

《公司法》第 54 条规定，监事可以"列席董事会会议，并对董事会决议事项提出质询或者建议"。该条规定不仅赋予监事列席董事会会议的权利，而且明确规定监事有权对董事会会议决议事项提出质询或者建议，从而有利于监事会监督功能的发挥。

6. 调查权

调查权，是监事会客观、准确了解公司经营真相，正确行使监督业务监督和财务监督的一项重要职权，但我国原来的公司立法中并没有相应的规定，因而该项职权也是《公司法》新增的一项监事会职权。《公司法》第 54 条规定，监事会及其成员"发现公司经营情况异常，可以进行调查"，由此明确赋予了监事会特定情形下的业务调查权，《公司法》还进一步规定："必要时，可以聘请会计师事务所等协助其工作，费用由公司承担。"此外，《公司法》第 56 条进一步强调："监事会、不设监事会的公司的监事行使职权所必需的费用，由公司承担。"调查权的行使及经费的保障更有助于监事会行使其对公司的业务监督权和财务监督权。

7. 公司章程规定的其他职权

监事会的职权可以分为法定职权和章定职权。我国《公司法》于 2005 年时修订的最大突破就是在立法理念上的突破，赋予了公司，尤其是有限责任公司更大的自治空间。因此，在公司治理结构，包括公司监事会职权的设定上，公司也可以根据自身的实际情形，对公司监事会的职权作出灵活安排，以更好地发挥公司监事会的功能，改善公司的治理结构。

监事会职权的充分行使对于完善公司治理结构，提高公司的运行绩效，保护股东的合法权益均有十分重要的意义。在我国公司实践中，监事会的意义并没有得到充分认识，监事会形骸化的问题一直比较突出。与国外相关立法和实践相比，监事会地位不高，职权不够充分的问题还依然存在，因此进一步总结公司实践，完善立法还是很有必要的。① 但监事会制度制度功能的发挥还有赖于人们对监事会制度本身认识的不断提升，因而是一个复杂、艰巨而又系统的课题。

二、监事会的组成

监事会的组成包括监事会的人数、监事会的成员结构和监事会的负责人等内容。

关于监事会的人数，一般视公司的股本规模、职工人数而定。大多数国家对监事会的人数未作上限规定，授权公司根据具体情况以章程确定。我国《公司法》规定，股份有限公司以及规模较大或股东人数较多的有限责任公司均应设立监事会，其成员不得少于3人。股东人数较少或规模较小的有限责任公司可以不设监事会，只设1~2名监事。

关于监事会的成员结构，经历了一个演变过程。在早期公司的立法和公司实践中，监事会成员通常是在有行为能力的公司股东中选任，结构相对比较单一。但随着社会经济的发展，特别是职工地位的不断提升，为了增强公司的凝聚力同时也出于缓和劳资矛盾的需要，西方国家开始考虑职工参与公司监督管理问题。20世纪由德国首创的"职工参与制"在欧洲大陆产生了较大的影响，不少国家通过立法要求具有一定规模或者拥有一定人数的公司的监事会成员中应有一定比例的职工代表。顺应这一历史潮流，我国《公司法》第51条规定："监事会应当包括股东代表和适当比例的公司职工代表，其中职工代表的比例不得低于三分之一，具体比例由公司章程规定。监事会中的职工代表由公司职工通过职工代表大会、职工大会或者其他形式民主选举产生。"因此，我国的监事会应当由股东选任的股东监事和由职工民主选举产生的职工监事两类成员构成。值得注意的是，《公司法》规定了监事会中职工代表的最低比例，从而保证了监事会中职工代表的最低人数。

尽管监事会在行使职责时不同于董事会，监事个人与监事会集体可以并行行使监督权，但监事会作为一个集合体，应有负责人，以便于会议的召集、主持及监督权的行使。为此，《公司法》增加了关于监事会负责人的规定。《公司法》第117条第3款规定，监事会设主席一人，可以设副主席。监事会主席和副主席由全体监事过半数选举产生。监事会主席召集和主持监事会会议；监事会主席不能履行职务或者不履行职务的，由监事会副主席召集和主持监事会会议；监事会副主席不能履行职务或者不履行职务的，由半数以上监事共同推举一名监事召集和主持监事会会议。《公司法》的这些规定将有助于增强公司监

① 学理上一个争论不休的问题是监事会与独立董事的关系如何处理。代表性研究成果可参见龙卫球、李清池：《公司内部治理机制的改进："董事会—监事会"二元模式的调整》，载《比较法研究》2005年第6期。

事会功能。此条虽然是对股份有限公司的规定，但对于设有监事会的有限责任公司应该也可以适用。

监事应由自然人担任，一般由股东会选举产生和免任，但职工监事则应由职工民主选举产生，也应当由职工民主决定其去留，股东会无权解任职工监事。监事会的成员须具备一定的任职资格。除了须具备一定的财务知识、法律知识，以及为人正直、坚持原则等积极资格外，立法对董事、经理等高层管理人员任职资格的要求同样适用于监事。为保证监事的独立，各国立法还禁止公司董事、经理及财务负责人兼任公司的监事（对于具体的任职资格，我们将在本章第七节中集中讨论）。

关于监事的任期，我国公司法也设有具体规定。《公司法》第 52 条规定，监事的任期每届为 3 年。监事任期届满，连选可以连任。监事任期届满未及时改选，或者监事在任期内辞职导致监事会成员低于法定人数的，在改选出的监事就任前，原监事仍应当依照法律、行政法规和公司章程的规定，履行监事职务。①

三、监事会会议

从国外的公司立法来看，对有限责任公司监事会的议事规则，包括会议的召集和主持一般均很少作出规定，多授权公司章程作出安排，但考虑到股份有限公司的特殊性，为了健全公司治理机构，完善公司的制衡机制，很多国家立法（如《德国股份公司法》）就对股份有限公司的监事会召集、主持、议事及表决等作出了详尽的规定。我国原《公司法》对监事会会议的议事规则，基本上没有规定，在《公司法》于 2005 年修订时，针对股份公司的客观需要，对其监事会的召集、主持、决议通过的原则、会议记录以及会议召开的次数等也都作了比较明确的规定。

（一）召集与主持

依据《公司法》第 117 条的规定，监事会会议由监事会主席召集和主持；监事会主席不能履行职务或者不履行职务的，由监事会副主席召集和主持监事会会议；监事会副主席不能履行职务或者不履行职务的，由半数以上监事共同推举一名监事召集和主持监事会会议。即依次确立了监事会主席、副主席以及合法推举的监事的监事会会议召集与主持制度。

（二）会议次数

根据《公司法》第 55 条和第 119 条的规定，有限责任公司监事会每年至少召开一次会议；股份有限公司监事会至少每 6 个月召开一次，即每年至少召开两次。此外，监事可以提议召开临时监事会会议。

---

① 对于监事的任期长短及监事可否连选连任问题，国外曾有过积极的探讨。早期的公司立法基本上很少予以考虑。后来在实践中发现，与董事任期相同，且可以连选连任，很难保证公司监督机构的独立，容易使公司内部监督与被监督的关系扭曲，甚至导致公司董事与监事互相勾结，营私舞弊，为此，不少国家着手对公司监事任期和连任问题作出调整或施加限制。其具体做法是，一是将董事与监事的任期长短作出不同的规定，使监事与董事换届不在同一时段进行，使一届董事能受到两届监事会的监督，从而提高监事会及监事的独立性；二是废除连选连任制，以避免监事连任带来的弊端。这些改革措施值得我们借鉴。

（三）会议决议通过原则

根据《公司法》第55条和第119条的规定，监事会决议应当经半数以上监事通过。即采取的是多数决原则。

（四）会议记录

《公司法》要求，监事会应当对所议事项的决定作成会议记录，出席会议的监事应当在会议记录上签名。

上述规定弥补了我国原《公司法》在监事会制度上的大量空白，对于扭转监事会制度乏力的局面将会起到一定的积极作用。

第六节　经　　理

一、经理的概念和内涵

"经理"一词尽管尽人皆知，却人言人殊。据查，该此词最早产生于19世纪，当时最直接的含义是"经营、料理"，主要职责就是通过为他人进行料理财产，实现资产的增值及利润的增加，并以此获取报酬。在现代汉语中，经理就是"经营管理"之义。单在法学意义上，经理的表述和含义也有很大的不同。在大陆法系国家，采取民商合一立法例的国家多在民法典中对经理加以规定，如《意大利民法典》第2203条将经理定义为："接受企业主的委托经营商业企业的人"；在采取民商分立立法例的国家和地区，多在商法典中对经理加以界定。如《日本商法典》中规定经理属于"商业使用人"范畴，与商人有别，他是"给予代替营业主而行使营业中一切裁判上和裁判外行为权限的雇佣人"。《澳门商法典》第64条第1款则规定："经理系指商业企业主委托以经营企业之人，该委托得按商业习惯以任何职务名称为之。"针对两种立法体例在表述及规定上的差异，有学者分析指出，民商合一的国家主要是从契约法的角度解析经理和商人的关系，强调的是一种契约关系；而民商分立的国家则从人法的角度将经理和商人分开，强调的是一种身份关系。这种表述差异的背后隐含着价值理念的差异：前者将经理置于契约当事人的地位，侧重于任意规范，赋予经理以契约上的权利；后者对经理地位的安排则更多地侧重于强制性规范，以满足经理权的保障。[1] 在英美法上，"经理"一词在判例法中相对应的是"Manager"，意指一个被选任用以经营指导或管理他人或公司及其分支机构事务的人，而在成文法中，"经理"一词往往被包含在"高级职员"（Officer）这一概念中，对具体执行董事会的决策，并负责公司的日常经营管理的人统称为"高级职员"，包括总裁、副总裁、财务主管、董事会秘书等，对经理则缺乏具体的规定，经理的地位与职权需要通过公司章程才能确定。[2] 尽管立法上表述不同，对经理范围的理解也各有差异，但有一个共同点，即"经理"是法律允许创设的，为企业的需要运用其特有的技能、管理经验、知识或专长去实现企业目的或意志的人。

---

① 王保树、钱玉林：《经理法律地位之比较研究》，载《法学评论》2002年第2期。

② 范健、王建文著：《公司法》，法律出版社2006年版，第346页。

我国目前公司法学界普遍认为，经理是指由董事会聘任的、负责组织日常经营管理活动的公司辅助业务执行机关。事实上，"经理"一词在现实生活中有两个方面的含义。从抽象意义上说，是公司中的"职位"，从具体意义上讲则是指"经理"这个具体职位的担当者，即经理人。我国目前公司法学界主要从公司职位这个角度，来解读"经理"这一概念。应该说，在公司发展的早期阶段，更偏重的是后者。因为在早期阶段，经理人并非一个法定机构，而是受公司委托处理公司特定事务之受托人，主要是靠当事人之间的委任契约加以调整，后来随着企业经营的日益专业化，辅助董事会业务执行的经理机构才应运而生，而且逐步呈现出独立的趋势。因此，结合我国的公司立法规定，我们认为，所谓经理，也称经理人，是指依照公司法或公司章程规定，由公司董事会选任的、负责组织日常经营管理活动的公司辅助业务执行机关及其成员，也即公司经理包含公司高级雇员和公司机关双重法律地位。

　　首先，公司经理是公司雇员。从公司经理个人与公司的关系看，公司经理是公司的高级雇员。公司是以资本为主导的现代企业的典型形式。经理受聘于公司，属于公司的雇员，其雇员地位为各国公司法所认可，如英国公司法规定，董事、经理、秘书等担任公司一定职务的人均是公司的雇员。①《美国示范商事公司法》1.40 小节则规定："雇员包含高级职员但不含董事，一个董事可以承担一种责任使他也成为一个雇员。"经理与公司的关系源自于雇佣关系，被雇佣是经理履行其职能的前提，公司经理一般由董事会聘任，他与董事会和公司的关系属于聘任关系，也属于广义上的雇佣关系。但与一般的雇工不同，其属于公司的高级管理人员，主要从事公司的经营管理工作。在我国，经理属于公司高级职员中的一种，根据《公司法》第 216 条的规定，公司的财务负责人、董事会秘书或章程规定的其他人员均属于公司高级管理人员的范畴。

　　其次，公司经理是公司的机关。公司机关是对内行使职权，对外代表公司从事经营活动的个人或集体。根据英美公司法中的公司机关理论，公司某些代理人的行为和意思被看做公司的行为和意思，即在效果上将这些代理人看做是公司机关的有机组成部分。② 在一些国家(如德国、奥地利、瑞士等国)的司法实践中，根据公司法而行使法人职权的人或者根据公司章程被直接或者间接任命从事某种工作的人，也具有机关的资格。③ 公司经理在公司中所享有权力的大小决定了其在公司中的身份和地位。现代公司的发展以及经理权的相关立法和实践使经理权在很大程度上得以扩张。这种扩张趋势使经理人的公司法人机关地位不断得以巩固和加强。公司经理在公司中究竟属于哪类机关取决于实际中经理具体享有的权力的大小。无论在理论上还是在立法上，都存在三种模式：一是公司经理是董事会的辅助。经理由董事会任免，执行董事会决议，并对董事会报告，经理辅助董事会业务执行并隶属于董事会。二是公司经理是公司的常设业务执行机关。立法确立董事会为公司的常设权力机关，经理为公司的业务执行机关，公司的经营决策权归董事会，董事会和经理共同行使公司的经营管理权。三是公司经理为公司的经营管理机关，董事会专司监督之

　　① [英]R. E. J. 佩林斯、A. 杰弗里斯著：《英国公司法》，上海翻译出版公司 1984 年版，第 438 页。

　　② L. C. B. Gower, Gower's Principles of Modern Company Law, 4th. Ed., Sweet & Maxwell, 1979, p. 205.

　　③ 佟柔主编：《中国民法学·民法总则》，中国公安大学出版社 1992 年版，第 163 页。

责，并对法律或章程所注明的特定事项进行决策，公司的经营决策和业务执行均由公司经理统一行使。就我国《公司法》的规定来看，公司经理在性质上属于公司董事会的辅助业务执行机关。

二、经理机关的设置

公司设置经理的目的是为了辅助业务执行机构执行业务，因此在传统公司法理论中经理被认为是公司的商业辅助人，有无必要设置经理机构完全由公司视自身情况由公司章程决定，法律并不做强制性规定。我国原公司法曾将经理作为公司的必设机关，且职权法定。这种无视公司不同类型的强制性规定，有违企业自治的原则。修改后的《公司法》规定有限责任公司是否设经理，由公司自行决定，从而经理成为有限责任公司的一个任意机关，而股份有限公司则必须设立经理，即经理为股份有限公司的法定必设机关。经理为一人还是数人，法律没作要求，由公司根据需要设置。通常情况下，规模比较大的公司，经理多为数人，由总经理和副总经理组成。为了提高公司的决策和执行效率，公司法允许董事会成员兼任公司经理职务。

三、经理权

（一）经理权和经理职权

经理权是大陆法系国家商法或民法理论中的一个概念，在我国的研究还刚刚起步。所谓经理权是指公司经理基于法律、公司章程或契约的规定为执行公司业务所需要的权利。它和公司法所规定的公司经理职权之间有很大的关联，以至于学界经常予以混用。但实际上二者并不完全相同。经理权是一个一般化、抽象化的概念，其权利来源基于经理人之特殊身份，既可以来自法律的直接规定，也可以来自于章程的明确授予，甚至还为其职务本身所暗含，不需要明确授予而取得，相反只要明确了经理的身份就必然享有某些权力，纵令公司章程予以限制也不得对抗善意第三人。正如有学者分析所指出的，经理权的主要意义在于公司对外关系的调整，而我国《公司法》所规定的经理职权则是一个具体的概念，系公司法所规定的经理应该享有的具体职权，其意义虽然包括对外关系的调整，但似乎更主要在于对内关系的调整。① 因此，经理权是一个更为宽泛、更为抽象，也更具理论性和研究价值的一个概念。

（二）经理权的本质

经理权是基于经理身份而享有或应该享有的权利。那么，经理权究竟属于一种什么性质的权利呢？此问题与经理人的地位及其权利义务直接相关。而要回答这一问题，需要从经理制度的产生入手。"经理权之存在系为弥补公司机关无法事必躬亲的缺陷，从而在公司营业过程中得由专门人员辅助公司机关处理公司事务，以提高经营效率，此为经理权制度的本质。"② 从经理权的发展历史来看，经理自产生以来，始终是作为公司的代理人经营

---

①　范健、王建文著：《公司法》，法律出版社 2006 年版，第 347~348 页。

②　范健、蒋大兴：《公司经理权法律制度比较研究——兼及我国公司立法之检讨》，载《南京大学学报（哲学·人文科学·社会科学版）》1998 年第 3 期。

管理公司的，经理以自己的专长与技能为公司服务，并换取报酬，但经理在对外关系中只能以公司的名义开展活动，其行为后果由公司承担，这一切都符合代理的本质要求。日本学者就认为，商业使用人（含经理）是在对外商业业务上，以代理的形式辅助商业主的人。① 因此，经理权其本质可以说是一种代理权。由于现代立法对经理权多以商法、公司法等特定成文法的形式加以规定，具有独立的权利来源和权利外观，所以大家也多将其视为商事代理权的范畴。

（三）经理权的授予

经理权由谁授予？如何授予？这是实践中会经常遇到的问题。经理权的授予只能由公司授予。也就是说如果与经理人签订契约或颁发任命书只能以公司的名义为之。但是否必须以书面形式为之（比如通过章程或签订契约等方式加以规定）则不尽然。一般认为，获得公司经理身份即当然获得由法律或者公司章程确认的经理权，无须特别授予。② 即只要有经理人职务的任命，即意味着授予经理权，在对外关系上，这一点尤为重要。从理论上讲，公司经理在对外代表公司时，应当事先取得公司董事会的授权、公司章程的授权以及公司管理规则的授权，这种授权被称为明示授权。公司经理在公司明示代理权的范围内代表公司所订立的契约或从事的交易，对公司具有约束力。其授权的方式一般应为书面方式，其授权依据包括公司法的授权、公司章程和公司管理规则的授权、董事会决议的授权等。但是，即便公司经理在代表公司与第三人签订契约或从事交易时不享有明示代理权，公司也有可能就他们的行为对第三人承担法律责任。这种责任主要产生在公司经理存在暗含的代理权的情形。所谓暗含的代理权，也称默示实际代理权，指代理人本身所固有的代理权或推定代理权，此种代理权虽然未被本人明确授予给代理人，但法律还是认可代理人所实际享有的这种代理权。在现代公司中，公司经理就如同董事会一样享有许多没有为公司法、公司章程和管理规则以及董事会决议所授予的权力，当他们在法律推定的此种实际代理权范围内行为时，就构成了事实上的代理关系，公司应当就他们的行为对第三人承担法律责任。③ 相反，如果公司对经理权通过章程或契约等形式予以限制，则这种限制则往往仅具有内部效力，不能对抗善意第三人。这就是所谓的表见经理人或经理权规则。我国台湾地区"民法"第553条第2款就明确规定："前项经理权之授予，得以明示或默示为之。"这一点值得大陆立法借鉴。

（四）经理权的范围和内容

在实践中，经理权的实际范围不可能完全一致。其权限范围的确定方式有法定和意定两种。在英美法国家，法律并不对经理权作出规定，概由公司章程规定或由董事会决议。在大陆法国家，虽对经理权作出规定，但也比较笼统和原则，主要也是通过公司章程或内部协议加以约定，如《德国商法典》第49条第1款规定："经理权授权实施由进行营业经营所产生诉讼或诉讼外一切种类的行为和法律行为。"我国《公司法》第49条规定，有限责任公司可以设经理，由董事会决定聘任或者解聘。经理对董事会负责，行使下列职权：

---

① 龙田节著：《商法略论》，甘肃人民出版社1985年版，第30页。
② 范健、王建文著：《公司法》，法律出版社2006年版，第349页。
③ 张民安、刘兴桂主编：《商事法学》，中山大学出版社2002年版，第161~163页。

（1）主持公司的生产经营管理工作，组织实施董事会决议；（2）组织实施公司年度经营计划和投资方案；（3）拟订公司内部管理机构设置方案；（4）拟订公司的基本管理制度；（5）制定公司的具体规章；（6）提请聘任或者解聘公司副经理、财务负责人；（7）决定聘任或者解聘除应由董事会决定聘任或者解聘以外的负责管理人员；（8）董事会授予的其他职权。但该条第 2 款同时规定："公司章程对经理职权另有规定的，从其规定。"也就是说，公司章程可以排除上述经理职权的规定，由公司章程另行规定经理职权，既可以大于上述固定的范围，也可以小于上述规定的范围。① 股份有限公司同样适用该条规定。

第七节　董事、监事、高级管理人员的资格、义务与责任

一、董事、监事、高级管理人员的任职资格

董事、监事、高级管理人员的任职资格是指公司董事、监事、高级管理人员所应具备的能力、经验以及人格、品质等条件，包括积极资格和消极资格。所谓积极资格是指公司董事所应具备的积极条件，即符合什么标准方能成为公司董事、监事、高级管理人员，主要包括资格股、住所、年龄以及经营管理经验等；消极资格是指出任公司董事、监事、高级管理人员所不应该具备和出现的情形和条件，即董事、监事、高级管理人员因为实施某种行为或存在法律规定的某种情况而不应当担任公司董事等职务。综观各国及地区公司立法规定，董事、监事、高级管理人员的任职资格主要包括以下几个方面。

1. 身份条件

关于董事的身份问题，实质是董事必须是否股东以及法人或自然人的问题。

关于董事是否应为公司股东问题，各国及地区的规定大致可以归纳为三种模式：一是资格股模式，即法律明文规定董事须拥有资格股，英国、法国及我国台湾地区曾采用此种模式；二是无资格股模式，即公司立法对董事的选任无资格股的要求，日本、美国等采用此种模式；三是任意选择模式，即公司立法原则上对董事无资格股的限制，但允许公司以章程要求董事具有资格股，如德国。要求董事拥有资格股的立法目的，是为了激励董事努力为公司服务，并以此为质押，作为董事违反公司义务的担保。但从世界各国立法趋势看，为便利公司在股东之外求取人才，以适应公司所有与经营分离的需要，一般都不再规定董事须持有资格股。我国公司法也顺应了这一潮流，对董事的股东身份没有作出要求。

在是否允许法人担任公司董事方面，美国、德国、法国（双重委员会制公司）、奥地利、意大利、瑞士、丹麦等国家立法规定，董事会必须是自然人，法人不能担任董事；英

_____

① 有学者认为，《公司法》允许公司章程对经理职权"另有规定"，并不意味着立法者有意识地将这个问题交给公司自治。如果公司章程在经理与第三人的外部关系上可以授予经理代表公司的职权，会增加法律风险和争议。比如，不同的公司章程可能规定了不同的经理代表权，第三人的交易安全如何保障；公司章程对经理代表权的限制能否约束第三人；公司章程与实际授权不一致的，如何确认经理的代表权，如何认定第三人的善意；对经理代表权的变更是否一定要修改公司章程。所以，通过公司章程来授予经理对外代表公司的职权是不切实际的。参见钱玉林著：《公司法实施问题研究》，法律出版社 2014 年版，第 30 页。

国、法国(单一委员会制公司)、比利时、荷兰等国公司法则规定,法人可以担任董事,但须指定一名有行为能力的自然人为其常任代表。我国公司法对此未作规定,实践中多是由自然人充任公司董事。

至于经理等高级管理人员应以自然人为限。

2. 年龄条件

对年龄条件的下限,各国规定基本一致,即未成年人不能担任董事。我国公司法亦规定无民事行为能力和限制民事行为者不得担任公司董事。对年龄上限,多数国家没有规定,但也有部分国家作了限制,如英国公司法规定,除非章程另有规定,或者股东会决议同意对超龄董事的任命并在决议中特别说明其已达到的年龄,否则董事的年龄不得超过70岁;法国公司法规定,除非章程另有规定,已经超过70岁的董事人数不得超过董事会成员的1/3,且董事长和总经理的年龄不得超过65岁。

3. 国籍条件

多数国家公司立法对董事的国籍没有限制,但有少数国家限制董事的国籍或居民身份。如瑞士公司法规定,若公司只有一名董事,该董事必须是居住在瑞士境内的居民,若有数名董事,那么董事会的多数成员必须是居住在瑞士境内的瑞士公民;丹麦公司法规定,董事不一定必须是丹麦国民,但丹麦公司至少一半的董事和全部的经理应居住在丹麦,除非商务大臣特许例外(欧盟成员国不受此限制)。我国公司法对董事国籍没有作出限制。

4. 兼职限制

为了防止董事利用其特殊地位,损害公司利益,并保证董事有充足的时间和精力处理公司事务,国外一般都对董事兼任其他公司的董事和实际管理人作出限制或禁止性规定。例如,德国公司法规定,未经许可,董事不得成为其他公司或商号的董事或实际管理人,法国公司法限制兼职的数目,即除少数例外,任何人不得兼任8个以上法国公司的董事。我国《公司法》第69条规定:"国有独资公司的董事长、副董事长、董事、高级管理人员,未经国有资产监督管理机构同意,不得在其他有限责任公司、股份有限公司或者其他经济组织兼职。"但国有独资公司之外的其他公司的董事可否兼职,则法无明文,似无限制。鉴于董事兼职的流弊,不少学者主张应对董事兼职问题作出相应的规制。

5. 品行和信用条件

多数国家的公司法都规定,某些曾被追究刑事责任或者有其他严重违法行为的人以及个人信用状况较差的人,在一定期限内,不得担任公司的董事。

我国《公司法》第146条第1款对董事、监事、高级管理人员的消极资格也作了规定,规定有下列情形之一者,不得担任公司的董事、监事、高级管理人员:(1)无民事行为能力或者限制民事行为能力;(2)因犯有贪污、贿赂、侵占财产、挪用财产罪或者破坏社会经济秩序罪,被判处刑罚,执行期满未逾5年,或者因犯罪被剥夺政治权利,执行期满未逾5年;(3)担任因经营不善破产清算的公司、企业的董事或厂长、经理,并对该公司、企业的破产负有个人责任的,自该公司、企业破产清算完结之日起未逾3年;(4)担任因违法被吊销营业执照、责令关闭的公司、企业的法定代表人,并负有个人责任的,自该公司、企业被吊销营业执照之日起未逾3年;(5)个人所负数额较大的债务到期未清偿。公司违反上述规定选举、委派董事、监事或者聘任高级管理人员的，该选举、委派或聘任无效。董事、监事、高级管理人员在任职期间出现本条第 1 款所列情形的，公司应当解除其职务。上述规定中的(2)～(5)项即属于对董事、监事、高级管理人员的品行和信用条件方面的限制。

6. 其他条件

有些国家的公司法还规定政府官员、公证员、律师等不得兼任公司的董事。我国《公司法》虽未明确规定国家公务员不得兼任公司的董事、监事和经理，但根据《公务员法》关于公务员不得从事营利性活动和不得在公司内兼职的规定，应当认定公务员不能兼任公司的董事、监事及高级管理人员。此外，为了保证监督权的独立，监事不得兼任公司的董事和高级管理人员。

二、董事、监事、高级管理人员的义务

随着所有和控制的分离，董事会和经理层在公司地位不断提升，并日益成为公司经营管理的枢纽和公司的主宰，与此相适应，各国公司立法纷纷强化董事、监事以及高级管理人员的义务。在大陆法系国家，董事、监事以及高级管理人员与公司的关系多被视为一种委任关系，基于此，董事、监事以及高级管理人员应对公司负有善管义务(即善良管理人之注意义务)，并从英美国家引入了忠实义务规则。英美法系国家的公司法学者多将董事与公司的关系视为一种代理或信托关系，但"无论代理关系还是信托关系，都是基于人身信任为基础而产生的。股东或公司有权期待受托人或代理人行使合理的注意与技巧，因此，董事应当承担忠实善意的主观义务和自身利益不得与公司利益相冲突的客观忠实义务"[1]。总体说来，尽管不同法系国家在董事与公司的关系上所采用的理论不同，但其推导出的董事对公司的义务却极为相似：(1)注意义务，或称善管义务或勤勉与注意义务。即要求董事像普通谨慎人或善良管理人在相似的情况下给予合理的注意一样，机智谨慎、恪尽勤勉地管理公司事务，而不能有所懈怠。(2)忠实义务，即董事对公司负有忠实履行其职务的义务，禁止背信弃义和自我交易，不得使自己利益与公司利益发生冲突。其中，包括竞业禁止义务，即董事不得从事与公司营业范围相同的业务或以其他方式与公司竞争。[2] 我国《公司法》第 147 条规定："董事、监事、高级管理人员应当遵守法律、行政法

---

① [英]R. E. G. 佩林斯等著：《英国公司法》，上海翻译出版公司 1984 年中文版，第 221 页。

② 关于董事信义义务的结构，是"二分法"还是"三分法"，学界曾有过激烈的争论。如有学者主张在忠实义务与注意义务之外引入诚信义务，将故意让公司违法、不坦诚告知、滥用职权和严重失职纳入其涵摄范围，从而引入董事问责的诚信路径。参见朱羿锟：《论董事问责的诚信路径》，载《中国法学》2008 年第 3 期。有学者认为现阶段我国可行的董事信义义务重构路径有两条：其一是对传统的董事"忠实义务"范畴进行适度扩张；其二是对董事"注意义务"范畴进行扩张。同时，应明确董事违反信义义务责任追究之诉中法院适用商业判断规则的方法，其路径也有两条：其一是将商业判断规则作为满足一定条件下排除法院介入的"司法不审查"原则，并明确其适用的顺序和方法；其二是将其作为法院审查董事经营判断"过程"及"内容"两个层面的指导原则，并明确其具体的适用标准，同时应进一步激活董事追责的路径。参见梁爽：《董事信义义务结构重组及对中国模式的反思——以美、日商业判断规则的运用为借镜》，载《中外法学》2016 年第 1 期。

规和公司章程，对公司负有忠实义务和勤勉义务。董事、监事、高级管理人员不得利用职权收受贿赂或者其他非法收入，不得侵占公司的财产。"此规定与国外立法规定相一致，即董事、监事、高级管理人员应对公司负有忠实义务和勤勉与注意义务。

（一）忠实义务

在董事、监事、高级管理人员对公司所承担的民事义务中，忠实义务居于核心地位。董事、监事、高级管理人员所承担的忠实义务要求董事等必须忠实地为公司谋取最大利益，不得利用职务之便为自己或他人谋取私利或将自己及与自己有关联的个人利益置于公司利益之上。董事、监事、高级管理人员忠实义务有两个最为重要的特点：其一，董事、监事、高级管理人员的忠实义务原则上是对公司本身承担的义务，而不是对公司股东所承担的义务，但在特殊情况下，董事对个别股东也负有忠实义务。依据公司法理论，董事是公司而非股东的受任人或代理人，因此董事应对公司整体负有义务，而非对个别股东或个别种类的股东负责，但是在董事与某一股东直接打交道，或以损害某一股东经济利益的方式行事时，则应直接对该股东负责，这是其与董事的注意义务所不同的一个方面。其二，董事、监事、高级管理人员的忠实义务是民法中诚实信用原则在公司法领域的具体体现，是道德义务范畴的法律化，既具有浓郁的道德性，又有严格的法律性，是道德义务和法律义务、主观性义务和客观性义务的结合。因此，作为一种道德性规范的延伸，不少国家的公司立法和司法，不仅要求董事在任期间对公司负有忠实义务，甚至要求公司董事在离任后的一定期间也须对其曾任职的公司负有相应的忠实义务，其在性质上被视为一种后合同义务，而董事离任后则不可能存在注意义务。这是其与董事的注意义务的又一不同。①

一般来说，公司董事、监事、高级管理人员违反忠实义务最有可能发生在以下两种情形：其一是公司董事、监事、高级管理人员（主要是公司的董事、经理等高级管理人员）与公司发生交易。因为当公司董事、监事、高级管理人员作为交易的一方当事人与公司发生交易时，其自身利益与其所任职的公司的利益是冲突的，在双方利益不能两全时，公司董事、监事、高级管理人员很容易将其个人利益凌驾于公司利益之上，从而违背忠实义务。这类交易也称为利益冲突性交易或自我交易。传统公司法一般对利益冲突性交易采取绝对禁止的态度，但现代公司法普遍对公司董事、高级管理人员与公司间的交易持有条件的许可态度，即经过某种程序批准后，其与公司间的交易方为有效。其二，公司董事、监事、高级管理人员利用在公司中的地位谋取个人利益，如窃取公司商业秘密、将公司的商业机会转为已有从中获利等。

针对公司董事、监事、高级管理人员可能发生的上述行为，我国《公司法》除第147条的一般规定外，第148条以禁止性的规定列举了忠实义务的具体情形。概而言之，包括如下内容：

1. 不得利用自己的身份和地位谋取非法利益

即公司董事、监事、高级管理人员在行使职权处理公司事务时，应维护公司利益，不得从中谋取私利。我国《公司法》第147条第2款规定，董事、监事、高级管理人员不得利用职权收受贿赂或者其他非法收入，不得侵占公司的财产；第148条规定，董事、高级

---

① 蒋大兴：《董事离任义务立法规制研究——兼论我国〈公司法〉的修改》，载《法学评论》2001年第5期。

管理人员不得接受他人与公司交易的佣金归为己有。董事、监事、高级管理人员违反此种义务，不管其所得是何种形式，即无论是手续费、回扣，还是介绍费或物品，也不论是资格股还是债券凭证，均有义务返还公司，因此给公司造成损失的，还应对公司承担赔偿责任。公司也可解除其职务，情节严重者还有可能承担刑事责任。

2. 不得擅自处分公司资产

董事对公司财产的管理权和处分权是建立在信赖基础之上的，"得之以信，受之以托，代人理财"乃是其个人身份的基本特征，因此，其负有维护公司财产完整及不得将公司财产视为个人财产擅自处分的义务。我国《公司法》第 148 条规定，董事、监事、高级管理人员不得挪用公司资金，不得将公司资产以个人名义或其他个人名义开立账户存储，不得违反公司章程规定，未经股东会、股东大会或者董事会同意，将公司资金借贷给他人或者以公司财产为他人提供担保。董事、高级管理人员违反规定所得的收入应当归公司所有。

3. 保守公司秘密

公司秘密关系到公司的生存和发展，保守商业秘密是董事忠实义务的基本要求。因此，董事对自己所掌握的公司秘密，不得擅自向他人披露，否则须承担相应的法律责任。这里的"商业秘密"通常是指公司采取了适当保密措施的各项技术秘密、财务秘密、内部文件等。法律规定必须对外披露的信息不在其内。

4. 竞业禁止义务

董事、高级管理人员作为公司的代理人或受任人，应当用自己的才智为公司服务，不得为自己或第三人的利益而同公司开展竞争。反之，如果董事利用其掌握的公司营业秘密或客户名单，为自己或他人从事与公司营业种类相同的经营活动，势必会损害公司利益。而祸起萧墙的董事竞业活动对于公司利益的杀伤力远比公司的其他普通竞争者对公司利益的杀伤力要剧烈得多。因此，各国公司立法无不对董事的非法竞争问题作出规制，此即为董事及公司高级管理人员的竞业禁止义务。所谓竞业禁止义务就是指，董事、监事、高级管理人员不得为自己或他人的利益而从事与公司有竞争的活动。

我国《公司法》第 148 条规定，未经股东会或者股东大会同意，利用职务便利为自己或者他人谋取属于公司的商业机会，自营或者为他人经营与所任职公司同类的业务。同条第 2 款规定："董事、高级管理人员违反前款规定所得的收入应当归公司所有。"这里的表述事实上隐含着"禁止篡夺公司机会规则"，其指向的是禁止公司受信人将公司拥有期待利益、财产利益或财产权利的交易机会，或从公平角度而言应属于公司的交易机会予以篡夺自用。该规则被简称为公司机会规则，滥觞于英美判例法。公司机会作为一种新的财产类型，可以被纳入无形财产的范畴，公司对其享有的权利具有期待权的属性，是一种新型的期待权。公司机会的认定要考虑的因素包括机会的来源、机会与公司经营活动的关联程度以及董事的信息披露义务等。我国现行法律将篡夺公司机会禁止义务的主体限定为董事和高级管理人员，存在不周延性，应扩展至控制股东和监事。此外，应通过司法解释的方式，对董事的抗辩事由等予以明确或完善，以增强法律的确定性及操作性。① 这里所谓

---

① 冯果：《"禁止篡夺公司机会规则"探究》，载《中国法学》2010 年第 1 期。

"自营"或"为他人经营"是指为自己或他人的利益而实施的竞争行为，至于以何人名义则在所不问。所谓"所任职公司同类的业务"从字面看似乎是同业竞争之禁止，但就立法精神看，应作广义的理解，既可为与完全相同的商品或服务，也可为同类或者类似的商品或服务，即与公司有实质性的竞争关系均应属于禁止或限制之列。① 竞业的行为既可以发生在公司营业阶段，也可能发生于公司准备营业或者试营业阶段，还可能发生在公司暂时中止营业阶段。竞业禁止义务不仅局限于在任董事及高级管理人员，就国外的司法判例来看，董事、高级管理人员卸任后，仍不得利用其曾经任职的公司的无形资产为自己谋利，否则仍然会被视为从事与公司相竞争的活动，会判令将其所得利益交归公司所有。我国公司法虽未此明确规定，但依据一般的民法原理也应返还所得收益，因为其关键在于其利益所得来自于公司对公司无形资产等的不当利用，而这些恰是因其在公司中任职时的特殊身份而获取的。值得注意的是，为保护善意第三人的利益并维护交易安全，董事、高级管理人员违反竞业禁止义务的行为并非当然无效。作为利益的救济手段，公司法赋予给公司的是归入权，即董事、高级管理人员应当将其从事竞业行为的所得收入归入公司。最后，我国《公司法》对竞业行为并非完全禁止，而是有条件地予以认可。公司法所禁止的仅是"未经股东会或者股东大会同意"的行为。反之，如果董事、高级管理人员的上述行为获得了公司有权机构的同意，董事、高级管理人员即可免责。这与国际上的立法趋势是相一致的。不过，在西方国家，一般对归入权的行使主体、行使期限及行使方式等都作了详尽的规定，归入权的行使主体为公司，在公司董事、高级管理人员因自身利益而不代表公司行使归入权时，可由监事会或监事代表公司行使。公司归入权必须在法定的期限内行使，如果公司在知悉非法竞争行为后的法定期限内不行使归入权，则视为同意。我国目前规定相对还比较粗疏，有待进一步的细化，以便于其实施。

5. 利益冲突性交易及其限制

忠实义务的核心是董事不得将自己利益与公司利益置于冲突之中。而董事与公司从事的自我交易以及攫取公司商业机会等行为则属于典型的利益冲突性交易。所以，各国公司法均对上述利益冲突性的交易行为加以严格的规制，非经披露和公司批准，董事不得从事上述交易行为。我国《公司法》第148条规定，董事、监事、高级管理人员不得违反公司章程的规定或者未经股东会、股东大会同意，与本公司订立合同或者进行交易。应该明确的是，这里所说的"交易"与"合同"均应作广义上的理解，既包括直接交易也包括间接交易。直接交易就是董事、高级管理人员直接作为一方交易主体与公司签订合同或从事的交易行为；也应该包括间接交易，即董事、高级管理人员的利害关系人，如其配偶、亲属、

---

① 需要注意的是，为保护用人单位商业秘密需要，《劳动合同法》规定了用人单位与劳动者可以订立离职后竞业限制条款的规定，通过限制离职后劳动者的竞业行为来保护用人单位的商业秘密。那么公司法语境下的竞业禁止与劳动法语境下的竞业禁止有哪些差异？二者发生冲突时如何解决？从竞业禁止制度发展历史进程看，委任关系和雇佣关系被置于同一竞业禁止的制度规范之下，确有其共同的历史渊源，并且作为一种手段，竞业禁止制度从其产生之日起，就与商业秘密的保护密不可分。于是基于委任关系的公司的董事、监事、高级管理人员的竞业禁止与基于劳动合同关系的竞业禁止就顺理成章地放在了竞业禁止的大概念下一并加以讨论，从而导致理论与实践上的模糊与混乱。厘清这一问题的学术努力，可参见王林清：《公司法与劳动法语境下竞业禁止之比较》，载《政法论坛》2013年第1期。

其所投资或任职的其他公司甚至董事、高级管理人员的债权人等，与公司之间的合同行为或交易行为；而"交易"则既包括合同行为，也包括单方的法律行为，如债务的免除等。当然，利益冲突性交易仅仅是利益冲突的存在，但并非必然导致公司利益受损，相反在特定情况下可能还为公司所必需，如向公司转让专有技术、出租房屋等。因此，现代公司法对利益冲突性交易并不采取绝对禁止的态度，而是将交易的决定权交付给公司的机关，由无利益关联的其他成员决定是否予以准许。我国公司法也采取这一态度。董事、高级管理人员与公司的交易行为应由股东会、股东大会同意或经章程认可。对于违反规定从事利益冲突性交易者，公司得向其主张归入权。

应当说明的是，从《公司法》第148条规定看，不得擅自处分公司资产、不得擅自披露公司秘密、竞业禁止义务及利益冲突性交易义务针对的是公司经营权行使主体，因此规定的主要是董事、高级管理人员的义务。至于监事等其他负责人是否受其约束，法律未作明文规定。一般认为，上述禁止行为均是在公司经营管理过程中发生的，而公司监事并不执行公司事务，所以一般不予适用。但如果公司监事等其他负责人因某种便利从事了上述行为并给公司造成了不利影响或损失的，也应承担相应责任，但承担责任的法律依据应是其他相应法律规范。

（二）勤勉与注意义务

勤勉与注意义务，在大陆法系国家以往的民法典中被称为"善良管理人的注意义务"，也称注意义务，是董事及高级管理人员对公司所负的一项基本义务。它要求董事像普通谨慎人或善良管理人在相似的情况下给予合理的注意一样，勤勉尽责，即公司董事、高级管理人员应像其他任何代理人或受托人一样，在管理公司事务时，应承担合理注意的义务，董事如果没有对公司尽到此种合理的注意，并因此而导致公司利益受损的，董事应对公司的损害承担赔偿责任。

董事、监事、高级管理人员的勤勉义务是比较抽象的义务，因而需要对其作出合理的界定。《美国示范商事公司法》第8·30节规定："董事在履行注意义务时，应做到：（1）怀有善意并以其合理相信的符合公司最佳利益的方式行事；（2）以处于相似地位的普通谨慎之人在类似情形下应尽的注意。"第（1）项包含的是主观标准，第（2）项则包含的是客观标准。在司法实践中，根据具体不同的情况分别采取不同的标准：对于不具有某种专业资格和经验的非执行董事一般适用主观标准，即只要其尽了最大努力即被视为履行了合理的注意；对于具有某种专业资格或经验的非执行董事，适用客观标准，即只有达到了具有同类专业水平或者经验的专业人士应达到的注意程度时，才被视为履行了合理的注意；而对于执行董事，则适用更为严格的推定知悉原则，不论执行董事是否具有所聘职务所应该拥有的技能和知识，只有履行了专业人士应履行的技能和达到了专业人士应达到的注意程度时，才被视为履行了合理的注意。德国法采取的是客观认定标准，其《股份法》第93条规定，董事对其管理的公司事务，应尽"通常正直而又严谨的业务领导者的注意"。

我国《公司法》虽然规定了董事、监事、高级管理人员的勤勉义务，但没有规定判断勤勉义务应当适用的标准，从而为该条款的实施带来了一定的困难。大家通常认为应该采取客观标准，即应该具有作为公司业务领导者具备的专业标准，即专家义务或专家标准。也有学者主张采用主客观相结合的综合性标准，即"以普通谨慎的董事在同类公司、同类职务、同类情形中所应具有的注意、知识和经验程度作为衡量标准，但若有某一董事的经验知识和资格明显高于此标准的证明时，应当以该董事是不是诚实地贡献了其实际拥有的全部能力作为判断标准"①。

从勤勉与注意义务的产生途径上看，董事的勤勉与注意义务还可以分为制定法上的注意义务和非制定法上的注意义务。前者是指公司法或公司法以外的其他法律对董事义务所作的规定，后者是指基于公司章程，以及基于董事的身份及公司的特殊商业性质所产生的注意义务。我国《公司法》作为制定法对董事、监事、高级管理人员提出了勤勉义务的一般要求，公司也可以通过公司章程将其进一步地予以细化。具体来说，董事注意义务的内容主要包括：遵守公司法和其他制定法规定的注意义务，遵守章程规定的注意义务；在自己权限内行为的注意义务；勤勉尽责的义务；谨慎行事的义务等。这就要求公司董事、监事、高级管理人员应当在公司章程或法律规定的职权范围内积极行事，并履行合理的注意，防范不必要的风险。如积极出席董事会或监事会，应及时了解公司的财务和经营情况，熟悉相关的专业知识，发现并及时纠正公司其他管理人员的非法或不当行为。董事违反勤勉义务之判断应采理性人标准，通过理性人知识和能力的具体化，构建出理性商人形象，并重构行为作出之商业背景，进而判断具体化的理性商人在重构的商业背景之中为个案董事所为行为时，是否有过失。②

需要注意的是，虽然董事的注意义务通常是一种专家义务，但必须考虑到经营管理中的正常经营风险，若强加于董事的注意义务和法律责任过于严苛，则董事及其他管理人员则可能会因惮于出现失误，而缩手缩脚，无法激发其积极性，反有害于公司的发展。所以，在西方国家司法实践中，还有商业判断规则的运用，即董事基于正常的商业判断，即便给公司造成损失，也不能因董事之行为给公司造成了损害，而要求董事承担法律责任。商业判断规则的基本含义是必须基于当时的情形加以评判而非"事后诸葛"式的事后评判，只要是董事会基于合理信息、善意和诚实地作出的决议，即便事后在公司立场上看来该决议是不正确的或不合理的，董事也无须负责，其目的在于鼓励管理层大胆经营、锐意改革，勇于从事挑战性的商业经营。③ 经营判断规则十分灵活，蕴含了一个基本原则：董事在公司管理方面享有自由决定权，并且此种决定权的行使普遍地无须接受司法审查。也就是说，绝大部分法官不是能对此种自由决定权的行使进行第二次审查的商人。法官不愿对经营判断作出司法审查，对于那些诚实的错误，他们不会责令董事承担法律责任。④

三、董事、监事、高级管理人员的民事责任

董事违反了法律、法规和章程规定的各项义务就要承担相应的法律责任，其责任形式包括民事责任、行政责任和刑事责任。因公司法为民商法的特别法，故董事的民事责任应

① 范健、王建文著：《公司法》，法律出版社 2006 年版，第 356~357 页。
② 参见叶金强：《董事违反勤勉义务判断标准的具体化》，载《比较法研究》2018 年第 6 期。
③ 冯果：《论董事的善管义务》，载《现代法学》1997 年第 4 期。
④ 夏利民：《董事审慎职责与商业判断规则之关系刍议——以美国法为视角》，载《比较法研究》2010 年第 6 期。

予以特别关注。

（一）责任种类

董事、监事、高级管理人员承担民事责任的形式多种多样，除常见的根据责任性质作出的侵权责任和违约责任等划分外，在公司法上还依据其承担的民事责任对象的不同而进行相应的划分。下面就此作一简要分析。

1. 董事、监事、高级管理人员对公司的责任

董事、监事、高级管理人员与公司之间是建立在信赖关系的基础之上的，董事管理公司事务，应以善良管理人的注意以及对公司的忠诚为其行为的自律要求，同时，也应遵守法律、章程以及股东会或董事会决议，否则，即应对公司承担相应的法律责任。

我国《公司法》顺应了当今世界各国不断强化董事义务和责任的立法趋势，在赋予董事会较大职权的同时，也对董事的责任作出了明确的规定。《公司法》第 149 条规定，"董事、监事、高级管理人员执行公司职务时违反法律、行政法规或者公司章程的规定，给公司造成损失的，应当承担赔偿责任"，从而确立了董事(包括监事、高级管理人员)对公司承担民事责任的一般原则。一般来说，董事对公司承担民事责任的情形主要发生在以下场合：

(1)因参与董事会违法决议而产生之责任。董事管理公司事务，通常是依董事会的意思决定而进行，但如果董事会的决议违反法律、行政法规或公司章程，致使公司遭受严重损失，则参与决议的董事应对公司负赔偿责任。不过，经证明在表决时曾表明异议并记载于记录的，该董事可免除责任。

(2)董事、高级管理人员违反董事会合法、有效的决议而产生的民事责任。董事作为董事会的成员，其管理公司事务应遵从董事会决议，否则，如果给公司造成损失，就应当承担责任。当然，董事对董事会的无效决议没有服从的义务。董事不执行董事会的无效决议，对此不负个人责任。

(3)董事、高级管理人员越权行为而产生的法律责任。董事(含高级管理人员)的越权行为，是指其所从事的超越职权范围的行为。董事、监事、高级管理人员权限包括法律规定的权限和公司章程及内部管理规则所授予的权限范围。如董事、监事、高级管理人员违背法律或章程及公司内部其他文件规定的权限，擅自行事给公司造成损失的，须承担赔偿责任。

(4)董事、监事、高级管理人员违反竞业禁止义务或从事利益冲突性交易及法律所禁止的其他行为给公司造成损失而产生的民事责任。我国公司法规定，在董事违反竞业禁止义务或违背法律规定从事利益冲突性交易给公司造成损失时，公司可以依法行使归入权。但如果公司无法行使归入权或归入权的行使不足以弥补其损失时，公司应有权追究董事的赔偿责任。董事、监事、高级管理人员从事其他行为(如侵占、挪用、非法处分公司资产、泄露公司商业秘密、篡夺公司商业机会等)给公司造成损失时，董事等均应承担相应的民事责任。

(5)懈怠职守给公司造成损失。具体如长期不出席董事会或监事会，对公司管理层的违法行为不予阻却，对重大的交易行为不进行应有的调查，公司出现经营风险不采取应有的补救措施等。

董事、监事、高级管理人员对公司的责任在性质上究竟属于侵权责任还是违约责任有一定的争论。笔者认为，它具有混合责任的性质。一方面，因为董事、监事、高级管理人员与公司之间有着一种事实上的契约关系（有的还签订有聘任协议），一旦就任公司的有关职务，实际上就等于向公司承诺将竭诚为公司服务，不得损害公司利益，其给公司造成损失的行为事实上可以被看做是对其契约义务的违反，因而说其为违约责任并无不当。而另一方面，董事违反法律或章程规定实施有害于公司利益的行为时，其行为的非法性也十分明显，也具有侵权责任的性质。因而将其看做一种兼有违约责任和侵权责任性质的混合责任比较妥当。

2. 董事、高级管理人员对股东的责任

从公司法理论上讲，董事、高级管理人员是公司的受托人，而非股东的受托人，因此原则上并不对公司股东承担直接的信义义务和责任。但我国《公司法》第 152 条规定，董事、高级管理人员违反法律、行政法规或者公司章程的规定，损害股东利益的，股东可以向人民法院提起诉讼，从而确立了董事、高级管理人员对股东承担民事责任的法律依据。董事、高级管理人员对股东的责任的实质，是其违反法律、行政法规或者公司章程的规定，违法行使职权时损害股东利益所应承担的赔偿责任，其性质属于侵权民事责任。

3. 董事、高级管理人员对第三人的责任

对于董事（包括高级管理人员）滥用权力致使第三人遭受损害的行为，董事应否承担责任，理论界意见尚不统一，各国的立法实践也不一致。但要求董事与公司对第三人共负连带赔偿责任，是现代公司法的发展趋势。由于前苏联民法理论的影响，我国传统民法理论、立法和司法实践均采用单一代表责任论，否认法人机关对第三人的民事责任，认为法人机关在执行职务过程中的行为应为法人之行为，由法人机关承担责任或与法人共同承担责任，两者在法理上是矛盾的。因而，我国公司立法也没有关于董事对第三人责任的规定。对此，不少学者指出，排除董事对第三人承担民事责任的做法，不符合市场经济的客观要求，不利于规范董事的行为，不利于保护社会交易安全，进而主张从现实经济生活的客观需要出发，应明确董事对第三人的民事责任，使董事的民事责任体系化、规范化、完整化，以便切实保护公司、债权人及股东的合法权益，维护第三人的交易安全。① 值得注意的是，我国 2006 年修改的《破产法》第 125 条规定，企业董事违反忠实义务、勤勉义务，致使所在企业破产的，应依法承担民事责任。尽管该条规定比较模糊，对谁承担责任，承担何种性质的民事责任均未明确。但至少按笔者的理解，这里的责任似乎不应该仅仅局限于对公司的责任，因为就破产法的功能来讲，更主要保护的是破产企业的债权人利益。结合该法第 128 条的规定，更能清楚地看出这一点。《破产法》第 128 条规定，债务人有本法第 31、23、33 条规定的行为（即无偿或低价转让公司财产、对无担保的债权人提供担保、对未到期的债权提前清偿等），损害公司债权人利益的，债务人的法定代表人和其他直接责任人员依法承担赔偿责任。很显然，《破产法》已经明确了公司董事、高级管

---

① 耀振华：《公司董事民事责任制度研究》，载《法学评论》1994 年第 3 期；梅慎实：《论董事的民事责任》，载《法律科学》1996 年第 6 期。

理人员对公司债权人，即第三人的民事责任。①

(二)责任追究

违法行为只有在受到依法追究的情况下才会有所收敛。如何追究董事、监事、高级管理人员的违法行为是公司法必须解决的一个重大问题。我国《公司法》第151条和第152条根据被侵害主体的不同，分别确立了以公司和股东作为诉讼主体的诉讼制度。当公司董事、监事、高级管理人员侵害股东利益时，利益受损的股东可以依据公司法的规定直接向法院提起诉讼，追究责任人的责任，这就是我们通常所说的股东直接诉讼。公司利益受损时的责任追究问题，公司法也作了明确规定：首先，由公司提起诉讼。当董事、高级管理人员侵害公司利益时，由公司的监事会或监事代表公司提起诉讼；当公司监事损害公司利益时，由董事会或不设董事会的执行董事代表公司提起诉讼。其次，在公司董事会(执行董事)或监事会(监事)拒不提起诉讼的情况下，符合法定条件的股东可以代表公司提起诉讼，这就是我国修改后的《公司法》所确立的股东派生诉讼制度。

股东派生诉讼制度，又称股东代位诉讼或股东代表诉讼制度，是指当公司机关怠于通过诉讼手段追究有关侵害公司利益人员的民事责任及实现其他权利时，符合法定资格的本公司的股东，为了维护公司利益而依法定程序代公司提起诉讼的一种法律制度。它与股东直接诉讼制度一起，构成了股东诉讼制度。股东派生诉讼制度和股东直接诉讼制度存在以下区别：(1)提起诉讼的依据不同。股东派生诉讼提起的依据是共益权，代表公司诉讼的股东既是原告，也是公司的代表人；股东直接诉讼的依据是自益权，直接诉讼的股东只能以股东自己的身份提起诉讼，不能代表公司。(2)提起诉讼的目的不同。股东派生诉讼是为了公司利益(当然间接为了自己的利益)。而股东直接诉讼的目的是为股东自己的利益。(3)享有的诉权不同。股东派生诉讼中的原告仅享有形式意义上的诉权，实质意义上的诉权属于公司；而股东直接诉讼中的原告既享有形式意义上的诉权，也享有实质意义上的诉权。(4)提起诉讼的被告不同。股东派生诉讼的被告不可能是公司，而直接诉讼中的被告则可以是公司。② (5)诉讼结果归属不同。股东派生诉讼的判决结果由公司承担，而股东直接诉讼的诉讼结果则归属于原告股东。正是基于股东派生诉讼的特殊性，公司法一般对其规定了严格的限制条件，以防止滥诉，从而保证公司的正常经营不受干扰。我国《公司法》第151条也规定了股东派生诉讼提起的条件。

依据我国《公司法》的规定，股东提起派生诉讼应符合以下三个基本条件：(1)股东应具备相应资格。其中提起有关请求或诉讼的股份有限公司的股东，必须连续180日以上单独或者合计持有公司1%以上股份的股东；有限责任公司股东没有此资格限制。(2)履行前置程序。有提起资格的股东必须先寻求内部救济，即应当首先以书面形式请求监事会或者不设监事会的有限责任公司的监事或者董事会或执行董事以公司名义对违法行为提起诉讼。(3)上述公司法定机关不提起诉讼或情况紧急。当上述公司机构在收到股东的书面请求后拒绝起诉或者自收到股东的书面请求之日起30日内未提起诉讼，或者情况紧急、不立即提起诉讼将会使公司利益受到难以弥补的损害的，股东才可以为公司利益以自己的名

---

① 冯果、柴瑞娟：《论董事对公司债权人的责任》，载《国家检察官学院学报》2007年第1期。

② 孙晓洁著：《公司法基本原理》，中国检察出版社2006年版，第378页。

义起诉。《公司法》所确立的股东派生诉讼制度在遵循竭尽内部救济原则的基础上，赋予股东代表公司提起诉讼的权利，这对于有效追究公司董事、监事、高级管理人员的责任，遏制上述人员的不法行为无疑会起到积极的作用。

第十章 公司的财务会计与利润分配制度

第一节 公司财务会计制度

一、公司财务会计制度的含义及特点

(一)公司财务会计制度的概念

公司的财务会计制度是对存在于法律、行业通行规则和公司章程之中的公司财务会计处理规则的总称,是利用货币价值形式反映公司财务状况和经营成果,加强内部经营管理,提高经济效益的一项重要制度。公司财务会计制度由公司的财务制度和会计制度两部分组成。公司财务制度是运用财务手段处理货币资金的筹集、支配和使用活动的法律制度;而公司会计制度则是公司办理会计事务所应遵循的规则、方法和程序的总称。公司的财务会计制度虽然由两种制度构成,但它们在实质上是紧密结合在一起,甚至是融为一体的。公司财务会计信息完整、全面地揭示了公司资金运动的基本情况,这些信息是公司进行经营决策的参考,是投资者、公司债权人、潜在的投资者、潜在的交易对象等了解公司经营状况的基本渠道,也是政府管理部门对公司监督管理的信息依据。因此真实、可靠、完整的财务会计信息对于公司决策层、公司的各利益主体、国家管理部门乃至整个社会经济秩序的稳定都具有十分重要的意义。

我国《公司法》第 163 条规定:"公司应当依照法律、行政法规和国务院财政部门的规定建立本公司的财务、会计制度。"因此,公司均应依法建立本公司的财务会计制度。公司作为企业的一种组织形式,其财务会计事项必须适用《会计法》、《企业会计准则》和《企业财务通则》的一般规定。但是,由于公司在诸多方面均有其特殊性,因而各国公司法都对其财务会计制度另作规定,并优先于一般财务会计法规的适用,以便于更为有效地保障股东、债权人和其他人的利益。我国公司法也特设"公司财务、会计"一章,对公司的财务会计制度作了相应的规定,从而使公司的财务会计制度成为公司法律制度的重要组成部分。一般来说,公司类型不同,其财务会计制度也有一定差异,但主要的、带有共性的财务会计处理规则在股份有限公司中均有体现,因此本章主要介绍股份有限公司的财务会计制度。

(二)公司财务会计制度的基本特点

与其他企业相比,公司财务会计制度所具有规范化和统一化等特征表现得最为明显。

1. 财务会计制度的规范化

财务会计制度作为记录和反映企业经济业务的规则,本属于企业内部事物,特别是在生产资料私有制占主导地位的西方国家,企业,尤其是实行无限责任制的独资企业和合伙

企业，采取什么样的会计处理方法和采用何种会计核算程序，基本上由企业自主决定，法律很少作出具体要求。但上述原则对公司显然无法适用。由于公司的资金主要来源于股东投资和发行债券，这就使公司投资者的数量不断增加，公司的债权债务关系趋于复杂；加之公司的所有权与经营权发生了分离，为保护公司股东和债权人的权益，就必然要求公司的财务会计制度规范化。同时，国家税务部门出于税收的需要，对公司的关注和影响程度也在不断增加，也要求公司的财务会计制度必须规范化。这些团体和个人，一方面不直接或不能直接参与公司的经营管理，另一方面又与公司的经营状况有着直接或间接的利益关系，因而都对公司的经营状况表现出不同程度的关注，需要从公司的财务报告中获取必要的决策信息。为了使公司的财务活动和财务报表具有可理解性，相关人员通过阅读公司的有关报表即可获得公司生产经营能力和财务状况的信息，进而作出符合自身利益最大化的决策，同时也是为了避免公司经营管理人员在编制公司财务会计报表时弄虚作假和主观臆断，保证投资者和债权人等各方面的经济利益不致因财务会计报表的失真而蒙受其害，公司财务会计报表的用语及制作也必须规范化，使公司的财务会计制度成为人所共知的普遍准则。大陆法系国家一般实行公司财务会计制度的法定化，即以法律的形式对公司财务会计制度作出强制性规定，要求所有的公司一体遵行。而个别的英美法系国家（如美国）则主要是通过会计行业自律组织制定大量公认的财务会计准则，由国家赋予这些公认的准则以一定层次的法律效力，以实现公司财务会计制度的规范化。

2. 公司财务会计制度的统一化

公司财务会计制度的统一化，要求不同类型的公司应该实行统一的财务会计制度，包括会计处理方法应该统一，会计报表的编制程序和用语应该统一，利润分配的原则应该统一。公司财务会计制度的统一化，首先，是由公司的资合性特点决定的。由于有限公司和股份有限公司均属于资合性公司，均须向公司股东和债权人公开其财务会计报表，这就要求公司的财务会计报表必须具有一定的可比性和一致性，以便于为使用者理解，在尽可能客观、科学、公正的基础上，作出科学和客观的评判。其次，不同类型的公司实行统一的财务会计制度也是市场经济平等竞争法则的客观要求。不同的财务会计制度会导致不同公司之间利润分配关系的差别，造成不同公司间起点的不平等，违背市场经济平等竞争的法则。此外，跨国公司的出现和国际资本市场的发展，也要求协调各国的财务会计准则，提高财务信息的可比性，进而实现国际间财务会计制度的统一化。1974年，由美、英、德等国的会计职业团体发起成立了国际会计准则委员会，制定并公布了国际会计准则，这又使公司的财务会计制度向国际统一化迈出了重要的一步。

3. 公司财务会计信息的公开化

公司所有与控制的分离，要求公司的财务会计信息必须及时、准确地向股东披露。对于股份公开上市交易的股份有限公司，由于其股票公开发行和交易，为了便于投资者及时作出决策，其财务会计信息的披露的程度和要求更高。财务信息的公开是公司财务会计制度的又一显著特征。

二、公司的财务会计报告及其编制

为了规范企业的财务会计报告，保证财务会计报告的真实、完整，根据《中华人民共和国会计法》(以下简称《会计法》),国务院于 2000 年 6 月 21 日颁发了《企业财务会计报告条例》。根据该条例第 2 条的规定,所谓公司财务会计报告是指公司对外提供的反映公司某一特定日期财务状况和某一会计期间经营成果、现金流量的文件。根据我国《公司法》、《会计法》和《企业财务会计报告条例》的有关规定,公司的财务会计报告应当在每一会计年度终了时制作,并依法审查验证。

(一)公司财务会计报告的构成

公司的财务会计报告由以下财务会计报表及附属明细表构成:资产负债表、损益表、财务状况变动表、财务情况说明书和利润分配表。

1. 资产负债表

资产负债表是反映公司在某一特定日期财务状况的报表,又称财务状况表。它根据"资产=负债+所有者(股东)权益"的会计平衡公式,根据一定的分类标准和一定的次序,将一定时期的资产、负债、所有者权益项目予以适当的排列编制而成。通常将资产项目列在报表的左方,负债和所有者权益项目列在报表的右方,从而使资产负债表左右两方平衡,故亦称资产负债平衡表或平衡账。在我国,资产负债表上,资产应当按照其流动性分类分项列示,包括流动资产、长期投资、固定资产、无形资产及其他资产。银行、保险公司和非银行金融机构的各项资产有特殊性的,按照其性质分类分项列示。负债是指过去的交易、事项形成的现实义务,履行该义务预期会导致经济利益流出企业。在资产负债表上,负债应当按照其流动性分类列示,包括流动负债、长期负债等。银行、保险公司和非银行金融机构的各项负债有特殊性的,按照其性质分类分项列示。而所有者权益则是指所有者在企业中享有的经济利益,其金额为资产减去负债后的余额。在资产负债表上,所有者权益应当按照实收资本(或者股本)、资本公积、未分配利润等项目分别列示。资产负债表能够向人们提供公司在某一特定日期所掌握的经济资源、所负担的债务,以及投资者在公司中所占的权益、公司的偿债能力和财务前景等资料,它反映公司一定时期静态的财务状况。

2. 损益表

损益表是反映公司在一定时期收入、费用和净利,说明其经营成果的报表,是计算一定期间内损失和收益状况的动态会计报表。

损益表以收入、费用和利润三个会计要素为基础,向人们提供一定期间内公司营业是盈余还是亏损的实际情况。人们可以利用该表分析公司利润增减变化的原因,评价公司的经营成果和投资价值,因此在评价投资和信用的价值,估算管理的成功程度等经济决策中,损益表一般认为是最为重要的财务会计报表之一。

在损益表中,收入是指公司在销售商品、提供劳务以及让渡资产使用权等日常经济生活所形成的经济利益的总称。收入不包括为第三方或者客户代收的款项。在损益表中,收入应当按其重要性分项列示。费用是指公司为销售商品、提供劳务等日常活动所发生的经济利益的流出。在损益表中,费用应当按其性质分项列示。而利润则是指公司在一定会计期间的经营成果。

3. 财务状况变动表

财务状况变动表又称资金来源与运用表,也称资金表。它是根据公司一定会计期间内各种资产、负债和所有者权益的增减变化，分析反映资金的取得来源和资金的流出用途，说明财务状况变动情况的会计报表，是反映公司资金运动的动态报表。

该报表的项目分为营运资金来源和营运资金利用两个方面。其中，营运资金来源分为利润来源和其他来源，并分项列示。营运资金运用则分为利润分配和其他用途，并分项列示。

财务状况变动表可以弥补资产负债表和损益表的不足，是沟通资产负债表和损益表的桥梁，它可以向人们提供公司在一定会计期间内财务状况变动的全貌，说明资金变化的原因，使人们通过分析财务状况表，了解公司流动资金的流转情况，判断公司经营管理水平的高低。

4. 财务情况说明书

财务情况说明书是对财务会计报表所反映的公司财务状况作进一步的说明和补充的文件。它是人们了解公司财务状况、经营成果及会计情况的重要依据，是对财务会计报表所列的内容和未能列示的但对公司财务状况有重大影响的其他重要事项所作出的必要说明。财务状况说明书没有固定的格式，公司应当根据自己的实际情况予以制作。它主要是文字说明，必要时也可附以图表。财务说明书通常应说明的事项包括：公司生产经营的基本情况，利润实现和分配情况，资金增减和周转情况，对企业财务状况、经营成果和现金流量有重大影响的其他事项。

5. 利润分配表

利润分配表是反映公司利润分配和年末未分配情况的报表，它是损益表的附属明细表。利润分配表应当按照税后利润、可供分配利润、未分配利润分项列支。

6. 会计报表附注

会计报表附注是为了便于会计报表使用者理解会计报表的内容而对会计报表的编制基础、编制依据、编制原则和方法及主要项目等作的解释。

(二)公司财务会计报告的编制

1. 公司财务会计报告编制的原则和要求

按照有关法律规定，制作会计报告必须遵循客观性、相关性、规范性和及时性等会计核算的四项基本原则。

第一，客观性原则。客观性原则是用来衡量会计记录和会计报告是否真实、客观地反映经济活动的一项重要原则，其核心是会计报告"应当以实际发生的经济业务为依据，如实反映财务状况和经营成果"。这里说的客观性包括真实性、可靠性和可验证性三个基本内涵，是会计信息的生命。要使会计报表所提供的信息客观公正，就必须在会计报表制作过程中做到真实准确，既要可靠不存在偏见，又要计算准确经得起检验。

第二，相关性原则。所谓相关性原则，是指财务会计报表的编制必须全面完整地反映公司的整个生产经营活动的全貌，以满足有关各方了解公司财务状况和经营成果、公司加强内部经营管理和国家宏观经济管理之需要。这就要求各公司在制作会计报表的过程中，必须按照国家规定的格式和内容进行，不得漏编漏报，更不能随意取舍。

第三，规范性原则。规范性原则要求公司会计报表的编制必须符合规范。具体而言，就是公司财务会计报表的编制必须使用通用的商业用语进行，以便于会计信息的互相比较和利用；会计核算应当按规定的会计处理方法进行，会计指标应当口径一致，具有可比性；会计处理方法前后处理方法前后各期应当一致，具有一贯性；会计报表要清晰明了，便于理解和利用，即具有明晰性。

第四，及时性原则。信息具有时效性，只有讲求实效，信息才有使用价值。会计报表只有及时编制和报送，才能使投资者和债权人及时了解公司的经营状况，才能使国家及时把握国民经济的发展状况，也才能使公司及时了解自己的经营业绩，并及时调整生产经营方针，所以公司必须按照法律规定及时编制会计报表并及时传递给有关各方。

2. 公司财务会计报告制作的负责人

财务会计报告的编制属于公司业务执行范围内的事情，而董事会是公司的业务执行机关，因此董事会应是公司财务会计报告的编制者，董事会也可以授权公司经理直接负责财务会计报告的编制工作，但董事会及其成员应就财务会计报告的真实性、准确性和全面性对公司和股东负责。

3. 公司财务会计报告制作的时间

根据我国《公司法》的规定，公司应当在每一会计年度终了时编制年度财务会计报告。由于公司每一会计年度终了，必须进行决算，而决算结果主要通过公司财务会计报表体现出来，所以公司决算开始进行之日即为会计年度报表制定开始之日。而根据《公司法》的规定，财务会计报告依法应当在召开股东大会年会 20 日前置备于公司，供股东查阅，或按照章程规定的期限将其送交各股东，所以财务会计报告完成的时间最迟需在公司召开股东大会或股东年会 20 日以前。国家统一的会计制度规定公司应当编制半年度、季度和月度财务会计报告的从其规定。

(三)公司财务会计报告制作的审核和审计

为了保证公司财务会计报告的真实可靠，公司财务会计报告制作完成后，在提交股东大会审核之前依法应经过有关机构审核。由于检查公司财务是公司监事会的法定职责，所以公司财务会计报告在提交股东会之前，监事会应就财务会计报告的内容、编制方法的合法性和合规性进行审核，必要时，还可聘请中立的会计师对财务会计报告进行审核，费用由公司承担。这是公司的内部审核。监事会应将审核意见作出书面报告，交董事会。如果监事会对财务会计报告持有异议，董事会虽无义务依照监事会的意思去修正会计报告，但应将会计报告和监事会的审核报告，一并交股东会确认。

针对近年来公司财务会计报告严重失真的问题，《公司法》第 164 条要求公司编制的年度会计报告须"依法经会计师事务所审计"，从而将公司财务会计报告的外部审计制度在公司法中予以明确，推行强制审计制度。该法第 170 条同时规定，"公司应当向聘用的会计师事务所提供真实、完整的会计凭证、会计账簿、财务会计报告及其他会计资料，不得拒绝、隐匿、谎报"，进一步明确了公司的义务，以保证会计师事务所所出具的审计报告客观、真实、完整。《公司法》第 202 条规定了财务会计虚假记载的行为人责任："公司在依法向有关主管部门提供的财务会计报告等材料上作虚假记载或者隐瞒重要事实的，由有关主管部门对直接负责的主管人员和其他直接责任人员处以三万元以上三十万元以下的罚款。"此外，《会计法》等法律法规也规定了虚假记载行为人的法律责任。

（四）公司财务会计报告的确认

根据《公司法》第37条的规定，审议批准公司财务会计报告是公司股东会和股东大会的法定职权，因此公司财务会计报告必须提交股东会确认。经股东会确认的财务会计报告，公司就应对其真实性、完整性和合法性负责，但如果董事或监事在财务会计报告的制作或检查中有违法行为，则仍应对其违法行为承担责任。

（五）公司财务会计报告的提供与公示

编制公司财务会计报告的目的，主要是为了向有关各方提供公司的财务会计信息，满足有关各方了解公司财务状况及信用信息的需要。因此，公司财务会计报告制作以后，必须及时向有关各方提交或公示。

1. 向股东提交

股东作为公司的投资者，其经济利益与公司经营好坏有着密切的联系，所以最为关心公司的财务会计报告，而了解公司财务状况又是股东应享有的一项基本权理，因此公司有义务按期向股东提供有关财务会计信息，为此我国《公司法》第165条规定，有限责任公司应当按照章程规定的期限将公司会计报告送交各股东；股份有限公司的财务会计报告应当在召开股东大会年会的20日以前置备于本公司，供股东查阅；公开发行股票的股份有限公司必须公告其财务会计报告。

2. 向社会公告财务会计报告

为了保护投资者的利益，规范证券市场秩序，我国公司法要求公开发行股票的股份有限公司必须公告其财务会计报告。这样凡是公开发行股票的公司无论其股票是否公开上市交易均必须按照公司法和证券法规定的方式和要求向社会公众公告其有关财务信息。

3. 向有关部门报送相关的财务会计报告

依照有关法律规定，公司的财务会计报告要报送国家有关行政部门，以接受其监督管理。如税务机关、开户银行、主管机关等。当然，这些机构必须依法行使职权，不得违法要求公司提供部分或者全部财务会计报告及相关数据，否则公司有权拒绝。

4. 向职工代表大会公布财务会计报告

针对国有企业、国有控股的或者主导地位的企业，《企业财务会计报告条例》还要求至少每年一次向本企业的职工代表大会公布财务会计报告，并重点说明下列信息：(1)反映与职工利益联系密切的信息；(2)内部审计机关发现的问题及纠正情况；(3)注册会计师审计情况；(4)国家审计机关发现的问题及纠正情况；(5)重大的投资、融资和资产处置决策及其原因的说明；(6)需要说明的其他重要事项。

第二节　公司的利润分配制度

一、公司利润分配制度的含义

公司是以营利为目的的企业法人，人们之所以投资于公司，公司之所以从事生产经营活动，其最终目的都是为了获取一定的利润。获取利润是股东投资公司的直接目的，也是公司作为营利性企业法人的本质要求。因此，利润分配请求权是股东的一项固有权利。由于公司当年税后利润的分配不仅关系到公司今后的经营和发展，而且关系到股东的切身利益。为了保护股东的合法权益，鼓励人们的投资热情，同时为了保护债权人的合法权益，各国公司法大多规定，公司应将经营获得的利润按一定的原则、方式和顺序分配给各个股东，这就是公司的利润分配制度。

公司的利润分配制度，也称股利分配制度，是指由公司的董事会，根据公司法有关规定，并结合本公司的财务状况和经营成果，制订出公司当年的税后利润分配方案，提交股东会或股东大会审议批准，并依法组织实施的公司基本法律制度。所谓股利就是指按照法律和章程规定公司分配给股东的利润。通常可以分为股息和红利。二者的区别在于，股息是按照确定的比率来分取的，股息的利率往往是预先确定在招股说明书或公司章程中，并且不随意变动，在分配顺序上优先于红利，优先股股东在实践中领取的多为股息，红利没有固定的比率和数额，完全依据公司的盈利情况来确定。我国《公司法》没有区分股息和红利，从我国公司实践来看，一般也不区分股息和红利，而统称为股利或红利。

为了保护股东尤其是中小股东的利润分配请求权，《公司法司法解释四》从多个方面进行了规定。其中，第14条规定："股东提交载明具体分配方案的股东会或者股东大会的有效决议，请求公司分配利润，公司拒绝分配利润且其关于无法执行决议的抗辩理由不成立的，人民法院应当判决公司按照决议载明的具体分配方案向股东分配利润。"第15条规定："股东未提交载明具体分配方案的股东会或者股东大会决议，请求公司分配利润的，人民法院应当驳回其诉讼请求，但违反法律规定滥用股东权利导致公司不分配利润，给其他股东造成损失的除外。"

二、可分配利润的确定

公司利润分为税前利润和税后利润。税前利润即公司依法缴纳企业所得税之前利润总额，而税后利润则是指企业依法缴纳所得税后的净利润。可分配利润是指可以用作股利分配的利润。根据《公司法》第166条的规定，公司分配当年税后利润时，应当提取公司法定公积金；公司的法定公积金不足以弥补以前年度亏损的，在依照前款规定提取法定公积金之前，应当先用当年利润弥补亏损。因此，公司税后利润并不等于可分配的利润。只有法律规定可以用作股利分配的利润才属于可分配利润。

三、公司利润分配的原则

1. 同股同利、优股优先原则

所谓同股同利，是指同种类的每一股份所分的股利数量和方式应该相同，不得有所区别；所谓优股优先，是指不同种类的股份在分配顺序上优先股优于普通股，普通股优先于劣后股。

2. 无盈不分原则

即股利只能从公司利润中支付，公司没有盈余不得分红。为了贯彻资本充实原则，巩固公司的财务基础，保护债权人的利益，维护交易安全和社会公益，各国公司法均将"无盈不分、无利不分；多盈多分、少盈少分"作为公司利润分配的基本原则。我国公司法也坚持了这一原则。

3. 依法分配原则

公司利润分配虽属公司内部事务，但关系到公司长远发展及债权人利益，因此，公司法对于股利分配均有强制性的规范安排，公司利润分配必须依照法律规定的程序和方式进行。

四、股利分配的方式

在公司实践中股利分配的方式大致有几种：

1. 现金股利

现金股利又称派现方式，即直接向股东支付货币作为股利，这是最为常见的股利分配方式。

2. 股份股利

股份股利在实践中也称送红股，是指公司在分配股利时并不支付现金，而是向股东赠送股份，从而将公司本年度利润转化为新的股本。股份股利意味着公司增配新股，应符合增资的条件和程序。

3. 财产股利

财产股利是指宣布分配的公司向股东分配非现金财产，例如以子公司或拥有的其他公司的股票或有价证券以及本公司的产品来支付股利。

4. 负债股利

即公司以本公司发行的债券或应付票据代替现金作为股利向股东分红的一种形式。通过这种分红形式，股东虽然没有现金收益，但通过对股东对公司享有债权可以获得利息，也可以达到对公司投资的目的。

我国《公司法》目前对股利分配的具体方式未作明确规定。《上市公司章程指引》第152条规定，公司可以采取现金或者股票方式分配股利，也就是说上市公司只能采取现金股利和股份股利两种方式，而非上市的股份有限公司和有限责任公司究竟采取什么方式分配股利，可根据自身的实际情况，考虑到股东利益和公司发展来确定分配股利的具体方式。

五、公司利润分配方案的提出、批准和分配顺序

（一）分配方案的提出和批准

根据我国《公司法》的规定，公司利润分配方案由公司董事会提出，由股东会或股东大会审议批准，并交董事会执行。其决议事项属于一般决议事项。

（二）分配顺序

依据我国《公司法》的规定，公司当年税后利润的分配顺序为：

1. 弥补亏损

为保护公司债权人利益和社会公益，贯彻资本充实原则，公司在本年度有盈余时，应首先检查上一年度是否有亏损。如有亏损，而公司的法定公积金又不足以弥补上一年度亏损时，应先用公司的当年税后利润弥补亏损。

2. 提取法定公积金

公司当年税后利润在弥补亏损后，若仍有剩余，则必须提取利润的10%列入法定公积金。法定公积金累积金额为公司注册资本的50%以上的，可不再提取。

3. 支付优先股股利

由于优先股股东或多或少地放弃了作为股东的共益权，不参与公司的经营决策，也不享有公积金权益，作为权利放弃的补偿和平衡，必须减免其投资风险。因此，支付优先股股利应优先于提取任意公积金，以防止公司利用提取任意公积金损害优先股股东权益。

4. 提取任意公积金

任意公积金是指不由法律强制规定，而由公司视情况自行决定提取的公积金。我国《公司法》规定，公司从税后利润中提取法定公积金后，经股东会决议，可以提取任意公积金。

5. 支付普通股股利

公司在完成以上各项分配后，若仍有剩余，即可按确定的利润分配方案向普通股股东支付股利。有限责任公司原则上按股东的出资比例，股份有限公司按照股东持有的股份比例分配；章程另有规定的，从其规定。

六、违法分配的后果

股利分配的法律规定是强制性规范，因此违反法律规定的股利分配方案无效。既然违法分配股利的分配方案无效，那么股东取得的此类股利自然因缺乏合法根据而为不当得利。由于此种不当得利之债的债权人为公司，故公司可依《民法通则》第92条的规定，请求接受分配的股东返还其接受的股利。《公司法》第166条第5款也规定"股东会、股东大会或者董事会违反前款规定，在公司弥补亏损和提取法定公积金之前向股东分配利润的，股东必须将违反规定分配的利润退还公司"，而不论接受非法分配股利的股东在主观上是否有恶意。为了加强对公司债权人的保护，许多国家的公司法规定，若公司怠于行使其请求权，公司的债权人可行使其代位请求权。此外，不少国家还规定参与决定分配方案的公司董事对此应负连带责任。我们认为，这些规定值得我国公司立法予以借鉴。

七、公积金与公益金制度

公积金，又称储备金或准备金，是指为巩固公司的财务基础，依法律或公司章程的规定及股东会或股东大会的决议，按确定的比例从营业利润或其他收入中提取的，不作股息分配，而留存于公司内部，具有特定用途的基金。

按照公积金是否依法强制提取为标准，公积金可以分为法定公积金和任意公积金。前者是指依照法律规定强制提取的公积金，后者是指根据公司章程或者股东会决议于法定公积金之外任意提取的公积金。按照公积金的来源不同，还可以将公积金分为盈余公积金和资本公积金。盈余公积金是指公司在弥补亏损后，分配股利前，按法定比例在税后利润中提取的公积金。我国公司法规定，公司必须从税后利润中提取10%的公积金，即属于法定盈余公积金。资本公积金是指，由公司资本或资产以及其他原因所形成的公积金。其来源主要有：股票超过面额发行所得的净溢价额；每一营业年度内，因资产评估增值所获得的估价溢额，处分资产或者出售资产的溢价收入；吸收合并其他公司所承受的资产余额；

接受赠与财产的所得额等。

　　法定公积金的主要用途是弥补亏损和转增股本。在弥补亏损时，一般应先用法定盈余公积金，不足时再使用法定资本公积金，因资本公积金较难获得。在转增股本时，应经股东会决议，办理法定增资手续，但转增后留存的该项公积金不得少于公司注册资本的25%。任意公积金的用途一般由公司自行决定。在国外，因提存的目的和用途不同，就将任意公积金分为以偿还公司债为目的而提存的"公司债偿还公积金"、以平衡历年盈余分配为目的的"平衡公积金"、不为专门用途而提存的"普通公积金"等。任意公积金的用途一经确定，即转为专用基金，非经股东会决议，不得挪作他用。

　　公益金是指依照法律和章程的规定或股东会的决议，从公司的税后利润中提取的用于职工集体福利的基金。在国外，公益金的提取为任意性规定，是否提取由公司章程规定。我国原《公司法》曾经规定公司在分配税后利润时应当提取利润的 5%～10% 列入法定公益金。修改后的《公司法》取消了这一规定。但公司仍然可以通过公司章程规定提取公益金。

第十一章　公司的变更与终止

第一节　概　　述

一、公司的变更

作为企业法人，公司在其经营过程中，随着自身条件和外部环境的变化，构成公司的诸因素都会发生一定的改变。特别是在市场经济条件下，由于经济的飞速发展、竞争的激烈和调节生产经营与销售之需要，公司的调整与变化更是不可避免。所谓公司变更，就是指公司依法成立后，在其存续期间，依照法律和行政法规的规定，改变其构成要素的行为。这些构成要素主要包括公司的名称、住所、法定代表人、注册资本、经营范围、经营期限、章程、公司组织形式与组织结构等。[①] 公司变更须按照法律规定的条件和程序进行，方能产生预期的法律后果。

公司的变更可分为公司一般经营事项的变更和组织结构的变更。公司一般经营事项的变更包括公司的名称、法定代表人、注册资本、经营范围、经营期限、章程的调整。公司组织结构的变更，主要是指公司组织结构的调整，包括公司内部组织结构的调整和公司外部组织结构的调整与改变。其中内部组织结构的变更主要指公司分支机构的设立和撤销；公司外部组织结构的变更，则涉及公司人格及外在形态的改变，诸如公司的合并、分立及公司组织形式的变更。

公司的变更依其产生原因和条件不同，可分为行政命令变更、司法裁决变更和公司自愿变更等三种类型。行政命令变更即国家行政主管机关因公司违反有关行政法规依其职权责令公司进行变更。例如，当公司的劳动安全卫生设施不符合国家规定的标准、公司的生产经营造成严重的自然资源破坏和环境污染或者公司的能源消耗不符合国家规定的标准时，政府有关部门要求公司作出相应调整；再者，国家调整产业政策和产业结构时，政府有关部门也可能会依法作出公司变更的要求。司法裁决变更即司法机关应当事人的请求，对争议的事项作出裁决，而导致公司的变更。如公司因名称专用权、土地使用权的争议作出裁决从而引起公司登记事项的变更；当任命公司法定代表人的股东会决议因存在瑕疵裁决无效或被撤销时，也会导致公司登记事项的变更；还有根据公司违背竞争法的要求，滥用市场优势地位，损害竞争者利益，而导致公司被裁定分立等。公司自愿变更，是指公司根据市场情况的变化，自主作出的变更。这是在市场经济体制下，公司最为常见的变更

---

① 雷兴虎著：《股份有限公司法律问题研究》，中国检察出版社 1997 年版，第 297 页。

原因。

公司的变更不仅关系到公司自身的权利能力和行为能力的变化，而且还涉及有关当事人的合法权益，影响到市场供应，关系到国家对公司的监督、管理以至整个国民经济的综合平衡和宏观调控。因此，公司重大经营事项和组织结构的改变，必须严格依照法律规定的程序进行。按照我国现行立法的规定，公司法定事项的变更，必须向原公司登记机关申请变更登记，未经核准登记变更，公司不得擅自改变其登记事项。公司申请变更依法应当向公司登记机关提交公司法定代表人签署的变更登记申请书、依照公司法作出的变更决议以及公司登记机关要求提交的其他文件。公司变更涉及修改公司章程的，还应提交修改后的公司章程或公司章程修正案。

二、公司的终止

公司终止是指公司由于法律或章程规定的事由发生而丧失其民事主体资格，不再具有民事权利能力和行为能力的法律事实。公司终止意味着公司经营资格和法人资格的彻底消灭。

公司终止有期满终止和提前终止之分。期满终止是指公司因章程规定的营业期限届满，又不愿延长期限继续经营而解散，并最终终止其法人人格。提前终止是公司在章程规定的营业期限届满前提前终止其法人资格的情形。无论是提前终止还是期满终止，都不是暂停公司营业，也不是公司名称或住所的变更，而是指公司经营资格和法人资格的丧失。

依据公司终止的原因不同，公司终止还可以分为自愿终止和强制终止。自愿终止是指公司依照章程的规定或股东会的决议自动解散而导致公司人格不复存在，而强制终止则是政府或政府有关部门责令公司解散或法院裁决公司解散而导致公司人格的终结。因此，自愿终止完全基于公司本身的意愿进行，而强制终止是基于行政命令或法院裁决等外因而产生。

公司终止是公司法人人格的彻底消亡，其以公司办理注销登记为标志。与自然人的死亡不同，公司法人的消灭是人们有目的的行为，应遵循一定的程序、经过一个过程，并非当法律规定的事由出现时，立即丧失其主体资格。因为，公司法人的终止，不能像自然人死亡那样概括地转移其权利义务，即如果在法律规定的事由出现时就当然丧失其法人资格，其内部关系与对外关系将无法了结，已经与公司成立法律关系的主体就可能遭受不测的损害或不正当的利益，因此，法律规定，公司终止前必须了结相应的债权债务，清理剩余财产。非经过必要的解散和清算程序，公司不得注销其法人资格。

由于公司终止事由开始出现到公司法人资格的最终消灭存在一个时间差，在学术界，便有人将公司终止视为一种将公司归于消灭的行为或程序，从而将其与解散在同一含义和层面上适用。本人认为，终止和解散是两个完全不同的概念，不能混同。终止是就实体角度而言的，讲的是公司在实体意义上的消灭，是一种事实、一种状态；而解散则是从程序角度而言的，是确定公司将要终止，这种确定虽不会立即导致公司法人资格的消灭，但它必将会导致公司法人消灭，即公司的终止。

第二节 公司的合并与分立

一、公司的合并

(一)公司合并的概念和特点

公司合并是指两个或两个以上的公司按照法律和合同规定的条件和程序组成一个公司的法律行为。从这一定义出发，可以概括出公司合并具有以下几个法律特征：

1. 公司合并是公司之间进行的"合二为一"或"合多为一"的行为

合并必须以两个或两个以上的公司存在为前提，并且公司法意义上的合并也在两个或两个以上的公司之间进行。

2. 公司合并是依法和依约进行的法律行为

首先，合并是两个或两个以上的公司基于自愿和合意而进行的民事法律行为，是双方或多方当事人"意思自治"的体现和结果，合并各方需要签订合并协议并遵循协议约定的条款，履行各自的义务。同时，由于公司合并不仅会引起合并前公司主体和权利义务的变更，而且还关系这些公司的股东、债权人等相关利益主体的利益，因此，各国公司法又均对公司合并的条件和程序作了严格规定。因此，合并行为又必须按照公司法规定的条件和程序进行。

3. 公司合并必然引起公司变更的法律后果

这种变更既有合并前的公司主体资格的变更，也有合并前公司权利义务的变更，还会导致公司财产和股权结构的改变，因此，如何处理好公司变更所引发的一系列法律问题，尤其是股东和债权人的利益变动问题，是公司法规制合并行为的主要内容。

(二)公司合并与相关概念的辨析

1. 公司合并与公司联合

公司联合是公司相互之间的合作行为，根据联合的方式和程度不同，可以分为股权式的联合和契约式的联合。公司合并与公司联合有共同之处，即都是在两个或两个以上的公司之间进行的民事法律行为。但二者之间有着根本的不同。无论是股权式联合还是契约式联合，公司联合均不产生参与联合的公司主体资格消灭的结果；而公司合并则必然引起原公司主体的消灭，出现由两个或多个法人主体形成单一法人主体的结果。

2. 公司合并与公司兼并

"兼并"目前在认识上和法律上都还不是一个完全统一的概念。一般认为具有广义和狭义之分。狭义上的兼并即等同于合并中的吸收合并形式，因此二者是种属关系。广义的兼并除了吸收合并的含义外，还有"接管"的意思。如1989年原国家计委、财政部、国有资产管理局联合发布的《关于企业兼并的暂行办法》第1条规定："本办法所称的企业兼并，是指一个企业购买其他企业的产权，使其他企业丧失法人资格或改变法人实体的一种行为"；同时该办法规定了企业兼并的四种形式：承担债务式、购买式、吸收股份式和控股式。1996年财政部印发的《企业兼并有关财务问题的暂行规定》第2条也采取同一理解，该条规定"本规定所称兼并，指一个企业通过购买等有偿方式取得其他企业的产权，使其丧失法人人格或虽保留法人人格但变更投资主体的一种行为"。从上述文件规定来看，其所称的"兼并"显然与"吸收合并"不能等同，二者最大的区别就在于前者的兼并包括了丧失法人资格和继续保留法人资格的情形。前者采取的保留法人资格的兼并形式就含有"接管"的含义在里面，不仅包含有通常意义上的股权收购，还包含有财产接管，即无论通过何种形式，只要是取得了另一个公司的实际控制权的行为都可以囊括在广义的兼并之中。

3. 公司合并与公司收购

公司收购主要是指一公司通过购买另一公司股份而取得对该公司控制权的行为。公司收购与公司合并有相似之处，但也有明显的不同。其不同主要表现在以下几点：(1)交易主体不同。公司合并是两个或两个以上的公司之间的行为，参与合并的公司是交易或合作的主体；而公司收购通常发生在公司与被收购的目标公司的股东之间。(2)公司之间的关系不同。合并完全出于参与合并的公司的真实意愿，是各方平等、自愿、协商的结果；而收购对收购方和被收购的目标公司的关系而言，则并不尽然。有时收购方的收购行为会得到目标公司及管理层的响应和配合，而有时则会遭到目标公司的反对和抗拒，拒绝收购时双方会形成对抗。因此，公司收购就有友好式收购和敌意收购之分。(3)法律后果不同。公司合并的结果必然导致原公司主体资格的变更和权利义务的改变；而公司收购对于收购方来讲，是以取得目标公司的控制权为目标，所以只须取得目标公司一定比例以上的股份即可实现对目标公司的控制，并不会带来目标公司实体法律地位的改变，收购方也无须直接承担目标公司的债务。当然收购方也可能通过收购而取得目标公司的全部股份，并将目标公司予以注销，此时其后果与公司合并就没有实质差异。(4)适用法律不同。公司合并主要由《公司法》和《合同法》调整，而公司收购有要约收购和协议收购之分，要约收购主要借助于证券市场实现，因此公司收购更多地受证券法和合同法规制。

(三)公司合并的种类

公司合并有吸收合并和新设合并之分。吸收合并是指两个或两个以上的公司合并中，其中一个公司继续存在，而另外的公司解散，由继续存在的公司吸收解散公司的行为。继续存在的公司称存续公司，被吸收不复存在的公司称解散公司。这种合并形式即为狭义上的"兼并"。新设合并是指两个或两个以上的公司合并中，参与合并的公司均解散，依法组建一个新的公司的行为。

(四)合并的程序

公司的合并涉及公司的解散、变更和设立，带来公司实体法律地位的改变和权利义务的调整，事关公司股东、债权人及公司管理人员和职工的切身利益。为确保合并行为顺利、有效、公正地进行，切实维护相关各方的合法利益，各国公司法都对公司合并的程序做了严格规定，公司合并必须严格按照公司法规定的程序进行。根据我国《公司法》的规定，公司合并应依下列程序进行：

1. 签订合并协议

参加合并的各方应在平等协商的基础上，就合并的有关事项达成合并协议。合并协议的具体内容因合并公司类型及合并形式的差异而有所区别。根据公司合并的实践，合并协议应包括以下内容：(1)合并各方的名称、住所；(2)合并后存续公司或新设公司的名称、住所；(3)合并各方的资产状况及处理办法；(4)合并各方债权债务的处理办法；(5)合并各方职工安置；(6)存续公司或新设公司因公司合并而增资所发行的股份总数、种类和数量；(7)合并各方认为需要载明的其他事项。

2. 编制资产负债表及财产清单

在签订合并协议的同时，合并各方应编制资产负债表及财产清单，以供债权人查询。资产负债表应明确公司借贷情况，财产清单应将公司所有的动产、不动产、债权、债务及其他资产分别注明。

3. 股东会决议

公司合并事关股东的切身利益，因此须依法由股东会决议。在公司代表人与其他合并公司达成合并协议后，应将合并协议提交股东会表决。公司合并属于特别决议事项，须由出席股东会议的股东所持表决权的2/3通过，方为有效。只有在股东会通过合并决议时，合并协议才能生效。因此股东会决议是合并协议生效的必备前提条件。

4. 通知或公告债权人(债权人异议程序)

为保护债权人利益，各国公司法都在公司合并程序中规定了对债权人的保护措施，即要求在作出公司合并决议后，应及时通知或公告债权人，并明确规定在法定期限内，债权人有权对该公司的合并提出异议。公司对在法定期限内对公司合并提出异议的债权人，必须清偿债务或提供担保。逾期未提出异议者视为默认该公司的合并。我国《公司法》第173条明确规定，参与合并的公司应当自作出合并决议之日起10日内通知债权人，并于30日内在报纸上公告。债权人自接到通知书之日起30日内，未接到通知书的自公告之日起45日内，可以要求公司清偿债务或者提供相应的担保。

须说明的是，由于在合并过程中，解散公司的债权债务由存续公司或合并后新设公司概括承受，因此伴随着财产的整体转让与受让，双方债权、债务人的原有地位并没有发生根本的改变，所以合同法中关于债务转移应经债权人同意的规定无法适用于公司合并之情形；此外，从常理来讲，债权人只能以满足债权和保护债权安全为目的，所以在公司对持有异议的债权人清偿了债务或为债务提供了相应担保之后，公司即可实施合并，因而公司合并无须征得债权人同意，债权人享有的只是清偿债务或提供担保的请求权。债权人异议并不具有直接阻却合并的效力。

5. 报主管部门批准

《公司法》第66条规定，重要的国有独资公司合并、分立、解散、申请破产的，应当由国有资产监督管理机构审核后，报本级人民政府批准。前款所称重要的国有独资公司，按照国务院的规定确定。此外，《上海证券交易所股票上市规则》等对上市公司的合并有特殊要求，规定"涉及上市公司股份变动的合并方案应当报送中国证监会批准并抄送证券交易所"。

6. 进行资本的合并和财产的转移

完成催告债权的程序后，合并的公司即可实施资本的合并和财产的转移。

7. 办理注册登记

完成上述程序后，合并公司即应在法定期限内办理注册登记，其中因合并而解散的公司应当办理注销登记，合并后存续的公司应当办理变更登记，因合并而新设的公司应当办理设立登记。按照《公司登记管理条例》的规定，公司应当自合并决议或者决定作出起 90 日后申请登记。应向登记机关提交的法律文件有：合并协议、合并决议或决定、公司在报纸上登载合并公告至少三次的证明、债务清偿或者债务担保情况的说明及国务院授权部门或省级人民政府的批准文件。

（五）实现公司合并的方法

尽管从理论上讲，公司合并是公司与公司之间的民事行为，双方必须建立在自愿、合作的基础之上，但在现实生活当中，除了经典式的公司合并，即由管理层决策，然后股东会决定实施，原公司股东随之转移于合并后存续公司或新设公司的经典式合并之外，在现实生活中，公司之间实现合并的具体方式还具有多样性，常见的有以下几种：

1. 购买股权法

即在吸收合并中，吸收方用本公司资金向被吸收方股东购买全部股权，然后解散被吸收方，将其吸纳进自己公司。

2. 置换股权法

在吸收合并方式中，吸收方的股东用自己持有的其他公司的股权与被吸收方股东持有的被吸收公司的全部股权相置换，然后解散被吸收方，将其全部吸纳进自己的公司。置换股权法与购买股权法的不同在于：前者是两个公司的股东分别以自己持有的股权相互对调；而后者是用公司的资金购买股权。

3. 吸收股权法

即在吸收合并中，被吸收方的股东将自己公司的净资产作为股金投入吸收方，从而成为吸收方的新股东，被吸收方解散。

4. 承担债务法

即合并后的存续公司通过承受被解散公司的全部资产和全部债务来实现合并的方法。这种情形通常发生于被吸收公司负债大于资产或等于资产之情形。

值得注意的是，上述合并与收购具有某些共性，但既然是公司合并，实施合并的主体必然表现为公司。因此，无论是采取哪种合并方法实现公司的合并，都必须由合并的公司而不是由该公司的股东作为当事人来签订合并协议，也必须按照《公司法》规定的程序进行。正因为如此，如果采取购买股权法、置换股权法、吸收股权法来完成的公司合并，就必然存在双重合同关系，即除了公司与股东、股东与股东之间要签订股权转让协议外，还必须由参与合并的公司各方作为当事人签订合并协议。

（六）合并的效力

合法的公司合并，其效力主要表现在以下几个方面：

1. 合并公司主体资格的变化

合并公司的变化因合并方式的不同而有所区别，概括地说，可导致公司消灭、公司变更和公司设立三种结果。其一是消灭。在吸收合并的场合，被吸收合并的公司法人资格归于消灭；在新设合并的场合，参与合并的公司其法人资格均归于消灭。其二是公司变更。在吸收合并时，存续公司的股东、资本都发生了变化，需修改公司章程并办理变更登记。其三是公司设立。这存在于新设合并之场合。在公司实施的是新设合并时，原公司均解散，而成立一个新的公司。新成立的公司应办理设立登记。

2. 公司债权债务概括转移

公司合并制度的主要功能是通过参与合并公司债权债务的概括转移实现公司资产的重组，以节省运作成本，提高运营效率。因此，在公司合并时，存续公司和新设公司应不附任何先决条件，继续承担因合并而解散的公司经确认的全部债权债务，无须就被合并公司的债权债务为个别的让与及承受，且不得就其中权利或义务之一部分以特别约定除外，即使在合并中作出这种约定，也不发生法律效力，更不得以此对抗第三人。我国《合同法》第90条也明确规定："当事人订立合同后合并的，由合并后的法人或者其他组织行使合同权利，履行合同义务。"但第70条同时规定，债权人合并没有通知债务人，致使债务履行发生困难的，债务人可以中止履行或将标的物提存。

3. 解散公司股东身份的变化

随着公司合并的完成及解散公司的消灭，解散公司的股东身份将发生变化。通常意义上讲，解散公司的股东可能随之转化为存续公司或新设公司的股东。但在现实生活中因采取方法的不同，解散公司股东身份改变的情况也各不相同。采取购买股权法的，解散公司股东因获得对方支付的股权购买价款而丧失其股东身份；采取置换股权法的，解散公司股东因股权置换而成为合并各方以外的其他公司的股东；采取吸收股权法的，解散公司股东变更为存续公司的股东；采取承担债务法的，解散公司股东因原公司资产和债务基本相等而丧失股东身份。

(七) 其他相关问题

1. 合并中少数股东的利益保护问题

公司合并关涉股东的切身利益，因此如何保护公司股东利益是各国公司法必须关注的问题。我国公司法虽然将公司合并的决定权交付给股东会，由股东会以特别决议的方式作出，对于防止公司管理层滥权合并损害股东利益起到了积极的作用。但由于股东会采取的是资本多数决的原则，股东会决议体现的只能是多数股东甚至是控制股东的个人意志，尤其是在公司采取购买股权法、置换股权法等实施合并的情况下，不能排除解散公司的多数股东为了自己的利益而置公司与少数股东利益于不顾。因此，对公司合并持有异议的股东，其利益如何维护，则是公司法必须考虑的问题。目前绝大多数的市场经济国家都赋予了异议股东的股份收购请求权，即在公司合并中，对股东大会作出的合并决议持有异议的股东，可以请求公司以公正的价格收购自己所持有的公司股份的权利。如美国特拉华州公司法第262条规定，反对合并的股东可以行使股份买回请求权；公司必须在承认合并大会前20天，通知拥有股份买回请求权的各位股东该权利的存在；行使该权利的股东，必须在合并承认大会前向公司提出买回请求权并在承认大会上投反对票；异议股东可以在合并生效之日起20日内，向衡平法院请求决定股票价格，由法院对股票价格作出公正裁决。《日本商法典》也有类似规定，该法第245条还对回购请求的程序及失效作了规定。《德国股份公司法》及欧盟公司法第3号指令也对此也都有明确规定。我国原《公司法》未赋予对公司合并持异议的股东这一权利，而仅在证监会的《上市公司章程指引》和《到境外上市公司章程必备条款》两个文件中有所涉及，其效率、适用范围及操作性都存在很大的问题，故修改后的《公司法》增加了相应规定，以强化对中小股东利益的保护。

2. 公司合并与债权人保护

公司合并中的债权人保护问题，是公司合并制度设计时同样必须考虑的问题。我国《公司法》规定了合并公司的告知义务和债权人的异议权利制度，但仍然存在需要完善之处。一是《公司法》只规定了告知的时间和方式，但并没有规定告知的内容和告知的效力；二是对于没有履行告知义务的和未能清偿债务或提供相应担保而实施合并的，只规定了公司所应承担的行政责任，即处 5 万元以上、10 万元罚款，对民事责任及程序存在瑕疵的合并行为其效力均无涉及。这些都需要进一步地予以完善。

3. 合并中的公平与效率的协调问题

公司合并制度同样涉及"公平"与"效率"两种价值观念的冲突和协调问题。一个科学的合并制度既要考虑公司合并中不同利益主体的利益保护，以实现公平的价值理念，同样也存在着对合并效率的追求。台湾地区"公司法"的近期修改及不少国家关于简易合并程序的规定，就是极好的例证，① 而我们对此尚未给予足够的重视。

简易合并程序，是指对于母子公司之间的合并所设置的一种不同于普通程序的简易合并程序，以提高公司的运作效率。如《美国示范商事公司法》规定，母公司拥有子公司的至少是 90%的各类已售出的股票就可以把子公司合并进来，而不必由母公司或子公司的股东批准。《德国股份公司法》规定，接受公司拥有转让公司 9/10 的基本资本时，公司合并不需要通过接受公司股东大会决议，除非接受公司拥有基本资本 20%以上的股东要求表决。转让公司所有股票转到接受公司手中时，还可以免去股票兑换说明及对股票的审查。我国台湾地区"公司法"最近也引入了简易合并制度。

二、公司的分立

(一)公司分立的概念和特征

公司的分立是指公司依照法律规定的条件和程序分成两个或两个以上具有法人资格的公司的法律行为。从公司法意义上看，公司分立具有以下特征：

1. 公司分立是在原有公司的基础上"一分为二"或"一分为多"，它与公司合并恰好是反方向操作

原公司与分立后的公司以及分立后的公司之间无任何资产和股权上的联系，是彼此完全独立的企业法人。

2. 公司分立是公司组织法定变更的一种特殊形式，它无须经过清算程序而实现公司法人组织的肢解

就原公司"一分为二"或"一分为多"而言，原公司也可以经过解散清算程序后，在公司消灭的基础上又设立起两个或两个以上新的具有法人资格的公司，以达到公司分立的结果。但这并非公司法意义上的分立，前者是两个独立的行为，而公司的分立是一个连续的行为。公司分立不完全是公司的解散，无论是新设分立还是派生分立，均无须经过清算程序而实现在原有的公司基础上成立两个或两个以上公司的行为，因此，公司分立可以说是法律设计的一种简化程序。

---

① 详见冯果：《变革时代的公司立法——以台湾地区"公司法"的修改为中心考察》，载《南京大学学报(哲学·人文科学·社会科学版)》2003 年第 2 期。

3. 公司分立是依照法律规定的条件和程序而进行的法律行为

由于公司分立将会引起分立前公司主体资格的变化和权利义务的变更，事关公司股东、债权人和职工的利益，所以为了维护交易安全，并保护各方主体利益，各国公司法都对公司分立规定严格的条件和程序。公司的分立必须依照法律规定的条件和程序进行。

（二）公司分立的形式

公司分立形式包括新设分立和派生分立两种

1. 新设分立

新设分立，又称解散分立或分解，是指公司将其全部财产清理分割后分别归入新设立的两个或两个以上的公司，原公司解散的分立形式。新设分立的最大特点是原公司因分立而解散，法人资格消灭，新公司因分立而成立。实际上公司解散和公司新设这两个在法理上完全可以分开的行为，在实际操作和制度设计上将其转变为一个连续的行为。这一转变是通过原有公司依照公司法和分立协议将原公司所有的资产及有关债权债务关系进行分割并分别转移到新设的公司而实现的。

2. 派生分立

派生分立是指一个公司分出部分资产和业务设立一个或几个公司，原公司存续的分立的形式。派生分立的最大特点是以原公司存续为分立前提。值得注意的是派生分立后的存续公司与新设公司之间不能有任何产权联结关系。这是其与转投资的根本区别。

通常人们将公司分立理解为"一个公司以其部分资产设立另一个公司的法律行为"[1]，但严格来讲，这种表述并不准确。因为一个公司以其部分资产另设一个新的公司的行为，包括公司分立，也包括公司的转投资行为，后者显然只是公司原有资产形态的转换，即由现实资产转换为公司的股权，公司与新成立的公司之间存在股权联系，是母公司与子公司之间的关系，新公司的成立并不会引起原公司真实资产的减少和原公司债权债务的转移，原公司无须办理变更登记手续。而在派生分立的情况下，虽然原公司继续存在，但原公司与分立后的公司之间无任何资产和股权上的联系，是彼此完全独立的企业法人。因此，原公司财产、业务、规模和股东都必然发生变化。所以，一方面，不仅新设公司需要履行公司登记手续，而且原公司也必须履行变更的登记手续；另一方面，因公司分立而必然产生原公司债权债务的部分转移，正因为公司分立会带来公司债权人及股东利益的变动，所以公司法必然需要对公司分立的程序作出严格的规定，但公司转投资属于公司的一种经营行为，在公司不突破规定的转投资限额的情形下，对于公司转投资的程序公司法并没有作出专门的规定。

（三）分立的程序

1. 董事会拟订分立方案

根据《公司法》的规定，公司分立方案由公司董事会拟订并提交股东会讨论决定。分立方案应包括分立的形式、资产分割与债权债务处理方案、股东及股权安排、职工安置、分立后的公司的营业范围等内容。

2. 股东会决议

---

[1]　石少侠著：《公司法》，吉林人民出版社 1996 年版，第 296 页。

公司分立的决定权在股东会。公司分立属于特别决议事项，须由股东会 2/3 以上表决权的股东和出席股东大会的股东所持表决权的 2/3 以上通过。

3. 签订分立协议

分立协议是分立各方就公司分立过程中的有关事项达成的书面协议。分立各方，即分立协议的签约主体究竟为谁，公司法并不明确，在理论和实践上也比较混乱。有人认为，签约主体是分立后的公司，有人认为应是原公司的股东。笔者认为，分立协议严格意义上讲是分立前的公司对分立事项所做的一种协议安排，属于分立前公司的一种内部协议。因为，正如周友苏教授所认为的那样：分立本身是一种行为，分立后的公司是分立行为实现的结果，由于分立协议是分立行为实施过程中的行为，在公司实施分立行为之初就需要签订分立协议，此时分立后的公司尚未产生，若由分立后的各公司作为签约主体显然存在合同主体不适格的问题，① 所以，只能将其解释为分立前公司的一种内部协议，由原公司的股东作为协议主体比较妥当。问题是，内部协议为何会对公司的债权人及分立后的公司发生影响？笔者认为，这一问题也不难解释。首先，分立后的公司是依据原公司的股东会决议和其内部协议而产生，原公司的股东实际上也是分立后的公司的股东，股东之间的合意自然会对在设立后的公司股东之间产生拘束力，并可视为是分立后的公司股东的集体意志，即分立后各公司的意志，自然对分立后的公司产生拘束力。至于如何会扩及原公司的债权人，是基于公司合并中的债权人告知制度，因分立前公司将分立的有关事宜包括债权债务处理方案告知债权人，而债权人又予以认可，即可视为公司对自己债权债务的一种处分行为，依据民法及合同法原理，债权债务自然发生移转。

分立协议应当明确分立各方的权利义务，其内容大体包括：(1)协议各方当事人的姓名或名称及其他基本情况；(2)分立后各公司的名称、地址，分立后各公司的股东姓名、地址、在分立后享有的出资比例或者享有股份的种类、数额；(3)分立各方当事人对原公司财产的分割；(4)分立后各公司对原公司债权债务的承受，包括债权的种类、数量；(5)分立各方当事人的权利义务，包括在公司分立过程中的履行的义务，分立不成功对分立产生的民事责任的分担；(6)本协议对分立后的公司的约束力等。

4. 通知或公告债权人

我国《公司法》第 175 条规定，公司应自分立决议之日起 10 日内通知债权人，并于 30 日内在报纸上公告。

5. 申请登记

公司分立后即应在法定期限内办理注册登记，其中因分立而解散的公司应当办理注销登记，分立后存续的公司应当办理变更登记，因分立而新设的公司应当办理设立登记。按照《公司登记管理条例》的规定，公司应当自分立决议或者决定作出起 90 日后申请登记，应向登记机关提交的法律文件有：分立决议或决定、公司在报纸上登载合并公告至少三次的证明、债务清偿或者债务担保情况的说明及国务院授权部门或者省级人民政府的批准文件。

---

① 周友苏著：《公司法通论》，四川人民出版社 2003 年版，第 445 页。

（四）公司分立的法律后果

1. 公司主体的变化

公司分立是公司组织法定变更的一种特殊形式，涉及公司的解散、变更和新设。在新设分立中，原公司解散，新公司成立。在派生分立中，原公司存续，但因股东、注册资本等发生变化而必须进行变更，新公司设立。

2. 股东身份及持股额发生变化

公司分立的过程中，股东身份也可能发生变化，即由原公司的股东变成新公司的股东。即使是留在原公司中保留原公司的股东身份，其持股额也会发生变化。

3. 债权债务的变化

随着公司的分立，原公司承受的债权债务也将发生变化。与公司合并不同，由于公司"一分为二"或"一分为多"，原公司的债权债务究竟如何承担，便成为立法需要解决的现实问题，但是我国原《公司法》的规定非常简略，仅原则规定："公司分立前的债务按所达成的协议由分立后的公司承担"。因此，公司分立协议就成为确立债务承担的依据。但随着实践中借企业分立之机，逃避债务损害债权人利益事件的日益增多，随后颁布的《合同法》对此作了相应的调整。《合同法》第90条规定，"当事人订立合同后分立的，除债权人和债务人另有约定的以外，由分立的法人或者其他组织对合同的权利和义务享有连带债权，承担连带债务"，以防止公司接分立之机，"脱壳经营"，逃避债务；同时，《合同法》第70条规定，债权人分立没有通知债务人，致使债务履行发生困难的，债务人可以中止履行或将标的物提存。最高人民法院于2003年1月4日发布的《关于审理与企业改制相关的民事纠纷案件若干问题的规定》第12条、第13条进一步规定，债权人向分立后的企业主张债权，企业分立时对原企业的债务承担有约定，并经债权人认可的，按当事人的约定处理；企业分立时对原企业的债务承担没有约定或约定不明，或者虽有约定但债权人不予认可的，分立后的企业应当承担连带责任。分立后的企业在承担连带责任后，各分立的企业间对原企业债务有约定的，按照约定处理；没有约定或约定不明的，根据企业分立时的资产比例分担。对于分立企业原债务的承担问题，《公司法》第176条规定："公司分立前的债务由分立后的公司承担连带责任。但是，公司在分立前与债权人就债务清偿达成的书面协议另有约定的除外。"即公司分立前的债务，原则上由分立后的公司承担连带责任，但如果公司在分立前与债权人就债务清偿达成书面协议的则按照协议的约定处理。这样规定，既从法律上保障了债权人的利益，又体现了债权人的独立意愿，也保证了分立的进程，并与我国《合同法》及有关司法解释相衔接。

第三节　公司形式的变更

一、公司形式变更的概念和特点

（一）公司形式变更的概念

公司形式，即公司的法律形式，是指由公司法或商法所确认的公司的组织形式。如前所述，各国公司立法通常都规定了各种公司形式供投资者选择，而各种公司均须具备各自的条件、且具有各自的优点和不足。欲设立公司的投资者，可以根据自身的状况、将要营业的性质、规模等，选择公司形式。但是，在公司成立后，可能会出现两种情形：一是由于某种原因而欠缺原来公司形式应具备的条件但仍具备其他公司形式的条件，需要以其他公司形式继续存在；二是由于业务的拓展，原来的公司形式可能不再适合，为了扬长避短或满足某种经营、发展上的需要，需要转变为其他形式的公司。为了满足企业的这种需要，在保持公司人格存续和不中断的情况下，允许依照法定的条件和程序实现公司组织形式的转换。所谓公司形式的变更，也称公司法定种类的变更，是指公司不中断其法人资格，依照《公司法》的规定，变更其组织形式，使其成为其他种类公司的法律行为。

（二）公司形式变更的法律特征

公司形式变更具有公司人格的同一性、变更内容的复合性和变更种类及程序的法定性三大特征：

1. 公司人格的同一性

公司形式变更制度的基本功能和设立目的就是在不中断公司法律人格、维持公司营业的前提下，实现公司形式的迅速转换，其实质是将公司解散和重新设立这两个单独的法律行为合并为一个法律行为，在不经过解散、清算和重新设立，在维持公司人格同一的同时，实现公司由一种形式向另一种形式的转化，以简化程序、降低成本，实现社会经济效益的优化。因此，公司人格的同一、连续是公司形式变更的本质和重要属性。这是正确理解公司形式变更制度的关键。

2. 变更内容的复合性

公司的名称、住所、注册资本、法定代表人、经营范围等单一事项的改变并不必然导致公司其他事项的变更，变更内容具有单一性。但是公司形式的变更，则必然引起公司章程、注册资本、公司名称、内部组织机构甚至股东责任形式等诸多方面的变更，因此变更内容具有复合性。

3. 变更种类及程序的法定性

公司形式的变更对公司、股东和债权人都会带来重大影响，所以各国公司法大多对公司变更的种类及程序都作了严格的规定。目前绝大多数国家和地区的公司立法所规定的公司形式变更，都限于法定公司形式之间，即变更之前及变更之后都属于法定公司形式。除公司形式变更外的其他法定的或非法定的公司种类之间的转换不属于公司形式的变更，如非上市公司转换为上市公司、外商投资公司转换为非外商投资公司、国有控股公司转换为非国有控股公司等，这些变更虽然也维持了公司人格的同一性，但因非法定公司形式的改变，故仍不能属于公司法意义上的公司形式变更。

二、公司形式变更的种类

（一）国外立法例

从总体上来讲，各国和地区公司立法对公司形式变更种类的规定可分为两类，即限制主义和非限制主义。

1. 限制主义

限制主义者认为，并非任何形式的公司均可变更其形式，在种类上应受到限制，即限于公司性质近似的公司才能相互变更形式，故又称类似主义。公司性质近似与否，则以公司的结构成分和信用标准为区分标准，将公司分为人合公司和资合公司，两者不仅经济技能不同，在法律关系上亦不相同。并且认为，人合公司和资合公司由于股东的责任和内部组织完全不同，如果承认他们之间的组织变更，那么很难维持其同一性。根据限制主义者的观点，公司形式变更应仅限于具有类似性质的无限公司与两合公司即人合公司相互之间，以及具有类似性质的有限责任公司和股份有限责任公司之间。至于人合公司与资合公司之间，则禁止相互变更，非公司的法定企业形式、非企业的法定主体与各种公司形式之间，当然就更不可能被允许相互变更。目前，日本、韩国及我国台湾地区均采用限制主义。

2. 非限制主义

非限制主义基于公司为营利法人的本质及私法自治的原则，认为公司有权选择适合其营利目的的公司形式。法律为贯彻上述原则，应认许公司享有自由决定其变更形式的权利，因此，可以突破人合公司与资合公司的界限相互变更形式。德国、法国等采取此立法例。

依《德国公司改组法》，公司形式均可相互变更。[1] 依《法国商法》的规定，有限公司可以变更其形式为无限公司、两合公司、股份公司、股份两合公司；股份有限公司可以变更其形式为无限公司、两合公司、股份两合公司和有限公司。我国《澳门商法典》第307条规定，"任何公司在设立及登记后，得采用另外一公司种类，但法律禁止的除外"[2]，由此可见，在我国澳门地区，人合公司与资合公司之间也是可以互相变更的。

(二)我国现行立法

我国《公司法》规定了有限责任公司和股份有限公司两种公司形式，但原《公司法》只在第98、99、100条3条中对公司形式变更有所涉及。而且从规定看，只允许有限责任公司变更为股份有限公司，而没有股份有限公司变更为有限责任公司的法律依据。但如前所述，从各个国家和地区看，无论是采取限制主义还是采取非限制主义立法例的国家或地区，均允许性质相似的公司之间形式的变更，不仅允许有限责任公司变更为股份有限公司，也允许股份有限公司变更为有限责任公司。我国台湾地区"公司法"不允许股份有限公司变更为有限责任公司则属于极为个别的现象，且有特殊原因。台湾地区"公司法"原先也允许股份有限公司变更为有限责任公司，后来在修改时将其删除，其目的在于鼓励企业大众化和大规模经营，配合限制有限责任公司设立的立法宗旨，这是从台湾地区家族式的小企业数量众多的现状出发的[3]，不具有普遍意义。

我国大多数股份有限公司在设立时，之所以选择股份有限公司这种公司形式，是因为股份有限公司可以公开发行股份并上市。如果股份有限公司成立后，没有公开发行股份及上市的可能，同时又嫌股份有限公司运作起来较为复杂，而希望变更为具有很大灵活性和

---

① 详见杜景林等译：《德国股份法·德国有限责任公司法·德国公司改组法·德国参与决定法》，中国政法大学出版社2000年版，第285～308页。

② 赵秉志总编：《澳门五大法典·澳门商法典》，中国人民大学出版社1999年版，第105页。

③ 武忆舟著：《公司法论》，台湾三民书局1980年版，第124页。

封闭性的有限公司，法律就没有特别理由予以禁止。此外，公司成立后，在运行过程中达不到法律规定的所属公司形式设立时的条件，即发生公司被动需要变更公司形式时，公司是否应当变更公司形式，从原《公司法》中也无法找到法律依据，但我国《证券法》第97条第2款却明确规定："（上市公司）收购行为完成后，被收购公司不再具备股份有限公司条件的，应当依法变更企业形式。"由此而来，对原《公司法》的既有规定作出调整就非可有可无的多余之举。因此，修改后的《公司法》第9条就明确有限责任公司可以依法转换为股份有限公司，同样股份有限公司也可依法变更为有限责任公司。

三、公司形式变更的要件

（一）基本要件

公司在变更形式时应达到所要取得的新的公司形式的法定条件，这是不言而喻的。欠缺所要变更取得的公司形式的法定条件，公司则不能实施形式变更，除非法律有例外规定。公司形式的法定要件通常认为包括以下四个方面：

1. 组织要件

公司的组织要件包括公司的形式、类别、名称、住所和经营范围等。公司形式变更，首先确定将要取得的公司形式，然后确定符合新公司形式要求的公司名称，还要考虑公司的经营范围与将要取得的公司形式之间是否冲突。如有的国家规定，某些特殊行业的公司只能采取某种或某几种公司形式，而不得采用其他公司形式，在这种情况下，该行业的公司就不能变更为法律所禁止的公司形式。

2. 股东要件

所谓股东要件，是指对股东人数、资格等方面的要求。变更后的公司必须具有与其组织形式相适应的股东人数。依据我国公司法规定，有限责任公司变更为股份有限公司的，其股东人数，不能少于2人。

3. 资本要件

变更后的公司，其资本数额、出资形式都必须符合其法律规定。首先，是符合资本最低数额的规定；其次，是出资形式要符合法律规定，尤其是当由有限责任股东变更为无限责任股东，或由无限责任股东变更为有限责任股东时，相应的出资应当遵守法律关于变更后公司形式对出资形式的要求。例如，我国《澳门商法典》第312条规定："当变更组织导致不得再设以劳务出资之股东时，该股东应获得该约定的出资，而其他之出资，则按比例减少。"此外，各国公司立法均强调变更后的公司其资本之充实和真实，要求变更后的公司的资本总额不得超过公司现有净资产值。如《日本有限公司法》第64条规定："（股份有限公司变更为有限责任公司）不得以多于公司现存纯资产总额的金额，作为资本总额。"第67条规定："（有限责任公司变更为股份有限责任公司）组织变更时发行股份的发行价总额，不得超过公司现有的纯资产额。"《德国公司改组法》第220条对公司形式变更中保证资本充实的制度更为完善，其中对现物出资等还作了明确的规定。① 我国《公司法》第95

---

① 详见杜景林等译：《德国股份法·德国有限责任公司法·德国公司改组法·德国参与决定法》，中国政法大学出版社2000年版，第293页。

条规定，有限责任公司变更为股份有限公司时，折合的实收股本总额不得高于公司净资产额。有限责任公司变更为股份有限公司，为增加资本公开发行股份时，应当依法办理。

4. 行为要件

行为要件，是指公司形式变更行为必须符合法律要求，包括召开股东会、按照新的公司形式的要求修改公司章程，选举董事、监事，申请变更登记等。凡公司法规定公司形式变更时必须具备的变更行为条件，都应当符合公司法的要求，否则，会导致公司形式变更行为无效。如《法国商事公司法》第72-1条规定，另一形式公司转变为股份有限公司时，应对构成公司资产的财产价值和特别利益进行评估，全体股东对财产的评估和特别利益的给予作出决定，只有全体股东一致同意，才可减少财产价值和特别利益的给予，未获得股东明确批准并载入笔录的，转变无效。① 我国《公司法》第37条也明确规定，决议变更公司组织形式是股东会的职权。第43条规定，股东会会议作出变更公司形式的决议为特别决议事项。公司形式变更必须依法办理变更登记手续并公告。

(二)限制规定

公司组织形式变更，毕竟不等于公司的设立，因此，并非所有具备上述要件的公司，都当然可以变更为法律所允许的公司形式，有的国家和地区的公司立法还基于转换前后公司性质和特征的不同及其他因素的考虑，规定了其他一些限制条件，大致有以下三类：

1. 基于股份有限公司特有属性的限制

在不少国家和地区，由于股份有限公司可以发行公司债，有限公司则不能，因而这些国家或地区的公司法规定股份有限公司在偿还公司债之前，不得变更为有限公司。同理，由于只有股份有限公司才能发行可转换公司债，因此我国《澳门商法典》第308条规定，如为股份有限公司，所发行的可转换为股票之债券仍未完全偿还或转换者不得变更形式。

2. 基于资产质量的限制

我国《澳门商法典》第308条规定，因公司组织形式变更而编制的资产负债表，显示公司的财产净值低于其资本者不得变更形式；《法国商事公司法》第237条规定，"转变形式的决定应根据审计员的报告作出，公司报告至少证明实际资本等于公司注册资本"。

3. 其他限制

如我国《澳门商法典》第308条规定，章程所指出资已到期而未缴足者，公司不得变更形式。《法国商事公司法》第236条规定："一切股份有限公司，如在转变形式时已存在2年以上，而且已制作并获得股东批准其前2个会计年度的资产负债表的，可转换为另一种形式的公司。"反之，则意味着不得转换为其他形式的公司。

我国公司法对变更条件的规定也较为简略，仅要求变更后的公司应符合公司法规定的条件，同时要求有限责任公司依法变更为股份有限公司时，折合的股份总额应当相当于公司净资产额，为增加资本公开发行股份时，应当依法办理。

四、公司形式变更的程序

各国对公司形式变更的规定差异较大，程序也不一致，但大体包括以下三个基本

---

① 参见卞耀武、李萍译：《法国公司法规范》，法律出版社1999年版，第54页。

程序：

（一）股东会决议程序

由于公司形式的变更事关股东的责任和权利义务的变化，所以各国和地区公司法均要求公司形式的变更必须经股东一致同意或股东会特别决议。具体存在三种不同的立法例：（1）全体股东一致同意，即不管何种公司组织形式变更，均要求全体股东一致同意。目前韩国和我国台湾地区属于此种情形。（2）人合公司之间变更由全体股东一致同意，资合公司之间变更由股东会或股东大会特别决议同意。日本采取的是此种立法例。根据《日本商法典》的规定，无限公司变更为两合公司和两合公司变更为无限公司须由全体股东一致同意；根据《日本有限公司法》，有限公司可以特别决议变更为股份公司；股份公司可以包括无表决权股东在内的特别决议变更为有限公司。① （3）以无限责任股东全体同意、有限责任股东特别多数同意为原则。这主要是在无限制主义即允许人合公司和资合公司之间相互变更的国家和地区采用。如德国、法国和我国澳门。无论是变更前还是变更后承担无限责任，都需要无限责任股东全体同意。有限责任公司股东大多数情况下只要取得与特别决议相同比例的多数同意即可。在规定有限责任股东以特别决议同意公司形式变更的同时，有的国家和地区的公司立法还规定有异议股东股份回购请求权或其他类似权益。我国公司法规定，公司形式变更应由股东会或股东大会决议，其决议事项属于特别决议事项。我国没有赋予对公司形式变更决议持有异议的股东股份回购的请求权。笔者认为这是一个不足。因为与资产转让相比，公司形式变更应属于基础性决议事项。既然对转让主要财产持有异议的股东都有权要求公司回购其股权，那么对反对公司形式变更的股东同样应该赋予该项权利。

（二）政府及有关机构许可

公司形式变更如将要取得的公司在设立时必须经批准，该种形式变更须经批准。如韩国商法规定，有限责任公司变更为股份有限公司的变更，若不经过法院的认可，就不能发生效力。② 依照我国原《公司法》规定，有限责任公司变更为股份有限公司必须经过国务院授权的部门或者省级人民政府批准，但修改后的《公司法》取消了该项规定。

（三）通知或公告债权人

当公司类型发生变更时，向债权人发出通知和公告，是各国公司法保护债权人利益的基本措施。大多数国家规定在公司形式变更时准用公司合并时的债权人保护程序，但具体规定各不相同。一般而言，在无限公司变更为两合公司后时，因股东责任发生变化，变更公司必须向债权人发出通知，征询债权人的意见，对提出异议的债权人须清偿债务或提供相应的担保；在有限公司变更股份有限公司时，因股东责任不变，对债权人利益影响不大，加之变更后的公司理所当然地要承受变更前公司的债务，故变更公司仅需要向债权人发出通知或公告，无须征求债权人意见。如《德国公司改组法》第204条规定，公司形式变更中对债权人的保护准用公司合并中对债权人保护的规定，但债权人只有在其债权的清

---

① 参见末永敏和著：《现代日本公司法》，金洪玉译，人民法院出版社2000年版，第262、287页。

② 吴日焕译：《韩国商法》，中国政法大学出版社1999年版，第161页。

偿因公司形式变更而受到危害时才享有此项权利。按照《日本有限公司法》第 68 条规定，在股份有限公司与有限责任公司相互变更时，只有在决议规定的资本总额少于决议当时的资本总额的场合，即发生减资时，才准用《日本商法典》关于公司合并时债权人的规定。我国公司法目前尚无关于公告和通知债权人的要求，盖与我国公司形式种类比较单一有关。

（四）办理变更登记

公司变更后，须在法定期限内到登记机关办理变更登记，同时还须进行公告。公司变更因登记而发生法律效力，登记后的公司即可以新的公司名义和新的公司类型对外承担责任。公司形式变更应办理何种登记，不同国家和地区的做法也不统一。在有的国家和地区，如法国和我国台湾地区，公司形式变更登记时，只须办理变更登记；在日本、韩国则同时办理变更前公司形式的解散登记和变更后公司形式的设立登记。在实践中，我国采取的近似后者的做法。

五、公司形式变更的无效及其处理

当公司形式变更的程序或内容有瑕疵时，该公司形式变更当为无效。从国外立法及实践来看，导致公司形式变更无效的常见原因有：未清偿公司债；存在公司形式变更决议的取消、无效理由；没有履行债权人保护程序等。

关于公司形式变更的处理，多数国家没有规定。多数学者及有的国家判例认为，由于公司形式变更的无效关系到众多利害关系者，所以如果按照无效法律行为一般原则来处理是不合适的。因此，为了确保正常交易秩序的稳定，允许类推适用公司设立无效的有关规定，也就是说，对主张无效加以限制。但是，不经公司形式变更程序而办理了公司形式变更登记时，该公司形式变更是不存在的，任何人通过任何方法在任何时候都可以主张其不存在。公司形式变更无效判决确定后，与公司设立无效不同，不能准予解散和清算，而是复归为公司变更前的公司形式。①

第四节 公司的解散与清算

一、公司解散

（一）公司解散的概念

公司解散，是指业已成立的公司，因发生法律或者章程规定的解散事由而停止其积极的业务活动，并开始处理未了结事务的一种法律程序。

由于对公司解散和清算的理解和规定的不同，国际上存在"先算后散"和"后散先算"的不同制度。② 但绝大多数的国家实施的后一种制度。因此，从严格意义上讲，公司解散和公司清算均是指公司结束其生命和消灭其独立人格的一种法律程序。公司解散是此程序

---

① 末永敏和著：《现代日本公司法》，金洪玉译，人民法院出版社 2000 年版，第 263 页。
② 详见石少侠主编：《公司法》，吉林人民出版社 1996 年修订版，第 302～303 页。

的开始，而公司清算则是这种程序的继续和结束。当公司解散时，公司的生命和独立人格开始逐渐走向结束和消灭，但直到公司清算人完全清算完公司的事务之前，此种生命和独立人格并未结束和消灭。只有公司清算完结，办理注销登记，公司法人人格才随之终止。因此，就公司解散与清算的关系而言，公司解散作为公司人格消灭的程序是公司清算的原因，而公司清算则是公司解散的结果，是公司解散后人格消灭过程的继续和终结。

（二）公司解散的分类

公司解散可做多种分类，根据公司解散的原因不同，可将公司解散分为自愿性解散、行政性强制解散和司法性强制解散三类。

1. 自愿性解散

自愿性解散，简称"自愿解散"或任意解散，是指基于公司或股东的意愿而解散公司。自愿性解散是现代各国公司法规定的一种公司解散类型。我国《公司法》对此也作出了规定。根据我国《公司法》的规定，公司自愿解散的事由主要包括：（1）公司章程规定的营业期限届满或者公司章程规定的其他解散事由出现；（2）股东会决议解散；（3）因公司合并或者分立需要解散。①

2. 行政性强制解散（命令解散）

行政性强制解散，属于强制解散的一种。强制解散是相对于自愿解散而言的，是指非依公司或股东自己的意思，而是基于法律规定、行政机关命令或司法机关判决而导致的公司解散。行政性解散，是公司成立后，在生产经营的过程中，因违反法律、行政法规，实施危害社会公共利益的行为，依据行政机关的命令而导致的公司解散。我国《公司法》第180条第（4）项规定的"依法被吊销营业执照、责令关闭或者被撤销"应为行政性强制性解散的原因。《公司法》第198条和第211条撤销公司登记或吊销营业执照的两种基本情形：（1）公司虚报注册资本、提交虚假材料或者采取其他欺诈手段隐瞒重要事实取得公司登记，情节严重的；（2）公司成立后无正当理由超过6个月未开业的，或者开业后自行停业连续6个月以上的。我国《公司登记管理条例》进一步明确规定6种可以给予吊销公司营业执照处罚的情形：（1）虚报注册资本，取得公司登记的，情节严重者（第64条）；（2）提交虚假材料或者采取其他欺诈手段隐瞒重要事实，取得公司登记，情节严重者（第65条）；（3）公司成立后无正当理由超过6个月未开业的，或者开业后自行停业连续6个月以上的（第68条）；（4）公司登记事项发生变更时，未依照本条例规定办理有关变更登记，其中，变更经营范围涉及法律、行政法规或者国务院决定规定须经批准的项目而未取得批准，擅自从事相关经营活动，情节严重者（第69条）。

吊销营业执照和撤销登记主要是公司登记机关依照职权对违反公司法规的行为所采取的行政处罚措施。除此之外，当公司违反法律、行政法规，或从事特定行业的公司不具备从事该领域经营活动的资格，被取消经营许可，也可以由登记机关之外的其他行政主管机关依法责令关闭或解散。《证券法》第211条规定："证券公司、证券登记结算机构挪用客户的资金或者证券，或者未经客户的委托，擅自为客户买卖证券的，责令改正，……情节严重的，责令关闭或者撤销相关业务许可……"

---

① 《公司法》第180条第（1）至（3）项。

3. 司法性强制性解散(司法解散)

司法性强制性解散是西方市场经济国家普遍确立的一种以公权力为主导的司法干预制度，其目的是通过司法权的介入，强制公司解散，以保护在公司中受压制的小股东和公司债权人的利益。在这些国家，当公司出现股东无力解决的不得已事由，公司董事的行为危及公司存亡，或当公司业务遇到显著困难，公司的财产有遭受重大损失之虞时，法院依据持有一定比例的出资额或股份的股东以及公司债权人等利害关系人的请求，作出解散公司的裁决。这种基于司法机关判决而导致的公司解散，即为司法强制性解散。

须说明的是，公司因不能清偿到期债务，被依法宣告破产的，即应予以解散，进入破产程序，进行破产清算。因此，破产宣告当是公司解散的法定原因之一。从形式上讲，关于破产解散系依据司法机关的裁决而产生，具有司法解散的某种特点，但深究之则会发现其有其自身的特殊性。公司破产程序既可因债权人申请发生，也可因债务人申请发生。因债务人申请导致的公司解散，并非外力强制，而是公司主动作出的意思表示，故难归于强制解散之列。通常意义上的司法解散，一般不包含破产解散这种情形。

我国《公司法》第 180 条和第 182 条规定了司法判决解散的情形。根据这两条的规定，当公司经营管理发生严重困难，继续存续会使股东利益受到重大损失，通过其他途径不能解决时，持有公司全部股东表决权 10%以上的股东，可以请求人民法院解散公司。这里该请求权的行使要件有四个：一是公司经营管理发生严重困难，这里的"公司经营管理发生严重困难"，主要是指公司陷于僵局的情形。即公司股东大会或股东会、董事会等权力机构或经营管理机构无法对公司的任何事务作出决议，公司处于瘫痪，运营陷于僵局。在此种情况下，公司本应解散，然而已经陷于僵局的公司无法正常形成公司解散的决议。因此当事人只能寻求司法救济，以借助法院的判决摆脱僵局，顺利解散。公司僵局，在解释论上基本上被视为我国司法解散公司的唯一法定事由。有学者对此指出，将公司僵局作为唯一事由，既存在单调性，也不能涵盖司法实践中屡屡面对的股东压制现象，建议扩张解释《公司法》第 182 条的解散事由，增列股东压制于其中，同时将中国式的股东压制严格定位于"严重的复合性股东权侵害"，这样形成解散事由的"二元"格局，涵盖封闭型公司人合性障碍也即公司治理的所有情形，从而为陷入纷争困境的股东提供更具实效的救济。① 二是若继续存续，股东利益会受到重大损失，如公司财产将在僵局中损耗殆尽或者被公司管理层或大股东侵吞转移，而使公司股东遭受重大损失。三是通过其他途径不能解决。权利行使人必须证明穷尽其他手段没法解决问题。四是只有持有公司全部股东表决权 10%以上的股东才请求司法解散。

为了更好地适用司法解散，《公司法司法解释二》进行了细化规定。该解释第 1 条第 1 款规定："单独或者合计持有公司全部股东表决权百分之十以上的股东，以下列事由之一提起解散公司诉讼，并符合公司法第一百八十三条规定的，人民法院应予受理：(一)公司持续两年以上无法召开股东会或者股东大会，公司经营管理发生严重困难的；(二)股东表决时无法达到法定或者公司章程规定的比例，持续两年以上不能作出有效的股东会或者股东大会决议，公司经营管理发生严重困难的；(三)公司董事长期冲突，且无法通过

---

① 参见李建伟：《司法解散公司事由的实证研究》，载《法学研究》2017 年第 4 期。

股东会或者股东大会解决，公司经营管理发生严重困难的；（四）经营管理发生其他严重困难，公司继续存续会使股东利益受到重大损失的情形。"为了防止股东滥用司法解散诉权，该解释第 1 条第 2 款规定："股东以知情权、利润分配请求权等权益受到损害，或者公司亏损、财产不足以偿还全部债务，以及公司被吊销企业法人营业执照未进行清算等为由，提起解散公司诉讼的，人民法院不予受理。"

关于司法解散诉讼的管辖和案件受理费、当事人及其清算请求的处理、财产保全或证据保全请求的处理、调解方式的运用、股东与董事的责任等方面，《公司法司法解释二》都作出了有针对性的规定。

二、公司清算

（一）公司清算的概念

公司清算是指公司解散后，依照法定程序了结公司未了结之事务，收回债权、清偿债务，使公司归于消灭的一系列法律行为和制度的总称。除公司合并、分立两种情形外，公司解散后都应当依法进行清算，不经清算，公司不得注销消亡，因此，清算是公司解散到公司终止前的一个必经程序。

（二）公司清算的分类

公司清算因清算对象、清算程序及清算复杂程度不同在理论上有不同的分类。

1. 破产清算和非破产清算

破产清算，是指公司法人被宣告破产后，依破产程序进行的清算。公司因不能清偿到期债务，被依法宣告破产的，由人民法院依照有关法律的规定，组织股东、有关机关及有关专业人员组织清算组，对公司进行破产清算，其程序由破产法作出特别规定。非破产清算，适用于非破产为由的公司解散，依照公司法所规定的清算程序进行，故也称解散清算或一般清算。本节主要涉及的是非破产清算。

2. 法定清算和任意清算

所谓法定清算，是指必须依照法律规定的程序进行的清算。法定清算主要适用于资合公司，它要求公司结算后必须按照法律规定的程序进行，否则就会影响公司清算的效力，甚至引发法律责任。这是由资合公司的性质所决定的。由于股东仅负有限责任，公司债权人债权的实现全依赖于公司的资产，且股东人数较多，不可能都参与公司清算，因此，必须规定严格的清算程序，以对公司财产的处分加以严格控制，以最大限度地保护债权人和股东(特别是少数股东)的利益，实现股东和债权人利益的公平保护。任意清算，是指依照章程或全体股东的意见进行，不必按照法律规定的方式和程序处分公司财产。任意清算在西方国家，只适用于无限责任公司、两合公司等人合公司。法律之所以对这类公司允许任意清算，方便投资者尽快了解公司未了之事务，是因为这类公司清算消亡后，其股东对公司债务仍负个人无限责任或连带责任，并不会对债权人利益形成太大的损害。由于我国只承认有限责任公司和股份有限公司，不承认无限公司和两合公司，故在我国不存在任意清算。

3. 普通清算和特别清算

普通清算和特别清算是法定清算的两种不同形式。普通清算是公司依照法律规定的程序自行进行的清算，即清算由自己选举或确定清算人依法实施，无须政府或司法机构的干预；特别清算是在政府或法院的监督或干预下进行的清算。公司清算本属于公司自治范畴，应由公司的投资者自主确定清算人，国家只需为其确定一套公平和合理的清算规则，并通过相关责任制度的建立和完善，来保障公司清算的公正，没必要直接介入公司的具体清算事务，因此，在一般情况下，公司实行普通清算。但是，当公司实行普通清算发生显著障碍（如公司解散后公司在法定的时间内无法确定清算人或公司不为清算），或公司财产有不实之嫌时，就须有关政府机关或法院介入，以保障公司清算的正常进行。由公共权力（包括司法公权）的介入，是特别清算与普通清算相区别的主要特征。

在西方国家，特别清算被视为居于通常清算和破产清算之间的一种中间性制度安排，主要适用于在财务上面临破产危机的公司。因为，此时公司并无真正达到破产界限，如果进行破产程序，需要花费大量费用和时间，不甚合理。所以，制定特别清算的办法，避免不利因素和最少限度地牺牲债权人的利益，并达到公平的清算。其最为基本的特征是在法院的严格监督下，保护债权人。特别是允许债权人会议的多数决的协定，使其顺利进行。但是，该协议未能得到债权人同意，或不可能得到债权人同意，或协议无法执行时，特别清算程序被迫停止，转为破产。在通过公司和债权人的协议，处理公司财产这一点上，类似于公司重整制度，在公司保护债权人利益这一点上，又类似于破产程序。① 正因为其具有破产预防制度的特点，在目的上与"公司重整"相似，所以不少国家公司法对特别清算规定准用公司法的重整程序，也有规定准用破产程序。

在我国，依据我国《公司法》的有关规定，特别清算适用于以下两种情形：其一是强制解散。根据有关法律、行政法规规定，公司违反法律、行政法规被依法责令关闭的，应当解散，由有关主管机关组织股东、有关机关及有关专业人员组成清算组，进行清算。如《外商投资企业清算办法》第3条规定，企业被责令关闭而解散，进行清算的，依照本办法关于特别清算的规定办理。其二是公司解散后在法定时间内不能进行有效清算。《公司法》第183条规定，当公司解散后15日内不能组成清算组进行清算，债权人可以申请人民法院指定清算人，进行清算。

（三）清算人的选任和职权

清算人，即公司清算事务的执行人。在公司解散后，清算终结前，公司股东会仍然存在，董事会则失去其地位，由清算人取而代之，执行具体的清算事务，由于清算人执行清算事务，故又特称清算机关，在我国公司法中被称清算组。

1. 清算人的选定

公司解散方式的不同，公司清算人的选定方式也不相同。我国《公司法》规定的解散方式有三种，因此，公司清算人的选任方式也有以下几种：

（1）在自愿解散的情况下，公司清算人的选定由公司自己决定，国家和司法机关不加干预，只有在公司不按期选定清算人时，基于公司债权人的申请，法院始指定公司清算人。依照我国《公司法》的规定，股份有限公司的清算组由股东大会确定其人选，有限责任公司的清算组人选由股东会确定；逾期（公司解散后15日内）不能成立清算组的，债权

---

① 末永敏和著：《现代日本公司法》，金洪玉译，人民法院出版社2000年版，第276页。

人可以申请人民法院指定有关人员组成清算组，进行清算。当债权人提出上述申请时，人民法院应当受理该申请，并及时组织清算组成员。

（2）在公司破产解散的情况下，公司清算应当置于法院的严格监督下，此时，破产公司清算人由法院指定，法院可以指定公司股东、有关机关及有关专业人士组成清算组，对公司进行清算。

（3）在公司系强制性解散（行政性强制解散）的情况下，由行政机关组织股东、有关机关及有关专业人士成立清算组。由于《公司法》没有明确"主管机关"为谁，在实践中产生了适用上的困难，导致许多公司被责令关闭后，无人组织清算，致使公司债权人的利益蒙受损失，危害社会秩序，有学者建议，根据中国的实际情况，由工商管理机关为公司清算的主管机关。这一建议在一些地方性法规中已经加以体现。如《深圳经济特区企业清算条例》规定，人民政府工商行政管理部门为企业清算的主管机关，依法对企业清算进行监督和管理。清算主管机关组织的清算组，对清算主管机关负责并报告工作。清算组成员由股东、有关机关及注册会计师、注册律师或其他熟悉清算事务的专业人员组成。另外，该条例第12条还规定，在企业组织清算组进行清算的情况下，经企业申请，也可由清算主管机关组织清算组清算。

（4）在公司由非破产解散转为破产解散，由人民法院指定有关人员组成清算组。《公司法》第187条规定："清算组在清理公司财产、编制资产负债表和财产清单后，发现公司财产不足清偿债务时，应当依法向人民法院申请宣告破产。公司经人民法院裁定宣告破产后，清算组应当将清算事务移交给人民法院。"

2. 公司清算人的地位

（1）清算人的身份

公司清算人一旦被选定或被法院指定，则公司所有董事、经理和代理人的职位即自动终止，但是如果公司解散是自愿性解散，则公司清算人的选定并不使股东大会和监事会的职权丧失，他们仍可在清算范围内行使自己的职权。① 公司清算人在清算期间的身份是什么？对此有不同的学说，有人认为是公司的清算机关，也有人认为是公司的代理人，还有人认为是公司的官方接管人。笔者认为，在自愿解散的情况下，清算人由公司股东会选举产生，并取代公司的董事会行使清算职能，似应定位于公司的执行机关。在公司强制解散的情况下，公司清算人并非由公司股东会选举产生，而是由政府主管机关或法院指定，其近似于官方接管人，但它又与真正的政府接管人并不完全相同，因为公司清算人的权力要比法院所指定的官方接管人的权力要大得多，官方接管人仅仅根据政府或法院的授权享有处理公司事务的权力，而清算人的权力的行使仅在很少的场合需要取得法院的同意，法院仅对他们权力的行使起监督作用。所以，即使在强制解散的情况下，清算人也仍然是在为公司股东、债权人的利益而行使，也可以视为公司股东和债权人的共同委托人。因此，无论是公司机关还是官方接管人，清算人与公司股东和债权人之间都可视为一种基于信赖基础之上的委任关系，公司清算人应对公司股东及债权人负有诚信义务。

（2）清算人的权力

---

① 郑玉波著：《公司法》，台湾三民书局1981年版，第215页。

公司清算人享有为实现清算目的所需要的广泛的权力，此种权力分为一般性权力和受限制的权力。所谓一般性权力是指公司法为确保清算人职责的充分实现而赋予他们的各种广泛性的权力，如出卖公司财产、收受公司债权、任命代理人来完成自己不能亲自完成的事务，以及从事为公司解散和财产分配所必需的其他行为。而受限制的权力，是指在公司强制性解散中，公司某些权力的行使应当得到法院或行政机关的同意，这些权力通常包括：以公司名义提起诉讼或以公司名义应诉；为了更好地完成公司清算而继续经营公司的事业；同那些向公司提出请求权的人和解等。我国《公司法》第184条规定的清算人的具体职权为：①清理公司财产，分别编制资产负债表和财产清单；②通知或公告债权人；③处理与公司清算有关的公司未了结的业务；④清缴所欠税款；⑤清理债权、债务；⑥处理公司清偿债务后的剩余财产；⑦代表公司参与民事诉讼活动。

（3）清算人的义务与责任

清算人作为公司的执行机关或公司股东和债权人的委任人，其负有与公司董事相同的诚信义务，包括注意义务和忠实义务。所谓注意义务，是指清算人在履行自己职责和行使自己权力的过程中，应对公司、公司的股东和债权人承当适当和合理履行职责和行使权力的义务，如果清算人没有尽到此种义务，则公司、公司股东或公司债权人有权要求清算人对自己的损失承担赔偿责任。所谓忠实义务，是指清算人在履行自己职责和行使自己权力的过程中，必须最大限度地维护公司、公司股东和债权人的利益，不得为自己谋取私利。

我国《公司法》第189条规定，清算组成员应当忠于职守，依法履行清算义务，不得利用职权收受贿赂或者其他非法财产收入，不得侵占公司财产。清算组成员因故意或重大过失给公司或债权人造成损失的，应当承担赔偿责任。第206条规定，清算组不依照本法规定向公司登记机关报送清算报告，或者报送清算报告隐瞒重要事实或者有重大遗漏的，由公司登记机关责令改正。清算组成员利用职权徇私舞弊、谋取非法收入或者侵占公司财产的，由公司登记机关责令退还公司财产，没收违法所得，并可以处以违法所得1倍以上5倍以下的罚款。此外，《公司法司法解释二》第23条规定："清算组成员从事清算事务时，违反法律、行政法规或者公司章程给公司或者债权人造成损失，公司或者债权人主张其承担赔偿责任的，人民法院应依法予以支持。有限责任公司的股东、股份有限公司连续一百八十日以上单独或者合计持有公司百分之一以上股份的股东，依据公司法第一百五十二条第三款的规定，以清算组成员有前款所述行为为由向人民法院提起诉讼的，人民法院应予受理。公司已经清算完毕注销，上述股东参照公司法第一百五十一条第三款的规定，直接以清算组成员为被告、其他股东为第三人向人民法院提起诉讼的，人民法院应予受理。"

（四）清算程序

根据我国公司法的规定，公司清算的程序主要包括：

1. 确定清算人或成立清算组

《公司法》第183条规定，当公司解散后15日内应成立清算组，逾期不能组成清算组进行清算，债权人可以申请人民法院指定清算人。为此，《公司法司法解释二》第8条规定："人民法院受理公司清算案件，应当及时指定有关人员组成清算组。清算组成员可以从下列人员或者机构中产生：（一）公司股东、董事、监事、高级管理人员；（二）依法设立的律师事务所、会计师事务所、破产清算事务所等社会中介机构；（三）依法设立的律师事务所、会计师事务所、破产清算事务所等社会中介机构中具备相关专业知识并取得执业资格的人员。"

2. 通知及公告债权人

根据我国《公司法》第185条规定，清算组应当在清算组成立以后的10天内通知债权人，并于60日内在报纸上公告。《公司法司法解释二》第11条规定："公司清算时，清算组应当按照公司法第一百八十六条的规定，将公司解散清算事宜书面通知全体已知债权人，并根据公司规模和营业地域范围在全国或者公司注册登记地省级有影响的报纸上进行公告。清算组未按照前款规定履行通知和公告义务，导致债权人未及时申报债权而未获清偿，债权人主张清算组成员对因此造成的损失承担赔偿责任的，人民法院应依法予以支持。"

3. 债权申报

债权人自接到通知书之日起30日内，未接到通知书的自公告之日起45日内，向清算组申报债权。债权人申报债权，应当说明债权的有关事项，并提供证明材料。清算组应对债权进行登记。债权人在规定的期限内未申报债权，在公司清算程序终结前补充申报的，清算组应予登记。

4. 清理公司财产

清理公司财产包括：（1）及时收回公司债权。对收回有争议的，可以提起诉讼或者申请仲裁，若债务人破产或者清算，清算人应以公司名义申报债权，对于无法收回的债权，应向股东说明原因，并提出处理方案。（2）限期追缴股东在清算开始后仍未缴足其认缴的出资。（3）及时变卖。若不及时变卖将无法挽回损失的清算财产。（4）分别编制资产负债表和财产清单。

5. 制定清算方案报公司股东会或清算主管机关确认

《公司法》第186条规定，清算组在清理公司财产、编制资产负债表和财产清单后，应当制定清算方案，并报股东会、股东大会或者人民法院确认。《公司法司法解释二》第15条对此规定："公司自行清算的，清算方案应当报股东会或者股东大会决议确认；人民法院组织清算的，清算方案应当报人民法院确认。未经确认的清算方案，清算组不得执行。执行未经确认的清算方案给公司或者债权人造成损失，公司、股东或者债权人主张清算组成员承担赔偿责任的，人民法院应依法予以支持。"

6. 分配公司清算财产

按照《公司法》第186条的规定，公司财产能够清偿公司债务的，应当依下列顺序处分公司财产：（1）支付各项清算费用。包括清算组成员和聘请工作人员的报酬；清算财产的管理、变卖及分配所需费用；清算过程中支付的诉讼费用、仲裁费用及公告费用；清算过程中维护债权人、股东的合法权益支付的其他费用。（2）支付职工工资、社会保险费用和法定补偿金。（3）缴纳所欠税款。（4）清偿公司各项债务。由于公司即将终止，公司未到期的债务也应予以清偿，但应当减去未到期的利息。（5）向股东分配剩余财产。其中股份有限公司按股东持有的股份比例，有限责任公司按股东的出资比例进行分配。如果公司章程中有特别规定且不违反法律行政法规强制性规定的，例如对发起人或优先股股东有优先分配约定的，应按照章程的规定进行。

7. 清算结束

《公司法》第 188 条规定，公司清算结束后，清算组应当制作清算报告，报股东会或者有关主管机关确认，并报送公司登记机关，申请注销公司登记，公告公司终止。不申请注销登记的，由公司登记机关吊销公司营业执照并予以公告。清算报告经确认后，应当视为已解除清算组的责任。人民法院指定的清算组在清理公司财产、编制资产负债表和财产清单时，发现公司财产不足清偿债务的，可以与债权人协商制作有关债务清偿方案。债务清偿方案经全体债权人确认且不损害其他利害关系人利益的，人民法院可依清算组的申请裁定予以认可。清算组依据该清偿方案清偿债务后，应当向人民法院申请裁定终结清算程序。债权人对债务清偿方案不予确认或者人民法院不予认可的，清算组应当依法向人民法院申请宣告破产。

三、与公司解散和清算相关的其他几个法律问题

(一)清算期间公司的法律地位

清算期间公司的法律地位问题是理论界一直存有争议的，而在我国司法实践中又亟待解决的理论问题。

关于清算公司的法律地位，理论界主要有三种观点：(1)拟制存续说，即公司因解散而丧失权利能力，不得从事其经营范围所决定的活动，但由于法律的拟制使公司在清算的目的范围内享有权利能力，从法人解散到清算完结，在此阶段视为法人仍然存续；(2)清算法人说，即公司因解散而消灭其主体资格，但由此又会导致财产成为无主财产，因此，法律专为公司的清算目的而设立了一种清算法人，这种法人的能力是特殊的，不再享有原法人的能力，原法人的能力也因解散而消灭，不再转移给新法人；(3)同一人格说，即清算公司与解散前的公司在本质上是相同，不过是权利能力范围的缩小而已。由于清算法人说不能说明既然因为公司解散而消灭其法人资格，为什么清算结束后才进行注销登记，同时也不能说明专为清算目的而设立的清算法人其名称、住所、组织机构、财产等条件是否具备；而拟制存续说则把法人解散后在清算过程中了结以前形成的权利义务关系这一本来就有的权利认为是拟制的权利，显然失之偏颇，所以学界较为认同的是"同一人格说"理论。[①] 本书也赞成这一观点，即认为清算期间公司法人资格并未丧失，仍然依法具有权利能力，可以而且应该以自己名义的开展相应的活动，只是其权利能力受到限制，只能从事与清算有关的活动。

但是，在我们的司法实践中，却一直存在着一个令人不解的问题，就是在公司解散进行清算的过程中为什么须以清算组而不是以公司的名义参与诉讼？[②] 笔者认为，既然清算公司仍然具有法人资格就应该以清算公司的名义参与诉讼；相反，以清算组作为诉讼主体就有违法理，因此，本人认为，参见最高人民法院《关于贯彻执行〈中华人民共和国民法

---

①　江平主编：《法人制度论》，中国政法大学出版社 1994 年版，第 159~160 页。

②　参见《最高人民法院关于贯彻执行〈中华人民共和国民法通则〉若干问题的意见（试行）》第 60条。

通则〉若干问题的意见(试行)》第60条第2款关于"涉及终止的企业法人债权、债务的民事诉讼,清算组可以用自己的名义参加诉讼"的规定与公司法的规定和清算中公司的法律地位是不吻合的。

(二)公司营业执照被登记机关吊销与公司法人资格的消亡的关系问题

公司营业资格与公司的法人资格具有关联性,但并不具有等同性。公司资格可分为法人资格和营业资格。前者是公司作为民事主体的资格,后者是公司开展经营活动的资格。当公司因违反法律、行政法规规定,被公司登记机关吊销营业执照,其结果只能是导致公司失去其经营资格,其目的在于停止公司营业,不允许其继续进行新的营业,它只是公司解散的原因,但并不导致公司的终止,因此,吊销营业执照并没有剥夺公司的法人主体资格。被吊销营业执照的公司应宣布解散,并组织清算。但在该清算完结之前,其法人资格并没有消亡。因此,在司法实践中,司法机构以公司营业执照已被吊销,不具备主体资格为由拒绝案件的受理,同样是极不恰当的,至少也反映出对清算中公司法律地位的模糊认识。

(三)清算义务人未履行组织清算义务的法律责任

实践中,公司未经清算就注销,或者公司解散后不履行组织清算义务,从而损害债权人的情况屡有发生,如何对债权人进行救济,也是当前急需解决的问题。笔者认为,应从清算义务人的角度探究其责任。

清算义务人是当公司解散时,对公司和债权人负有组织清算义务的人。清算义务人不同于清算人,清算人是清算事务的执行人,是清算中公司的执行机关,而公司清算义务人,是负有组织清算义务的人,其可能直接实施清算(此时与清算人身份重叠),也可能不直接充任清算人,而是确定他人担任清算人。各国公司立法关于清算义务人的规定并不完全相同,有的国家规定公司股东在公司解散时,有义务组织清算,为清算义务人,也有的国家规定,除股东外,公司的董事也是公司的清算义务人。根据我国《公司法》第183条的规定,公司股东为公司的清算义务人。其中,有限责任公司的清算组织由全体股东组成,全体股东理应都为公司的清算义务人;股份有限公司的清算组织由股东大会选定股东组成,因此只有股东大会选定的股东才是真正的清算主体。不过,笔者认为,鉴于董事会为公司常设权力和执行机构,根据股东大会由董事会召集的规定,如果董事会没有依法召集股东大会并确定清算人,而擅自解散公司的,也应确定不作为的董事为责任人,以加重董事的义务,建立良好的公司内部约束机制。

根据《公司法》第183条规定的立法精神,当公司解散后,公司股东不履行清算义务,逃避债务,致使债权人利益受损的,清算义务人应对受损的债权人负损害赔偿责任。受损的债权人可以股东为被告提起损害赔偿的民事诉讼。不过,清算义务人怠于履行清算义务应在什么范围内承担责任,承担什么责任的问题,在理论和实践中还有较大的争议。一种观点认为,只要清算义务人不履行法定的清算义务,就当然要承担解散公司的全部债务。另一种观点认为,怠于清算的清算义务人只有在债权存在损失的情况下才承担责任。笔者认为,清算义务人怠于履行清算义务的损害赔偿责任其性质无疑属于侵权责任,应符合侵权责任的基本构成要件。由于清算义务人不履行法定清算义务与债权人的债务实现并无必然的因果关系,清算义务人怠于履行清算义务,对债权人造成损失只是一种可能性,并不当然造成损失,所以清算义务人损害赔偿的范围应以公司债权人的债权受到实际损失为限，而不应就原公司的所有债务都无条件地承担清偿义务。其承担责任的根据在于，公司债权人债权损失与清算义务人怠于履行清算义务的不作为行为之间具有因果关系，因为这种损失是由清算义务人的不作为导致的解散公司的财产因管理不善或不予管理而流失、贬值、毁损造成的，因此，这种不作为是一种间接地对债权人的侵权行为。

由于清算义务人怠于履行清算义务的损害赔偿责任其性质属于侵权责任，如何确定债权人的损失及该损失与怠于履行清算义务的行为之间的因果关系便成为审理过程中的难点所在。在现实生活中，在公司未经清算就注销，或者公司解散后不履行组织清算义务的情况下，债权人的债权不能实现的原因可能是多方面的。它既可能是公司本身就已经不具有清偿能力，也可能是公司本有清偿能力，但由于清算义务人怠于履行清算义务，而使债权人的债权无法得以实现，所以，究竟如何判定二者之间的因果关系及清算义务人究竟应对哪一部分损失承担责任就颇为棘手。笔者认为，尽管从理论上清算义务人只需对自己怠于履行清算义务而给公司债权人造成的特有的这部分损失承担责任，但基于公司债权人与公司清算义务人在对公司财产及相关信息控制上的不对称性，可以采取因果关系推定和举证责任倒置等方法来处理，即在因果关系方面，不要求原告对侵权行为与损害后果的必然联系进行举证，可以根据清算义务人怠于履行清算义务的客观事实，推定其行为给原告债权的实现带来了损失，但应赋予清算义务人免责抗辩的权力。清算义务人如果能够证明公司债权人的全部或部分损失并非自己的过错行为造成，而是其他原因导致则可以就反证全部或部分免责。

在实践中可根据不同情形作出不同的处理：(1)当公司的财产为清算义务人擅自私分、毁损或非法转移，致使公司的债权人债权无从实现，清算义务人应就债权人不能实现的债权承担连带赔偿责任。(2)清算义务人虽然没有履行清算义务但公司财产尚未被肢解，仍保管完好，应以公司的现有财产进行清偿，清算义务人仅就怠于履行清算义务给债权人受损的部分承担责任，其属于补充责任性质。因为按照公司法人的性质，公司作为独立法人应以其全部财产独立承担责任，解散公司即使未经清算而办理了注销登记手续，解散公司法人仍是实际上的债务主体，在其财产无损的情况下应独立承担责任，但清算义务人应对财产的完整性负举证责任，法院也须对有关证明材料的真伪严加辨别。(3)清算义务人提供虚假证明，在公司解散公司未有清偿债务的情况下，谎报其债权债务已经清理完毕，骗取公司登记机关的注销登记。由于清算义务人的欺骗行为直接导致了解散公司的法人资格的消灭，债权人对该注销公司所享有的债权不能实现的直接原因是清算义务人的虚假陈述行为，正是该种行为侵害了债权人的可受偿的财产权益，因此，清算义务人应作为直接责任人，对该解散公司的债务承担连带赔偿责任。(4)清算义务人或其他民事主体在办理公司法人注销登记时，虽未经清算，但对该解散公司未了债务作出清偿承诺的，清算义务人或其他民事主体就应该按照承诺履行义务。因为尽管公司的实际债务主体是已经解散的公司，但法律并不限制第三人主动加入到债务承担中来，这种承诺体现的是民事权利自由处分原则，是有效的民事法律行为，在法律上产生了继受、转移债务的法律后果，只要债权人认可这种行为，债务承受者就应承担责任。须说明的是，当清算义务人以第三人承诺公司债权债务由其承担的保证办理了公司法人注销登记手续的，公司第三人应在承诺范围内承担直接的债务清偿责任，不能完全清偿的债务，清算义务人仍应在实际损害范围内承担连带赔偿责任。

中华人民共和国公司法

（1993 年 12 月 29 日第八届全国人民代表大会常务委员会第五次会议通过；根据 1999 年 12 月 25 日第九届全国人民代表大会常务委员会第十三次会议《关于修改〈中华人民共和国公司法〉的决定》第一次修正；根据 2004 年 8 月 28 日第十届全国人民代表大会常务委员会第十一次会议《关于修改〈中华人民共和国公司法〉的决定》第二次修正；2005 年 10 月 27 日第十届全国人民代表大会常务委员会第十八次会议修订；2013 年 12 月 28 日第十二届全国人民代表大会常务委员会第六次会议修正；2018 年 10 月 26 日第十三届全国人民代表大会常务委员会第六次会议《关于修改〈中华人民共和国公司法〉的决定》第四次修正）

第一章　总　　则

第一条　为了规范公司的组织和行为，保护公司、股东和债权人的合法权益，维护社会经济秩序，促进社会主义市场经济的发展，制定本法。

第二条　本法所称公司是指依照本法在中国境内设立的有限责任公司和股份有限公司。

第三条　公司是企业法人，有独立的法人财产，享有法人财产权。公司以其全部财产对公司的债务承担责任。

有限责任公司的股东以其认缴的出资额为限对公司承担责任；股份有限公司的股东以其认购的股份为限对公司承担责任。

第四条　公司股东依法享有资产收益、参与重大决策和选择管理者等权利。

第五条　公司从事经营活动，必须遵守法律、行政法规，遵守社会公德、商业道德，诚实守信，接受政府和社会公众的监督，承担社会责任。

公司的合法权益受法律保护，不受侵犯。

第六条　设立公司，应当依法向公司登记机关申请设立登记。符合本法规定的设立条件的，由公司登记机关分别登记为有限责任公司或者股份有限公司；不符合本法规定的设立条件的，不得登记为有限责任公司或者股份有限公司。

法律、行政法规规定设立公司必须报经批准的，应当在公司登记前依法办理批准手续。

公众可以向公司登记机关申请查询公司登记事项，公司登记机关应当提供查询服务。

第七条　依法设立的公司，由公司登记机关发给公司营业执照。公司营业执照签发日期为公司成立日期。

公司营业执照应当载明公司的名称、住所、注册资本、实收资本、经营范围、法定代表人姓名等事项。

公司营业执照记载的事项发生变更的，公司应当依法办理变更登记，由公司登记机关换发营业执照。

第八条 依照本法设立的有限责任公司，必须在公司名称中标明有限责任公司或者有限公司字样。

依照本法设立的股份有限公司，必须在公司名称中标明股份有限公司或者股份公司字样。

第九条 有限责任公司变更为股份有限公司，应当符合本法规定的股份有限公司的条件。股份有限公司变更为有限责任公司，应当符合本法规定的有限责任公司的条件。

有限责任公司变更为股份有限公司的，或者股份有限公司变更为有限责任公司的，公司变更前的债权、债务由变更后的公司承继。

第十条 公司以其主要办事机构所在地为住所。

第十一条 设立公司必须依法制定公司章程。公司章程对公司、股东、董事、监事、高级管理人员具有约束力。

第十二条 公司的经营范围由公司章程规定，并依法登记。公司可以修改公司章程，改变经营范围，但是应当办理变更登记。

公司的经营范围中属于法律、行政法规规定须经批准的项目，应当依法经过批准。

第十三条 公司法定代表人依照公司章程的规定，由董事长、执行董事或者经理担任，并依法登记。公司法定代表人变更，应当办理变更登记。

第十四条 公司可以设立分公司。设立分公司，应当向公司登记机关申请登记，领取营业执照。分公司不具有法人资格，其民事责任由公司承担。

公司可以设立子公司，子公司具有法人资格，依法独立承担民事责任。

第十五条 公司可以向其他企业投资；但是，除法律另有规定外，不得成为对所投资企业的债务承担连带责任的出资人。

第十六条 公司向其他企业投资或者为他人提供担保，依照公司章程的规定，由董事会或者股东会、股东大会决议；公司章程对投资或者担保的总额及单项投资或者担保的数额有限额规定的，不得超过规定的限额。

公司为公司股东或者实际控制人提供担保的，必须经股东会或者股东大会决议。

前款规定的股东或者受前款规定的实际控制人支配的股东，不得参加前款规定事项的表决。该项表决由出席会议的其他股东所持表决权的过半数通过。

第十七条 公司必须保护职工的合法权益，依法与职工签订劳动合同，参加社会保险，加强劳动保护，实现安全生产。

公司应当采用多种形式，加强公司职工的职业教育和岗位培训，提高职工素质。

第十八条 公司职工依照《中华人民共和国工会法》组织工会，开展工会活动，维护职工合法权益。公司应当为本公司工会提供必要的活动条件。公司工会代表职工就职工的劳动报酬、工作时间、福利、保险和劳动安全卫生等事项依法与公司签订集体合同。

公司依照宪法和有关法律的规定，通过职工代表大会或者其他形式，实行民主管理。

公司研究决定改制以及经营方面的重大问题、制定重要的规章制度时，应当听取公司工会的意见，并通过职工代表大会或者其他形式听取职工的意见和建议。

第十九条 在公司中，根据中国共产党章程的规定，设立中国共产党的组织，开展党的活动。公司应当为党组织的活动提供必要条件。

第二十条 公司股东应当遵守法律、行政法规和公司章程，依法行使股东权利，不得滥用股东权利损害公司或者其他股东的利益；不得滥用公司法人独立地位和股东有限责任损害公司债权人的利益。

公司股东滥用股东权利给公司或者其他股东造成损失的，应当依法承担赔偿责任。

公司股东滥用公司法人独立地位和股东有限责任，逃避债务，严重损害公司债权人利益的，应当对公司债务承担连带责任。

第二十一条 公司的控股股东、实际控制人、董事、监事、高级管理人员不得利用其关联关系损害公司利益。

违反前款规定，给公司造成损失的，应当承担赔偿责任。

第二十二条 公司股东会或者股东大会、董事会的决议内容违反法律、行政法规的无效。

股东会或者股东大会、董事会的会议召集程序、表决方式违反法律、行政法规或者公司章程，或者决议内容违反公司章程的，股东可以自决议作出之日起六十日内，请求人民法院撤销。

股东依照前款规定提起诉讼的，人民法院可以应公司的请求，要求股东提供相应担保。

公司根据股东会或者股东大会、董事会决议已办理变更登记的，人民法院宣告该决议无效或者撤销该决议后，公司应当向公司登记机关申请撤销变更登记。

第二章 有限责任公司的设立和组织机构

第一节 设 立

第二十三条 设立有限责任公司，应当具备下列条件：

(一)股东符合法定人数；

(二)有符合公司章程规定的全体股东认缴的出资额；

(三)股东共同制定公司章程；

(四)有公司名称，建立符合有限责任公司要求的组织机构；

(五)有公司住所。

第二十四条 有限责任公司由五十个以下股东出资设立。

第二十五条 有限责任公司章程应当载明下列事项：

(一)公司名称和住所；

(二)公司经营范围；

(三)公司注册资本；

(四)股东的姓名或者名称；

(五)股东的出资方式、出资额和出资时间；

(六)公司的机构及其产生办法、职权、议事规则；

(七)公司法定代表人；

(八)股东会会议认为需要规定的其他事项。

股东应当在公司章程上签名、盖章。

第二十六条 有限责任公司的注册资本为在公司登记机关登记的全体股东认缴的出资额。

法律、行政法规及国务院决定对有限责任公司注册资本实缴、注册资本最低限额另有规定的，从其规定。

第二十七条 股东可以用货币出资，也可以用实物、知识产权、土地使用权等可以用货币估价并可以依法转让的非货币财产作价出资；但是，法律、行政法规规定不得作为出资的财产除外。

对作为出资的非货币财产应当评估作价，核实财产，不得高估或者低估作价。法律、行政法规对评估作价有规定的，从其规定。

第二十八条 股东应当按期足额缴纳公司章程中规定的各自所认缴的出资额。股东以货币出资的，应当将货币出资足额存入有限责任公司在银行开设的账户；以非货币财产出资的，应当依法办理其财产权的转移手续。

股东不按照前款规定缴纳出资的，除应当向公司足额缴纳外，还应当向已按期足额缴纳出资的股东承担违约责任。

第二十九条 股东认足公司章程规定的出资后，由全体股东指定的代表或者共同委托的代理人向公司登记机关报送公司登记申请书、公司章程等文件，申请设立登记。

第三十条 有限责任公司成立后，发现作为设立公司出资的非货币财产的实际价额显著低于公司章程所定价额的，应当由交付该出资的股东补足其差额；公司设立时的其他股东承担连带责任。

第三十一条 有限责任公司成立后，应当向股东签发出资证明书。

出资证明书应当载明下列事项：

(一)公司名称；

(二)公司成立日期；

(三)公司注册资本；

(四)股东的姓名或者名称、缴纳的出资额和出资日期；

(五)出资证明书的编号和核发日期。

出资证明书由公司盖章。

第三十二条 有限责任公司应当置备股东名册，记载下列事项：

(一)股东的姓名或者名称及住所；

(二)股东的出资额；

(三)出资证明书编号。

记载于股东名册的股东，可以依股东名册主张行使股东权利。

公司应当将股东的姓名或者名称及其出资额向公司登记机关登记；登记事项发生变更的，应当办理变更登记。未经登记或者变更登记的，不得对抗第三人。

第三十三条 股东有权查阅、复制公司章程、股东会会议记录、董事会会议决议、监事会会议决议和财务会计报告。

股东可以要求查阅公司会计账簿。股东要求查阅公司会计账簿的，应当向公司提出书面请求，说明目的。公司有合理根据认为股东查阅会计账簿有不正当目的，可能损害公司合法利益的，可以拒绝提供查阅，并应当自股东提出书面请求之日起十五日内书面答复股东并说明理由。公司拒绝提供查阅的，股东可以请求人民法院要求公司提供查阅。

第三十四条 股东按照实缴的出资比例分取红利；公司新增资本时，股东有权优先按照实缴的出资比例认缴出资。但是，全体股东约定不按照出资比例分取红利或者不按照出资比例优先认缴出资的除外。

第三十五条 公司成立后，股东不得抽逃出资。

第二节　组织机构

第三十六条 有限责任公司股东会由全体股东组成。股东会是公司的权力机构，依照本法行使职权。

第三十七条 股东会行使下列职权：

(一)决定公司的经营方针和投资计划；

(二)选举和更换非由职工代表担任的董事、监事，决定有关董事、监事的报酬事项；

(三)审议批准董事会的报告；

(四)审议批准监事会或者监事的报告；

(五)审议批准公司的年度财务预算方案、决算方案；

(六)审议批准公司的利润分配方案和弥补亏损方案；

(七)对公司增加或者减少注册资本作出决议；

(八)对发行公司债券作出决议；

(九)对公司合并、分立、解散、清算或者变更公司形式作出决议；

(十)修改公司章程；

(十一)公司章程规定的其他职权。

对前款所列事项股东以书面形式一致表示同意的，可以不召开股东会会议，直接作出决定，并由全体股东在决定文件上签名、盖章。

第三十八条 首次股东会会议由出资最多的股东召集和主持，依照本法规定行使职权。

第三十九条 股东会会议分为定期会议和临时会议。

定期会议应当依照公司章程的规定按时召开。代表十分之一以上表决权的股东，三分之一以上的董事，监事会或者不设监事会的公司的监事提议召开临时会议的，应当召开临时会议。

第四十条 有限责任公司设立董事会的，股东会会议由董事会召集，董事长主持；董事长不能履行职务或者不履行职务的，由副董事长主持；副董事长不能履行职务或者不履行职务的，由半数以上董事共同推举一名董事主持。

有限责任公司不设董事会的，股东会会议由执行董事召集和主持。

董事会或者执行董事不能履行或者不履行召集股东会会议职责的，由监事会或者不设监事会的公司的监事召集和主持；监事会或者监事不召集和主持的，代表十分之一以上表决权的股东可以自行召集和主持。

第四十一条 召开股东会会议，应当于会议召开十五日前通知全体股东；但是，公司章程另有规定或者全体股东另有约定的除外。

股东会应当对所议事项的决定作成会议记录，出席会议的股东应当在会议记录上签名。

第四十二条 股东会会议由股东按照出资比例行使表决权；但是，公司章程另有规定的除外。

第四十三条 股东会的议事方式和表决程序，除本法有规定的外，由公司章程规定。

股东会会议作出修改公司章程、增加或者减少注册资本的决议，以及公司合并、分立、解散或者变更公司形式的决议，必须经代表三分之二以上表决权的股东通过。

第四十四条 有限责任公司设董事会，其成员为三人至十三人；但是，本法第五十条另有规定的除外。

两个以上的国有企业或者两个以上的其他国有投资主体投资设立的有限责任公司，其董事会成员中应当有公司职工代表；其他有限责任公司董事会成员中可以有公司职工代表。董事会中的职工代表由公司职工通过职工代表大会、职工大会或者其他形式民主选举产生。

董事会设董事长一人，可以设副董事长。董事长、副董事长的产生办法由公司章程规定。

第四十五条 董事任期由公司章程规定，但每届任期不得超过三年。董事任期届满，连选可以连任。

董事任期届满未及时改选，或者董事在任期内辞职导致董事会成员低于法定人数的，在改选出的董事就任前，原董事仍应当依照法律、行政法规和公司章程的规定，履行董事职务。

第四十六条 董事会对股东会负责，行使下列职权：

(一)召集股东会会议，并向股东会报告工作；

(二)执行股东会的决议；

(三)决定公司的经营计划和投资方案；

(四)制订公司的年度财务预算方案、决算方案；

(五)制订公司的利润分配方案和弥补亏损方案；

(六)制订公司增加或者减少注册资本以及发行公司债券的方案；

(七)制订公司合并、分立、解散或者变更公司形式的方案；

(八)决定公司内部管理机构的设置；

(九)决定聘任或者解聘公司经理及其报酬事项，并根据经理的提名决定聘任或者解聘公司副经理、财务负责人及其报酬事项；

(十)制定公司的基本管理制度；

(十一)公司章程规定的其他职权。

第四十七条 董事会会议由董事长召集和主持；董事长不能履行职务或者不履行职务的，由副董事长召集和主持；副董事长不能履行职务或者不履行职务的，由半数以上董事共同推举一名董事召集和主持。

第四十八条 董事会的议事方式和表决程序，除本法有规定的外，由公司章程规定。

董事会应当对所议事项的决定作成会议记录，出席会议的董事应当在会议记录上签名。

董事会决议的表决，实行一人一票。

第四十九条 有限责任公司可以设经理，由董事会决定聘任或者解聘。经理对董事会负责，行使下列职权：

(一)主持公司的生产经营管理工作，组织实施董事会决议；

(二)组织实施公司年度经营计划和投资方案；

(三)拟订公司内部管理机构设置方案；

(四)拟订公司的基本管理制度；

(五)制定公司的具体规章；

(六)提请聘任或者解聘公司副经理、财务负责人；

(七)决定聘任或者解聘除应由董事会决定聘任或者解聘以外的负责管理人员；

(八)董事会授予的其他职权。

公司章程对经理职权另有规定的，从其规定。

经理列席董事会会议。

第五十条 股东人数较少或者规模较小的有限责任公司，可以设一名执行董事，不设董事会。执行董事可以兼任公司经理。

执行董事的职权由公司章程规定。

第五十一条 有限责任公司设监事会，其成员不得少于三人。股东人数较少或者规模较小的有限责任公司，可以设一至二名监事，不设监事会。

监事会应当包括股东代表和适当比例的公司职工代表，其中职工代表的比例不得低于三分之一，具体比例由公司章程规定。监事会中的职工代表由公司职工通过职工代表大会、职工大会或者其他形式民主选举产生。

监事会设主席一人，由全体监事过半数选举产生。监事会主席召集和主持监事会会议；监事会主席不能履行职务或者不履行职务的，由半数以上监事共同推举一名监事召集和主持监事会会议。

董事、高级管理人员不得兼任监事。

第五十二条 监事的任期每届为三年。监事任期届满，连选可以连任。

监事任期届满未及时改选，或者监事在任期内辞职导致监事会成员低于法定人数的，在改选出的监事就任前，原监事仍应当依照法律、行政法规和公司章程的规定，履行监事职务。

第五十三条 监事会、不设监事会的公司的监事行使下列职权：

（一）检查公司财务；

（二）对董事、高级管理人员执行公司职务的行为进行监督，对违反法律、行政法规、公司章程或者股东会决议的董事、高级管理人员提出罢免的建议；

（三）当董事、高级管理人员的行为损害公司的利益时，要求董事、高级管理人员予以纠正；

（四）提议召开临时股东会会议，在董事会不履行本法规定的召集和主持股东会会议职责时召集和主持股东会会议；

（五）向股东会会议提出提案；

（六）依照本法第一百五十二条的规定，对董事、高级管理人员提起诉讼；

（七）公司章程规定的其他职权。

第五十四条 监事可以列席董事会会议，并对董事会决议事项提出质询或者建议。

监事会、不设监事会的公司的监事发现公司经营情况异常，可以进行调查；必要时，可以聘请会计师事务所等协助其工作，费用由公司承担。

第五十五条 监事会每年度至少召开一次会议，监事可以提议召开临时监事会会议。

监事会的议事方式和表决程序，除本法有规定的外，由公司章程规定。

监事会决议应当经半数以上监事通过。

监事会应当对所议事项的决定作成会议记录，出席会议的监事应当在会议记录上签名。

第五十六条 监事会、不设监事会的公司的监事行使职权所必需的费用，由公司承担。

第三节 一人有限责任公司的特别规定

第五十七条 一人有限责任公司的设立和组织机构，适用本节规定；本节没有规定的，适用本章第一节、第二节的规定。

本法所称一人有限责任公司，是指只有一个自然人股东或者一个法人股东的有限责任公司。

第五十八条 一个自然人只能投资设立一个一人有限责任公司。该一人有限责任公司不能投资设立新的一人有限责任公司。

第五十九条 一人有限责任公司应当在公司登记中注明自然人独资或者法人独资，并在公司营业执照中载明。

第六十条 一人有限责任公司章程由股东制定。

第六十一条 一人有限责任公司不设股东会。股东作出本法第三十七条第一款所列决定时，应当采用书面形式，并由股东签名后置备于公司。

第六十二条 一人有限责任公司应当在每一会计年度终了时编制财务会计报告，并经会计师事务所审计。

第六十三条 一人有限责任公司的股东不能证明公司财产独立于股东自己的财产的，应当对公司债务承担连带责任。

第四节　国有独资公司的特别规定

第六十四条　国有独资公司的设立和组织机构，适用本节规定；本节没有规定的，适用本章第一节、第二节的规定。

本法所称国有独资公司，是指国家单独出资、由国务院或者地方人民政府授权本级人民政府国有资产监督管理机构履行出资人职责的有限责任公司。

第六十五条　国有独资公司章程由国有资产监督管理机构制定，或者由董事会制订报国有资产监督管理机构批准。

第六十六条　国有独资公司不设股东会，由国有资产监督管理机构行使股东会职权。国有资产监督管理机构可以授权公司董事会行使股东会的部分职权，决定公司的重大事项，但公司的合并、分立、解散、增加或者减少注册资本和发行公司债券，必须由国有资产监督管理机构决定；其中，重要的国有独资公司合并、分立、解散、申请破产的，应当由国有资产监督管理机构审核后，报本级人民政府批准。

前款所称重要的国有独资公司，按照国务院的规定确定。

第六十七条　国有独资公司设董事会，依照本法第四十七条、第六十七条的规定行使职权。董事每届任期不得超过三年。董事会成员中应当有公司职工代表。

董事会成员由国有资产监督管理机构委派；但是，董事会成员中的职工代表由公司职工代表大会选举产生。

董事会设董事长一人，可以设副董事长。董事长、副董事长由国有资产监督管理机构从董事会成员中指定。

第六十八条　国有独资公司设经理，由董事会聘任或者解聘。经理依照本法第五十条规定行使职权。

经国有资产监督管理机构同意，董事会成员可以兼任经理。

第六十九条　国有独资公司的董事长、副董事长、董事、高级管理人员，未经国有资产监督管理机构同意，不得在其他有限责任公司、股份有限公司或者其他经济组织兼职。

第七十条　国有独资公司监事会成员不得少于五人，其中职工代表的比例不得低于三分之一，具体比例由公司章程规定。

监事会成员由国有资产监督管理机构委派；但是，监事会成员中的职工代表由公司职工代表大会选举产生。监事会主席由国有资产监督管理机构从监事会成员中指定。

监事会行使本法第五十四条第(一)项至第(三)项规定的职权和国务院规定的其他职权。

第三章　有限责任公司的股权转让

第七十一条　有限责任公司的股东之间可以相互转让其全部或者部分股权。

股东向股东以外的人转让股权，应当经其他股东过半数同意。股东应就其股权转让事项书面通知其他股东征求同意，其他股东自接到书面通知之日起满三十日未答复的，视为同意转让。其他股东半数以上不同意转让的，不同意的股东应当购买该转让的股权；不购买的，视为同意转让。

经股东同意转让的股权，在同等条件下，其他股东有优先购买权。两个以上股东主张行使优先购买权的，协商确定各自的购买比例；协商不成的，按照转让时各自的出资比例行使优先购买权。

公司章程对股权转让另有规定的，从其规定。

第七十二条 人民法院依照法律规定的强制执行程序转让股东的股权时，应当通知公司及全体股东，其他股东在同等条件下有优先购买权。其他股东自人民法院通知之日起满二十日不行使优先购买权的，视为放弃优先购买权。

第七十三条 依照本法第七十一条、第七十二条转让股权后，公司应当注销原股东的出资证明书，向新股东签发出资证明书，并相应修改公司章程和股东名册中有关股东及其出资额的记载。对公司章程的该项修改不需再由股东会表决。

第七十四条 有下列情形之一的，对股东会该项决议投反对票的股东可以请求公司按照合理的价格收购其股权：

（一）公司连续五年不向股东分配利润，而公司该五年连续盈利，并且符合本法规定的分配利润条件的；

（二）公司合并、分立、转让主要财产的；

（三）公司章程规定的营业期限届满或者章程规定的其他解散事由出现，股东会会议通过决议修改章程使公司存续的。

自股东会会议决议通过之日起六十日内，股东与公司不能达成股权收购协议的，股东可以自股东会会议决议通过之日起九十日内向人民法院提起诉讼。

第七十五条 自然人股东死亡后，其合法继承人可以继承股东资格；但是，公司章程另有规定的除外。

第四章　股份有限公司的设立和组织机构

第一节　设　立

第七十六条 设立股份有限公司，应当具备下列条件：

（一）发起人符合法定人数；

（二）有符合公司章程规定的全体发起人认购的股本总额或者募集的实收资本总额；

（三）股份发行、筹办事项符合法律规定；

（四）发起人制订公司章程，采用募集方式设立的经创立大会通过；

（五）有公司名称，建立符合股份有限公司要求的组织机构；

（六）有公司住所。

第七十七条 股份有限公司的设立，可以采取发起设立或者募集设立的方式。

发起设立，是指由发起人认购公司应发行的全部股份而设立公司。

募集设立，是指由发起人认购公司应发行股份的一部分，其余股份向社会公开募集或者向特定对象募集而设立公司。

第七十八条 设立股份有限公司，应当有二人以上二百人以下为发起人，其中须有半数以上的发起人在中国境内有住所。

第七十九条 股份有限公司发起人承担公司筹办事务。

发起人应当签订发起人协议，明确各自在公司设立过程中的权利和义务。

第八十条 股份有限公司采取发起设立方式设立的，注册资本为在公司登记机关登记的全体发起人认购的股本总额。在发起人认购的股份缴足前，不得向他人募集股份。

股份有限公司采取募集方式设立的，注册资本为在公司登记机关登记的实收股本总额。

法律、行政法规及国务院决定对股份有限公司注册资本实缴、注册资本最低限额另有规定的，从其规定。

第八十一条 股份有限公司章程应当载明下列事项：

（一）公司名称和住所；

（二）公司经营范围；

（三）公司设立方式；

（四）公司股份总数、每股金额和注册资本；

（五）发起人的姓名或者名称、认购的股份数、出资方式和出资时间；

（六）董事会的组成、职权和议事规则；

（七）公司法定代表人；

（八）监事会的组成、职权和议事规则；

（九）公司利润分配办法；

（十）公司的解散事由与清算办法；

（十一）公司的通知和公告办法；

（十二）股东大会会议认为需要规定的其他事项。

第八十二条 发起人的出资方式，适用本法第二十七条的规定。

第八十三条 以发起设立方式设立股份有限公司的，发起人应当书面认足公司章程规定其认购的股份，并按照公司章程规定缴纳出资。以非货币财产出资的，应当依法办理其财产权的转移手续。

发起人不依照前款规定缴纳出资的，应当按照发起人协议承担违约责任。

发起人认足公司章程规定的出资后，应当选举董事会和监事会，由董事会向公司登记机关报送公司章程以及法律、行政法规规定的其他文件，申请设立登记。

第八十四条 以募集设立方式设立股份有限公司的，发起人认购的股份不得少于公司股份总数的百分之三十五；但是，法律、行政法规另有规定的，从其规定。

第八十五条 发起人向社会公开募集股份，必须公告招股说明书，并制作认股书。认股书应当载明本法第八十六条所列事项，由认股人填写认购股数、金额、住所，并签名、盖章。认股人按照所认购股数缴纳股款。

第八十六条 招股说明书应当附有发起人制订的公司章程，并载明下列事项：

（一）发起人认购的股份数；

（二）每股的票面金额和发行价格；

(三)无记名股票的发行总数;

(四)募集资金的用途;

(五)认股人的权利、义务;

(六)本次募股的起止期限及逾期未募足时认股人可以撤回所认股份的说明。

第八十七条 发起人向社会公开募集股份,应当由依法设立的证券公司承销,签订承销协议。

第八十八条 发起人向社会公开募集股份,应当同银行签订代收股款协议。

代收股款的银行应当按照协议代收和保存股款,向缴纳股款的认股人出具收款单据,并负有向有关部门出具收款证明的义务。

第八十九条 发行股份的股款缴足后,必须经依法设立的验资机构验资并出具证明。发起人应当自股款缴足之日起三十日内主持召开公司创立大会。创立大会由发起人、认股人组成。

发行的股份超过招股说明书规定的截止期限尚未募足的,或者发行股份的股款缴足后,发起人在三十日内未召开创立大会的,认股人可以按照所缴股款并加算银行同期存款利息,要求发起人返还。

第九十条 发起人应当在创立大会召开十五日前将会议日期通知各认股人或者予以公告。创立大会应有代表股份总数过半数的发起人、认股人出席,方可举行。

创立大会行使下列职权:

(一)审议发起人关于公司筹办情况的报告;

(二)通过公司章程;

(三)选举董事会成员;

(四)选举监事会成员;

(五)对公司的设立费用进行审核;

(六)对发起人用于抵作股款的财产的作价进行审核;

(七)发生不可抗力或者经营条件发生重大变化直接影响公司设立的,可以作出不设立公司的决议。

创立大会对前款所列事项作出决议,必须经出席会议的认股人所持表决权过半数通过。

第九十一条 发起人、认股人缴纳股款或者交付抵作股款的出资后,除未按期募足股份、发起人未按期召开创立大会或者创立大会决议不设立公司的情形外,不得抽回其股本。

第九十二条 董事会应于创立大会结束后三十日内,向公司登记机关报送下列文件,申请设立登记:

(一)公司登记申请书;

(二)创立大会的会议记录;

(三)公司章程;

(四)验资证明;

(五)法定代表人、董事、监事的任职文件及其身份证明;

(六)发起人的法人资格证明或者自然人身份证明;

(七)公司住所证明。

以募集方式设立股份有限公司公开发行股票的,还应当向公司登记机关报送国务院证券监督管理机构的核准文件。

第九十三条 股份有限公司成立后,发起人未按照公司章程的规定缴足出资的,应当补缴;其他发起人承担连带责任。

股份有限公司成立后,发现作为设立公司出资的非货币财产的实际价额显著低于公司章程所定价额的,应当由交付该出资的发起人补足其差额;其他发起人承担连带责任。

第九十四条 股份有限公司的发起人应当承担下列责任:

(一)公司不能成立时,对设立行为所产生的债务和费用负连带责任;

(二)公司不能成立时,对认股人已缴纳的股款,负返还股款并加算银行同期存款利息的连带责任;

(三)在公司设立过程中,由于发起人的过失致使公司利益受到损害的,应当对公司承担赔偿责任。

第九十五条 有限责任公司变更为股份有限公司时,折合的实收股本总额不得高于公司净资产额。有限责任公司变更为股份有限公司,为增加资本公开发行股份时,应当依法办理。

第九十六条 股份有限公司应当将公司章程、股东名册、公司债券存根、股东大会会议记录、董事会会议记录、监事会会议记录、财务会计报告置备于本公司。

第九十七条 股东有权查阅公司章程、股东名册、公司债券存根、股东大会会议记录、董事会会议决议、监事会会议决议、财务会计报告,对公司的经营提出建议或者质询。

第二节 股东大会

第九十八条 股份有限公司股东大会由全体股东组成。股东大会是公司的权力机构,依照本法行使职权。

第九十九条 本法第三十七条第一款关于有限责任公司股东会职权的规定,适用于股份有限公司股东大会。

第一百条 股东大会应当每年召开一次年会。有下列情形之一的,应当在两个月内召开临时股东大会:

(一)董事人数不足本法规定人数或者公司章程所定人数的三分之二时;

(二)公司未弥补的亏损达实收股本总额三分之一时;

(三)单独或者合计持有公司百分之十以上股份的股东请求时;

(四)董事会认为必要时;

(五)监事会提议召开时;

(六)公司章程规定的其他情形。

第一百零一条 股东大会会议由董事会召集,董事长主持;董事长不能履行职务或者不履行职务的,由副董事长主持;副董事长不能履行职务或者不履行职务的,由半数以上董事共同推举一名董事主持。

董事会不能履行或者不履行召集股东大会会议职责的，监事会应当及时召集和主持；监事会不召集和主持的，连续九十日以上单独或者合计持有公司百分之十以上股份的股东可以自行召集和主持。

第一百零二条 召开股东大会会议，应当将会议召开的时间、地点和审议的事项于会议召开二十日前通知各股东；临时股东大会应当于会议召开十五日前通知各股东；发行无记名股票的，应当于会议召开三十日前公告会议召开的时间、地点和审议事项。

单独或者合计持有公司百分之三以上股份的股东，可以在股东大会召开十日前提出临时提案并书面提交董事会；董事会应当在收到提案后二日内通知其他股东，并将该临时提案提交股东大会审议。临时提案的内容应当属于股东大会职权范围，并有明确议题和具体决议事项。

股东大会不得对前两款通知中未列明的事项作出决议。

无记名股票持有人出席股东大会会议的，应当于会议召开五日前至股东大会闭会时将股票交存于公司。

第一百零三条 股东出席股东大会会议，所持每一股份有一表决权。但是，公司持有的本公司股份没有表决权。

股东大会作出决议，必须经出席会议的股东所持表决权过半数通过。但是，股东大会作出修改公司章程、增加或者减少注册资本的决议，以及公司合并、分立、解散或者变更公司形式的决议，必须经出席会议的股东所持表决权的三分之二以上通过。

第一百零四条 本法和公司章程规定公司转让、受让重大资产或者对外提供担保等事项必须经股东大会作出决议的，董事会应当及时召集股东大会会议，由股东大会就上述事项进行表决。

第一百零五条 股东大会选举董事、监事，可以依照公司章程的规定或者股东大会的决议，实行累积投票制。

本法所称累积投票制，是指股东大会选举董事或者监事时，每一股份拥有与应选董事或者监事人数相同的表决权，股东拥有的表决权可以集中使用。

第一百零六条 股东可以委托代理人出席股东大会会议，代理人应当向公司提交股东授权委托书，并在授权范围内行使表决权。

第一百零七条 股东大会应当对所议事项的决定作成会议记录，主持人、出席会议的董事应当在会议记录上签名。会议记录应当与出席股东的签名册及代理出席的委托书一并保存。

第三节 董事会、经理

第一百零八条 股份有限公司设董事会，其成员为五人至十九人。

董事会成员中可以有公司职工代表。董事会中的职工代表由公司职工通过职工代表大会、职工大会或者其他形式民主选举产生。

本法第四十五条关于有限责任公司董事任期的规定，适用于股份有限公司董事。

本法第四十六条关于有限责任公司董事会职权的规定，适用于股份有限公司董事会。

第一百零九条 董事会设董事长一人，可以设副董事长。董事长和副董事长由董事会以全体董事的过半数选举产生。

董事长召集和主持董事会会议，检查董事会决议的实施情况。副董事长协助董事长工作，董事长不能履行职务或者不履行职务的，由副董事长履行职务；副董事长不能履行职务或者不履行职务的，由半数以上董事共同推举一名董事履行职务。

第一百一十条 董事会每年度至少召开两次会议，每次会议应当于会议召开十日前通知全体董事和监事。

代表十分之一以上表决权的股东、三分之一以上董事或者监事会，可以提议召开董事会临时会议。董事长应当自接到提议后十日内，召集和主持董事会会议。

董事会召开临时会议，可以另定召集董事会的通知方式和通知时限。

第一百一十一条 董事会会议应有过半数的董事出席方可举行。董事会作出决议，必须经全体董事的过半数通过。

董事会决议的表决，实行一人一票。

第一百一十二条 董事会会议，应由董事本人出席；董事因故不能出席，可以书面委托其他董事代为出席，委托书中应载明授权范围。

董事会应当对会议所议事项的决定作成会议记录，出席会议的董事应当在会议记录上签名。

董事应当对董事会的决议承担责任。董事会的决议违反法律、行政法规或者公司章程、股东大会决议，致使公司遭受严重损失的，参与决议的董事对公司负赔偿责任。但经证明在表决时曾表明异议并记载于会议记录的，该董事可以免除责任。

第一百一十三条 股份有限公司设经理，由董事会决定聘任或者解聘。

本法第五十条关于有限责任公司经理职权的规定，适用于股份有限公司经理。

第一百一十四条 公司董事会可以决定由董事会成员兼任经理。

第一百一十五条 公司不得直接或者通过子公司向董事、监事、高级管理人员提供借款。

第一百一十六条 公司应当定期向股东披露董事、监事、高级管理人员从公司获得报酬的情况。

第四节　监事会

第一百一十七条 股份有限公司设监事会，其成员不得少于三人。

监事会应当包括股东代表和适当比例的公司职工代表，其中职工代表的比例不得低于三分之一，具体比例由公司章程规定。监事会中的职工代表由公司职工通过职工代表大会、职工大会或者其他形式民主选举产生。

监事会设主席一人，可以设副主席。监事会主席和副主席由全体监事过半数选举产生。监事会主席召集和主持监事会会议；监事会主席不能履行职务或者不履行职务的，由监事会副主席召集和主持监事会会议；监事会副主席不能履行职务或者不履行职务的，由半数以上监事共同推举一名监事召集和主持监事会会议。

董事、高级管理人员不得兼任监事。

本法第五十二条关于有限责任公司监事任期的规定，适用于股份有限公司监事。

第一百一十八条 本法第五十三条、第五十四条关于有限责任公司监事会职权的规定，适用于股份有限公司监事会。

监事会行使职权所必需的费用，由公司承担。

第一百一十九条 监事会每六个月至少召开一次会议。监事可以提议召开临时监事会会议。

监事会的议事方式和表决程序，除本法有规定的外，由公司章程规定。

监事会决议应当经半数以上监事通过。

监事会应当对所议事项的决定作成会议记录，出席会议的监事应当在会议记录上签名。

第五节 上市公司组织机构的特别规定

第一百二十条 本法所称上市公司，是指其股票在证券交易所上市交易的股份有限公司。

第一百二十一条 上市公司在一年内购买、出售重大资产或者担保金额超过公司资产总额百分之三十的，应当由股东大会作出决议，并经出席会议的股东所持表决权的三分之二以上通过。

第一百二十二条 上市公司设立独立董事，具体办法由国务院规定。

第一百二十三条 上市公司设董事会秘书，负责公司股东大会和董事会会议的筹备、文件保管以及公司股东资料的管理，办理信息披露事务等事宜。

第一百二十四条 上市公司董事与董事会会议决议事项所涉及的企业有关联关系的，不得对该项决议行使表决权，也不得代理其他董事行使表决权。该董事会会议由过半数的无关联关系董事出席即可举行，董事会会议所作决议须经无关联关系董事过半数通过。出席董事会的无关联关系董事人数不足三人的，应将该事项提交上市公司股东大会审议。

第五章 股份有限公司的股份发行和转让

第一节 股份发行

第一百二十五条 股份有限公司的资本划分为股份，每一股的金额相等。

公司的股份采取股票的形式。股票是公司签发的证明股东所持股份的凭证。

第一百二十六条 股份的发行，实行公平、公正的原则，同种类的每一股份应当具有同等权利。

同次发行的同种类股票，每股的发行条件和价格应当相同；任何单位或者个人所认购的股份，每股应当支付相同价额。

第一百二十七条 股票发行价格可以按票面金额，也可以超过票面金额，但不得低于票面金额。

第一百二十八条 股票采用纸面形式或者国务院证券监督管理机构规定的其他形式。

股票应当载明下列主要事项:

(一)公司名称;

(二)公司成立日期;

(三)股票种类、票面金额及代表的股份数;

(四)股票的编号。

股票由法定代表人签名,公司盖章。

发起人的股票,应当标明发起人股票字样。

第一百二十九条 公司发行的股票,可以为记名股票,也可以为无记名股票。

公司向发起人、法人发行的股票,应当为记名股票,并应当记载该发起人、法人的名称或者姓名,不得另立户名或者以代表人姓名记名。

第一百三十条 公司发行记名股票的,应当置备股东名册,记载下列事项:

(一)股东的姓名或者名称及住所;

(二)各股东所持股份数;

(三)各股东所持股票的编号;

(四)各股东取得股份的日期。

发行无记名股票的,公司应当记载其股票数量、编号及发行日期。

第一百三十一条 国务院可以对公司发行本法规定以外的其他种类的股份,另行作出规定。

第一百三十二条 股份有限公司成立后,即向股东正式交付股票。公司成立前不得向股东交付股票。

第一百三十三条 公司发行新股,股东大会应当对下列事项作出决议:

(一)新股种类及数额;

(二)新股发行价格;

(三)新股发行的起止日期;

(四)向原有股东发行新股的种类及数额。

第一百三十四条 公司经国务院证券监督管理机构核准公开发行新股时,必须公告新股招股说明书和财务会计报告,并制作认股书。

本法第八十七条、第八十八条的规定适用于公司公开发行新股。

第一百三十五条 公司发行新股,可以根据公司经营情况和财务状况,确定其作价方案。

第一百三十六条 公司发行新股募足股款后,必须向公司登记机关办理变更登记,并公告。

第二节 股份转让

第一百三十七条 股东持有的股份可以依法转让。

第一百三十八条 股东转让其股份,应当在依法设立的证券交易场所进行或者按照国务院规定的其他方式进行。

第一百三十九条 记名股票,由股东以背书方式或者法律、行政法规规定的其他方式转让；转让后由公司将受让人的姓名或者名称及住所记载于股东名册。

股东大会召开前二十日内或者公司决定分配股利的基准日前五日内，不得进行前款规定的股东名册的变更登记。但是，法律对上市公司股东名册变更登记另有规定的，从其规定。

第一百四十条 无记名股票的转让，由股东将该股票交付给受让人后即发生转让的效力。

第一百四十一条 发起人持有的本公司股份，自公司成立之日起一年内不得转让。公司公开发行股份前已发行的股份，自公司股票在证券交易所上市交易之日起一年内不得转让。

公司董事、监事、高级管理人员应当向公司申报所持有的本公司的股份及其变动情况，在任职期间每年转让的股份不得超过其所持有本公司股份总数的百分之二十五；所持本公司股份自公司股票上市交易之日起一年内不得转让。上述人员离职后半年内，不得转让其所持有的本公司股份。公司章程可以对公司董事、监事、高级管理人员转让其所持有的本公司股份作出其他限制性规定。

第一百四十二条 公司不得收购本公司股份。但是，有下列情形之一的除外：

(一)减少公司注册资本；

(二)与持有本公司股份的其他公司合并；

(三)将股份用于员工持股计划或者股权激励；

(四)股东因对股东大会作出的公司合并、分立决议持异议，要求公司收购其股份；

(五)将股份用于转换上市公司发行的可转换为股票的公司债券；

(六)上市公司为维护公司价值及股东权益所必需。

公司因前款第(一)项、第(二)项规定的情形收购本公司股份的，应当经股东大会决议；公司因前款第(三)项、第(五)项、第(六)项规定的情形收购本公司股份的，可以依照公司章程的规定或者股东大会的授权，经三分之二以上董事出席的董事会会议决议。

公司依照本条第一款规定收购本公司股份后，属于第(一)项情形的，应当自收购之日起十日内注销；属于第(二)项、第(四)项情形的，应当在六个月内转让或者注销；属于第(三)项、第(五)项、第(六)项情形的，公司合计持有的本公司股份数不得超过本公司已发行股份总额的百分之十，并应当在三年内转让或者注销。

上市公司收购本公司股份的，应当依照《中华人民共和国证券法》的规定履行信息披露义务。上市公司因本条第一款第(三)项、第(五)项、第(六)项规定的情形收购本公司股份的，应当通过公开的集中交易方式进行。

公司不得接受本公司的股票作为质押权的标的。

第一百四十三条 记名股票被盗、遗失或者灭失，股东可以依照《中华人民共和国民事诉讼法》规定的公示催告程序，请求人民法院宣告该股票失效。人民法院宣告该股票失效后，股东可以向公司申请补发股票。

第一百四十四条 上市公司的股票，依照有关法律、行政法规及证券交易所交易规则上市交易。

第一百四十五条 上市公司必须依照法律、行政法规的规定，公开其财务状况、经营

中华人民共和国公司法

情况及重大诉讼，在每会计年度内半年公布一次财务会计报告。

第六章 公司董事、监事、高级管理人员的资格和义务

第一百四十六条 有下列情形之一的，不得担任公司的董事、监事、高级管理人员：

(一)无民事行为能力或者限制民事行为能力；

(二)因贪污、贿赂、侵占财产、挪用财产或者破坏社会主义市场经济秩序，被判处刑罚，执行期满未逾五年，或者因犯罪被剥夺政治权利，执行期满未逾五年；

(三)担任破产清算的公司、企业的董事或者厂长、经理，对该公司、企业的破产负有个人责任的，自该公司、企业破产清算完结之日起未逾三年；

(四)担任因违法被吊销营业执照、责令关闭的公司、企业的法定代表人，并负有个人责任的，自该公司、企业被吊销营业执照之日起未逾三年；

(五)个人所负数额较大的债务到期未清偿。

公司违反前款规定选举、委派董事、监事或者聘任高级管理人员的，该选举、委派或者聘任无效。

董事、监事、高级管理人员在任职期间出现本条第一款所列情形的，公司应当解除其职务。

第一百四十七条 董事、监事、高级管理人员应当遵守法律、行政法规和公司章程，对公司负有忠实义务和勤勉义务。

董事、监事、高级管理人员不得利用职权收受贿赂或者其他非法收入，不得侵占公司的财产。

第一百四十八条 董事、高级管理人员不得有下列行为：

(一)挪用公司资金；

(二)将公司资金以其个人名义或者以其他个人名义开立账户存储；

(三)违反公司章程的规定，未经股东会、股东大会或者董事会同意，将公司资金借贷给他人或者以公司财产为他人提供担保；

(四)违反公司章程的规定或者未经股东会、股东大会同意，与本公司订立合同或者进行交易；

(五)未经股东会或者股东大会同意，利用职务便利为自己或者他人谋取属于公司的商业机会，自营或者为他人经营与所任职公司同类的业务；

(六)接受他人与公司交易的佣金归为己有；

(七)擅自披露公司秘密；

(八)违反对公司忠实义务的其他行为。

董事、高级管理人员违反前款规定所得的收入应当归公司所有。

第一百四十九条 董事、监事、高级管理人员执行公司职务时违反法律、行政法规或者公司章程的规定，给公司造成损失的，应当承担赔偿责任。

第一百五十条 股东会或者股东大会要求董事、监事、高级管理人员列席会议的，董事、监事、高级管理人员应当列席并接受股东的质询。

董事、高级管理人员应当如实向监事会或者不设监事会的有限责任公司的监事提供有关情况和资料，不得妨碍监事会或者监事行使职权。

第一百五十一条 董事、高级管理人员有本法第一百五十条规定的情形的，有限责任公司的股东、股份有限公司连续一百八十日以上单独或者合计持有公司百分之一以上股份的股东，可以书面请求监事会或者不设监事会的有限责任公司的监事向人民法院提起诉讼；监事有本法第一百五十条规定的情形的，前述股东可以书面请求董事会或者不设董事会的有限责任公司的执行董事向人民法院提起诉讼。

监事会、不设监事会的有限责任公司的监事，或者董事会、执行董事收到前款规定的股东书面请求后拒绝提起诉讼，或者自收到请求之日起三十日内未提起诉讼，或者情况紧急、不立即提起诉讼将会使公司利益受到难以弥补的损害的，前款规定的股东有权为了公司的利益以自己的名义直接向人民法院提起诉讼。

他人侵犯公司合法权益，给公司造成损失的，本条第一款规定的股东可以依照前两款的规定向人民法院提起诉讼。

第一百五十二条 董事、高级管理人员违反法律、行政法规或者公司章程的规定，损害股东利益的，股东可以向人民法院提起诉讼。

第七章 公司债券

第一百五十三条 本法所称公司债券，是指公司依照法定程序发行、约定在一定期限还本付息的有价证券。

公司发行公司债券应当符合《中华人民共和国证券法》规定的发行条件。

第一百五十四条 发行公司债券的申请经国务院授权的部门核准后，应当公告公司债券募集办法。

公司债券募集办法中应当载明下列主要事项：

(一)公司名称；

(二)债券募集资金的用途；

(三)债券总额和债券的票面金额；

(四)债券利率的确定方式；

(五)还本付息的期限和方式；

(六)债券担保情况；

(七)债券的发行价格、发行的起止日期；

(八)公司净资产额；

(九)已发行的尚未到期的公司债券总额；

(十)公司债券的承销机构。

第一百五十五条 公司以实物券方式发行公司债券的，必须在债券上载明公司名称、债券票面金额、利率、偿还期限等事项，并由法定代表人签名，公司盖章。

第一百五十六条 公司债券，可以为记名债券，也可以为无记名债券。

第一百五十七条 公司发行公司债券应当置备公司债券存根簿。

发行记名公司债券的，应当在公司债券存根簿上载明下列事项：

（一）债券持有人的姓名或者名称及住所；

（二）债券持有人取得债券的日期及债券的编号；

（三）债券总额，债券的票面金额、利率、还本付息的期限和方式；

（四）债券的发行日期。

发行无记名公司债券的，应当在公司债券存根簿上载明债券总额、利率、偿还期限和方式、发行日期及债券的编号。

第一百五十八条 记名公司债券的登记结算机构应当建立债券登记、存管、付息、兑付等相关制度。

第一百五十九条 公司债券可以转让，转让价格由转让人与受让人约定。

公司债券在证券交易所上市交易的，按照证券交易所的交易规则转让。

第一百六十条 记名公司债券，由债券持有人以背书方式或者法律、行政法规规定的其他方式转让；转让后由公司将受让人的姓名或者名称及住所记载于公司债券存根簿。

无记名公司债券的转让，由债券持有人将该债券交付给受让人后即发生转让的效力。

第一百六十一条 上市公司经股东大会决议可以发行可转换为股票的公司债券，并在公司债券募集办法中规定具体的转换办法。上市公司发行可转换为股票的公司债券，应当报国务院证券监督管理机构核准。

发行可转换为股票的公司债券，应当在债券上标明可转换公司债券字样，并在公司债券存根簿上载明可转换公司债券的数额。

第一百六十二条 发行可转换为股票的公司债券的，公司应当按照其转换办法向债券持有人换发股票，但债券持有人对转换股票或者不转换股票有选择权。

第八章 公司财务、会计

第一百六十三条 公司应当依照法律、行政法规和国务院财政部门的规定建立本公司的财务、会计制度。

第一百六十四条 公司应当在每一会计年度终了时编制财务会计报告，并依法经会计师事务所审计。

财务会计报告应当依照法律、行政法规和国务院财政部门的规定制作。

第一百六十五条 有限责任公司应当依照公司章程规定的期限将财务会计报告送交各股东。

股份有限公司的财务会计报告应当在召开股东大会年会的二十日前置备于本公司，供股东查阅；公开发行股票的股份有限公司必须公告其财务会计报告。

第一百六十六条 公司分配当年税后利润时，应当提取利润的百分之十列入公司法定公积金。公司法定公积金累计额为公司注册资本的百分之五十以上的，可以不再提取。

公司的法定公积金不足以弥补以前年度亏损的，在依照前款规定提取法定公积金之前，应当先用当年利润弥补亏损。

公司从税后利润中提取法定公积金后，经股东会或者股东大会决议，还可以从税后利润中提取任意公积金。

公司弥补亏损和提取公积金后所余税后利润，有限责任公司依照本法第三十五条的规定分配；股份有限公司按照股东持有的股份比例分配，但股份有限公司章程规定不按持股比例分配的除外。

股东会、股东大会或者董事会违反前款规定，在公司弥补亏损和提取法定公积金之前向股东分配利润的，股东必须将违反规定分配的利润退还公司。

公司持有的本公司股份不得分配利润。

第一百六十七条 股份有限公司以超过股票票面金额的发行价格发行股份所得的溢价款以及国务院财政部门规定列入资本公积金的其他收入，应当列为公司资本公积金。

第一百六十八条 公司的公积金用于弥补公司的亏损、扩大公司生产经营或者转为增加公司资本。但是，资本公积金不得用于弥补公司的亏损。

法定公积金转为资本时，所留存的该项公积金不得少于转增前公司注册资本的百分之二十五。

第一百六十九条 公司聘用、解聘承办公司审计业务的会计师事务所，依照公司章程的规定，由股东会、股东大会或者董事会决定。

公司股东会、股东大会或者董事会就解聘会计师事务所进行表决时，应当允许会计师事务所陈述意见。

第一百七十条 公司应当向聘用的会计师事务所提供真实、完整的会计凭证、会计账簿、财务会计报告及其他会计资料，不得拒绝、隐匿、谎报。

第一百七十一条 公司除法定的会计账簿外，不得另立会计账簿。

对公司资产，不得以任何个人名义开立账户存储。

第九章 公司合并、分立、增资、减资

第一百七十二条 公司合并可以采取吸收合并或者新设合并。

一个公司吸收其他公司为吸收合并，被吸收的公司解散。两个以上公司合并设立一个新的公司为新设合并，合并各方解散。

第一百七十三条 公司合并，应当由合并各方签订合并协议，并编制资产负债表及财产清单。公司应当自作出合并决议之日起十日内通知债权人，并于三十日内在报纸上公告。债权人自接到通知书之日起三十日内，未接到通知书的自公告之日起四十五日内，可以要求公司清偿债务或者提供相应的担保。

第一百七十四条 公司合并时，合并各方的债权、债务，应当由合并后存续的公司或者新设的公司承继。

第一百七十五条 公司分立，其财产作相应的分割。

公司分立，应当编制资产负债表及财产清单。公司应当自作出分立决议之日起十日内通知债权人，并于三十日内在报纸上公告。

第一百七十六条 公司分立前的债务由分立后的公司承担连带责任。但是，公司在分立前与债权人就债务清偿达成的书面协议另有约定的除外。

第一百七十七条 公司需要减少注册资本时，必须编制资产负债表及财产清单。

公司应当自作出减少注册资本决议之日起十日内通知债权人，并于三十日内在报纸上公告。债权人自接到通知书之日起三十日内，未接到通知书的自公告之日起四十五日内，有权要求公司清偿债务或者提供相应的担保。

公司减资后的注册资本不得低于法定的最低限额。

第一百七十八条 有限责任公司增加注册资本时，股东认缴新增资本的出资，依照本法设立有限责任公司缴纳出资的有关规定执行。

股份有限公司为增加注册资本发行新股时，股东认购新股，依照本法设立股份有限公司缴纳股款的有关规定执行。

第一百七十九条 公司合并或者分立，登记事项发生变更的，应当依法向公司登记机关办理变更登记；公司解散的，应当依法办理公司注销登记；设立新公司的，应当依法办理公司设立登记。

公司增加或者减少注册资本，应当依法向公司登记机关办理变更登记。

第十章 公司解散和清算

第一百八十条 公司因下列原因解散：

(一)公司章程规定的营业期限届满或者公司章程规定的其他解散事由出现；

(二)股东会或者股东大会决议解散；

(三)因公司合并或者分立需要解散；

(四)依法被吊销营业执照、责令关闭或者被撤销；

(五)人民法院依照本法第一百八十三条的规定予以解散。

第一百八十一条 公司有本法第一百八十一条第(一)项情形的，可以通过修改公司章程而存续。

依照前款规定修改公司章程，有限责任公司须经持有三分之二以上表决权的股东通过，股份有限公司须经出席股东大会会议的股东所持表决权的三分之二以上通过。

第一百八十二条 公司经营管理发生严重困难，继续存续会使股东利益受到重大损失，通过其他途径不能解决的，持有公司全部股东表决权百分之十以上的股东，可以请求人民法院解散公司。

第一百八十三条 公司因本法第一百八十一条第(一)项、第(二)项、第(四)项、第(五)项规定而解散的，应当在解散事由出现之日起十五日内成立清算组，开始清算。有限责任公司的清算组由股东组成，股份有限公司的清算组由董事或者股东大会确定的人员组成。逾期不成立清算组进行清算的，债权人可以申请人民法院指定有关人员组成清算组进行清算。人民法院应当受理该申请，并及时组织清算组进行清算。

第一百八十四条 清算组在清算期间行使下列职权：

(一)清理公司财产，分别编制资产负债表和财产清单；

(二)通知、公告债权人；

(三)处理与清算有关的公司未了结的业务；

（四）清缴所欠税款以及清算过程中产生的税款；

（五）清理债权、债务；

（六）处理公司清偿债务后的剩余财产；

（七）代表公司参与民事诉讼活动。

第一百八十五条　清算组应当自成立之日起十日内通知债权人，并于六十日内在报纸上公告。债权人应当自接到通知书之日起三十日内，未接到通知书的自公告之日起四十五日内，向清算组申报其债权。

债权人申报债权，应当说明债权的有关事项，并提供证明材料。清算组应当对债权进行登记。

在申报债权期间，清算组不得对债权人进行清偿。

第一百八十六条　清算组在清理公司财产、编制资产负债表和财产清单后，应当制定清算方案，并报股东会、股东大会或者人民法院确认。

公司财产在分别支付清算费用、职工的工资、社会保险费用和法定补偿金，缴纳所欠税款，清偿公司债务后的剩余财产，有限责任公司按照股东的出资比例分配，股份有限公司按照股东持有的股份比例分配。

清算期间，公司存续，但不得开展与清算无关的经营活动。公司财产在未依照前款规定清偿前，不得分配给股东。

第一百八十七条　清算组在清理公司财产、编制资产负债表和财产清单后，发现公司财产不足清偿债务的，应当依法向人民法院申请宣告破产。

公司经人民法院裁定宣告破产后，清算组应当将清算事务移交给人民法院。

第一百八十八条　公司清算结束后，清算组应当制作清算报告，报股东会、股东大会或者人民法院确认，并报送公司登记机关，申请注销公司登记，公告公司终止。

第一百八十九条　清算组成员应当忠于职守，依法履行清算义务。

清算组成员不得利用职权收受贿赂或者其他非法收入，不得侵占公司财产。

清算组成员因故意或者重大过失给公司或者债权人造成损失的，应当承担赔偿责任。

第一百九十条　公司被依法宣告破产的，依照有关企业破产的法律实施破产清算。

第十一章　外国公司的分支机构

第一百九十一条　本法所称外国公司是指依照外国法律在中国境外设立的公司。

第一百九十二条　外国公司在中国境内设立分支机构，必须向中国主管机关提出申请，并提交其公司章程、所属国的公司登记证书等有关文件，经批准后，向公司登记机关依法办理登记，领取营业执照。

外国公司分支机构的审批办法由国务院另行规定。

第一百九十三条　外国公司在中国境内设立分支机构，必须在中国境内指定负责该分支机构的代表人或者代理人，并向该分支机构拨付与其所从事的经营活动相适应的资金。

对外国公司分支机构的经营资金需要规定最低限额的，由国务院另行规定。

第一百九十四条　外国公司的分支机构应当在其名称中标明该外国公司的国籍及责任

形式。

外国公司的分支机构应当在本机构中置备该外国公司章程。

第一百九十五条 外国公司在中国境内设立的分支机构不具有中国法人资格。

外国公司对其分支机构在中国境内进行经营活动承担民事责任。

第一百九十六条 经批准设立的外国公司分支机构，在中国境内从事业务活动，必须遵守中国的法律，不得损害中国的社会公共利益，其合法权益受中国法律保护。

第一百九十七条 外国公司撤销其在中国境内的分支机构时，必须依法清偿债务，依照本法有关公司清算程序的规定进行清算。未清偿债务之前，不得将其分支机构的财产移至中国境外。

第十二章　法律责任

第一百九十八条 违反本法规定，虚报注册资本、提交虚假材料或者采取其他欺诈手段隐瞒重要事实取得公司登记的，由公司登记机关责令改正，对虚报注册资本的公司，处以虚报注册资本金额百分之五以上百分之十五以下的罚款；对提交虚假材料或者采取其他欺诈手段隐瞒重要事实的公司，处以五万元以上五十万元以下的罚款；情节严重的，撤销公司登记或者吊销营业执照。

第一百九十九条 公司的发起人、股东虚假出资，未交付或者未按期交付作为出资的货币或者非货币财产的，由公司登记机关责令改正，处以虚假出资金额百分之五以上百分之十五以下的罚款。

第二百条 公司的发起人、股东在公司成立后，抽逃其出资的，由公司登记机关责令改正，处以所抽逃出资金额百分之五以上百分之十五以下的罚款。

第二百零一条 公司违反本法规定，在法定的会计账簿以外另立会计账簿的，由县级以上人民政府财政部门责令改正，处以五万元以上五十万元以下的罚款。

第二百零二条 公司在依法向有关主管部门提供的财务会计报告等材料上作虚假记载或者隐瞒重要事实的，由有关主管部门对直接负责的主管人员和其他直接责任人员处以三万元以上三十万元以下的罚款。

第二百零三条 公司不依照本法规定提取法定公积金的，由县级以上人民政府财政部门责令如数补足应当提取的金额，可以对公司处以二十万元以下的罚款。

第二百零四条 公司在合并、分立、减少注册资本或者进行清算时，不依照本法规定通知或者公告债权人的，由公司登记机关责令改正，对公司处以一万元以上十万元以下的罚款。

公司在进行清算时，隐匿财产，对资产负债表或者财产清单作虚假记载或者在未清偿债务前分配公司财产的，由公司登记机关责令改正，对公司处以隐匿财产或者未清偿债务前分配公司财产金额百分之五以上百分之十以下的罚款；对直接负责的主管人员和其他直接责任人员处以一万元以上十万元以下的罚款。

第二百零五条 公司在清算期间开展与清算无关的经营活动的，由公司登记机关予以警告，没收违法所得。

第二百零六条 清算组不依照本法规定向公司登记机关报送清算报告，或者报送清算报告隐瞒重要事实或者有重大遗漏的，由公司登记机关责令改正。

清算组成员利用职权徇私舞弊、谋取非法收入或者侵占公司财产的，由公司登记机关责令退还公司财产，没收违法所得，并可以处以违法所得一倍以上五倍以下的罚款。

第二百零七条 承担资产评估、验资或者验证的机构提供虚假材料的，由公司登记机关没收违法所得，处以违法所得一倍以上五倍以下的罚款，并可以由有关主管部门依法责令该机构停业、吊销直接责任人员的资格证书，吊销营业执照。

承担资产评估、验资或者验证的机构因过失提供有重大遗漏的报告的，由公司登记机关责令改正，情节较重的，处以所得收入一倍以上五倍以下的罚款，并可以由有关主管部门依法责令该机构停业、吊销直接责任人员的资格证书，吊销营业执照。

承担资产评估、验资或者验证的机构因其出具的评估结果、验资或者验证证明不实，给公司债权人造成损失的，除能够证明自己没有过错的外，在其评估或者证明不实的金额范围内承担赔偿责任。

第二百零八条 公司登记机关对不符合本法规定条件的登记申请予以登记，或者对符合本法规定条件的登记申请不予登记的，对直接负责的主管人员和其他直接责任人员，依法给予行政处分。

第二百零九条 公司登记机关的上级部门强令公司登记机关对不符合本法规定条件的登记申请予以登记，或者对符合本法规定条件的登记申请不予登记的，或者对违法登记进行包庇的，对直接负责的主管人员和其他直接责任人员依法给予行政处分。

第二百一十条 未依法登记为有限责任公司或者股份有限公司，而冒用有限责任公司或者股份有限公司名义的，或者未依法登记为有限责任公司或者股份有限公司的分公司，而冒用有限责任公司或者股份有限公司的分公司名义的，由公司登记机关责令改正或者予以取缔，可以并处十万元以下的罚款。

第二百一十一条 公司成立后无正当理由超过六个月未开业的，或者开业后自行停业连续六个月以上的，可以由公司登记机关吊销营业执照。

公司登记事项发生变更时，未依照本法规定办理有关变更登记的，由公司登记机关责令限期登记；逾期不登记的，处以一万元以上十万元以下的罚款。

第二百一十二条 外国公司违反本法规定，擅自在中国境内设立分支机构的，由公司登记机关责令改正或者关闭，可以并处五万元以上二十万元以下的罚款。

第二百一十三条 利用公司名义从事危害国家安全、社会公共利益的严重违法行为的，吊销营业执照。

第二百一十四条 公司违反本法规定，应当承担民事赔偿责任和缴纳罚款、罚金的，其财产不足以支付时，先承担民事赔偿责任。

第二百一十五条 违反本法规定，构成犯罪的，依法追究刑事责任。

第十三章 附　则

第二百一十六条 本法下列用语的含义：

（一）高级管理人员，是指公司的经理、副经理、财务负责人，上市公司董事会秘书和公司章程规定的其他人员。

（二）控股股东，是指其出资额占有限责任公司资本总额百分之五十以上或者其持有的股份占股份有限公司股本总额百分之五十以上的股东；出资额或者持有股份的比例虽然不足百分之五十，但依其出资额或者持有的股份所享有的表决权已足以对股东会、股东大会的决议产生重大影响的股东。

（三）实际控制人，是指虽不是公司的股东，但通过投资关系、协议或者其他安排，能够实际支配公司行为的人。

（四）关联关系，是指公司控股股东、实际控制人、董事、监事、高级管理人员与其直接或者间接控制的企业之间的关系，以及可能导致公司利益转移的其他关系。但是，国家控股的企业之间不仅因为同受国家控股而具有关联关系。

第二百一十七条 外商投资的有限责任公司和股份有限公司适用本法；有关外商投资的法律另有规定的，适用其规定。

第二百一十八条 本法自 2006 年 1 月 1 日起施行。

主要参考书目

1. 范健、王建文著：《公司法》（第四版），法律出版社 2015 年版。

2. 赵旭东主编：《公司法学》（第四版），高等教育出版社 2015 年版。

3. 施天涛著：《公司法论》，法律出版社 2014 年版。

4. 钱玉林著：《公司法实施问题研究》，法律出版社 2014 年版。

5. 胡晓静著：《公司法专题研究：文本·判例·问题》，华中科技大学出版社 2013 年版。

6. 王军著：《中国公司法》，高等教育出版社 2015 年版。

7. 赵旭东著：《新旧公司法比较研究》，人民法院出版社 2005 年版。

8. 范键、蒋大兴著：《公司法论》（上），南京大学出版社 1997 年版。

9. 刘俊海著：《现代公司法》（第三版），法律出版社 2015 年版。

10. 白江著：《公司治理前沿法律问题研究》，法律出版社 2015 年版。

11. 甘培忠著：《企业与公司法学》（第六版），北京大学出版社 2012 年版。

12. 邓锋著：《普通公司法》，中国人民大学出版社 2009 年版。

13. 江平主编：《法人制度论》，中国政法大学出版社 1994 年版。

14. 孙晓洁著：《公司法基本原理》，中国检察出版社 2006 年版。

15. 江必新、何东宁等著：《最高人民法院指导性案例裁判规则理解与适用·公司法卷（第二版）》，中国法制出版社 2015 年版。

16. 杜景林、卢谌著：《德国股份法·德国有限责任公司法·德国公司改组法·德国参与决定法》，中国政法大学出版社 2000 年版。

17. 马俊驹主编：《现代企业法律制度》，法律出版社 2000 年版。

18. 漆多俊主编：《市场经济企业立法观》，武汉大学出版社 2000 年版。

19. 蒋大兴著：《公司法的展开与评判》，法律出版社 2001 年版。

20. 冯果著：《现代公司资本制度比较研究》，武汉大学出版社 2000 年版。

21. 冯果主编：《证券法》，武汉大学出版社 2014 年版。

22. 冯果著：《债券市场风险防范的法治逻辑》，法律出版社 2016 年版。

23. 张民安、刘兴桂主编：《商事法学》，中山大学出版社 2002 年版。

24. 史际春主编：《公司法教程》，中国政法大学出版社 1995 年版。

25. 虞政平著：《中国公司法案例精读》，商务印书馆 2016 年版。

26. 刘俊海著：《股份有限公司股东权的法律保护》（修订本），法律出版社 2004 年版。

27. 施天涛著：《关联企业法律问题研究》，法律出版社 1998 年版。

28. 朱慈蕴著：《公司法人格否认法理研究》，法律出版社 1998 年版。

29. 王宗正著：《信息化背景下的中国公司法变革》，中国社会科学出版社 2014 年版。

30. 张民安著：《公司法上的利益平衡》，北京大学出版社 2003 年版。

31. 汪青松著：《股份公司股东异质化法律问题研究》，光明日报出版社 2011 年版。

32. 刘斌著：《风险社会视域下公司法总则的功能研究》，法律出版社 2016 年版。

33. 刘俊海译：《欧盟公司法指令全译》，法律出版社 2000 年版。

34. 王宗正著：《股东大会通讯表决制度研究》，中国社会科学出版社 2010 年版。

35. 王天鸿著：《一人公司制度比较研究》，法律出版社 2003 年版。

36. 何美欢著：《公共公司及其股权证券》，北京大学出版社 1999 年版。

37. 胡果威著：《美国公司法》，法律出版社 1999 年版。

38. 张开平著：《英美公司董事制度研究》，法律出版社 1998 年版。

39. 刘敏主编：《股权案件裁判要点与观点》，法律出版社 2016 年版。

40. [日]末永敏和著：《现代日本公司法》，金洪玉译，人民法院出版社 2000 年版。

41. [韩]李哲松著：《韩国公司法》，吴日焕译，中国政法大学出版社 2000 年版。

42. [英]R.E.G.佩林斯、A.杰弗里斯编：《英国公司法》，上海翻译出版公司 1984 年版。

43. [加]布莱恩·R.柴芬斯著：《公司法：理论、结构和运作》，林华伟等译，法律出版社 2001 年版。

44. Harry G. Henn & John R. Alexander, Laws of Corporation, West Publishing Co., 1983.

45. Robert W. Hamilton, Corporations, 2nd, Ed., West Publishing Co., 1987.

46. L.C.B.Gower, Gower's Principles of Modern Company Law, 5th.Ed., Sweet & Maxwell, 1992.